山川
歴史モノグラフ
㉕

ディオクレティアヌス時代のローマ帝国

ラテン碑文に見る帝国統治の継続と変容

大清水裕
Oshimizu Yutaka

山川出版社

The Roman Empire in the age of Diocletian
Continuity and Change of the Imperial Rule in Latin Inscriptions
by
OSHIMIZU Yutaka
Yamakawa-Shuppansha Ltd 2012

ディオクレティアヌス時代のローマ帝国　目次

略号表

本書では、定期刊行物の略号は *L'année philologique* に従った。その他の史料・文献については以下の通り。

碑文史料

AE: *L'année épigraphique*, Paris, 1888–

CIL: *Corpus Inscriptionum Latinarum*, Berlin, 1863–

DFH: M. Khanoussi et L. Maurin, *Dougga, fragments d'histoire: choix d'inscriptions latines éditées, traduites et commentées (Ier–IVe siècles)*, Bordeaux/Tunis, 2000.

EDH: Epigraphische Datenbank Heidelberg (http://www.uni-heidelberg.de/institute/sonst/adw/edh/index.html)

EE: Institutum Archaeologici Romani, *Ephemeris Epigraphica: Corporis Inscriptionum Latinarvm svpplementum*, Roma, 1872–1903.

ERC: M. Chelotti et al. (cur.), *Le epigrafi romane di Canosa*, 2 volumi, Bari, 1990.

Grenoble: B. Rémy (éd.), *Grenoble à l'époque gallo-romaine d'après les inscriptions: inscriptions latines de Grenoble et de son agglomération (Corenc, Gières, Échirolles, Eybens, Sassenage, Seyssinet-Pariset)*, Grenoble, 2002.

IAM: J. Gascou (éd.), *Inscriptions antiques du Maroc 2: Inscriptions latines*, Paris, 1982; N. Labory (éd.), *Inscriptions antiques du Maroc 2: Inscriptions latines supplément*, Paris, 2003.

IAq.: J. B. Brusin (cur.), *Inscriptiones Aquileiae*, 3 volumi, Udine, 1991–93.

IBR: F. Vollmer (cur.), *Inscriptiones Baivariae Romanae*, Monaci, 1915.

ILAq.: B. Rémy (éd.), *Inscriptions latines d'Aquitaine: Arvernes*, Bordeaux, 1996.

ILAfr.: R. Cagnat, A. Merlin et L. Châtelain (éd.), *Inscriptions latines de l'Afrique*, Paris, 1923.

ILAlg.: S. Gsell (éd.), *Inscriptions latines de l'Algérie*, tome 1, Paris, 1922; H. -G. Pflaum (éd.), *Inscriptions latines de l'Algérie*, tome 2, Paris, 1957; H. -G. Pflaum (éd.), *Inscriptions latines de l'Algérie*, tome 2, vol.2, Alger, 1976; H. -G. Pflaum (éd.), *Inscriptions latines de l'Algérie*, tome 2, vol.3, Paris, 2003.

ILER: J. Vives, *Inscripciones latinas de la España Romana*, 2 vols., Barcelona, 1971–72.

ILMN: G. Camodeca et al. (cur.), *Catalogo delle iscrizioni latine del Museo nazionale di Napoli,* vol.1, *Roma e Latium*, Napoli, 2000.

ILN: B. Rémy (éd.), *Inscriptions latines de narbonnaise, V.1., Vienne,* Paris, 2004; B. Rémy (éd.), *Inscriptions latines de narbonnaise, V.2., Vienne,* Paris, 2004; B. Rémy (éd.), *Inscriptions latines de narbonnaise, V.3., Vienne,* Paris, 2005.

ILP: M. Mello e G. Voza (cur.), *Le iscrizioni latine di Paestum*, 2 volumi, Napoli, 1968–69.

ILS: H. Dessau (Hrsg.), *Inscrptiones Latinae Selectae*, 5 Bde., Berlin, 1892–1916.

ILSard.: G. Sotgiu (cur.), *Iscrizioni latine della Sardegna*, Padua, 1961.
ILT: A. Merlin (éd.), *Inscriptions latines de la Tunisie*, Paris, 1944.
Ins.It.: Unione Accademia Nazionale, *Inscriptiones Italiae*, Roma, 1931–
IPO: H. Thylander, *Inscriptions du port d'Ostie*, 2 tomes, Lund, 1951/52.
IPMB: Zeïneb Benzina Ben Abdallah, *Catalogue des inscriptions latines païennes du musée du Bardo*, Rome, 1986.
IRC: G. Fabre, M. Mayer et I. Roda (éd.), *Inscriptions romaines de Catalogne*, 5 tomes, Paris, 1984–2002.
IRT: J. M. Reynolds and J. B. Ward-Perkins (eds.), *The Inscriptions of Roman Tripolitania*, Rome, 1952.
Lettich: G. Lettich, *Itinerari epigrafici Aquileiesi*, *AAAd* L, Trieste, 2003.
Nesselhauf: H. Nesselhauf, Neue Inschriften aus dem römischen Germanien und angrenzenden Gebieten, *BRGK* 27, 1937, 51–234.
RIB: R. G. Collingwood and R. P. Wright (eds.), *The Roman Inscriptions of Britain*, Oxford, 1965.
RIS: G. Walser (Hrsg.), *Römische Inschriften in der Schweiz*, 3 Bde., Bern, 1979/80.
RIT: G. Alföldy (Hrsg.), *Die römischen Inschriften von Tarraco*, Berlin, 1975.
Sup.It.: Unione Accademia Nazionale, *Supplementa Italica*, Roma, 1981–

二次文献

AAAd: *Antichità altoadriatiche*
ANRW: *Aufstieg und Niedergang der römischen Welt*
CAH: *Cambridge Ancient History*
PIR: *Prosopographia Imperii Romani*
PLRE: A. H. M. Jones, J. R. Martindale and J. Morris, *The Prosopography of the Later Roman Empire 1 (A.D.260–395)*, Cambridge, 1971.
RE: A. Pauly, G. Wissowa and W. Kroll (eds.), *Realencyklopädie der classischen Altertumswissenschaft*, Stuttgart, 1893–
RIC: *Roman Imperial Coinage*

ディオクレティアヌス時代のローマ帝国

ラテン碑文に見る帝国統治の継続と変容

序章　古代ローマ世界における都市とディオクレティアヌス

1　ディオクレティアヌス改革と都市

ディオクレティアヌスは三世紀末のローマ皇帝である（在位二八四～三〇五）。その名を聞いて、どんなイメージが思い浮かぶだろうか。比較的多いのはキリスト教徒の迫害者としてのイメージかもしれない。

ディオクレティアヌスのキリスト教徒迫害に関する研究は、我が国でも多くの先学によって進められてきた。[1] ディオクレティアヌス退位後の混乱を制して覇権を握ったコンスタンティヌス（在位三〇六～三三七）は初のキリスト教徒皇帝としてこの宗派を支援し、四世紀末にはキリスト教は「国教化」されたといわれている。キリスト教がその後のヨーロッパのあり方に大きな影響を与えたことを考えれば、ディオクレティアヌス治世の「最後の」キリスト教徒迫害が注目されてきたことも当然といえば当然である。しかし、二〇年以上に及ぶディオクレティアヌスの治世のなかで、キリスト教徒迫害がおこなわれたのは最後の二年ほどにすぎない。古代ローマ史研究においてディオクレティアヌスの治世が注目されてきたのは、むしろ彼のおこなった他のさまざまな改革ゆえだった。

セウェルス・アレクサンデル帝の死以来、ディオクレティアヌスの即位に先立つ半世紀は「三世紀の危機」と呼びならわされてきた。ゲルマン人やペルシア帝国といった外敵の侵入が相次ぎ、それに上手く対応できなかった皇帝たちの首は、不安と不満を抱え込んだ軍や属州民によって次々とすげ替えられた。軍事的な負担の増大と治安の悪化にともなって経済も疲弊し、貨幣が粗製濫造されたことでインフレーションを招いた、というのが、この「危機」に対して示されてきた大まかな見取図である。この見取図の適否については今は問わない。この「危機」を収拾するために、ディオクレティアヌスはマクシミアヌスを自らの同僚として西方の安定化を委ね、二九三年にはコンスタンティウス・クロルスとガレリウスという二人を副帝に任じている。それと並行して、税制、幣制、軍制、宮廷儀礼など、さまざまな改革がおこなわれた。

『ローマ帝国衰亡史』の著者エドワード・ギボンによれば、ディオクレティアヌス帝は、アウグストゥス帝と同様に新帝国の建設者と考えられ、武人としてよりも政治家として優れていた、という。「ディオクレティアヌス帝の治世は、歴代先任帝の誰よりも見事だった」とまで言うのは[2]、史実というよりはむしろレトリックに属するものとはいえ、セウェルス・アレクサンデルの死後、半世紀にわたって続いた政治的混乱を収拾した功績は否定しようもない。本書で注目するのは、この改革者としてのディオクレティアヌスの時代である。とくに、彼のおこなった地方統治機構の改革が各地方で与えた影響を考察していきたい。

この時代にはさまざまな改革がおこなわれた。そのなかで、なぜ地方統治機構改革の影響に注目するのか。その点を理解していただくためには、ローマ帝国の統治がどのようにおこなわれていたのか、そして「三世紀の危機」とは何だったのか、を説明しておかねばならない。

ローマ帝国は「都市」からなる世界だった。本書において「都市」という場合、それはたんなる人口密集地のことではない。ラテン語では「市（キウィタス）」「自治市（ムニキピウム）」「植民市（コロニア）」といくつかの表現に分かれるにせよ、自治をおこなう行政単位として皇帝に認められた存在のことを「都市」と呼ぶ。市壁に囲まれた人口集積地のみではなく、その周辺に広がる領域も含めた地方自治の単位のことである。[3]

そもそもローマはイタリア半島中央部の都市国家として始まった。周辺部族と戦い、同盟を組み、その覇権を拡大していったが、その過程で幾多の都市を支配下に収め、また新たな植民市を建設していった。シチリアを手始めに属州の数は増していくが、元首政期にもそれらを統治するための大規模な官僚制は発達しなかった。地方での行政運営は各都市の都市参事会による自治に委ねられていたからである。[4] 帝政期の属州総督は、その任期中、属州内の都市をめぐって裁判をおこなうのが主要な任務だったともいわれている。[5]

イタリアやシチリア、あるいはギリシアや小アジアの沿岸部のように、もともと都市が発達していた地域では、このような形でローマ支配が進められていった。しかし、ローマの支配拡大とともに、都市自治の発達していない地域もその支配下へ組み込まれていく。エジプトでは都市参事会員になりうる地方の名望家層を生み出し、都市自治の担い手を育成していった。[6] 北アフリカ内陸部やガリアといった地域では、退役兵を中心に入植させたり、あるいは従来の部族(＝キウィタス)を温存し、そのまま都市(＝キウィタス)に擬したりすることで都市化を推進し、地方自治を担わせていったのである。[7] 都市化の進行と合わせ、都市参事会員を中心とする有力者にローマ市民権を与え、ローマ市民権保持者は次第に増加していく。このプロセスは西方でいち早く進んだが、最終的には二一二年のアントニヌス勅令により帝国内の全自由民はローマ市民権をもつことになった。二人委員などのローマ風の公職制度の導入、人口集積地の形成、都市参事会員となりうる富裕層の登場、公共施設の整備が進むとともに、これらの都市は「自治市」「植民市」への昇格を認められていくことになる。[8]

このような都市自治に基づいた帝国統治は、「三世紀の危機」で深刻な打撃を蒙ることになった、と長らく考えられてきた。「危機」によって都市参事会員層は深刻な経済的打撃を受け、都市自治に依存した地方統治は運営に支障をきたした、というのである。[9] そして、そこで生じた問題に対処するために、帝政後期には官僚制が発達したことが重視されてきた。しかし、この「危機」に対する見方、あるいは古代末期の社会に対する見方は、近年では大きく変化している。[10]

本書のテーマとの関係では、C・ルプレの大著『帝政後期におけるローマ領アフリカの諸都市』の影響に触れておかなければならない。[11]この著作は、そのタイトルにもあるとおり帝政後期の北アフリカ諸都市の状況を、文献史料だけではなく、膨大な碑文史料や法史料、さらにキリスト教関連の文献まで駆使して明らかにした労作である。西部のマウレタニアでは「危機」の時代に混乱が見られたにせよ、北アフリカは総じて「危機」の影響を受けにくく、農業生産などが活発なまま維持されたこと、そして帝政後期にも都市の自治が存続していたことを説得的に論証している。この大著の出版以降、古代末期の都市に対するイメージは大きく変容することになった。

これ以降も、北アフリカが「三世紀の危機」のなかで例外扱いされることもあった。しかし、南イタリアについてはルプレ自身がさまざまな史料を用いて古代末期にも都市自治が存続していたことを論証している。[12]さらに、ブリタニアについても、三世紀後半に建築物の増加が見られるなど、たんなる荒廃状態とは異なる様相が見て取れる。[13]また、ヒスパニアについても研究が進んでおり、近年ではM・クリコウスキーがヒスパニアでの「危機」の影響を否定し、古代末期における都市生活の継続を強く主張している。[14]

このように着々と地域別の研究が進んでくると、むしろ、「危機」の深刻な影響を受けた地域は、直接蛮族の侵攻を受けた北方、ライン川やドナウ川の流域に限定されていたのではないか、という印象を受ける。いまだ各地域の状況を総合する段階には至っていないが、近年の例でいえば、S・コーコランはこの「危機」を本質的には軍事的な危機だった、と述べている。危機がもっとも深刻だったときでさえも、全土で繰り返し戦争がおこなわれたと考えるべきではないのである。遠方での戦いによって、多くの地域はさしたる影響を受けなかった。勝ち続けることはできなくなったが、一般的にローマ軍は会戦で勝利できたし、実際勝利していたのである。もっとも重大な問題は皇帝の地位が脆《もろ》くなったことだ、と。[15]

ところが、コーコランはこれに続けて、都市参事会はこの時期に行詰りを迎えた、と述べる。都市参事会の上層は皇帝から役職を得て帝国貴族化し、残された都市参事会員は税負担に結びつけられた。そして、ディオクレティアヌスの改革によって属州総督はより緊密に都市を管理するようになった、という。さらに、都市監督官を介して都市は帝国に結びつけられ、都市自治の伝統は失われていくのだ、ということになる。[16]「危機」の影響は大きくなかったにもかかわらず、都市自治は失われ、ディオクレティアヌス改革によって都市への管理が強化された、という説明は論理が一貫しておらず、端的にいってわかりにくい。コーコランはディオクレティアヌス時代の法文研究の第一人者であり、その分析は的確である。[17]都市自治に関する彼の説明のわかりにくさは、研究の現状を反映したものといえる。ディオクレティアヌスのおこなった地方統治機構改革の内容と、それに関する先行研究での見方をまとめておこう。

2　ディオクレティアヌスの地方統治機構改革と先行研究の見方

すでに述べたように、元首政期には、地方統治実務の多くは都市によって担われていた。皇帝、あるいは元老院によって派遣された属州総督は、都市を介して、いわば間接統治をおこなっていたのである。時期により増減はあるにせよ、元首政期、ローマ帝国は五〇程度の属州に分けられていた。辺境部に位置し、軍事的に重要な属州は皇帝の管轄とされ、比較的安定した属州は元老院の管轄とされた。そして、その属州の多くに、総督として元老院議員が派遣されていたのである。

ディオクレティアヌスの治世が終わる頃には属州の数は倍増し、百を超える。帝国の面積が倍増したわけではなく、従来の属州が細分化された結果である。属州が細分化される傾向はセウェルス朝期から続いていたとはいえ、ディオクレティアヌスの治世には属州分割が急速に進んだ。[18] この細分化された属州の大半には、元老院議員ではなく、元首政期ならば騎士身分にあたる地位の者たちが属州総督として派遣された。その職名も、例外的に元老院議員が派遣され続けたアフリカ・プロコンスラリスとアシアの二属州だけは共和政期以来のプロコンスルだったが、大半の属州ではプラエセスと呼ばれることになった。

また、属州(プロウィンキア)とは呼ばれなかったものの、イタリアも各地方の名をもつ州(レギオ)に分割されている。イタリアの各州は主に元老院議員から選ばれた知事(コレクトル)が治め、アフリカ・プロコンスラリス、アシアの両属州と並び、総督の地位は高かったといえる。しかし、同盟市戦争以来免除されてきた直接税も課されるようになるなど、実質的に属州と同じ扱いを受けることになった。

さらに、この細分化された属州を束ねる形で一二の管区(ディオエケシス)も設置されている。その責任者として近衛長官代行(アゲンス・ウィケス・プラエフェクトルム・プラエトリオ)、あるいは管区代官(ウィカリウス)が派遣された。[19]

このように、ディオクレティアヌスの治世に、ローマ帝国の地方統治機構は大幅な改編を蒙った。この地方統治機構改革の目的は何だったのだろうか。それを明確に示す史料は残されていないが、先行研究ではいくつかの目的が想定されてきた。

ディオクレティアヌスの即位前、半世紀にわたって帝位の不安定な状態が続いた。帝位の簒奪《さんだつ》は皇帝の暗殺によっておこなわれる場合もあったが、元首政期以来、軍団を指揮下にもつ属州総督が帝位を最終的に確保する例は多かった。ウェスパシアヌス帝しかり、セプティミウス・セウェルス帝もまたしかり、である。それゆえ、担当領域を削ることで総督の反乱を未然に防ぐ、という目的がまずは想定されている。[20] さらに、担当領域を縮小することで蛮族の侵入に対して防衛力を強化する、という目的も考えられている。[21]

しかし、属州細分化の波は辺境の属州にとどまらない。引き続き元老院議員が派遣された数少ない属州の一つであるアシア属州は少なくとも六つに分割されたし、同じくアフリカ・プロコンスラリス属州は三分割されている。当然、軍事以外の要因も考えられる。

そこでまず挙げられるのが司法行政の点である。[22] それまで都市内部で紛争を処理してきた都市参事会は、「危機」を経てそれに対処できなくなったともいわれている。その結果、総督の取り扱う裁判件数は増加したという考え方である。実際、属州分割が進んでいる最中の二九四年、ディオクレティアヌス帝は、かつては代理判事に任せていたような案件も属州総督自身が裁くよう指示を出している。[23]

また、研究史上、行財政運営の効率化という点も指摘されてきた。すなわち、総督の担当領域を縮小することでより緊密な統治をおこない、それによって「三世紀の危機」の間に増大した属州防衛の負担を効率的に配分・確保する、という点である。[24] このような状況を象徴的に示すと考えられたのが、ちょうどこの時代を生きたキリスト教徒の修辞学者にして護教家、ラクタンティウスが残した次の一節である。

またすべてが恐怖によって満たされるように、諸属州もまた断片へと細分された。多くの総督とさらに多くの官吏が各地域と大半の都市にも配され、さらに多くの帝室財産管理官や高官たち、近衛長官代行もおかれたのである。彼らすべてについて市民的な職務などほとんどなく、有罪判決と財産没収が頻発するばかりであった。数え切れないほどの物品の徴発が繰り返されるとはいわないが、むしろそれが絶えることはなく、その際に起こる不正は耐えられないものであった。[25]

多くの研究者は、このラクタンティウスの記述を鵜呑みにはしていない。しかし、ディオクレティアヌスの治世に属州が細分化され、属州総督の数が増えたことは事実である。その結果、先程のコーコランの説明にも見られたように、都市の管理も元首政期に比べると緊密におこなわれるようになった、という想定には根強いものがある。

それでは、元首政期に帝国統治の最先端を担い自治をおこなってきた都市は、この時代にはどのような役割を果たすことになったのだろうか。また、数が増え、担当領域が縮小した属州総督とは、どのような関係を取り結ぶことになったのだろうか。そして、皇帝との関係はいかに変化したのか。本書の目的は、これらの問いに答えていくことにある。すなわち、ディオクレティアヌス改革は都市と帝国の関係にいかなる影響を与えたのか、という問いが、本書全体をとおしてのテーマとなる。

このような問題は、ディオクレティアヌスの治世を中心に研究する場合、さほど注目を集めない分野だったように思われる。

まずはW・クホフの著作を見ておきたい。彼は二〇〇一年に千ページを越える大著『ディオクレティアヌスと四帝統治の時代』を上梓している。当然のことながら、そのなかに内政改革に関する一章を設け、地方統治機構改革と都市についても言及している。[26] 彼はさまざまな先行研究を参照し、属州再編などの機構改革の経過も詳細に描き出している。それにもかかわらず、この時代の属州総督や都市の役割に関する記述は非常に簡潔である。まず、属州総督は裁判をおこなう一方、都市を監督し、増加する負担をまかなうべく税収を確保することが求められた、という。[27] また、二世紀に始まった都市の財政危機は三世紀後半には深刻化し、皇帝は都市監督官を派遣して正常化していく、というのである。[28] 彼が都市について述べた章の大部分はローマ市のために割かれ、次に、ニコメディアやメディオラヌムといった皇帝たちが好んで滞在した諸都市の様子が紹介される。そこでは、ローマ帝国の大部分を構成していた多くの地方都市が登場することはほとんどない。都市は財政負担を求められる存在であって、それ以上であるようには思われない。

ディオクレティアヌス治世の研究を志した者が、はじめに手にする本の一つがS・ウィリアムズの『ディオクレティアヌスとローマの復興』だろう。一九八五年に刊行されたこの本は、さまざまなテーマを手際よくまとめており、現在でも有益である。このなかでも、属州再編の結果、属州総督は都市の監督をおこなう一方、増加する裁判に対処せねばならなかった、とされる。[29] 他方、都市については非常に保守的な見方を示している。すなわち、都市参事会員は徴税の義務を負わされ、負担の増加ゆえ都市参事会入りや都市公職への就任を避けるようになった、というのである。[30]

帝政期の研究では皇帝への関心が強くなりがちである。ディオクレティアヌスのような非常に印象的な皇帝の治世を研究していくと、その傾向はとくに著しいものになる。これらの研究では、ディオクレティアヌスのおこなったことに重点がおかれ、それが同時代の人々にいかに影響したのか、あるいは、同時代の人々がそれにいかに対処したのか、という視点は抜け落ちてしまいがちである。これらの研究では、帝国の大部分を占める地方都市は、租税負担者としての位置づけを占めるにすぎない。

それに対して、B・レミィは前二者とは一風変わったこの時代の都市像を示している。彼は一九九八年に『ディオクレティアヌスと四帝統治』という本を著している。文庫クセジュの一冊で百ページあまりの小著だが、この時代の都市や地方統治機構の改革には比較的多めにページを割いている。そこでは、属州総督は都市財政をコントロールし、都市からの税徴収をおこなう、とする一方で、[31]この時代に都市参事会層が衰退していた、という考えには賛同していない。都市参事会は都市行政に関わるさまざまな事項を決定し、活発に機能していた、という。一世紀から属州総督が都市行政に介入してきた例を挙げ、この時代に都市行政へ属州総督が介入することを重大視していないのである。都市行政は国家運営に不可欠であり、国家の支援と平和の回復の結果、この時代には大半の都市が繁栄を取り戻した、とまで述べている。[32]

じつをいえば、この時代の都市に対する私自身の見方は、ここで紹介したレミィのそれに比較的近い。同書を二〇一〇年に邦訳したのも、[33]その内容を紹介しておきたかったからである。しかし、同書の紙幅の制限ゆえ、この見方は論証されたものというよりは、むしろ問題提起というべきものである。また、都市と属州総督や皇帝との関係は必ずしも明確にはなっていない。都市の繁栄、都市自治の継続という方向性は示されているが、そのことと都市に対して帝国当局が介入を強化したことは、研究史上、必ずしも矛盾したものとはされていないのである。

実際、この問題に関しては、先に挙げたルプレの立場も微妙である。彼は、北アフリカは「三世紀の危機」の影響をそれほど受けず、古代末期にも都市が繁栄し続けたことを、膨大な碑文史料とさまざまな文献史料を駆使して論証した。しかし、その一方で、都市に対して属州総督らが介入していたことも否定していなかった。近年では、ディオクレティアヌスの治世に、属州総督や都市監督官が都市に対して管理を強化したことを重視している。ディオクレティアヌスの治世にそれ以前との「断絶」を見出すほどであり[34]、古代末期における都市の繁栄、都市自治の継続という考えと、都市に対する帝国側の管理強化という見方は両立させられているのである。

ディオクレティアヌスは地方統治機構の改革をおこなった。すなわち、属州を細分化し、管区を創設した。史料的限界ゆえ詳細に不明な点は残るにせよ、この点は確実である。一方で、「危機」の時代を経ても、都市の自治が帝国運営の礎であったことは広く認められてきた。帝政後期の制度史研究の古典といってよいA・H・M・ジョーンズの『後期ローマ帝国 二八四〜六〇二年』でも、古代末期にもローマ帝国は都市の集積からなっていたと明白に述べ、都市が帝国統治の基礎単位だったことを明確にしている[35]。だが、この古代末期の都市自治に対する見方はさまざまな問題をはらむ。ジョーンズの研究自体、その分析は多岐にわたり、後期ローマ帝国における官僚制の発達を詳細に述べていく。都市について触れられるのは、帝政後期の官僚制の叙述を終えたのちのことであり、都市は発達した官僚機構の末端に位置づけられているように見える。

ディオクレティアヌス改革によって帝国当局による都市への管理が強まった、という見方は根強い。属州総督の人員が増え、担当領域が縮小した以上、都市と属州総督や皇帝との関係に何らかの変化が生じた可能性は高い。しかし、それを都市に対する帝国当局の管理強化として解釈するのは、いささか短絡的なように思える。「危機」による都市参事会員層の衰退と都市に対する管理強化、という見方の背景には、史料の残存状況ゆえに生じた問題もある。元首政期に都市の繁栄を示していたところの膨大な碑文史料が急激に減少したこと、そして、都市参事会の衰退を示すがごときさまざまな法史料の登場である。[36]「三世紀の危機」の時代を詳しく伝える文献史料が残されていないという問題とあいまって、都市自治の衰退、都市に対する管理強化、という見方は根強く続いている。

しかし、この時代の都市と帝国の関係はそれほど単純なものではない。ローマは地中海を包み込む広大な領域を支配したが、その人口は現代に比すれば決して多くはなかった。古代末期には官僚制が発達したといわれるものの、それとても帝国の広大な領域、人口に比べればわずかなものだった。[37]情報伝達手段の限界などを考えれば、[38]古代末期にも都市の自治が帝国支配の基礎だったというジョーンズの見方は合理的で、説得力をもっている。

都市の自治が古代末期にも帝国統治の基礎だったと考えた場合、ディオクレティアヌスのおこなった改革は、都市と帝国の関係にどのような変化をもたらしたのだろうか。この問題は、ローマ帝国による古代地中海世界の支配のあり方を考えていくうえで、極めて重要な問題である。皇帝は帝国全土に散らばる都市をいかに支配しようとしていたのだろうか。あるいは、その代理人たる属州総督はどうだったのか。そして都市はそれにいかに対応していったのか、あるいは利用したのか。ディオクレティアヌスの治世は、「三世紀の危機」を経て古代末期の社会へと移っていく、その境界に位置づけられてきた。これらの問題を考察し、この時代にローマ社会が経験した変化を明らかにしていくのが本書の目的である。ディオクレティアヌスの時代に続くコンスタンティヌスの治世も視野に収めながら、帝国支配の継続と変容の様子を明らかにしていきたい。

次節では、このような本書の目的のために用いられる諸史料の特色を紹介していく。同時に、本書で対象とする地域についても明確にしていきたい。

3 史料

歴史書

ディオクレティアヌス時代の通史的な出来事を語るのに役立つのが、四世紀後半にラテン語で書かれたいくつかの歴史書である。エウトロピウスの『首都創建以来の略史』[39]やアウレリウス・ウィクトルの『皇帝伝』[40]、著者不明の『皇帝伝略記』[41]といった文献である。ディオクレティアヌスの即位直前で終わっており、内容的にもさまざまな問題が指摘されているものの、四世紀末に書かれたとされる著者不詳の『ヒストリア・アウグスタ（ローマ皇帝群像）』[42]の存在も忘れることはできない。残念ながら、これらの史書の記述は大幅に簡略化されており、地方都市の状況を詳しく教えてくれるわけではない。しかし、ときに登場する地方都市のエピソードは、碑文など他の史料の意義を考えるうえで役に立つ。

ギリシア語で書かれた歴史書では、六世紀にゾシモスが残した『新史』[43]がある。残念なことにディオクレティアヌスの治世を記した部分は残っていないが、ディオクレティアヌス退位後の混乱を経てコンスタンティヌスが権力を掌握していく様子は比較的詳しい。特徴的な点は彼が熱心な異教徒であり、「婚外子であり」「父祖の信仰を捨てた」コンスタンティヌスに極めて批判的だということだろう。その点では次に述べるキリスト教関連の著者たちとは対照的である。

キリスト教関連史料

これまで挙げてきた歴史書の著者たちは、ディオクレティアヌスの同時代人ではない。彼らが活躍したのはディオクレティアヌスの死から半世紀以上を経てからのことである。それに対し、ディオクレティアヌスの同時代人としては、キリスト教徒迫害への批判を展開したキリスト教徒たちの存在を忘れることはできない。

まず名前を挙げておかねばならないのはラクタンティウスである。「キリスト教徒のキケロ」とも呼ばれる彼は、当時としては名高い文人だった。北アフリカの出身だったにもかかわらず、ディオクレティアヌスによって彼の宮廷があった小アジアのニコメディアに招聘《しょうへい》されているし、コンスタンティヌスの長男クリスプスの侍講も務めた。このような事実からも彼の当時の評判が推し量られる。ラクタンティウスの著作はいくつか知られているが、本書で活用するのはすでに引用した『迫害者たちの死について』[44]という著作である。この史料の目的からすれば当然のことだが、ディオクレティアヌス帝やその後継者たちの評価は芳しくない。属州再編に対する批判的な記述はすでに引用したとおりである。この時代の都市と帝国の関係に関していえば、迫害帝に対する批判の一環として、都市参事会員やその他の都市名望家から特権を奪い、裁判で拷問にかけたことに言及しているところが目を引く。[45]都市参事会員を拷問にかけることは、この時代も法的には禁止されていた。[46]実際に都市参事会員が拷問にかけられたかどうかわからないが、少なくとも、それは批判されるべき事柄ではあった。この時代も都市参事会員層は特権を保持し、尊重されるべき対象だったのである。また、課税を強化して地方を疲弊させた、という批判も興味深い。[47]異教徒でキリスト教に批判的なゾシモスは、コンスタンティヌスを同じような趣旨で批判している。それに対し、ラクタンティウスの批判の矛先は、ガレリウスやマクセンティウスといった異教徒の皇帝(あるいは僭称帝《せんしょうてい》)にむけられていた。課税の強化というテーマは皇帝の悪徳を描くためのレトリックの一つだったのかもしれない。

この時代のキリスト教徒としてもう一人重要なのが、「教会史の父」エウセビオスである。彼はその生涯にわたってさまざまな著作を著したが、本書で主に参照するのは、その主著『教会史』[48]である。『教会史』はキリスト教徒迫害を中心とした作品であり、都市と帝国当局との関係が頻繁に描かれているわけではないが、迫害期間中に蠢《うごめ》く都市名望家層の様子や、迫害で滅亡した都市への言及など、この時代の都市と帝国当局の関係を示唆する記述も見られる。[49]彼の作品で何よりも特徴的なことは、彼がしばしば同時代の勅令や書簡などをそのまま引用していることである。[50]キリスト教に関連するものばかりだが、皇帝と属州総督のやりとりは都市との関係を考えるうえでも有益な情報を与えてくれる。

ラクタンティウスとエウセビオスの著書のほかにも、キリスト教徒の残した史料群がある。殉教者行伝と総称される史料群だが、その信頼性は千差万別である。むしろ、史実に基づかないものも多い。T・D・バーンズは、この時代の殉教者行伝のうち七編だけに史料的価値を認めている。[51] 本書で利用するのも、原則としてその七編ということになる。短いうえに文章も単調なことが多いが、都市と属州総督の関係がうかがえる史料もある。

キリスト教関連の史料は同時代に生きた人々が残したもの、という意味で価値がある。しかし、キリスト教徒迫害への批判的姿勢、あるいは親キリスト教的立場への賞賛ゆえ、その記述にかかるバイアスも大きい。ディオクレティアヌス時代のイメージを形成するうえでこれらの史料の果たした役割は大きいが、その利用には注意が必要である。

頌　詞

同時代の文献史料としては、主にガリアで作成・保存された頌詞もある。一般に『ラテン頌詞集』と称される頌詞集には、一二のラテン語で綴られた頌詞が収められていた。巻頭には小プリニウスがトラヤヌス帝に捧げた頌詞が収められていたものの、その他は古代末期のものである。[52] これらの頌詞は、アウグスタ・トレウェロルム（現トリーア）などの宮廷で皇帝たちを称えるために作成された。それゆえ、発表された当時の政治状況が少なからず反映されている。しかし、頌詞を作成したのは皇帝官房ではなく、これらの頌詞が皇帝の直接的な宣伝手段だったわけではないことは確認しておくべきだろう。[53]

行政文書

『ヴェローナ・リスト』についても触れておかねばならない。[54] 文字どおり、これはローマ帝国の属州名を記したリストである。ヴェローナのカテドラルの図書室に保存されていた七世紀の手稿に含まれていたもので、十八世紀にはじめて出版された。十九世紀にT・モムゼンが出版し直して以来、このリストの作成年代をめぐってさまざまな議論がなされてきた。先行研究は大きく二つの流れに分けられる。一つは、このリスト全体が同時に作成されたと考え、作成時期を四世紀初頭とする説。もう一つは、帝国の東西で別々の時期に作成されたとする説である。後者の説でも作成されたのは四世紀初頭だったと考えられている。いずれにせよ、ディオクレティアヌスによる属州再編後の状況を示すもの、とする点では一致している。この時代の地方統治機構改革の全体像を示す唯一の貴重な史料である。

法文

同時代史料として、皇帝たちの発布した法文の存在を忘れるわけにはいかない。ディオクレティアヌスの治世には、『ヘルモゲニアヌス法典』と『グレゴリアヌス法典』という二つの法典が編纂された。これらの法典は、ユスティニアヌス帝のもとで『ローマ法大全』、とくに『勅法彙纂《いさん》』(以下『ユスティニアヌス法典』と表記)の編纂に利用され、現在まで残されることになった。[55] また、コンスタンティヌス帝の法文も『テオドシウス法典』に大量に残されている。[56] しかし、これらの法典はあくまでも当時の裁判での実用のために編纂されたものであり、史料としては制約も大きい。[57] とくに『ユスティニアヌス法典』に残されたディオクレティアヌス治世の法文は、同時代の法典編纂作業とユスティニアヌス治世の編纂作業と、少なくとも二度にわたって改変を受けている。法文の発布年代はわかることが多いものの、編纂過程で法文の名宛人の地位や発布地、受取地といった情報の多くが失われてしまった。それゆえ、法文から個々の都市の状況を知るのは難しい。

これらの法典では、そもそも都市行政に関わる法文が限られているものの、[58] そのなかで重要な一点についてだけ、私見を示しておきたい。その法文が、ディオクレティアヌス治世に属州総督が都市への管理を強めたという根拠とされているからである。[59]

その法文『ユスティニアヌス法典』の第一一巻第四二章第一法文では次のように規定されている。

皇帝たるディオクレティアヌスとマクシミアヌス両正帝がマルケッルスに。

属州総督が闘技開催用になされた支出を市壁の再建のために用途変更したとそなたが主張するとしても、正当に流用されたものは戻されることはないであろうし、毎年の闘技の見世物は、市壁の修復がなされたのち、古来の慣習法に従って開催されるだろう。なぜなら、かくのごとく市壁の防備によって都市の安全維持に配慮がなされることになり、競技開催の楽しみは、安全確保への注意が確認されたのちに、再び見出されることになるからである。

確かに、この法文は属州総督が都市財政に影響を及ぼしていた様子を示している。しかし、まず問題になるのは、この法文の内容をどれほど一般化できるか、という点である。詳しくは次章以降で論じていくが、属州総督の都市に対する影響力は、その属州の状況、あるいは属州総督個人の影響力に応じ、さまざまであった。この時代の法文について綿密な研究をおこなったコーコランも、法の施行にあたっての属州総督個人の裁量の大きさを指摘している。[60] 法典編纂時に細かい情報が失われてしまった多くの法文では、その地域差を明らかにするのは難しい。本書では、碑文史料を用いて詳しい状況を見ていこうと思っている。また、属州総督が都市の公共建築に対する監督をおこなうのは、元首政期にも見られた総督の職務の一つだった。[61] その意味で、先に紹介したレミィの指摘はもっともなものである。[62] 問題なのは、それがディオクレティアヌスの治世に強化されたか否かなのである。少なくとも、この法文一つでその可否を決定することはできない。

むしろ、この法文の成立過程を考えれば、ディオクレティアヌス治世に都市管理が強化されたという根拠とはしにくい。『ユスティニアヌス法典』に収録されているディオクレティアヌスの法文の多くは、市民が皇帝に対し何らかの法的問題について問い合わせたものに対する回答である。[63] この勅答の仕組みは、ローマ皇帝の受動的な本質を示すものと理解されている。[64] この法文の場合、属州総督の意向で都市財源の使途が変更されたことについて、マルケッルスなる市民が皇帝に対して不平を伝え、それに対して皇帝が返答したという状況が想定される。ここでは、マルケッルスの主張から属州総督の行動の是非を判断したように書かれており、皇帝が属州総督を介して都市財政を掌握しようとする意思は読み取れない。皇帝に対して請願したマルケッルスは、皇帝に請願することでこの状況を変えられると考えていたのであり、国家による都市財政の管理が広くおこなわれていたとは考えがたい。別の法文では、都市法や都市の特権を尊重するよう皇帝は指示している。[65] 都市に対する管理が強化されたという見方には懐疑的にならざるをえないのである。

法史料は、都市参事会員層の衰退とそれにともなう都市参事会からの逃亡、という見方にも強い影響を与えてきた。実際、負担からの免除を求める請願に対する勅答は数多く残されている。[66] しかし、ディオクレティアヌス治世に法典の編纂が始められたことはすでに述べたとおりである。その法典編纂の結果、この時期から負担の免除を求める法文も数多く残されることになったにすぎない。実際、元首政期から負担を免れようとする動きが見られたことはすでに指摘されている。[67] 法史料の伝わり方を考慮すれば、この時期、急速に都市参事会員層が衰退した、とは主張できない。

また、都市参事会員層がそもそも閉鎖的な階層ではなかったことを思い起こすべきだろう。都市参事会員の家系は数世代ごとに入れ替わり、あるいは浮沈を繰り返すことが多かった。[68] 当然、そのなかには苦境にあえぐ家系も少なからず存在していたと考えられる。他方、都市参事会員を新規に供給していたのは富裕な解放奴隷の子孫たちであった。解放された元奴隷自身が都市の公職に就くことは禁止されていたが、彼らの子孫は親の資産を元に都市参事会への参入を果たしていったという。[69] この時代にも解放奴隷の家系から都市参事会入りを果たす場合があったことは、法文から確認できる。ディオクレティアヌス帝が発布したいくつかの法文は、解放奴隷上りの都市参事会員が活躍する一方、その都市参事会員の地位を奪おうとする訴訟もあったことを示している。[70] 都市参事会員の地位に就くことは必ずしも忌避されることではなかったのである。

このように、この時代の法史料は必ずしも都市参事会員の負担増とその忌避だけを示しているわけではない。都市参事会員が負担を忌避していたのは元首政期にも見られた現象であり、他方、この時期にも都市参事会へと上昇していく解放奴隷は引き続き存在していた。法史料をもとに、この時期に都市参事会層が衰退した、と主張することはできないのである。

碑文

これまで述べてきたように、ディオクレティアヌス治世の地方都市と帝国当局との関係を考察するうえで、文献史料や法史料から得られる情報には限界がある。文献史料は都市に関する一般化された言説、あるいは簡略な出来事の紹介にとどまっていた。法史料も都市に対する管理強化、あるいは都市参事会員層衰退の根拠となってきたが、法史料それ自体がこの時代にはじめて編纂されたがゆえに生じたものだったと考えられる。

そこで本書の主たる史料となるのが、帝国各地から出土した碑文史料である。とくにラテン語で刻まれた碑文を用いて、帝国西方の状況を順に考察していきたい。文献史料や法史料とは異なり、碑文史料は同時代人の手で作製され、かつ後代の改変をそれほど蒙らずに残されたという点で、その史料的な価値は高い。しかも、碑文は古代地中海世界各地で作製されていた。ラテン碑文の場合、イタリアや北アフリカからの出土が多いという傾向性はあるものの、さまざまな地域の事例を比較検討できるというのは碑文史料の強みである。とはいえ、碑文史料にもさまざまな限界がある。

碑文史料を扱うに際して問題となるのは、一つの碑文から得られる情報が非常に限られる、という点である。それゆえ、碑文を史料として歴史研究で用いる場合には、しばしば類例との比較が重視されてきた。類似した碑文を集めてそれを全体として分析する、という手法がとられることが多いのである。本書もその例に漏れず、ディオクレティアヌスからコンスタンティヌスにかけての時期の西方出土のラテン碑文は可能な限り参照した。

しかし、この時期の碑文には別の大きな問題がある。三世紀半ばから碑文点数が急速に減少してしまうのである。この事実は早くから指摘されてきたが、その様子を具体的に示したのがS・ムロゼクであった[71]。彼は、三世紀に碑文が減少したのは各都市で私費による公共事業が減ったためであるとし、原因を三世紀後半の政治・経済の危機に求めていた。

このような碑文史料の見方に大きな転換を迫ったのが、R・マクマレンである[72]。彼はムロゼクをはじめとする先行研究を引用しつつ、ローマ帝国での碑文作製について論じている。彼によれば、金と手間をかけて碑文を刻ませるという行為には、その社会の内側から見た文化的な重要性が存在していた、という。より重要なことは、ラテン碑文の増加を示すカーブは人口増加や経済発展を示すカーブとは一致しておらず、それらとは別の要因が碑文の増減を規定していた、という指摘である。彼は、その要因を、自らがある特定の社会に属していることを示そうとする「観客の意識」ではないかと推測した。このマクマレンの指摘は問題提起にとどまるものだったが、大きな反響を呼んだ。彼の論文のタイトルにもあった「碑文習慣」という言葉は市民権を得て、現在も多くの場で議論されている[73]。彼の指摘が碑文研究の進展に及ぼした影響は大きい。ローマ支配の拡大期、とくにローマ帝国西方でラテン語碑文が増加したことを理解していくうえでは、非常に大きな意味をもっている[74]。

しかし、三世紀に碑文史料が急速に減少した理由について、マクマレンが明確に示したわけではない。碑文総数の減少を経済的、あるいは人口上の危機と安易に結びつけることに対して警鐘を鳴らした、というのにとどまっている。考古学的な知見が増加したことで、三世紀が政治的・経済的に深刻な危機だった、という見方は急速に見直しを迫られている。しかし、発見された碑文史料は着々とその数を増しているにもかかわらず、二世紀と比べ三世紀後半の碑文数は非常に少ないままなのである。この事実はどのように説明すべきだろうか。あるいは、この時代、ローマ社会において碑文の受止め方はいかに変化したのだろうか。

この問題について、興味深い仮説を示したのがE・メイヤーである[75]。彼女によれば、ローマ帝国で墓碑が大量に作製されたのは、ローマ市民の間では相続人が故人のために墓碑を立てるのが慣習化されていたためである、という。それゆえ、新たにローマ市民権を獲得した人物はローマ市民権を誇示すべく墓碑を競って立てたのだ、と。そして、その習慣が衰退したのは、二一二年にアントニヌス勅令によって帝国全土の自由民がローマ市民権を得たため、それを誇示する意味がなくなったからだ、ということになる。

古代末期のヒスパニア都市について研究したクリコウスキーは、墓碑についてはメイヤー説を踏襲したうえで、それ以外の建築碑文については、ヒスパニアでは一世紀後半のフラウィウス朝期に集中しており、その後の長期的な衰退傾向を指摘する。そして、自身をローマ的に見せることを諸都市が競う時期が終わったために碑文が減少した、という見方を示している。[76]

これらの見方には一定の説得力も感じられる。しかし、碑文総数の減少を説明するのに十分なものではない。都市自治の衰退と関連づけられてきたのは墓碑ではなく、建築碑文や顕彰碑文総数の減少だったからである。また、ヒスパニア以上に「ローマ化」していたはずのイタリアでは、減少したとはいえ、三世紀にも引き続き碑文は作製されていた。結局のところ、現状ではマクマレン以前の状態から大きな進展は見られない。すでに述べたように、ルプレは、古代末期にも北アフリカの諸都市が繁栄し、三世紀の危機の影響もあまり受けなかった、と述べる。その一方で、都市の繁栄は経済情勢の変化に影響されやすく、三世紀の危機の暗黒時代に碑文がほとんどないのは偶然ではない、とも述べている。[77] また、J・ボーデルはマクマレンの問題提起以降の状況を紹介しているが、そこでの説明は、三世紀に碑文が急速に減少するのは単一の要因によるのではない、というにとどまる。ローマ帝国の碑文習慣には経済・人口・社会・政治などさまざまな要因が地域ごとに関連している、として具体的な状況には触れないのである。[78]

この問題に簡単に答えることはできない。三世紀に経済の崩壊をともなうような深刻な危機はなかった、という主張は強まっている。一方で、碑文総数の減少は疑いがたい事実である。それゆえ、碑文の数量的な把握にとどまらず、個々の碑文史料が同時代にもった意義をあわせて考察していくことが必要になる。

本書で利用する碑文は主に二種類からなっている。一つ目は公共建築物の完成を伝える建築碑文、もう一つは卓越した政治家などを称える顕彰碑文である。考慮すべきことは、これらの碑文がテクストだけで存在したわけではない、という事実である。建築碑文であれば、それは建設・修築された公共建築物に付随する形で刻まれたものであろうし、顕彰碑文であれば、その顕彰対象の人物の彫像の台座に刻まれた事例が多かった。実際に、同時代の人々は建築物の一部、あるいは彫像の台座の一部として碑文を見ていたのである。

マクマレンのいう「観客の意識」とは、碑文を作製させた人物が特定の社会に属することを示そうとしたものだった。そこまで限定することはできないにせよ、さまざまな碑文が都市内に立てられていたなかで、ある碑文について、誰が、誰に対して、何を示そうとしていたのか、という点を可能な限り考察していく必要がある。その作業をとおして、都市と帝国当局の関係もより明確に理解することができるだろう。

このように、碑文史料にも限界はある。しかし、この時代の地方都市の状況を教えてくれる随一の史料であることに変わりはない。とくに、碑文が帝国各地で作製されていたという事実は重要である。西方ではラテン語で、東方ではギリシア語で刻まれることが多かった。本書ではラテン碑文をその分析の対象とする関係上、帝国の西方が主たる考察の対象となる。文献史料や法史料、あるいは現代の研究でも一括して扱われがちだが、ローマ帝国にあった地方都市は一様ではない。属州首都もあれば街道から外れた小都市もあり、農村地帯に位置する都市もあれば港湾都市もあった。都市にもさまざまな類型があったという考古学からの指摘は考慮せねばならない。[79] また、碑文史料は置かれた状況によって、その意義はさまざまだっただろう。数量的把握と同時に、設置された当時の状況の再構成にも取り組み、碑文史料の分析をとおしてこの時期の地方都市と帝国の関係を考えていくことにしたい。

以下、本書は全体で三部構成をとる。第Ⅰ部ではイタリア管区内のいくつかの都市・地域について考察する。イタリアは三世紀末までに属州化された。ディオクレティアヌスの地方統治機構改革の影響がもっとも明白にあらわれた地域の一つである。コムム、アクィレイア、オスティア各市のほか、碑文の発見点数が多いカンパニア州の諸都市の状況を考察し、都市に対する帝国の管理強化を示すものとされてきた碑文に新しい見方を示したい。

第Ⅱ部は北アフリカを対象とする。北アフリカは遺跡の残存状況が良く、この時代の碑文の発見総数も多い。そのため、ディオクレティアヌス改革によって都市に対する管理が強まったという主張の根拠とされてきた地域でもある。北アフリカの諸属州の間の相違にも注意しながら、属州再編が諸都市に与えた影響を考えていきたい。

第Ⅲ部では、ヒスパニアやガリアなど帝国北西部の諸属州を考察していく。イタリアや北アフリカに比べ、これらの地域では碑文の数がごく限られている。碑文を作製する習慣が衰微したことの意味も考えながら、残された碑文の考察をとおして、この地域の都市のおかれた状況を考えていこうと思う。

第I部

イタリア属州化と諸都市の動向

紀元前一世紀初頭の同盟市戦争でローマ市民権を獲得して以来、イタリアはローマ帝国のなかで特権的な地位を享受していた。しかし、西方諸属州の社会的・経済的発展にともなってその地位は揺らいでいく。二一二年にはカラカラ帝がアントニヌス勅令を発布し、帝国内の全自由民にローマ市民権を与えたことによって、イタリアが「本国」として特権的な地位を有するという法的な基盤が失われた。そして、ディオクレティアヌスの治世、イタリアは属州化されることになる。

このイタリアの属州化の過程は、残された史料が少ないこともあり、必ずしも明快ではない。それぞれの地方名をもつ州(レギオ)に分割され、その責任者として知事(コレクトル)が派遣された。属州(プロウィンキア)とは呼ばれず、またその責任者の称号も従来の属州とは異なる知事という特別なものが用いられた点で、「本国」だったイタリアへの一定の配慮を読み取ることもできるかもしれない。また、この新たに設置された知事職には元老院議員が任じられた。しかし、それまで免除されていた直接税も課されるようになったと考えられており、その配慮は名目的なものにとどまったとされている。

かつての「本国」はアエミリア・リグリア、ウェネティア・ヒストリア、トゥスキア・ウンブリア、フラミニア・ピケヌム、カンパニア、アプリア・カラブリア、ルカニア・ブルッティという七つの州に分割され、シチリア、サルディニア、コルシカの三島とアルペス・コッティアエ、ラエティアを合わせて、一二の州と属州からイタリア管区が構成されることになった。

このような属州化の過程で、都市監督官のほか、新たに派遣されるようになった知事を介して、諸都市はそれ以前に比べ緊密に支配されるようになったといわれてきた。それまで「本国」として、「統治の欠如」状態におかれていたというイタリアでは、[1]その変化は大きな影響を与えたものと思われる。しかし、その実態は必ずしも明らかではない。実際、この時代のイタリアの州知事や都市監督官の碑文の多くは、彼らに捧げられた顕彰碑文か、あるいは彼らが皇帝たちに捧げた顕彰碑文である。そこから皇帝権による都市行政への介入を読み取るのは難しい。第I部では、ディオクレティアヌス改革に直面したイタリアの諸都市がどのように自らの行動を選択し、それに対応していったのか、各地の碑

図1　イタリア管区

文史料をもとに明らかにしていきたい。

まず、第一章では、北イタリアのコモ湖畔にあったコムム市の碑文を取り上げる。ソル神殿の建設を記録したこの碑文には、知事や都市監督官ばかりでなく、皇帝たちの「命令」まで明示されていた。ディオクレティアヌス治世のイタリアの地方都市に対する管理強化を典型的に示すものと見なされてきたのも頷ける内容である。しかし、この時代のイタリアで作製された皇帝や知事、都市監督官の碑文全体を見渡してみると、この碑文の存在は特異である。このような内容の碑文が刻まれるに至った同時代の状況を再構成しつつ、この碑文の意義を再検討していきたい。

続く第二章では、同じく北イタリアにあるアクィレイアで発見された二つの碑文について考えたい。これらの碑文は、ディオクレティアヌス帝とマクシミアヌス帝が神々に対して捧げた奉納碑文である。一見すると、「キリスト教徒の迫害者」たる皇帝たちが、地方都市においてまで、熱心に異教信仰を実践していたことを示した碑文にも見える。アドリア海の奥に位置するアクィレイアは、共和政期以来の古い歴史をもつ植民市だった。地中海世界のなかでも碑文の発見点数が多い場所であり、その長い歴史と豊富な碑文史料のなかにディオクレティアヌス時代の二碑文を位置づけることによって、皇帝の異教信仰ではなく、都市と皇帝の関係という別の視点からこれらの碑文を理解することが可能となるだろう。

第三章では、北イタリアを離れて首都ローマの外港だったオスティアへと視点を移し、この時代の状況を考察する。オスティア市の中心たるフォルム(広場)の跡に残された騎馬像用の台座には、この時代に活躍した食糧長官兼オスティア市監督官を称えた顕彰碑文が刻み込まれている。このような碑文は、この時代のオスティア市民の「貧困なる精神」を示すものと考えられてきた。しかし、当時のオスティア市のおかれた状況を考えると、この顕彰事業はオスティア市当局による合理的な判断の結果だったことが理解できる。

第I部の最後、第四章ではさらに南に進み、碑文が数多く発見されているカンパニア州の状況を見ていく。イタリアが属州化されたのち、カンパニア州の諸都市は知事を介して緊密な帝国管理下におかれていたのだろうか。カンパニア諸都市の名を列挙したコンスタンティヌス治世のセリーノ水道の修復碑文に加え、数多く発見されている顕彰碑文に見られる変化をとおして、ディオクレティアヌス改革後のカンパニア諸都市の動向を検討したい。さらに、カンパニア諸都市と似たような傾向を示すシチリア島の諸都市の動向についても、補遺で取り扱う。

それでは、北イタリアのコムムを起点に、順次イタリア半島の南へと考察を進めていくことにしよう。

第一章　皇帝の「命令」と都市監督官

イタリア属州化とある地方都市の試み

はじめに

イタリアの属州化によって、都市は都市監督官や州知事によって緊密に管理されるようになった、という。その根拠とされることの多いのが、北イタリアのコムム(現コモ)で発見された碑文である(図2)。その碑文には次のように刻まれていた。

ソル神殿を、我らが主たるディオクレティアヌスとマクシミアヌス両正帝の命令により、クラリッシムス級のイタリア知事ティトゥス・フラウィウス・ポストゥミウス・ティティアヌスが完成し、奉献した。クラリッシムス級の〔コムム市〕監督官アクシリウス・ユニオルが監督した。[1]

皇帝たちの「命令」が明記され、さらに知事や都市監督官も登場する碑文は同時代のイタリアではほかに例がなく、イタリア都市と知事・皇帝の関係を考えるうえで、極めて重要な碑文である。[2] この碑文は黄色味がかった大理石製の石板に刻まれており、そのサイズは高さ五二センチ、幅八二センチ、厚さ三センチだった。[3] 文字は比較的整っているが、決して大きな碑文ではない。右下に一部欠損があるものの、現在の状況は概ね良好である。ただし、発見されたのは中世の墓地であり、再利用されていた。そのため、ここで言及されているソル神殿がいかなるものだったのかはわかっていない。しかし、このような内容ゆえ、都市に対して管理が強まったことを示す根拠として先行研究でもしばしば引合いに出されてきた。

この碑文を最初に公刊したF・キュモンは、この碑文をディオクレティアヌスの異教振興策との関連で位置づけ、のちのキリスト教徒迫害の嵐の予兆をこの碑文に見出している[4]。また、A・デグラッシもディオクレティアヌスの宗教政策としての側面を指摘し、この神殿建設の命令が他のイタリア都市や属州に対しても下された、と推測している[5]。

図2　コムム碑文(著者撮影)

このように宗教的な側面からこの碑文を理解した研究者のほかに、イタリア統治の側面からこの碑文を位置づけた研究者も多い。都市監督官の研究でこの碑文に言及するG・カモデカや、古代末期イタリアの公共事業について研究したB・ワード＝パーキンス、アフリカを中心とした古代末期の都市研究で著名なC・ルプレといった研究者たちは、皇帝が都市監督官や知事をとおして都市を管理していた様子を示すものとして、本碑文を位置づけている[6]。

それに対して、H・ジュフロワのように、この碑文を皇帝による恩恵の付与、エヴェルジェティスムとして理解する立場も存在する[7]。

しかし、いずれの立場にせよ、先行研究における本碑文の理解は、必ずしも慎重な検討のうえでなされたものではなかった。皇帝の「命令」、知事、都市監督官という要素ゆえに、それぞれの立場で都合よく解釈されてきたのではないだろうか。皇帝は異教振興のために、他の都市や属州に対しても、神殿建設を命じたのか。この碑文は、都市に対する管理強化を示すものといえるのか。

このような疑問に答えるべく、本章では、皇帝、知事、都市それぞれの視点からこの碑文の示す状況を再構成していく。そして、州制度の導入が進むなかでイタリア都市がそれにいかに対応していったのか、新たな姿を示していきたい。

1　公共事業における皇帝のイニシアティヴ

ディオクレティアヌスの治世は、「三世紀の危機」を経たあとで、さまざまな改革が大成された時期と位置づけられてきた。そのなかには、地方統治制度のみならず、税制・幣制・軍制に加え、宮廷儀礼などさまざまな内容が含まれていた。これらのディオクレティアヌスのもとで進められたさまざまな改革は、皇帝権力の強化、集権化の進行として理解されている。そして、この碑文における「命令」も、そのようなイメージに調和するものとして、それほど疑問を抱かれることはなかった。

実際、ラクタンティウスやアウレリウス・ウィクトルが伝えるように、ディオクレティアヌスは建築事業を好んだ。しかし、そこで言及されるのは、皇帝の拠点となったニコメディアやメディオラヌム(現ミラノ)のほか、ローマやカルタゴなど、皇帝にとっても重要だった大都市に限られる。[8] コムムのようなイタリアの一地方都市にまで、皇帝の関心は及んでいたのだろうか。以下に示すようなディオクレティアヌスやその同僚たちが自らイニシアティヴをとって進めたことが明白な事例と比較すれば、この「命令」が皇帝の積極的な意思を示すものとは考えがたい。

例えば、ローマ市のディオクレティアヌス浴場の建設を伝える碑文では、ディオクレティアヌスの同僚であるマクシミアヌス帝が事業をおこなった主体として明記され、しかも事業を自ら主導していた様子が詳細に述べられている。[9] また、ディオクレティアヌスがしばしば防衛の陣頭指揮を執ったドナウ川流域でも、皇帝たちが主語となるような形で、砦を修復したことが明記されている。しかも、ドナウ川流域ではほぼ同じ文面の碑文が少なくとも六例知られている。[10]このように、皇帝たちの意思によって進められた事業の場合、皇帝がその事業の主体であることが明確にされており、コムムの碑文のように、皇帝の「命令」という形で、皇帝の名が属格で示されることはない。その碑文上に、総督や都市監督官が登場する余地もないのである。

また、皇帝の称号について考えてみると、この時期の碑文では、「インペラトル」称号や、あるいは「敬虔な（ピウス）」「好運な（フェリックス）」「不敗の（インウィクトゥス）」といったさまざまな形容詞が皇帝の名に付け加えられることが多い。[11]それに対してコムムの碑文では、皇帝たちの称号はごく短いものにすぎず、この碑文のなかで皇帝の存在は決して大きなものではない。皇帝の積極的な意思による命令だったとは、やはり考えにくい。

しかし、皇帝の「命令」が刻まれているのも事実である。それでは、この皇帝の「命令」がいかにして下され、どのような目的で碑文に刻まれることになったのか、考えていこう。

2　イタリアへの州制度導入過程における知事職の変容

皇帝の「命令」が碑文に刻まれたことを考えるうえで、重要な示唆を与えてくれるのがイタリア知事だったティティアヌスの立場である。イタリアに州制度が導入され分割されていく過程で、知事職は都市に対して管理を強めていく立場にあったと想定されてきた。しかし、冒頭でも述べたように、その州制度導入の過程は必ずしも明確ではない。コムム出土碑文におけるティティアヌスの地位はどのようなものだったのだろうか。

イタリア知事は、カラカラ帝の治世にその前身となる職が登場する。[12]この段階では、イタリア全土を対象とした臨時の職務だったと考えられる。しかし、その後イタリアが分割され、知事職が各州の職務となった時期をめぐり、議論は大きく二つに分かれている。一つ目はB・ボルゲージ以来のアウレリアヌス帝の治世に分割がなされた、とする立場であり、もう一つはT・モムゼンの主張に始まるディオクレティアヌス治世に分割がなされた、とする立場である。[13]

両者の違いは、文献史料と碑文史料、それぞれに見られる食違いから生じている。

まず、文献史料について問題となるのは、いわゆる「ガリア帝国」最後の皇帝だったテトリクスの処遇をめぐる史料の信頼性である。複数ある文献史料のうち、テトリクスが「全イタリア知事」だったと伝えるのは、『ヒストリア・アウグスタ（ローマ皇帝群像）』の一節にすぎない。[14]しかも、そこで全イタリアの内容として列挙されたイタリア各州の名称は四世紀半ばのものであり、この史料の作成年代を四世紀後半とする根拠の一つになっている。[15]従って、三世紀半ばの出来事の根拠とするには信頼性が低い。

他方、アウレリウス・ウィクトルなど、他の文献は「ルカニア州知事」と伝えている。[16]しかし、同時代の碑文史料では「イタリア知事」と表記されるのが常であり、州名を添えた形で知事が碑文上で刻まれるようになるのはディオクレティアヌス治世の半ばからである。[17]しかも、「ルカニア州知事」と伝えるこれらの文献史料は失われた単一の歴史書をもとに執筆されたと考えられており、[18]同様の記述が複数存在するとしても、その信頼性を高めることにはつながらない。

このようにテトリクスの職名をめぐって文献史料に問題が残る一方で、碑文史料にも大きな問題が存在する。カリヌス治世の二八三／四年に知事を務めたウォルシアヌスの名を伝える碑文が三点知られているが、そのうちの一つに「イタリア知事」ではなく、「カンパニア州知事」と記されていたのである。[19]ディオクレティアヌス治世に分割がなされたと考えるモムゼンは、『ラテン碑文集成』第一〇巻の編集に際して、この碑文を偽作と判断している。そして、ディオクレティアヌス治世に分割がおこなわれたとする研究者は、この碑文を議論から排除してきたのである。[20]

それに対して、アウレリアヌス治世に分割されたと考える研究者は、モムゼンが自分の見解に合わなかったために、この碑文を偽作として排除したにすぎない、と批判する。[21]そして、「イタリア知事」という職名であっても、州単位の知事職だったことを示すと主張している。その根拠となるのが、コムムの碑文でも登場するティティアヌスの別の碑文である。ローマで発見されたその碑文のなかで、彼の職名は、「トランスパダナ州担当イタリア知事」と記されている。[22]それゆえ、「イタリア知事」と記されていても、すでにイタリアは分割されていたのだ、と主張するのである。

しかし、ディオクレティアヌス治世半ば以降、知事職が州名とともに碑文に刻まれるようになり、イタリア知事という職名が見られなくなるのも事実である。従って、ディオクレティアヌス治世に何らかの改変がなされたことは認めねばならない。先に結論をいえば、史料の限られる現状では、ディオクレティアヌス治世より前に何らかの地域的な形で知事が派遣されていた可能性は認めるにしても、後代にも継続するような枠組みでイタリアが州に分割されたのはディオクレティアヌス治世だった、と考えるべきだろう。

その理由としては、まず、G・クレメンテの指摘するように、トランスパダナ州という名称が知事職に添える形で見出されるのはこのティティアヌスの碑文のみであり、短期的な枠組みだったと考えられることが挙げられる。[23]しかもこの碑文では、皇帝に代わって審理をおこなう権限をもつことがイタリア知事職に付記されている。これは同じ碑文に登場するのちのカンパニア州知事にはない表現であり、他の属州総督とは異なるイタリア知事と皇帝との特別な関係を示すものと考えられる。[24]同様に、先に言及したウォルシアヌスの別の碑文では「皇帝たちの判断によっていとも幸いなる再任の知事」と記されており、これも皇帝との特別な関係を示すものということができる。[25]

また、A・シャスタニョルらが指摘しているように、二八九／二九〇年頃に知事を務めたディオニュシウスが「両イタリア知事」だったことも重要である。[26]この両イタリアとはイタリア全体を示しているものと考えられ、ディオクレティアヌス治世よりも前からイタリア知事のもとで、後代に続くような枠組みで州分割がなされていたとは想定しにくい。

このように、イタリアへの州制度導入はアウレリアヌス治世にはさほど進んでいなかった。それでは、最終的にイタリアが州に分割されたのはいつなのか。ここで重要な鍵を握るのが、コムムの碑文にも登場するティティアヌスの経歴である。先に言及したローマ出土の碑文では、アフリカ総督までの彼の経歴が伝えられている。それによれば、ティティアヌスはイタリア知事の直後にカンパニア州知事に就任している。別の碑文から、二八九／二九〇年頃には前述したディオニュシウスが両イタリア知事だったと考えられ、他方二九五年にはティティアヌス自身がアフリカ総督となっている。従って、彼がイタリア知事に在職したのは二九〇／一年、カンパニア州知事在職は二九二／三年と想定されている[27]。従って、コムムで本碑文が作製されたのは二九〇／一年となる[28]。

このティティアヌスの経歴を再構成したシャスタニョル自身は、ティティアヌスのイタリア知事在職年代をイタリアがはじめて州に分割された時期ととらえている。しかし、すでに述べたように、トランスパダナ州はその後継続することはなかった。むしろ、ティティアヌスがイタリア知事からカンパニア州知事へと昇進した二九一／二年を正式な州分割の時期として想定すべきである。いずれにせよ、デグラッシの指摘するように、コムムでソル神殿が建設された時点ではディオクレティアヌスはイタリアの統治機構をまだ変更していなかった[29]。コムム出土の碑文をもとに、ディオクレティアヌスがイタリア統治機構を再編した結果、総督が都市への管理を強化した、と主張することはできないのである。

また、州分割前の知事職の地位を考えるうえで重要なことは、ディオクレティアヌス治世半ばにイタリアが州へ分割されるより前には、イタリア知事は皇帝に代わって審理をおこなう権限をもつなど皇帝から特別な地位を与えられていたという点である。そもそも文献史料上問題となっているテトリクスも元「ガリア皇帝」であり、アウレリアヌス帝から「戦友」「同僚」と呼ばれたと伝えられるほどの人物である[30]。史料の信頼性に問題があるとはいえ、イタリア知事が一般の属州総督と同じ地位だったと想定するのには難がある。コムムの碑文に登場する皇帝たちの「命令」は、ウォルシアヌスの碑文にあった「皇帝たちの判断」と同じように、自身と皇帝との関係を誇示するために、イタリア知事だったティティアヌスが皇帝の「命令」を敢えて碑文に刻ませた、という可能性がまずは想定できる。

しかし、なぜコムムというイタリアの一地方都市のために皇帝たちの「命令」が下され、ティティアヌスがソル神殿を奉献することになったのか。この疑問に答えるために、コムム出土の碑文にはもう一人、都市監督官アクシリウス・ユニオルという登場人物が残されている。彼の立場とこの碑文の作製年代からさらに状況を再構成していこう。

3　二九〇／一年の北イタリア　メディオラヌム会談とコムム市

二九〇年から二九一年にかけての冬、恐らく二九一年一月、コムムに程近いメディオラヌムには、ディオクレティアヌス帝とマクシミアヌス帝がともに滞在していた。[31] 両皇帝の会談は二〇年以上に及ぶ治世のなかで、わずか二回ほどしかなく、極めて重要な機会といえる。このメディオラヌム会談という要因を考慮すると、コムムという北イタリアの一地方都市のために皇帝の「命令」が下された経緯をより明確にすることができる。

ここで注目したいのが、この碑文の最後に登場する都市監督官アクシリウス・ユニオルの立場である。先行研究では、都市監督官は知事がおこなう事業をその意向を受けて都市で施行する、という役割が想定されてきた。[32] しかし、アクシリウス・ユニオルの地位を考えると、そのような解釈には首をかしげざるをえない。というのも、彼自身もクラリッシムス称号をもつ元老院議員であり、知事であるティティアヌスと地位の点では遜色がなかったと考えられるからである。実際、同時代のイタリアや北アフリカの都市監督官に関係する碑文のなかで、元老院議員が都市監督官を務めている場合、総督がおこなう事業を施工監督した、と述べる事例はほかには知られていない。他方、総督と都市監督官が連名で皇帝に碑文を捧げるという形の碑文は複数存在する。[33] 同じ元老院議員同士でありながら、知事の意向を受けて都市監督官が都市で行動する、という上意下達の構造を想定するのは難しい。

もう一つ興味深い点は、アクシリウス・ユニオルの父親と考えられるアクシリウス・ホノラトゥスもまた、コムム市の都市監督官を務めていた、という事実である。[34] 近年の研究では都市監督官の都市のパトロヌス(保護者)としての側面もしばしば指摘されており、[35]このアクシリウス・ユニオルの事例はそれに該当するものだったと考えられる。また、彼らと同じ一族で、同時代の人物だったと考えられるアクシリウス・ウルビクスの名を伝える碑文もアクィレイアで発見されている。この碑文からは、彼が皇帝審理担当官（マギステル・サクラルム・コグニティオヌム）を務めるなど皇帝と極めて近い人物だったことがわかり、この一族が北イタリアでは比較的勢力が強かったとも想定される。[36]このような有力な一族の出身で、都市のパトロヌス的な立場の都市監督官がいたからこそ、コムムという一地方都市の神殿のために皇帝の「命令」が下され、碑文に刻まれることになったのだと考えられる。

では、この皇帝の「命令」はどのような経緯で下されることになったのか。

皇帝がある都市に滞在している場合、その近隣の都市は、皇帝のもとへ表敬のために使節を派遣した。ディオクレティアヌスの時代にも、その点で変化はない。ディオクレティアヌスが出したある勅答からは、皇帝のいる場所へ周辺の都市が忠誠を示すべく使節を派遣していたことが読み取れる。[37]また、エウセビオスの『教会史』でも、都市の使節が滞在中の皇帝のもとを訪れている。とくに『教会史』九巻二章一節の記述は非常に興味深い。そこでは、ディオクレティアヌス帝の跡を継いだガレリウス帝がキリスト教徒迫害をやめたのち、それに反して副帝マクシミヌス・ダイアが迫害を再開する様子が述べられている。この迫害再開の契機は、皇帝が滞在していたアンティオキアとその周辺都市からの請願であった。すでに一度は終結した迫害を再開するという状況だったために、マクシミヌス・ダイア自身がイニシアティヴを示しにくかったという背景はあるかもしれない。しかし、皇帝の政策決定のきっかけとして、都市からの請願が挙げられている点は重要である。[38]しかも、このような請願の背後にいたのが都市監督官だったと述べられている点は、コムムの事例を考えるうえで非常に示唆に富む。

二九一年のメディオラヌム会談の際にも、コムムからメディオラヌムへ使節が派遣されたと想定される。その使節が宮廷へ赴いた際に重要な役割を果たしたのが、ソル神殿の建立にも携わった都市監督官アクシリウス・ユニオルであった。ソル神殿完成のため皇帝の命令が下された、そのすべての黒幕としてアクシリウス・ユニオルの存在を仮定することはできない。しかし、コムム市からの使節が宮廷を訪れた際、北イタリアの有力な一族出身であり、都市監督官だった彼の存在は大きな力を発揮した。その結果、皇帝の恩恵として、恐らく資金援助という形で、ソル神殿完成のため命令が下されたと推定される。[39]

その場合、建設されたのがなぜソル神殿だったのか、という疑問は残る。皇帝がソル信仰を重視していたことの反映ではないか、との疑念は捨て切れない。都市当局のイニシアティヴを重視した場合でも、皇帝との良好な関係を維持すべく、ソル神殿の建設が都市当局主導で推進されたと考えて矛盾はない。しかし、ソル信仰を重視していたのが皇帝だけではなかったという点には注意を要する。実際、この建設事業に際して一定の役割を担ったイタリア知事ティティアヌスは、別の碑文で「ソル神官」として言及されている。[40] このソル神官職はアウレリアヌス帝によって帝都ローマに導入されたもので、三世紀末にも元老院議員たちが務めていた。その事実はいくつかの碑文から確認されており、ソル信仰は元老院議員たちにとっても重要なものだったのである。[41] 従って、このソル神殿の建設という選択の背景には、皇帝だけでなく、イタリア知事だったティティアヌス、あるいはコムム市監督官アクシリウス・ユニオルらの意向も働いていた可能性が高い。コムム市からすれば、皇帝だけでなく、恩恵の仲介者たる元老院議員たちとの関係をも強めることのできる一石二鳥、あるいは三鳥の選択肢だったのである。

おわりに

北イタリアのコムムで出土したこの碑文は、三世紀後半にイタリアへ州制度の導入が進むなかで、都市に対して皇帝や知事が管理を強めたことを示す、ほぼ唯一の根拠とされてきた。しかし、これまで考察してきたように、皇帝の「命令」は皇帝の異教振興の意図や都市に対する管理強化を示すものではなく、むしろ、二九一年初頭のメディオラヌム会談に際し、都市に対して皇帝が恩恵を与えたという状況を示すものと考えられる。

州制度の導入が進むなかでも、都市への管理強化が進んだと想定するだけではなく、都市の側からの視点も考慮せねばならない。この碑文は、イタリア都市が総督や皇帝と新たな関係を構築しようとする姿勢の一端を示していたのである。皇帝権力が強化されたといわれる古代末期社会においても、都市に対する恩恵の仲介者・付与者としての総督や皇帝という側面をより重視していくべきなのではないだろうか。

次章では、本章と同じくソル神にまつわる碑文が発見された北イタリアの都市アクィレイアの様子を見ていきたい。アクィレイアでは、ディオクレティアヌス帝とマクシミアヌス帝がソル神やアポロ神に対して捧げた碑文が発見されている。そこから垣間見える皇帝と都市の関係はいかなるものだろうか。

第二章　ディオクレティアヌス治世のアクィレイア

都市・皇帝関係に見るアポロ・ベレヌス奉献碑文の意義

はじめに

アドリア海の北辺に位置する都市、アクィレイア。この都市は紀元前一八一年にラテン植民市として建設された[1]。地中海とアルプス、イタリアとドナウ川流域を結ぶ交通の結節点に位置しており、ストラボンによれば、本来期待されていたイタリアの防衛拠点としての役割に加え、交易の拠点としても繁栄することになった[2]。海から川で遡る必要はあるものの、ドナウ川流域のイリュリア諸族との交易拠点であり、地中海側からは海産物やオリーヴ油、イリュリア側からは奴隷や家畜、毛皮がそれぞれもたらされたという。そして、古代の史料で言及されるのみならず、現在に至るまでさまざまな遺跡・遺物を残している。

本章では、この都市を舞台に、ディオクレティアヌス帝の治世、都市と皇帝がいかなる関係にあったのか、その一端を見ていきたい。すでに述べたように、アクィレイアは古代には商業拠点として繁栄した。しかし、アッティラの侵攻などを機に衰退し、現在はのどかな地方都市、むしろ農村とでもいうべき状況にある。それゆえ、アクィレイアには現在まで数多くの遺跡・遺物が残されることになった。碑文史料も数多く発見されており、この都市近辺からは、ディオクレティアヌス帝に関係する碑文がこれまでに三点発見されている。それらの碑文の意義を、文献史料や考古資料も援用しながら分析していくことによって、この時代の都市と皇帝の関係が単純な支配・被支配の関係にあったのではなく、むしろ、政治情勢に応じた一定の緊張関係にあったことを示したい。それが本章の目的である。

まず、アクィレイア出土碑文の内容を紹介したうえで、その分析へと進んでいこう。

1　アクィレイア出土のディオクレティアヌス帝関連碑文と先行研究

すでに述べたように、アクィレイアとその周辺の遺跡からは、ディオクレティアヌス帝に関係する碑文が三点発見されている。一つ目は、アクィレイアとトリエステの中間で発見されたもので、そこには次のような文面が刻まれていた。
偉大にして不敗のインペラトル・カエサル、ガイウス・アウレリウス・ウァレリウス・ディオクレティアヌス、敬虔にして幸運なるアウグストゥス、最高神祇官、護民官職権三回、コンスル二回、国父、プロコンスル（職権保持者）に対して、クラリッシムス級のイタリア知事、皇帝の神性と卓越性に対し捧げられし者たるアキリウス・クラルスが（捧げた）。[3]
ここに記したとおり、この碑文はイタリア知事アキリウス・クラルスがディオクレティアヌス帝に捧げたものである。いささか冗長ながら、皇帝の正式な称号が刻まれている。この碑文のように、イタリア知事や属州総督が皇帝に捧げた碑文はさほど珍しいものではない。属州首都を中心にしばしば見られるもので、この碑文もそのような事例の一つと位置づけられる。実際、ディオクレティアヌス帝にイタリア知事が捧げた碑文は、パドヴァやフィレンツェでも発見されている。[4]
残る二点は、ディオクレティアヌス帝と同僚のマクシミアヌス帝が連名で神々に対して捧げたものである。
アポロ・ベレヌス（神）に対し、インペラトル・カエサル、ガイウス・アウレリウス・ウァレリウス・ディオクレティアヌスとマルクス・アウレリウス・ウァレリウス・マクシミアヌス、敬虔にして幸運なる不敗のアウグストゥスたちが、〔一部欠損〕奉献した。[5]

ソル神に対し、不敗のアウグストゥスたるディオクレティアヌスとマクシミアヌスが〔奉献した〕。[6]

こちらもディオクレティアヌスとその同僚たるマクシミアヌスが神々に捧げたものである。これらの碑文もまた、一見すると何の変哲もない、ごく単純な奉納碑文であるにすぎない。しかし、同時代のディオクレティアヌス帝に関連する碑文を網羅的に考察していくと、これらの碑文が非常に貴重なものであることがわかってくる。それというのも、ディオクレティアヌス帝の名を刻んだ碑文の多くはマイル標石か、あるいは皇帝に対して捧げられた碑文であり、これらの碑文のように、地方都市において皇帝の名で碑文が立てられるのは極めて稀だったからである。実際、管見の限り、イタリアの地方都市でディオクレティアヌス帝が主体となっておこなった碑文の奉献の事例は、この二碑文を除くと、ラティーナ街道沿いのカンパニア都市ファブラテリア・ノウァから出土した碑文が知られているだけである。[7]

このような状況のなかで、同じ都市から皇帝たちの捧げた碑文が二点も発見されるというのは例外的であり、注目すべきものである。先行研究においても、これらの碑文はさまざまな見方をされてきた。

しかし、先行研究における位置づけは、必ずしも満足できるものではない。

まず、アクィレイア都市研究の古典『ローマ期のアクィレイア』を一九三〇年に刊行したA・カルデリーニは、その著書のなかで、これらの碑文について、恐らくはキリスト教徒迫害が荒れ狂う間の皇帝たちの宗教的な意思を示すものだ、という解釈を示している。[8] このように、これらの碑文をディオクレティアヌスの異教信仰やキリスト教徒迫害と結びつける見方は現在でも根強く、ディオクレティアヌスの治世について非常に詳細かつ体系的な研究を著したW・クホフもこれらの碑文に言及し、皇帝の異教信仰、すなわち国家祭祀確立に皇帝たちが積極的に関与したことを示すものと位置づけている。[9]

このような皇帝の宗教的な姿勢からのアプローチとは別に、都市アクィレイアの性格と関連づけて考察する立場もある。アクィレイアが皇帝滞在地としての性格をもっていたことと関連づけるのがM・ボンフィオリであり、アクィレイアへの皇帝の訪問・滞在について述べた論文中でこれらの碑文にも言及している[10]。そこでは、アクィレイアで二九六年に皇帝が発布した法文や二九七年頃とされるアクィレイアの造幣所開設と関連づけられ、皇帝のアクィレイア滞在とこれらの碑文の関係が示唆されている。

また、C・ソティネルは、都市アクィレイアが四世紀の皇帝たちの争いのなかでどのように行動したのか、文献史料を中心に再構成している。彼女はその論文で、アクィレイア市が皇帝滞在地だったことに加え、行政拠点としての性格をもっていたことを指摘し、西方を治めていたマクシミアヌス帝がアクィレイア市に好意を示したもの、と述べている[11]。

これらの碑文が皇帝の都市に対する好意を示しているという意味では、筆者の立場は彼女のそれと比較的近い。しかし、後述するように、ディオクレティアヌスの治世にアクィレイア市が行政拠点として発展したのかどうか、意見は分かれている。しかも、彼女の研究は文献史料からのアプローチを中心としたもので、これらの碑文への言及は補完的なものにすぎない。研究目的が違うためやむをえないとはいえ、これらの碑文の先行研究での位置づけを理解したうえで言及しているわけではなく、この時期の碑文の状況を考慮したものでもない。

これらの碑文はキリスト教徒迫害と関連した皇帝たちの異教信仰を示すものなのだろうか。あるいは、アクィレイアが皇帝滞在地として、あるいは行政拠点として繁栄したことを示すものなのか。碑文史料それ自体に着目して考察を進めていこう。

2　碑文の作製年代に見るキリスト教徒迫害との関係

前節で述べたように、本章で考察対象とする碑文はディオクレティアヌスとマクシミアヌスが一方はアポロ・ベレヌス、他方はソルという神々に奉納したものである。キリスト教徒迫害をおこなった皇帝たちが異教の神々に奉納した碑文であることから、これらの碑文はキリスト教徒迫害をおこなった皇帝たちの信仰心の発露であり、異教振興策の一環として理解されることになった。

これらの碑文が皇帝たちの異教的心情の発露としての側面をもつことは否定できない。しかし、これらの碑文がアクィレイアという北イタリアの一地方都市で奉納されたものであり、同時代のイタリアでも類稀なものであることはすでに指摘したとおりである。[12] 帝国全土を対象としていたであろうキリスト教徒迫害とこれらの碑文を安易に関連づけるのには、慎重であるべきだろう。そもそも、これらの碑文とキリスト教徒迫害を結びつけるには、時間的な問題が大きな壁として立ちはだかっている。

ディオクレティアヌス帝によるキリスト教徒迫害が開始されたのは、その治世の末年、三〇三年のことだった。[13] それに対して、これらの碑文を奉納したのはディオクレティアヌスとマクシミアヌスという二名の皇帝である。西方でコンスタンティウスが、東方でガレリウスがそれぞれ副帝に登用され、四帝統治体制が発足するのは二九三年のことである。これ以降、碑文に皇帝の名が刻まれる場合には、原則として四名の皇帝の名が並べられることになった。[14] そのような原則からすると、これらの碑文が奉納されたのは二九三年以前であり、キリスト教徒迫害の始まる一〇年以上も前のものということになる。少なくとも、キリスト教徒迫害の同時代の碑文ではありえず、直接的な関連性はない。

キリスト教徒迫害へと至る皇帝の心情としての理解ならば、この一〇年という年代の幅はさほど大きなものとは思われないかもしれない。しかし、二九〇年代半ばに情勢が安定するまで、ディオクレティアヌスがキリスト教徒迫害につながるような行動をとった痕跡を見出すのは困難である。軍隊からのキリスト教徒の追放がおこなわれたのは二九〇年代末のことであり、[15] マニ教徒に対する迫害が命じられたのは三〇二年だったと考えられている。[16] しかも、前者は軍規違反への処罰、後者は敵対するペルシアの宗教であることが危険視された可能性が高く、宗教的な理由での迫害かどうか議論は分かれる。[17]

むしろ、三〇三年にキリスト教徒迫害が始まったとき、その迫害は突発的なものと教会関係者には認識されていた。迫害の開始以前には、皇帝たちとキリスト教徒が良好な関係にあった、という指摘すらなされていることは看過すべきではない。[18] キリスト教徒ではない人物の手による文献史料は大迫害について沈黙を守っていることから考えても、治世前半の皇帝たちの行為とキリスト教徒迫害を直接結びつけるのは慎むべきである。

次節では、これらの碑文がアクィレイアという都市で奉納されたという点に注目し、その意義を考察していきたい。

3 都市アクィレイアの性格と碑文の意義

都市アクィレイアの性格をめぐる先行研究

第1節で述べたように、これらの碑文がアクィレイアで奉献されたことを重視した場合、これらの碑文の奉献は、アクィレイア市が皇帝滞在地だったこと、あるいは行政拠点だったことと関連づけられてきた。しかしながら、ディオクレティアヌス治世のアクィレイア市の状況については、研究者間の意見は必ずしも一致していない。

まず、アクィレイア都市研究の嚆矢《こうし》であるカルデリーニは、ディオクレティアヌス治世にはドナウ戦線ではシルミウムが拠点となる一方、メディオラヌムにイタリア統治の拠点がおかれ、アクィレイアの重要性は減退した、と述べていた[19]。だが、考古学的に見ると、この時期にはアクィレイアでさまざまな建築事業が進められ、都市景観も大きく変化したといわれている[20]。この都市の重要性が減退したとは考えにくい。

現在、比較的有力な見方では、アクィレイアが皇帝滞在地だったことが重視されている[21]。そして、恐らくはこのような見方に基づいて、アクィレイアはアンティオキアやアレクサンドリア、メディオラヌムといった地中海世界でもトップクラスの大都市に引けをとらないほど繁栄していた、とまでいわれているのである[22]。

皇帝滞在地だったことを重視するこのような見方に対しては、ソティネルが懐疑的な見方を示し、アクィレイアの人口の問題にも疑義を呈している。彼女はディオクレティアヌス治世にイタリアが州に分割されたことを重視しており、アクィレイアがウェネティア・ヒストリア州の州都として、行政拠点として発展した、ということを強調している[23]。

しかし、古代末期のイタリア統治研究を専門とするG・A・チェッコーニによれば、アクィレイアが州統治の拠点としての性格を明確にするのは四世紀半ば以降であるという[24]。行政拠点として発展したことを重視する見方も、必ずしも説得的なものとはなっていない。しかも、州統治の拠点はアクィレイア市に限られるものではない。他のイタリア諸州での類例がほとんど知られていない以上、州統治の拠点としての性格を強調しても、これらの碑文の意義が明らかになることはないのである。

とはいえ、アクィレイア市が皇帝滞在地であったために、これらの碑文が奉献された、ともいいがたい。次項では皇帝滞在地としてのアクィレイア市の性格を検討し、その理由を示していこう。

皇帝滞在地としてのアクィレイア

すでに指摘したとおり、これらの碑文がアクィレイアで奉納されたことと、アクィレイア市が皇帝滞在地であったことを関連づける見方も存在する。しかし、こちらもすでに述べたように、これらの碑文が二九三年以前に奉納されたものである以上、二九六年の法文などと関連づけ、その時期のアクィレイアへの皇帝滞在と結びつけることはできない。[25]

そもそも、アクィレイアが皇帝滞在地として繁栄したことの最大の根拠は、マクシミアヌス帝の娘ファウスタとコンスタンティヌス帝の婚約を寿ぐ三〇七年のマメルティヌスの頌詞に「アクィレイアの宮殿」が言及されていることである。[26] そこではコンスタンティヌスが幼かった頃の様子が描かれており、ディオクレティアヌス治世にはすでに「アクィレイアの宮殿」が存在したことをうかがわせる。[27] しかし、この宮殿について考察したN・デュヴァルは、その存在には否定的な結論を示している。実際、そこで言及されている「アクィレイアの宮殿」云々の話は、頌詞作家本人が見たものではなく、あくまでも聴いた話にすぎない。発掘が精力的に進められているアクィレイアの遺跡でも、その遺構はいまだ発見されるには至っていないのである。[28]

また、現在は埋め戻されているものの、都市北西部では競技場の遺構が確認されており、三世紀末に建設されたと考えられている。他方、マクシミアヌスの「首都」だったといわれるメディオラヌムでも三世紀末に建設されたと考えられる競技場の遺構が残されている。それゆえ、両者を関連づけることでアクィレイアの皇帝滞在地としての性格を指摘することも可能と思われるかもしれない。しかし、競技場の存在は必ずしも宮殿の存在を保証するものではない。[29] しかも、この頃アクィレイアが繁栄していたから競技場もディオクレティアヌス治世のものだろう、と推測されているのだということを忘れてはならない。[30] 競技場の存在と結びつけてアクィレイアの皇帝滞在地としての性格を強調することは、無意味なトートロジーとなりかねないのである。

以上のように、アクィレイアが皇帝滞在地として発展した、とする議論自体、確固とした根拠をもつものではない。しかも、そもそもアクィレイアが皇帝滞在地だったことを強調しても、これらの碑文が建立された理由はそれほど明白にはならないのである。ディオクレティアヌスの治世前半は、政情が安定するには程遠い時期だった。同僚だったマクシミアヌス帝ともども東奔西走する必要に迫られていたのである。そのような状況で、他の滞在地ではなく、このアクィレイアで奉納をおこなったという事実を説明するには、皇帝滞在地としての性格を指摘するだけでは不十分である。それでは、いかなる意図のもとに皇帝たちはこれらの碑文をアクィレイア市で神々に奉納したのだろうか。そして、これらの碑文は都市と皇帝のどのような関係を示しているのだろうか。改めて碑文史料からその意義を考察していきたい。

4　戦略拠点としてのアクィレイア

アクィレイア市におけるベレヌス信仰の意義

これらの碑文が本来どのような状態にあったのか、残念ながら詳しいことはわかっていない。それゆえ、そのテクストからこれらの碑文の意味を解釈していくことになる。皇帝たちの名を除けば、碑文の捧げられた神々の名が残るだけである。しかし、なぜアポロ・ベレヌス、ソルという二柱の神々に奉献されたのか、という点はこれまで考察されてこなかった。アクィレイア出土の他の碑文と比較しつつ、なぜこれらの神々が奉納対象として選ばれたのか考えていこう。とくにアポロ・ベレヌスという神格は興味深い存在である。

アポロはいうまでもなく伝統的なギリシアの神だが、ここで重要なのはベレヌスという神のほうである。ベレヌス神はケルト系の神だったと考えられている。この神の名を刻んだ碑文はアクィレイアを中心に数多く出土しており、アクィレイアはその信仰の中心だったと想定されている。アクィレイアの都市研究においても注意が払われており、カルデリーニはその著書のなかで、アクィレイア出土の碑文だけで五七例の碑文を列挙し、周辺で発見されたものも含めれば、七七例に及ぶ碑文を挙げている[31]。また、アクィレイアの地域信仰を専門とする別の研究者によれば、六〇例の碑文があるという[32]。

これらベレヌスに捧げられた碑文の大半も、神の名と奉献者の名前程度の情報しか含まれてはいない。それでも奉献者の名を見ていくと、解放奴隷の数が比較的目立つものの、軍人、役人をはじめ、徴税人、商人、果ては奴隷に至るまで多種多様な人々の信仰を集めていた様子がわかってくる。[33] これは、元来、ベレヌス神が健康の神として信仰を集めていたことに起因すると考えられる。そして、三世紀以降、この信仰はさらなる飛躍を遂げることとなった。[34]

二三八年、アクィレイア市はマクシミヌス・トラクス帝に対し反旗を翻した元老院側につき、その結果、マクシミヌス・トラクスの軍に包囲されることになった。[35] この戦いの顛末《てんまつ》はヘロディアノスに詳しいが、彼によれば、この戦いは皇帝側の楽観的な見通しとは裏腹に、アクィレイア市民の奮闘の結果、凄惨を極めることになったという。この戦いのなかで味方の裏切りに遭い、マクシミヌス帝は息絶えることになる。ところで、この戦いの最中、神託でアクィレイア市民に勝利を約束し、さらに、しばしば姿をあらわしてアクィレイア市民に味方したといわれるのが、このベレヌス神なのである。[36] ここに至って、個人が健康を祈願する対象であったベレヌス神は、都市の守護神としての地位を得たともいわれている。[37] このアクィレイア市の二三八年の勝利は、こののち、アクィレイア市の戦略拠点としての立場を強く印象づけることになった。

このように、アクィレイア市民の信仰が篤く、かつ都市の守護神でもあったベレヌス神に対して、情勢がいまだ安定するには程遠かったその治世の前半に、ディオクレティアヌス帝とマクシミアヌス帝はこの碑文を捧げたのである。この行為は、皇帝たちの宗教心の発露という面もあったにせよ、戦略拠点となる都市と、皇帝が友好関係を築こうとした政治的な姿勢の表明としての側面が強かった。ヘロディアノスの伝えるところでは、二三八年の包囲攻撃に際して、アクィレイア市民は自ら市壁を修築し、戦いの矢面に立っていた。[38] 交通の結節点に位置し戦略拠点であったアクィレイア市を皇帝が自らの陣営に確保し続けるためには、都市参事会や市民の協力は不可欠なものだったのである。

四世紀半ばに至っても、このような状況に大きな変化はない。

背教者として知られるユリアヌス帝がガリアでコンスタンティウス二世に反旗を翻し、東方へと向かっていたとき、アクィレイア市はユリアヌスに対して反乱を起こした。事の顚末を伝えるアンミアヌス・マルケリヌスによれば、これは忠誠心の疑わしい軍団がドナウ河畔のシルミウムからガリアへと送られる途中、その部隊が中心となって引き起こしたものだったという。しかし、その一方で、反乱の勃発時には市民たちが協力したことも指摘されており、その後も、戦闘に参加していた様子が見出せる。[39] 反乱終結後には、反乱部隊の隊長のほかに、二名のアクィレイア市の都市参事会員が責任を問われて処刑された。[40] このようなアンミアヌス・マルケリヌスの記述を見る限り、アクィレイア市の都市参事会と民衆が受動的な役割しか果たさなかったとは考えがたい。[41] むしろ、地中海とアルプス、イタリアとドナウ戦線を結ぶ交通の結節点だったアクィレイアは、その市民の協力なくしては維持しておくことのできない重要な戦略拠点だったのである。実際、ユリアヌスはアクィレイア反乱の報に危機感を抱いており、[42] それ以前からアクィレイアの重要性を認識していたともいわれている。[43] このような重要な戦略上の拠点である都市に対して、皇帝が好意を示しておく必要は十分すぎるほど存在したのである。

また、近年おこなわれたフォルム(広場)跡の発掘からは、古代末期のアクィレイアのフォルムの興味深い様子が再現されている。アクィレイアの碑文研究を精力的におこなっているC・ザッカリアによれば、フォルムには、前一八一年のラテン植民市建設を率いたルキウス・マンリウス・アキディヌスの碑文や前一六九年の再入植を率いたティトゥス・アンニウスの碑文をはじめ、都市アクィレイアの歴史のなかで重要な役割を果たした人物の碑文が設置されており、フォルムを歩きながら都市の歴史をたどることができるようになっていたという。[44] 留意すべき点は、アクィレイア市は、二三八年に包囲攻撃されたときなど、多くの碑文を再利用して城壁を修築しており、また、三〜四世紀にさまざまな公共事業によって都市景観が大きく変化したと考えられていることである。[45] そのような変化にもかかわらず、古代末期にも共和政期の顕彰碑文がフォルムに残されていたのは注目に値する事実である。五百年以上にわたる都市アクィレイアの歴史は、古代末期にも住民たちにとって非常に重要なものだったと考えられる。このフォルムの様子から、古代末期の住民たちのアクィレイア市民としてのアイデンティティを読み取るザッカリアの解釈は妥当であろうし、そうであればこそ、ディオクレティアヌス帝とマクシミアヌス帝がベレヌス神に碑文を捧げる意味もあったのである。

ここまで考察してきたように、ディオクレティアヌス帝とマクシミアヌス帝がアクィレイアでアポロ・ベレヌス神に捧げた碑文は、戦略拠点たる都市アクィレイアと友好的な関係を築こうとする、皇帝たちの政治的な姿勢の表明だったと考えられる。しかし、アクィレイア市が交通の結節点に位置し、戦略的に重要だったのは、創建当時から変わらぬ事実であった。二三八年のマクシミヌス・トラクスに対する勝利によってアクィレイア市が戦略拠点としての印象を強めたのだとしても、ディオクレティアヌスの治世までには半世紀近い時が流れている。それにもかかわらず、アクィレイア出土の碑文を年代順に追っていくと、ベレヌス神に対して碑文を捧げた皇帝は、ディオクレティアヌスとマクシミアヌスが最初で最後である。それ以前の皇帝たちがベレヌス神への奉献をおこなわなかったにもかかわらず、ディオクレティアヌス帝がおこなったのはなぜなのか。次項ではこの問題について考えてみたい。

ディオクレティアヌス政権確立期におけるアクィレイア

マクシミヌス・トラクス帝との戦いを経てベレヌス神が都市アクィレイアの守護神としての性格を獲得したのだとしても、ディオクレティアヌス帝よりも前にはベレヌス神に対して奉納をおこなった皇帝は確認されていない。二三八年のマクシミヌス・トラクス帝の死から二八四年のディオクレティアヌス帝の即位までの時期は、帝国の政治的混乱が激化した時期であり、個々の皇帝の治世は非常に短く不安定なものだった。そのうえ文献史料に乏しく、序章で述べたとおり、セウェルス朝期を最後に帝国各地で碑文の総数も急速に減少している。アクィレイア周辺も蛮族の侵入や内戦の影響を蒙った。そのような時期のことゆえ、ディオクレティアヌス帝より前の皇帝たちと都市アクィレイアの関係を考察するのは難しい。[46] アクィレイアでは市壁修理のため元首政期の碑文の多くが再利用されており、碑文の残存情況が完全ではないことも事実だが、ディオクレティアヌス政権確立期の政治情勢を見ていくと、皇帝たちが奉納をおこなった背景にはそれなりの理由があったと考えられる。コンスタンティヌス帝以降については後述するとして、ここでは、ディオクレティアヌスがアクィレイアで奉納をおこなう契機となった事情を二点指摘しておきたい。

まずは、ディオクレティアヌス帝即位直後の二八四年から二八五年にかけての出来事である。先帝ヌメリアヌスの死にともない、ディオクレティアヌスが帝位に就いたのは、小アジアのニコメディアでのことだった。それに対して、西方にはヌメリアヌスの兄カリヌスが皇帝として残っており、ディオクレティアヌスの即位を認めていなかった。両者はマルグス河畔の戦いで雌雄を決することとなるが、この決戦に先立ち、アクィレイア周辺で反乱が起こっている。カリヌスとヌメリアヌスの父であるカルス帝が死去したとの報を受け、ウェネティア知事だったユリアヌスが帝位を奪おうとした事件がそれである。この反乱についてはアウレリウス・ウィクトルが伝えるのみだが、反乱自体は東へと道を急ぐカリヌス帝の手で鎮圧されている。[47] 簡略な史書ゆえ事の顛末は詳《つまび》らかではないが、この反乱をきっかけに、ディオクレティアヌス帝とマクシミアヌス帝がアクィレイア市の戦略的重要性を認識するに至った可能性がまずは指摘できる。

もう一つは、『ヒストリア・アウグスタ（ローマ皇帝群像）』のカルス、カリヌス、ヌメリアヌス帝伝に伝えられている記事である。それによれば、一説に、カルス帝はメディオラヌムの生まれだが、アクィレイアの都市参事会名簿に登録された、という。[48] この史料は信頼性が低いことで悪名高く、この記事をそのまま受け入れるのは難しい。実際、別の史料ではカルス帝の出身地をガリアのナルボと伝えている。[49] しかし、ディオクレティアヌスが帝位を奪ったカルス帝の一族がアクィレイア市と縁が深かった、ということはありうるのではないだろうか。それゆえ、ディオクレティアヌスがアクィレイア市民に好意を示す必要に迫られた、という可能性も指摘しておきたい。他の皇帝が捧げた碑文は確認されていないにもかかわらず、ディオクレティアヌス帝とマクシミアヌス帝がアクィレイアでベレヌス神に奉納をおこなった背景には、アクィレイア市と先帝一族との密接な関係という事情も影響していたのかもしれない。

ソル碑文に見られる皇帝の意図

前項まで、アポロ・ベレヌス神に対する奉献碑文を中心にその意義を考察してきた。その結果、ディオクレティアヌス帝とマクシミアヌス帝がアクィレイア市を重視し、その碑文を奉献したのは、この都市の戦略的重要性ゆえであるとの認識に至った。そのうえで、残るソル神に対する奉納碑文についてもその意味を考えたい。

これまで述べてきたように、アクィレイアはドナウ川流域とイタリアやガリアを結ぶ交通の結節点に位置していた。そして、そのアクィレイアと密接な関わりのあったドナウ川流域に位置するカルヌントゥムでも、ディオクレティアヌスをはじめとする皇帝たちがミトラス神と習合したソル神に対して奉納した碑文が発見されている。この碑文は三〇八年のカルヌントゥム会議に際して奉献されたものであり、すでに退位していた先帝ディオクレティアヌス、マクシミアヌスをはじめとして、皇帝たちが「不敗のソルにしてミトラス」に奉納したものである。[50] この碑文にも見られるように、ソル神とミトラス神はしばしば習合した形で見出される。そして、このミトラス信仰は兵士たちの間で盛んだったといわれている。[51] 実際、この碑文も軍団駐留地だったカルヌントゥムという場所の性格を反映したものともいわれている。つまり、この碑文は、皇帝たちがミトラス信仰への配慮を示すことによって、兵士たちの忠誠心を確保しようとしたものだったというのである。[52] アクィレイアでのソル神に対する奉献碑文の意義を考えるうえで、このカルヌントゥム出土碑文は非常に興味深い事例である。

交通の結節点であり、また戦略拠点でもあったアクィレイアを軍人たちもしばしば訪れていた。そのことは、アンミアヌス・マルケリヌスの伝える三六一年にユリアヌスに対して反乱を起こした部隊の記述や、アクィレイア出土のいくつかの碑文からも明らかである。[53]

実際、カルデリーニによれば、アクィレイアはイタリアのなかでもミトラス信仰が盛んな地だったという。彼はミトラス神に捧げられた碑文とソル神に捧げられた碑文を合わせて、一九例を列挙している。そして、アクィレイアでミトラス信仰が盛んだった理由として、この地を訪れる数多くの商人たちに加えて、兵士たちの存在を挙げている。[54]

このようにアクィレイアを訪れる兵士たちに対して、皇帝たちはこの碑文を奉納してみせることで、兵士たちの忠誠心を確保しようとしていたと考えられる。[55]ディオクレティアヌス帝やマクシミアヌス帝自身も軍人出身だったとはいえ、帝位の維持に軍団の支持は不可欠であった。いまだ政治的に不安定な状況にあった治世前半には、軍団の支持を得るための努力を惜しむことはできなかったのである。

コンスタンティヌス治世以降のアクィレイア

ところで、コンスタンティヌス帝以降、アクィレイアで神々に対する皇帝の奉納碑文は発見されていない。最後に、本項ではこの点について説明しておこう。

アクィレイアが戦略拠点としての重要性を有していたという事実は、このあとの時期も変わらない。その事実は、すでに紹介したユリアヌス治世の反乱でも示されている。そのアクィレイアに対して、コンスタンティヌス以降の皇帝たちはより明白な形で恩恵を付与したと考えられる。

一例として、一九八六年に発見されたコンスタンティヌス帝に捧げられた碑文を挙げておこう。この碑文は都市南西部の浴場跡から発見されたもので、[56]元は台座だったと考えられる。皇帝に対する奉献碑文はしばしば見られるもので、それだけでは目立つものではない。しかし、この碑文の二人の奉献者の役職は「幸運なるコンスタンティヌス浴場事業の担当官」という非常に珍しいもので、コンスタンティヌス帝のアクィレイア市に対する積極的な恩恵の付与を思わせる。[57]

また、三一二年にコンスタンティヌス帝がイタリアへ進入し、僭称帝《せんしょうてい》マクセンティウスを打ち破った際、アクィレイア市はコンスタンティヌス帝の側にはつかなかった。ナザリウスの頌詞によれば、アクィレイア市は攻撃され損害を蒙ったものの、その後コンスタンティヌス帝から信じられないほどの恩恵を受けた、という。[58]

このように、コンスタンティヌス帝もアクィレイア市に対して積極的に好意を示していた。そして四世紀後半には、州知事による行政の拠点としての性格を強めていくことになるが、その点はまた別の議論が必要となろう。[59]

おわりに

本章で考察してきたように、ディオクレティアヌス帝の治世、アクィレイア市が皇帝滞在地、あるいは行政拠点として発展した、とする主張は必ずしも説得力のあるものではない。また、ディオクレティアヌス帝とマクシミアヌス帝がベレヌス神に対して捧げた碑文をキリスト教徒迫害と直接結びつけることもできない。皇帝たちの異教信仰に対する好意を示すという面もあったにせよ、むしろ、この碑文は皇帝たちが戦略拠点たるアクィレイアの市民たちに対して好意を示した政治的行動としての側面が強かったと考えられる。アクィレイア市は古代末期に至っても自律的な判断に基づいて行動する場合もあった。それゆえ、交通の結節点に位置し戦略上重要だったこの都市と友好関係を築くことは皇帝たちにとっても重要だったのである。

元首政期に比べ帝位が不安定で、皇帝たちが移動し続けていた時代、都市を統治機構の末端と位置づける静態的な見方だけでは、当時の都市がもっていた自治的な組織としての側面が過小に評価されてしまうように思われる。この時期の都市は、むしろ自己の存続をかけて行動を選択する必要に迫られており、皇帝の側も、そのような都市を味方に引き入れるべく、場合によっては自ら積極的に好意を示す必要にも迫られていたのである。

本章ではコンスタンティヌス帝の治世までにとどめたが、アクィレイア市はその後も三四〇年にはコンスタンティヌス帝の息子であるコンスタンティヌス二世とコンスタンス帝の争いに巻き込まれ、さらに三五〇年代にはマグネンティウスの反乱の拠点ともなり、三六一年にはユリアヌスに反抗し、三八七年にはマグヌス・マクシムスの反乱にも加担した。目まぐるしく変化する情勢のなかで、都市と皇帝は一方的な支配・被支配という関係ではなく、情勢の変化に応じ、緊張感をもった関係にあったと考えるべきなのである。

次章では、オスティアのフォルムで発見された顕彰碑文を中心に都市と帝国の関係を考察していく。食糧長官を都市当局が顕彰したその碑文は、「貧困なる精神」の産物とも評されるが、はたして実態はどんなものだったのだろうか。

第三章　港湾都市オスティアと食糧長官

ディオクレティアヌス治世の都市間競争

はじめに

オスティア・アンティカの遺跡は、ローマ市内から郊外電車で四〇分ほどのところに位置している。かつてはテヴェレ川の河口《オスティウム》にあったこの都市も、土砂の堆積が進んだ今では海を望むことはできない。とはいえ、長く土砂に埋もれていたオスティアの遺跡は保存状態も良く、ポンペイと並び称されるほどである。七九年のヴェスヴィオ山の噴火で一瞬のうちに埋もれたポンペイと異なり、オスティアは古代の終末まで存続した。それゆえ、都市の創設から衰亡までをたどることもできる。このオスティアの遺跡からは数多くの碑文も出土しており、碑文の残存状況がもっとも良い遺跡の一つである。

この都市の中心には、他のローマ都市と同じく、フォルムと呼ばれる広場が位置していた。長方形のフォルムの北側にはローマの主神ユピテルを祀った大きな神殿がそびえ、周辺にはその他の諸神殿、浴場、都市参事会の議場などが配置されていた。この都市生活の中心だったフォルムの南西端、ローマとアウグストゥスの神殿の前に、ある碑文の刻まれた台座が現在も残っている(図3)。そこには次のように刻まれている。

マニリウス・ルスティキアヌス、ペルフェクティッシムス級の食糧長官、エミネンティッシムス級の近衛長官たちの代行、いとも高貴なるオスティア植民市の監督官にしてパトロヌス（保護者）たる人物に対し、都市に対するその信義と功績ゆえ、彼の施政の功によって都市がさらに繁栄するようにオスティア市参事会と民衆が決議し建造した。[1]

この台座はそれほど大きくはないものの、[2]その上には騎馬像が置かれていた。都市生活の中心たるフォルムに置かれた騎馬像は人目を引くものだったに違いない。一九二三年に発表されて以来、[3]この碑文に関してはいくつかの研究が示されてきた。現代でも注目を集め続ける碑文といえるだろう。[4]

図3　オスティア碑文（著者撮影）

この碑文が発表された二年後、一九二五年には、早速A・シュタインがルスティキアヌスの務めた近衛長官代行という肩書に注目して論文を発表している。[5]彼は、この碑文の読みを修正、確定したうえで、ローマ市のフォルムで発見された近衛長官（プラエフェクトゥス・プラエトリオ）マニリウス・ルスティキアヌスとオスティア碑文の同名の人物を同一人物であると指摘している。[6]そのローマ碑文は、ディオクレティアヌス退位後の混乱のなか、三〇六年から三一二年までイタリアと北アフリカを支配したマクセンティウスに捧げられたものだった。それゆえ、オスティア碑文の年代は三世紀末から四世紀初頭と考えられることになった。シュタインはこの碑文の年代をさらに細かく限定している。それによれば、この時期には近衛長官は皇帝の傍にあって政務を輔弼《ほひつ》していた。近衛長官がローマ市にいるとき、すなわち皇帝（を称する者）がローマにいるときに、その代行もローマ近郊のオスティアにいたというのである。ディオクレティアヌス治世、皇帝たちはほとんどローマ市に滞在しなかった。それゆえ、ルスティキアヌスが近衛長官代行を務めた時期も、マクセンティウスの支配期だったのではないか、と推測している。
食糧長官(プラエフェクトゥス・アンノナエ)に関して研究をまとめたH・パヴィ・デスキュラクは、ローマ碑文の人物との同定には慎重だった。しかし、年代についてはこの見方を踏襲している。そして、新正帝セウェルス(在位三〇六〜三〇七)がイタリアに侵入した三〇七年、あるいは北アフリカでルキウス・ドミティウス・アレクサンデルの反乱があった三〇九年から三一〇年にこの碑文は製作されたと推測した。[7]
これらの見方に対して、A・シャスタニョルはマクセンティウス期の近衛長官との同定は受け入れ、マクセンティウス期だとすれば三〇九年から三一〇年だったのではないか、としている。しかし、そのうえで、オスティア碑文がマクセンティウス期のもの、との見方には異議を唱えた。彼はオスティア碑文では近衛長官たちの位階が複数形の「エミネンティッシミ・ウィリ(ee.vv.)」となっており、ルスティキアヌスが代行を務めた時期の近衛長官は二人のエミネンティッシムス級の人物だったと指摘する。それゆえ、近衛長官がクラリッシムス級の人物だった二九二年から二九六年をまずは排除する。さらに、マクセンティウスの支配領域は西方の一部だけだったため、近衛長官は通例の二人ではなく一人で十分だったとして、帝国が分裂していない時期、すなわち三〇六年以前だと主張している。[8]
このシャスタニョルの見方は、古代末期の近衛長官について大部の研究書を著したP・ポレナも受け入れ、オスティア碑文をディオクレティアヌス治世のものと理解している。[9] 妥当な見解といってよいだろう。というのも、ルスティキアヌスが近衛長官としてマクセンティウスに碑文を捧げたとき、彼は単独でその碑文を捧げている。それに対し、ディオクレティアヌス治世の近衛長官たちは、実態がどうあれ、連名で碑文を捧げていた。[10] マクセンティウス支配下では、近衛長官は単独だったと見るべきなのである。
ここまでは、ルスティキアヌスが近衛長官代行だったことに注目し、それをめぐって年代を確定させようとする試みを中心に先行研究をたどってきた。しかし、この碑文はルスティキアヌスの功績ゆえオスティア市が彼に対して捧げたものであり、置かれていたのはオスティア市の中心たるフォルムである。オスティア市とルスティキアヌスの関係も考察されてしかるべき課題である。

この点について、パヴィ・デスキュラクは、この時期の食糧長官の職務はローマ市とオスティア周辺に限定され、食糧長官とオスティア市の関係が緊密化した、とだけ指摘する。[11] より踏み込んで述べているのは、オスティア研究の泰斗《たいと》、R・メイグスである。彼は、他の碑文もあわせ、三世紀以降のオスティア市と帝国の関係について触れている。彼はこの時期のオスティアに繁栄の翳りを見出している。すなわち、二世紀末に始まっていたオスティア市参事会の衰微は三世紀に加速し、帝国支配がより直接的で明白なものとなった、というのである。その根拠として彼が挙げるのは、ルスティキアヌスの碑文にも見られるように、食糧長官がオスティア市監督官を兼任するようになるという変化であった。[12] また、彼はルスティキアヌスに捧げられた碑文の言葉を評して、これはこの時代の精神だが、それは「貧困なる精神」だ、とまで述べる。[13]

メイグスによれば、この変化は帝国全般で見られた傾向であり、オスティア市に限定されるものではない、という。確かに、イタリアや北アフリカなど、碑文の保存状況が比較的良い地域では都市監督官に言及する碑文は増加している。しかし、その碑文の増加が都市に対する帝国支配の強化を反映したものなのか、という問題は検討されるべき課題である。たとえ皇帝が都市に対する管理を強めようとしていたのだとしても、その内実は必ずしも明らかではないからである。

「オスティアは帝都ローマの外港として繁栄した」という。それは事実であって、誇張はあるとしても虚構ではない。ローマ市の繁栄なくしてオスティアがこれほど繁栄することもなかっただろう。しかし、オスティアが紀元前四世紀に創設されたローマ植民市としての歴史をもつことも事実である。つまり、オスティアは帝都ローマに付属したたんなる港湾ではなく、独自の参事会をもち、自治をおこなう都市だった。実際、先のルスティキアヌスの碑文はオスティア市参事会と民衆によって捧げられたものである。ルスティキアヌスの都市に対する信義と功績ゆえに、オスティア市はこの騎馬像を捧げたのである。

それでは、この都市に対するルスティキアヌスの功績とは何だったのだろうか。あるいは、彼の施政の功で都市がより繁栄する、とはどんな状況を示すのだろうか。まずは、食糧長官あるいは都市監督官としての職務から都市との関係を考えていこう。そのうえで、当時のオスティア市がおかれていた状況も考慮しながら、オスティア市と食糧長官、都市監督官、あるいは皇帝との関係を考察していきたい。

1　食糧長官・オスティア市監督官兼任をめぐって

法文に見る食糧長官としての職務

食糧長官はローマ市への食糧供給をつかさどっていた役職である。しかし、これだけでは何も説明していないに等しい。ここでは、この時期の食糧長官の果たした役割をもう少し詳しく確認しておきたい。いささか時代はくだるが、その手がかりを与えてくれるのは『テオドシウス法典』や『ユスティニアヌス法典』に残されたコンスタンティヌス帝の発布した法令である。コンスタンティヌス帝が食糧長官に宛てて書き送ったものが五点残されているほか、食糧長官の職掌に言及したものもほかに数点が知られている。これらの法令からは、食糧長官が果たしていたさまざまな役割が浮かび上がってくる。

はじめに注目すべきは、船主との関係である。北アフリカやエジプトからの小麦を供給する彼らの役割は大きかった。ローマ市への食糧供給に責任を負う食糧長官にとって、船主との関係は極めて重要なものだった。船主にかかる負担が重かったためか、船主に関わる法令は数多く残っている。船主は、相続や所有地の譲渡、年齢特権の獲得などさまざまな場面で食糧長官と関わりをもっていた。[14]

同様に、ローマ市への食糧供給に関連して目立つのは市内の油販売所やパン焼き場の管理である。ローマ市内には二三〇〇カ所の油販売所があったが、誰も所有権を主張できない油販売所が生じた場合、その売却手続きをしたのは食糧長官の部局だった。さらに、その油販売所が転売されたりしないよう監督もしていたらしい。[15]また、パン焼き場についても、食糧長官はその負担から逃れようとするパン焼き職人の計略を妨げる役割を課されていた。[16]サルディニア総督宛の法令のなかでは、コンスタンティヌス帝は非重罪人をパン焼き場などで働かせることを命じ、その罪人を食糧長官に引き渡すよう指示している。[17]食糧長官の職掌には小麦の輸送に限らず、ローマ市への食糧供給に関わる船主やパン焼き場の負担の管理まで含まれていたことになる。

しかし、食糧長官の役割はそれにとどまらない。三一九年にコンスタンティヌス帝が食糧長官プロフトゥルスに書き送った法文では、脅迫があった場合を除き契約は保全されるべきだ、として、価格が安すぎるという理由での契約破棄を禁じている。[18]また、三一九年の別の法文では、訴訟の異議申立についてコンスタンティヌス帝が同じ食糧長官に書き送っている。[19]この異議申立に関する法文はほかにも数多く残っているが、他の属州であれば属州総督がおこなう裁判をローマやオスティアでは食糧長官もおこなっていたことになる。シャスタニョルによれば、二九〇年代初頭にイタリアが属州化されたのにともない、食糧長官の職務はローマやオスティアに限定されることになった。しかし、下級裁判権をもち、三三一年には首都長官の配下とされるものの、その裁判権はさらに強化されたという。[20]

このように、オスティアでは食糧長官が裁判権を有しており、はじめに述べたように、食糧長官に対して捧げられた碑文も発見されている。それに対し、州知事に対して捧げられた碑文は見つかっておらず、首都の港としてオスティアは特別な地位にあったらしい。[21]とはいえ、オスティア市への食糧長官としての功績は明確ではない。オスティアは商人たちの契約の場であり、訴訟件数も多かったかもしれない。しかし、法文を見る限り、食糧長官の役割はローマ市への食糧供給の管理であって、その職務の重心はむしろローマ市にあったように思われる。

碑文に見る食糧長官兼オスティア市監督官

次いで、碑文史料を中心に、都市監督官としての役割に注目してみよう。

都市監督官職はトラヤヌス帝(在位九八～一一七)の治世に登場した。本来は、問題を抱えた都市の財政を監督するために、元老院議員や騎士身分の人物が皇帝によって派遣されたものだった。ディオクレティアヌス治世には都市監督官の活動を記録した碑文が増加し、また、財政以外の分野でも活動するようになっていく。この点をもって帝国が都市への支配を強化したと評価されることもあるが、その内実は一様ではない。少なくとも碑文が比較的数多く出土し、その変化が見出せるイタリアや北アフリカの各州のなかでも大きな違いがある。

詳しくは第五章で検討することになるが、北アフリカではディオクレティアヌス治世に都市監督官の就任者に大きな変化が見られる。それまでは元老院議員や騎士身分の人物が多かったのに対し、地元の都市参事会出身者が増加してくる。もともと、元老院議員などが選ばれる場合でも、地元との何らかの縁があった人物が選ばれていたようだが、この時期の都市監督官に元老院議員は少ない。さらに、本来の目的だった都市の財政再建にとどまらず、都市行政全般へとその権限は拡大していった。結局、四世紀半ばには都市公職の階梯に組み込まれてしまう。また、都市監督官が登場する碑文には公共建築関係の碑文が多く、この頃、北アフリカでは公共施設の建設・修復が活発化していたと考えられる。

それに対し、イタリアの都市監督官は様相が異なる。北アフリカ同様イタリアでも地元出身者が増加してくるが、元老院議員も都市監督官を引き続き務めている。他方、内容的には公共建築関係の碑文は多くない。皇帝に対して捧げた碑文や、元老院議員を顕彰するなかで都市監督官職にも言及するという形が多い。また、都市監督官は、本来、都市の財政再建を意図したものだったが、都市のパトロヌスとしての役割も期待されていたらしい[22]。

表1　3世紀末から4世紀初頭の食糧長官およびオスティア市監督官関連碑文

	碑文番号	氏　名	内　容	オスティア市監督官	食糧長官	パトロヌス
1	*CIL*, XIV, 130	Gerusius Romulus	マクシミアヌス帝に対し同氏が捧ぐ。	○		
2	*CIL*, XIV, 4403	Scribonius R...	M. Aur. Val. 帝に対し同氏が捧ぐ。	○	○	
3	*AE*, 1941, 98	Hostilius Antipater	不敗なるヘルクレス神に対し同氏が捧ぐ。	○	○	
4	*AE*, 1971, 66	Hostilius Antipater	ディオクレティアヌス帝に対し同氏が捧ぐ。	○	○	
5	*CIL*, XIV, 4455	Manilius Rusticianus	同氏に対しオスティア市参事会と民衆が捧ぐ。	○	○	○
6	*CIL*, XIV, 5342	Fl. Domitianus	同氏に対しオスティア市参事会が捧ぐ。	○	○	△
7	*CIL*, VI, 1704 = *ILS*, 1214	C. Caelius Saturninus, Dogmatius	同氏に対し息子が捧ぐ。		○	
8	*CIL*, XIV, 131 = *ILS*, 687	Aur. Victorianus	コンスタンティヌス帝に対し、沿岸航海船の船主が捧ぐ。同氏が監督した。		○	

このような北アフリカや他のイタリアの状況と比べてみると、オスティアの状況は極めて特殊である。オスティアからは、この時期、オスティア市監督官に言及する碑文が六点発見されている。この数字は少ないようにも思われるが、単独の遺跡からの発見数としては比較的多い部類に入る。この六点の碑文についてまず注目すべき点は、そのうち五点が食糧長官を兼務していたという事実である(表1参照)[23]。すでに述べたように、メイグスはこの事実に着目して、三世紀のオスティアでは帝国支配がより明白なものとなった、と述べていた。都市自治の衰微は帝国全般に通ずる動きであり、オスティアに限定されるものではない、とも述べている。しかし、三世紀末から四世紀初頭、食糧長官の碑文はオスティアに集中しており、オスティア市監督官を兼務した先の五例のほかには、コンスタンティヌス治世の二例が知られているにすぎない。うち一例もオスティアで発見されたもので、ティレニア海の沿岸航海船の船主たちがコンスタンティヌス帝に対して捧げた碑文

の建立を監督したものである。[24] もう一例はローマ市内から発見されたもので、とある元老院議員の経歴を列挙したなかに食糧長官も言及されている。[25] コンスタンティヌス治世には食糧長官職を元老院議員も務めるようになったと考えられており、[26] その事実自体は不自然ではない。もっとも、彼の場合はキャリアを積んでからコンスル格で元老院へ編入されたもので、食糧長官を務めた際にはペルフェクティッシムス級だったと考えられる。いずれにせよ、この碑文を捧げたのは奉献対象者の息子であり、食糧長官としての職務、あるいはオスティア市とは何ら関係をもたない。こうしてみると、食糧長官職に関わる碑文がオスティア市に集中していることが際立ってくる。先に確認した法文の場合とは異なり、碑文史料からは食糧長官とオスティア市との関係が強かったという印象を受ける。

このように、三世紀末から四世紀初頭にかけて、オスティア市監督官と食糧長官は一人の人物によって兼務されることが多かった。この事実だけでも他の都市監督官とは明らかに大きな違いを示している。さらにこれらの碑文について目につくのは、彼らの多くが元老院議員ではない、という点である。イタリアではこの時期にも元老院議員が都市監督官を務める事例が多い。それにもかかわらず、オスティア市監督官は食糧長官を兼務していた以上、元老院議員ではなくペルフェクティッシムス級の人物である。その点は食糧長官を兼務していない一例についても同様だったと考えられる。[27] それに対し、コンスタンティヌス治世になると食糧長官を務めたことが確実な二例はいずれもオスティア市監督官を兼任していない。この点についてはまたあとで触れる。

それでは、この都市監督官と食糧長官の兼任という事態をどのように理解すればよいだろうか。この状況は、メイグスの指摘するような帝国の他の地域でも見られた事態ではない。前項で確認したように、食糧長官は他の属州総督に類する裁判権を有していた。しかし、他の属州で総督が都市監督官を兼任するという事態は生じていない。同じ碑文上で両職務が言及される場合はあるものの、異なる人物がそれぞれの職に就いている。一見すると、オスティア市が帝都ローマの外港であり、皇帝がとくに強い関心を寄せた結果だった、というのが自然な解釈に思える。実際、六例の碑文のうち半数は彼らが皇帝に対して捧げたものである。一つはディオクレティアヌス帝に、もう一つはマクシミアヌス帝に、残る一つは皇帝の名が一部欠損しているためわからないが、マクシミアヌス帝かマクセンティウスに捧げられたものである(表1参照)。

さらにもう一点、興味深いのはヘルクレス神殿で一九三八年に発見されたもので、祭壇に刻まれた碑文である。この祭壇はホスティリウス・アンティパテルという食糧長官兼オスティア市監督官が「不敗なるヘルクレス神」に捧げたものである。[28] 別の面にはガリエヌス(在位二五三～二六八)治世の碑文も刻まれており、再利用されたものらしい。彼はディオクレティアヌス帝に捧げられた別の碑文も残しているので、年代としては三世紀末のものと考えられる。見た目は、上の面に開いた大きな丸い穴が気になるものの、ヘルクレス神に捧げられたたんなる祭壇である。しかし、ディオクレティアヌスとその共治帝マクシミアヌスが、それぞれ自身をユピテルとヘルクレスに擬していたことを思い起こせば、この碑文もいささか異なる性質を帯びてくる。この碑文から古代末期の異教信仰を論じたH・ブロックも、この食糧長官がディオクレティアヌスに捧げた別の碑文が発見されるよりも前から、この碑文とマクシミアヌス帝の関係を示唆していた。[29]

このように、食糧長官兼オスティア市監督官を務めた者たちは皇帝との関係、とくにディオクレティアヌスとその同僚たち、を重視していたように見える。しかし、両職とも古くからあった役職であり、三世紀末、恐らくディオクレティアヌスの治世に一人の人物が兼任することになった理由は不明確である。すでに見たとおり、コンスタンティヌス治世の法文からも、食糧長官とオスティア市の関係は明らかにはならなかった。また、イタリアでは、三世紀末にも都市監督官を元老院議員が務める場合が多く、それに比してもオスティアの状況は特異である。しかも、それを前提とすると、コンスタンティヌスの治世に食糧長官を元老院議員が務めるようになってからは、むしろ両職を兼任する明らかな事例が発見されていないことは奇異の念を抱かせる。

逆に、ディオクレティアヌスの治世、元老院議員ではなかったものの、ルスティキアヌスは食糧長官のほかに、オスティア市監督官と近衛長官代行を兼任し、[30] さらにオスティア市参事会によって都市のパトロヌスにも選ばれている。その結果が、冒頭で挙げた騎馬像用の台座として残っているわけである。また、もう一人、フラウィウス・ドミティアヌスという食糧長官兼オスティア市監督官もオスティア市参事会による顕彰の対象となっている。彼の場合は近衛長官代行ではなく、パトロヌスに選ばれたわけでもない。しかし、その碑文では、「非常に栄誉ある監督官」と他の都市監督官とは区別するような形で表現されており、ルスティキアヌスほどではないにせよ、彼とオスティア市の関係は深かったものと思われる。[31]

食糧長官がオスティア市監督官を兼任するという事態は、皇帝のオスティア市政への直接的な介入だったのだろうか。少なくとも食糧長官宛の法文からは、オスティア市との直接的な関わりは読み取れない。また、都市監督官が他の公職者によって兼任されるという事態を他の地域で見出すことはできず、帝国の一般的趨勢《すうせい》、と片付けるべきでもない。オスティア市のおかれた当時の状況から、食糧長官とオスティア市監督官兼任の意義、さらには彼らをオスティア市が顕彰した理由を考えていきたい。

2 ポルトゥスとプテオリ　オスティアは最重要港湾か

コンスタンティヌス治世のプテオリ

オスティアは帝都ローマの外港として繁栄した、という。しかし、オスティアは長らく安全な港湾をもたなかった。都市ローマの膨張に応え、帝政期には北アフリカやエジプトから大量の小麦、あるいはオリーヴ油がローマ市へと輸送された。しかし、オスティアがローマ市への食糧供給において大きな役割を果たし始めるのは、クラウディウス帝（在位四一〜五四)やトラヤヌス帝によって安全な港が建設されてからのことである。それ以前、エジプトや北アフリカからの大型船が入港していたのは、カンパニア、ナポリ湾岸に位置するプテオリの港だった。そこで小型の船に載せ替え、あるいは陸路を介して、大量の食糧がローマ市へと運ばれていったのである。[32]

トラヤヌス帝によってオスティアに安全な港が建設されると、プテオリの繁栄は色褪せたともいわれてきた。しかし、現在では、二世紀末までその繁栄は続き、三世紀に停滞を示すものの四世紀には復活を見せた、といわれている。[33]実際、ハドリアヌス帝(在位一一七〜一三八)の治世にも「プテオリおよびオスティアの食糧担当会計役」という肩書をもつ帝室解放奴隷がプテオリで活動していた。[34]プテオリもオスティア同様、食糧供給上の拠点としての地位を保っていたのである。また、四世紀初頭、コンスタンティヌス治世のプテオリでは数多くの碑文が製作されており、都市社会の活気をうかがい知ることができる。例えば、三二四年には当時のカンパニア知事、アエリウス・プロクルスがコンスタンティヌス帝に対して騎馬像を捧げているほか、コンスタンティヌス帝の息子、クリスプス副帝にも騎馬像が捧げられている。[35]また、コンスタンティヌス治世に活躍した有力元老院議員クィントゥス・フラウィウス・マエシウス・エグナティウス・ロッリアヌスに対しては、プテオリ市のいくつかの街区が彫像を捧げており、少なくとも四点の台座が発見されている。[36]

四世紀初頭のプテオリで碑文が急増した理由として、その経済的復活を重視する研究者もいるが、むしろ、カンパニアで強い影響力をもつ伝統的な元老院議員層が政治的復権を果たしたことに、プテオリをはじめとするカンパニア諸都市が対応した結果だと考えるべきだろう。この点については次章で論ずることになるが、オスティアのライバルといえるプテオリで、コンスタンティヌス治世に都市活動が活発化したことは確かである。さらにプテオリに水を供給する水道もコンスタンティヌス帝の手で修復されている。[37]そして、この時期のオスティアとの競合関係を考えるうえで重要な碑文もプテオリで発見されている。

その碑文は一九六四年の火災でプテオリのカテドラルが損傷を受け、その下から古代の遺跡が発見されたことで陽の目を見た。それ以前にもそこに碑文の刻まれた台座があることは知られていたが、教会を壊してまで確認することはできなかったのである。さて、その台座だが、そこにはユリウス・スルピキウス・スケッススという人物に対してプテオリ市参事会と民衆が捧げたことを記す碑文が刻まれていた。この人物はエグレギウス級のプテオリ港管理官で、プテオリ市のパトロヌスでもあった。この港湾管理官という職名はオスティアではそれ以前から知られていた。ペルフェクティッシムス級だった食糧長官より位階は低く、その下僚だったと考えられている。しかし、プテオリで確認されたのは、この碑文がはじめてだった。しかもオスティアのそれよりも一世紀ほど遅い碑文である。コンスタンティヌス治世にプテオリ港が皇帝によって重視されていた証左といえよう。[38] また、エグレギウス級の人物という、さほど高位ではない人物でもプテオリ市はそのパトロヌスとして彼を選んでいる。地元出身の人物だったこともパトロヌス選任には重要な要因だっただろうが、ローマ市への食糧供給に携わる彼との関係は、商業にその基礎をおくプテオリ市にとっても重要だったのである。

さらに、コンスタンティヌス帝の死後、四世紀半ばには、食糧長官も務めた元老院議員をプテオリ市のある街区がパトロヌスとして顕彰している。[39] カンパニアには元老院議員たちの別荘や所領も多く、プテオリ市をはじめカンパニアの諸都市はもともと元老院議員たちとは近い関係にあった。コンスタンティヌスの治世、食糧長官を元老院議員が務めるようになったことは、プテオリ市に有利に働いたかもしれない。少なくとも、食糧長官をペルフェクティッシムス級の人物が務め、オスティア市とも密接な関係をもっていたディオクレティアヌスの治世と比べ、明らかな変化が生じている。

このコンスタンティヌスの治世には、オスティアでは逆に食糧長官と都市監督官の兼務の確実な事例は見られなくなっていた。この時期、オスティアはむしろ皇帝の歓心を失ったかにみえる。この時期のオスティアでは、さらに大きな変化が起こっていた。

ポルトゥスの成長と自立

ポルトゥスは文字どおり港《ポルトゥス》であり、本来はクラウディウス帝やトラヤヌス帝によって建設された港を指していた。トラヤヌス帝によって建設された六角形の港は、陸地に取り込まれた現在も水をたたえており、ローマ・フィウミチーノ空港を離着陸する際、航空機から窓越しに望むこともできる。

このポルトゥスは現在のオスティアの遺跡には含まれていない。遺跡から北に三キロほど離れたところに位置しており、古代には街道でオスティア市街やローマ市と、運河でテヴェレ川と結ばれていた。積荷の陸揚げはポルトゥスで、それに関わる手続きや契約はオスティア市内でおこなわれていたと考えられる。

ポルトゥスが建設されるとその周囲にも人口が集積されていく。行政上ではオスティア市の一部とされていたものの、ポルトゥスにもさまざまな家屋や公共建築が立ち並び、独自のコミュニティを形成していった。[40] 例えば、船大工はオスティアとは別にポルトゥスで独自の組合をもっていたし、[41] 製粉業者の組合も正式には「オスティア植民市とポルトゥス双方の製粉業者」の組合だった。[42] 行政上ではオスティア市の一部だったとはいえ、ポルトゥスも独自のコミュニティを形成し、発展していったのである。

三世紀にはその流れは加速していった。オスティアの遺跡を歩くと、数多くの倉庫建築が目に入る。この都市の食糧供給拠点としての特色を端的に物語っているが、その倉庫が最後に新設されたのは三世紀初頭、セウェルス朝期だったとされている。また、カピトリウムの東側に位置する区域では三世紀半ばに火災が発生したが、その土地が再び利用されることはなかった。三世紀、オスティアの市街地は明らかな停滞を示しており、その要因としてメイグスはポルトゥスへの人口流出を重視している。[43]

もっとも、オスティア遺跡として現在目にすることのできる地域の荒廃が、オスティア市の、あるいは地中海交易の衰退を示すのかどうか、という点には慎重さを要する。例えば、オスティア遺跡に倉庫が目立つにせよ、その倉庫群だけでは明らかにローマ市の需要を満たすには不足していた[44]。オスティアのテヴェレ川対岸地区やポルトゥス周辺にも倉庫は存在しており、ローマ市への流通を考えればオスティアという立地は必ずしも良い条件ではない。また、アウレリアヌス帝(在位二七〇〜二七五)はオスティアの海辺に新しいフォルムを建設したという[45]。オスティアの遺跡には海のある西側にマリーナ門の跡が残っているが、市街地はその外側にも広がっていた。その地域の発掘はそれほど進んでおらず、その新しいフォルムも発見されてはいない。しかし、この時期にはオスティアの中心街は都市の西方へ移っていたとされている[46]。

いずれにせよオスティアの旧市街は停滞の色を見せ、ポルトゥスなどへ人口は流出していった。そして、人口も増え独自のコミュニティを形成していたポルトゥスがいつまでもオスティア市の一部にとどまることはなかった。ローマ帝国各地で都市の領域内村落が都市へ昇格する事例は多かったが、ポルトゥスもその例外ではなかったのである。ポルトゥスでは四世紀前半の碑文が発見されている。その碑文はクレペレイウス・マダリアヌスという食糧長官に対して、フラウィア・コンスタンティニアナ・ポルトゥエンシス市の参事会と民衆が彫像を捧げたことを伝えるものだった[47]。ローマ帝国各地の都市は、都市に昇格したときの皇帝の名を正式名称に組み込んでいた。このオスティア市から分離独立した「ポルトゥス市」の名は明らかにコンスタンティヌス帝の名にちなんだものである。

コンスタンティヌス治世の小アジアでは、村落から都市への昇格を求めて皇帝に対して請願があったことが知られている[48]。オスティアとポルトゥスの関係に直接あてはめることはできないが、ポルトゥスの都市昇格に際してポルトゥス側から皇帝に対して働きかけがあったと想定しても不自然ではない。そして、その行動はオスティア市にとって不都合なものだっただろう。

このの ち、ポルトゥスは通商の拠点として古代末期を通じて繁栄を続けていく。[49] 他方、ポルトゥスを失ったオスティアは、通商よりも観光・遊興の地として一定の繁栄を続けていったとされる。[50] このように、コンスタンティヌス帝の治世にはオスティア市にとって不利な出来事が相次いで起こっている。無論、これらの問題は一朝一夕に生じたものではなく、ポルトゥスが建設されて以来、徐々に進んできた問題だった。プテオリ市との競争を有利に進め、ポルトゥスとの一体性を保つために、オスティア市にとって皇帝との関係は重要だったと考えられる。しかし、コンスタンティヌスの治世、オスティアはその双方に失敗した。食糧長官が都市監督官を兼務していた時期とは明らかに何かが変化している。それはオスティア市への帝国支配が強化された、という単純なものではない。むしろ、コンスタンティヌスの治世には、プテオリやポルトゥスが優遇される一方、オスティアは切り捨てられたようにさえ見える。[51]

いま一度、ルスティキアヌスの碑文とディオクレティアヌス治世のオスティアに立ち戻り、彼が顕彰されたことの意義を考えたい。

ディオクレティアヌス帝とオスティア

ディオクレティアヌス帝とオスティア市の関係は、その治世の極めて早い段階から確認できる。オスティアでは大工組合がディオクレティアヌスに対して捧げた台座が発見されている。[52] 重要なのはその製作年代と奉献者である。皇帝の称号に含まれる護民官職権の回数から、この台座が製作されたのは二八五年だったことがわかっている。

ディオクレティアヌスが先帝ヌメリアヌスの死を受け、帝位に就いたのは二八四年十月二十日、小アジアのニコメディアでのことだった。この段階では帝国西方は先帝ヌメリアヌスの兄カリヌスが皇帝として支配しており、オスティアもその支配下にあった。翌二八五年の八～九月頃にはマルグス河畔の戦いでディオクレティアヌス帝がカリヌス帝を破り、帝国西方はディオクレティアヌス帝の支配下に入ることになる。[53]

皇帝に対して彫像を捧げるには許可が必要だったといわれている。わずか数カ月の間にディオクレティアヌス勝利の情報を入手し、彫像を奉献する許可を受けた素早さは注目に値する。実際、オスティアのこの碑文はイタリアでディオクレティアヌス帝に捧げられた碑文としては、パノルムスやピケヌムの都市セプテンペダの碑文と並び、もっとも早い時期のものである。[54] この台座の側面には別の碑文も刻まれていた。セプティミウス・セウェルス帝期の台座を再利用したためだと考えられているが、[55] この碑文の奉献がどれほど急がれていたかを示しているのかもしれない。

また、この顕彰碑文を捧げたのは大工組合であり、重要な点の一つは奉献者だ、と書いた。じつはこの碑文の奉献者の名として大工組合という言葉は出てこない。この碑文の奉献者として言及されるのは「名望家・十人役・一般組合員」という肩書の人々である。「一般組合員」と訳した部分は、本来、たんなる組合員とは異なる別のニュアンスを含んでいる。直訳すれば「軍靴をはいた一般兵部隊」と言うべきところである。この碑文にも明確に見られるように、大工組合はなかば軍隊的な組織をもっていた。それはこの碑文に限らず他の碑文からも読み取れることであって、それゆえこの碑文も大工組合が捧げたものだとされている。大工組合は消防団としての性格が強く、一般の組合とは異なる性質の団体だった。それがこのような組織をもつに至った所以である。[56] 政権が成立したばかりのディオクレティアヌス帝にとって、ローマ市の外港として繁栄するオスティアの有力団体の支持は有効であったろうし、オスティア市にとっても皇帝との関係が重要だったのはすでに見たとおりである。

このようにオスティア市はディオクレティアヌス政権とは早くから関係を築いていた。また、オスティアの劇場跡では、断片化しているため明確ではないが、ディオクレティアヌスとその同僚たちが何らかの公共施設を建設、あるいは修復したことを伝えたらしい碑文も見つかっている。[57] 両者の関係は良好だったように思える。

プテオリやポルトゥスの問題を考えれば、帝都ローマへの食糧供給の拠点としての地位を保つために、オスティア市にとって皇帝の関心をつなぎとめておくことは重要だった。その意味では、ディオクレティアヌス治世に食糧長官がオスティア市監督官を兼務しオスティア市への関心を示していたことも、都市側にとって好都合な面があったと考えられる。実際、法史料から見る限り、食糧長官はローマ市での業務や訴訟処理で多忙だった。オスティア市監督官は常設の職務ではなく、食糧長官職に比し実態は不透明である。ただし、都市監督官選任のイニシアティヴはむしろ都市側にあり、その後皇帝の任命を受けて就任したと考えられる[58]。とすれば、オスティア市において都市監督官職は皇帝による都市支配の強化手段というよりも、むしろ名誉職としての色彩が強かったと考えるべきである。ルスティキアヌスは近衛長官代行も兼務し、より多忙、かつ高位の人物であった。その人物を顕彰し、パトロヌスとして選ぶことはオスティア市にとっては、その繁栄を維持するため重要なことだった。食糧長官がオスティア市監督官を兼務することで、ディオクレティアヌス政権下、オスティア市は食糧供給上の拠点としての地位を確固たるものとできたと考えられる。

しかし、その状況はコンスタンティヌス帝治世に暗転する。その原因は、ほかでもない、ルスティキアヌスとの関係にあったと考えられる。最後にその点を示しておきたい。

マクセンティウス政権とオスティア

三〇五年五月一日、ディオクレティアヌスはニコメディアで退位した。同日、共治帝マクシミアヌスもメディオラヌムで退位し、副帝だったコンスタンティウスとガレリウスが昇格して第二次四帝統治体制へと移行する。しかし、翌三〇六年七月、新帝コンスタンティウスが急逝すると、政情は混乱を迎える。ローマでは先帝マクシミアヌスの息子でありながら帝位の選に漏れたマクセンティウスが帝位を称し、新たに正帝となったセウェルスや東方からのガレリウス帝の進入を撃退して、イタリアと北アフリカを確保した。マクセンティウスは、長きにわたる空白ののち、久々にローマ市を拠点とした政権を確立したのである。

このマクセンティウスの近衛長官となったのが、オスティア市のパトロヌスたるルスティキアヌスであった[59]。近衛長官は皇帝にもっとも近い側近であり、この時期には政務全般に影響を及ぼした。ディオクレティアヌス帝と対峙したカリヌス帝の近衛長官だったアリストブルスは、ディオクレティアヌス政権下、その「職責」ゆえに赦され、コンスルや首都長官を歴任した。このアリストブルスに対して、カリヌス帝謀殺の疑いをかける研究者もいる。[60] 近衛長官とはそれほど皇帝に近い職務なのである。

マクセンティウスは、三一二年、コンスタンティヌス帝によって打ち破られ、イタリアはその支配下に入る。コンスタンティヌスはマクセンティウス支配の痕跡を徹底的に除去しようとした。マクセンティウスに諸都市が捧げた碑文はほとんど残っていない。[61] わずか一年しか統治しなかった「正帝」コンスタンティウスと比べても、その少なさは際立つ。マイル標石は数が多いためか、そのまま放置されたようだが、他方、「神君コンスタンティウスの息子たるコンスタンティヌス」の名を刻ませた大量のマイル標石が発見されている。[62] また、カンパニアの都市アティナに至っては、そのパトロヌスを顕彰するに際して、「暴君(＝マクセンティウス)に逆らい不正を犯さなかった」ことを理由として挙げている。[63]

ひるがえってオスティアはといえば、その最有力なパトロヌスがマクセンティウスの近衛長官を務めていた。「彼の施政の功で都市がさらに繁栄するよう」期待していたオスティア市としては窮地に立たされたことになる。さらに間の悪いことに、マクセンティウスはアクィレイアにあった造幣所をオスティアに移していた。[64] コンスタンティヌス帝によってその造幣所は閉鎖されるが、オスティア市のマクセンティウス寄りの姿勢は明白だった。

かくて、コンスタンティヌスの治世、プテオリとポルトゥスは皇帝の恩恵を享受する一方、オスティアは打撃を蒙ることになった。この時期には、食糧長官がオスティア市監督官を兼務する確実な事例はない。ルスティキアヌスをはじめ、食糧長官によるオスティア市監督官の兼務は、オスティア市が皇帝との関係を良好に保っていた証だったのである。

こうしてみると、ルスティキアヌスの顕彰がオスティア市にとって極めて重要なものだったことが理解できる。だからこそ、フォルムに騎馬像を建立することにもなったのである。ただし、それが両刃の剣だったことはもはやいうまでもないだろう。

おわりに

オスティアのフォルムに残る騎馬像用の台座には、三世紀末から四世紀初頭にかけての時期、オスティア市が食糧長官兼オスティア市監督官たるマニリウス・ルスティキアヌスを顕彰した碑文が刻まれていた。この碑文をはじめ、この時期には食糧長官がオスティア市監督官を兼務する事例がいくつか知られている。「三世紀の危機」を経て、帝国による都市支配が強化された証とされてきたが、その背景を考慮するとそうはいいがたい。都市監督官を他の公職者が兼務するという事例は他の州では例がなく、帝国の一般的趨勢、と一言では片付けられない。オスティア市のおかれた状況を考慮せねばならないのである。

オスティア市は帝都ローマの外港として繁栄した、という。しかし、ローマ市の外港はプテオリもその任にあり、両者は競合関係にあった。また、クラウディウス帝とトラヤヌス帝によってオスティアに安全な港《ポルトゥス》が建設されると、オスティアはローマ市に近い分有利になったものの、今度はポルトゥスが独自の繁栄を見せ始める。プテオリとの競合を優位に進め、かつポルトゥスとの一体性を維持するために、オスティア市は難しい舵取りを迫られていたのである。

ここにローマ市への食糧供給の任にあたる食糧長官がオスティア市監督官を兼務するという事態が生じる。都市監督官は都市側に選任のイニシアティヴがあったと考えられる。オスティア市からすれば、プテオリ市との競合やポルトゥスの問題に対処するために、皇帝の関与を得ることはむしろ得策であった。実際、三世紀末、ディオクレティアヌス帝の治世、皇帝とオスティア市監督官、オスティア市の関係は良好だったと思われる。近衛長官代行も務める有力者ルスティキアヌスを都市のパトロヌスとして顕彰することはオスティア市にとってはごく当然の行為であった。それはメイグスのいう「貧困なる精神」の産物などではなく、現実の問題に対処するオスティア市当局の合理的な判断の結果だったのである。

しかし、このルスティキアヌスがマクセンティウスの近衛長官となり、そのマクセンティウスがコンスタンティヌス帝に敗れると、オスティアの運命は暗転する。プテオリ市には皇帝によって恩恵が付与され、ポルトゥスは独自の都市となってオスティア市から分離した。こののち、オスティア市は有力者の保養地として一定の繁栄を維持したという。しかし、そこにはもはやローマの外港としての面影はない。「オスティア市」の活動を伝える碑文も見られなくなる[65]。この都市の繁栄は古代の終末とともに忘れられていくことになる。

次章では、オスティアと競合関係にあったプテオリを中心にカンパニア州の諸都市の動向を見ていこう。碑文から見えるその動向を考察していくと、政治情勢を見極めて行動する諸都市の様子が浮かび上がってくる。

第四章

カンパニア諸都市から見た皇帝と元老院

セリーノ水道と顕彰碑文に見る都市の動向

はじめに

ディオクレティアヌス治世に創設されたカンパニア州は、首都ローマの南からソレント半島までのティレニア海側の地域から成っていた。現在のラツィオ州の南部とカンパーニャ州の北部である。帝都ローマのいわば「首都圏」として食糧や物資の供給を担ったほか、風光明美なナポリ湾岸には共和政期から有力者の閑雅なヴィッラが立ち並んでいた。経済的にも社会的にも、ローマ帝国のなかでもっとも重要な地方の一つである。そのことを反映してか、碑文数の多いイタリアのなかでも、カンパニア州は面積当りの碑文発見数がもっとも多い地域となっている。[1]

そのカンパニア州のなかでもとくに大きな経済的役割を果たしていたのが、ナポリ湾岸の港湾都市プテオリである。トラヤヌスの治世にオスティアの港が整備されたのち、プテオリは次第に衰退したといわれてきた。しかし、近年では、その繁栄はその後も続いていたとされている。そして、「三世紀の危機」による停滞を経て、四世紀初頭には再び経済的繁栄を取り戻したのだという。[2]

このような、三世紀の停滞から四世紀の復活へ、という筋書きは、プテオリで発見されたいくつかの碑文から導き出されている。本章では、プテオリを含めたカンパニア諸都市と皇帝や州知事との関係を再検討し、経済的な要因とは別の視点からカンパニアでの碑文の増減の意味を考えていきたい。ディオクレティアヌス改革の前後、カンパニア諸都市はどのような動きを見せたのだろうか。

1　セリーノ水道碑文に見るカンパニア諸都市と皇帝や州知事との関係

セリーノ水道碑文をめぐる先行研究

プテオリをはじめとするカンパニア諸都市と皇帝や州知事の関係がディオクレティアヌス改革後にどのような状態だったのかを考えるうえで興味深い碑文が、一九三八年に発見されている。発見されたのは、ナポリの南東百キロほどのところにあるサンタ・ルチア・ディ・セリーノ。アウグストゥスによって建設され、カンパニアのいくつかの都市に水を供給していたセリーノ水道の水源地である[3]。その碑文には次のような文言が刻まれていた。

我らが主たるフラウィウス・コンスタンティヌス、偉大にして敬虔、幸運、勝利者たる正帝とフラウィウス・ユリウス・クリスプスとフラウィウス・クラウディウス・コンスタンティヌスいと高貴なる両副帝が、長期の無関心と老朽化で損傷していたアウグストゥス水源地の水道を、通例となっている大いなる寛大さゆえ、その費用で修理するよう命じ、下記の諸都市の供用に復さしめた。クラリッシムス級のカンパニア知事ケイオニウス・ユリアヌスが奉献し、ペルフェクティッシムス級の同水道担当官ポンティアヌスが監督した。諸都市の名称　プテオリ、ネアポリス、ノラ、アテッラ、クマエ、アケッラ、バイア、ミセヌム[4]。

この碑文は、高さ一八六センチ、幅八六センチ、奥行一七センチという比較的大型の大理石板に刻まれていた。全体で二三行からなり、文字の高さは行によって異なるものの、七〜三センチである。この碑文を最初に発表したI・スゴッボによれば、この碑文は本来何らかのモニュメントの一部だったのではないか、という[5]。その痕跡は発見されていないが、カルタゴ市の水道の水源地だったチュニジアのザグーアンにある神域のようなものを想像すればよいかもしれない。

多くの研究者がこの碑文に注目してきたが、その関心はコンスタンティヌスよりもアウグストゥスの治世にあった。この碑文の発見以前、セリーノ水道はクラウディウス帝によって建設されたと言い伝えられてきた。それに対し、現在ではこの碑文をもとにアウグストゥスによって建設されたと考えられるようになったからである。[6]

スゴッボは、コンスタンティヌスの治世に関してもいくつかの知見を示している。三世紀にはこの水道がメンテナンスを受けず放置されていたこと。詳しくは後述するが、この碑文が三一七年から三二六年までの間、恐らく三二四年に製作されたこと。カンパニア知事職の称号が変化し、「コレクトル」から「コンスラリス」に変わっていること。都市の名は、その重要性に従って並べられていること、などである。

このの ち、J・H・ダームスはこの碑文に経済的な側面から注目した。彼によれば、この碑文は四世紀初頭のカンパニア、とくにプテオリ市の経済的な復活を示すものだという。また、スゴッボ同様、彼も都市名はその重要性に従って並んでいると考えていた。[7]

それに対し、イタリア行政の面からこの碑文に注目したのがF・M・アウスビュッテルであり、水道担当官の重要性を強調している。彼はこの水道担当官が知事の配下かどうか疑問を示しており、知事はたんなる碑文の奉献者にすぎない、と見なしている。[8]

また、G・A・チェッコーニはコンスタンティヌス帝がイタリアに与えた恩恵の一つとしてこの事業を理解しており、カンパニア諸都市はコンスタンティヌス帝と特別な関係を有していた、と述べている。[9]

これらの提案には同意できる部分も多いが、知事の果たした役割が過小評価されているのではないか、との疑念がぬぐいがたい。この碑文に知事の名が刻み込まれたのはなぜだろうか。また、この碑文は皇帝とカンパニアとの特別な関係を示しているのだろうか。

セリーノ碑文の作製年代

まずはこの碑文の作製年代を確定させておこう。すでにスゴッボが指摘しているように、この碑文はコンスタンティヌス帝だけではなく、彼の息子たち、当時副帝だったクリスプスとコンスタンティヌス二世の名も含んでいる。彼らが副帝の地位に就いたのは三一七年のことであり、原因は不明ながらクリスプスは三二六年に処刑されている。他方、コンスタンティウス二世が三二四年十一月八日にニコメディアで副帝に即位しているものの、彼の名をこの碑文に見出すことはできない[10]。従って、コンスタンティウス二世即位の情報がカンパニアに到達するよりも前にこの碑文は捧げられたことになる。

また、コンスタンティヌス帝が従来の「不敗の(インウィクトゥス)」という称号の代わりに「勝利者(ウィクトル)」という称号を用いたのは、三二四年九月にリキニウス帝を破り、帝国の再統一を果たしてからのことだった[11]。従って、「勝利者」という称号が使われていながらコンスタンティウス二世の名前が刻まれていないセリーノ碑文が奉献されたのは、三二四年最後の数カ月に絞られる。

さらに、プテオリでは、リキニウス打倒後、「勝利者」コンスタンティヌスに対して捧げられた騎馬像用の台座が発見されている[12]。この台座についてはのちに再び触れることになるが、その台座を捧げたのはペルフェクティッシムス級のカンパニア州知事(コレクトル)アエリウス・プロクルスだった。他方、セリーノ碑文を捧げたのはクラリッシムス級のカンパニア州知事(コンスラリス)ケイオニウス・ユリアヌスである。カンパニア州知事の称号は、この時期を境に「コレクトル」から「コンスラリス」に変わったことになる。この碑文も考慮すると、セリーノ碑文は、帝国再統一ののち、カンパニア州知事が交代してから、さらに新副帝即位の報が届くまでの間に限定される。その製作時期は、三二四年の十一月か十二月頃ということになる。[13]

水道担当官の役割とカンパニア州知事

アウスビュッテルによれば、知事のケイオニウス・ユリアヌスはこのモニュメントを奉献しただけであり、水道の修理に重要な役割を果たしたのは水道担当官のほうだったという。しかし、水道担当官が皇帝の直接的な指揮下で事業に従事していたとは考えにくい。

前項で確認したとおり、ケイオニウス・ユリアヌスがカンパニア州知事(コンスラリス)としてこの碑文を捧げる直前まで、アエリウス・プロクルスという別の人物がカンパニア州知事(コレクトル)を務めていた。『教皇列伝』によれば、コンスタンティヌス帝はカンパニアで水道橋を八マイルにわたって建設した、という。[14] この記事はセリーノ水道の修復事業のことを記したものと考えられているが、この修復事業が比較的大規模なものだったことをうかがわせる。[15] この水道の修復事業が知事就任後数週間で完成させうるようなものだったとは考えにくく、ケイオニウス・ユリアヌスの知事就任よりも前、アエリウス・プロクルスの在任中にはすでに着手されていた事業だったと考えられる。

しかも、先に挙げたプテオリの碑文によれば、アエリウス・プロクルスはペルフェクティッシムス級の人物だった。カンパニア州知事職はクラリッシムス級の人物、つまり元老院議員が務めるのが慣例であり、この人事は例外的である。この人事が元老院とコンスタンティヌス帝の対立を示していると考える研究者もいるほどなのである。[16] また、この碑文が騎馬像用の台座に刻まれていたことも重要である。皇帝の騎馬像は少なく、一般的な皇帝像よりも高いステータスを誇っていた。[17] セリーノ水道の修復事業もあわせて考えれば、彼の知事職は、リキニウス帝との最終決戦に備え、カンパニアにおいてコンスタンティヌス帝が権威を確立しようとした試みだったと解釈できる。帝都ローマへの食糧供給は、皇帝がその地位を保つために依然として重要なものだった。カンパニアは帝都ローマの後背地として少なからぬ食糧を生産・移出しており、プテオリはローマ市向け物資の一大集散地だった。この政治的対立の時期にカンパニアでの支配権を確実なものとするために、コンスタンティヌスはこの水道の修復事業を利用したのである。

ケイオニウス・ユリアヌスがカンパニア州知事に就任しセリーノ碑文を捧げたのは、このような状況下でのことだった。それでは、実際に事業に関与したであろうアエリウス・プロクルスではなく、知事に就任したばかりのケイオニウス・ユリアヌスの名がこの碑文に刻まれることになったのはなぜだろうか。[18]

ここで注目すべきは、カンパニア州知事ケイオニウス・ユリアヌスと水道担当官ポンティアヌスの力関係である。水道担当官(プラエポシトゥス・アクアエドゥクトゥス)の前身は水道管理官(プロクラトル・アクアルム)であった。この水道管理官については、興味深い碑文がローマ市内で発見されている。現在はヴァチカン博物館にあるこの碑文は、水道管理官ティトゥス・アエリウス・ポエメニウスが、パトロヌス(保護者)たる元老院議員ティトゥス・フラウィウス・ポストゥミウス・ティティアヌスに対して捧げたものだった。[19]この水道管理官は、パトロヌスたる元老院議員の「推薦」のおかげでその地位に就くことができた、という感謝の文言を刻ませている。この元老院議員は水道長官のほか、カンパニア州知事などさまざまな職務を歴任した。第一章で考察したコムム市のソル神殿建設の際にイタリア知事だったのもこの人物である。この碑文の文言は、水道管理官の昇進に元老院議員の影響力が大きな役割を果たしていたことを如実に物語っている。[20]

また、コンスタンティヌス帝は、三一五年、当時の水道長官ウェルセンニウス・フォルトゥナトゥスに対して、皇帝の恩寵を得ることにおいて第一であった者が役職においても第一であるように、昇進順序を守るべきだ、との指示を出している。水道管理をつかさどる部局の下僚の昇進に際して、水道長官を務める元老院議員の意向と皇帝の意向が対立する場合があったことを想起させる内容である。[21]セリーノ水道の場合にも、カンパニア州知事だった元老院議員ケイオニウス・ユリアヌスが水道担当官ポンティアヌスに対して影響力をもったことは想像に難くない。

それに加えて、元老院議員たちがカンパニアとは密接な関係をもっていたことも思い起こすべきだろう。[22] ケイオニウス・ユリアヌスの名は、カンパニアではセリーノ碑文以外には見出すことはできない。しかし、北アフリカではいくつかの碑文上にその名を見出すことができる。例えば、現在のチュニジア北部、ブッラ・レギアでは都市参事会が彼に対して捧げた台座が残っている。[23] この碑文によれば、彼ばかりでなく、その祖先もこの都市のパトロヌスだったという。M・T・W・アーンハイムによれば、彼の一族は北アフリカ、とくにヌミディアと密接な関係をもっていた。[24] この北アフリカの諸碑文については第Ⅱ部で改めて触れるが、この事実は彼がカンパニアに無関心だったことを示すわけではない。

別の元老院議員、アラディウス家の事例を見てみよう。アラディウス家は北アフリカと関わりをもつ有力な元老院議員家系である。十六世紀、このアラディウス家の一員、クィントゥス・アラディウス・ウァレリウス・プロクルスの名を記した六枚もの青銅板がローマで発見された。これらの青銅板は北アフリカの諸都市がビュザケナ・ウァレリア属州総督だった彼を、そのパトロヌスとして選んだことを記録している。[25] この総督についてはこれ以上のことはわからないが、彼の兄弟だったルキウス・アラディウス・ウァレリウス・プロクルスについては別の碑文にその名が見出せる。同じカエリウス丘の邸宅で、彼に捧げられた台座が発見されており、三四〇年に正規コンスルを務めたほか、ビュザケナ・ウァレリア属州総督やアフリカ・プロコンスラリス属州総督などを歴任したことがわかっている。その台座の一つはプテオリの市民たちがパトロヌスとして彼を顕彰したものだった。[26] カンパニア諸都市、とくにプテオリ市が、北アフリカで影響力をもつ元老院議員との関係を重視していたことを物語る。

カプアで発見された四世紀の別の碑文もまた、カンパニアと北アフリカの関係を示している。ビュザケナ属州の州都ハドルメトゥム市の都市参事会と民衆がブリッティウス・プラエテクスタトゥスという元老院議員に捧げた台座である。[27] この碑文がカプアで発見されたのは、この都市が彼の出身地だったからだと考えられている。

北アフリカとカンパニアは、いずれも元老院議員の所領が多い地域だった。これらの碑文が示すように、元老院議員たちが大きな影響力をもつカンパニアと北アフリカは相互に密接な関係をもっていた。セリーノ碑文の場合にも元老院議員たる知事の果たした役割は大きかったに違いない。ケイオニウス・ユリアヌスは北アフリカと密接な関係をもっており、カンパニア、少なくともローマ市へ供給される食糧の取引拠点だったプテオリには関心をもっていたと考えるのが自然だろう。

皇帝と水道管理

元老院議員たる州知事がカンパニアで影響力をもっていたのだとしても、コンスタンティヌスが自らの支出でセリーノ水道を修復したと刻まれているのは確かである。セリーノ碑文はコンスタンティヌスとカンパニアの特別な関係を示すものなのだろうか。あるいは、帝国当局は帝国全土の水道を管理下においていたのだろうか。帝都ローマの水道には多くの研究の蓄積があるとはいえ、それ以外の水道について得られる知見はごく限られている。しかし、コンスタンティヌス治世のイタリアの状況については、いくつかの碑文からその状況を垣間見ることができる。

まずは南イタリアのパエストゥムの碑文である。一九六八年に発見されたその碑文には、四世紀初頭、水道を修復したことを理由に、パエストゥム市が州知事を顕彰したことが記録されている。[28] この事例では、州知事が水道の修復を監督していた。次に、三二五年には、アミテルヌム市がガイウス・サッルスティウス・ポンペイアヌス・ソフロニウスという人物をそのパトロヌスとして選んでいる。[29] 都市参事会決議でその功績を列挙しているが、それを記録した青銅板によれば、彼はこの都市の水道の修復もおこなっていたらしい。これらの碑文が示すところでは、イタリアでの水道管理は必ずしも帝国当局の管理下にあったわけではなく、状況に応じてさまざまだったことになる。それでは、セリーノ水道の場合はどうだろうか。

この碑文が示すとおり、セリーノ水道は「アウグスタ」という名をもっていた。さらに、他の史料もこの水道と皇帝たちのつながりを示している。例えば、ある碑文からは、プテオリで後一〇年に「アウグスタ水道監督官（クラトル・アクアエ・アウグスタエ）」という役職の人物が活動していたことが知られている。[30] また、六五年にはネアポリスで帝室解放奴隷が水道事業に携わっていた。[31] その後、三世紀にもプテオリでは「アウグスタ水道監督官」の記録が残っている。[32] 古代末期にも、帝国当局はある法文中でこの水道を「アウグスタ」という名を添えて呼んでいる。[33]

「アウグスタ水道監督官」は都市公職だったといわれているものの、[34] この水道はコンスタンティヌス帝よりも前から皇帝とは縁が深かったように見える。実際、元首政期の皇帝たちはナポリ湾岸に滞在することが多かった。[35] アウグストゥスが死去したのはノラ近くのヴィッラであり、ティベリウスはその晩年をカプリ島で過ごした。三世紀にも、タキトゥス帝はカンパニアに滞在していたという。とはいえ、この水道の修復がコンスタンティヌス帝とカンパニア諸都市との特別な関係を反映したものかどうか、判断するのは難しい。むしろ、この点には否定的な立場を示しておきたい。というのも、コンスタンティヌスがカンパニアを訪れたと伝える史料は存在しないからである。[36] コンスタンティヌスがカンパニアの諸都市と特別な関係をもっていたとは考えにくい。コンスタンティヌスとカンパニア諸都市の直接的な関係よりも、むしろ元老院議員を間に挟んだ間接的な関係を想定すべきだと思われる。

カンパニアにおける元老院議員の影響力の強さは、四世紀初頭に増加したという碑文の状況を理解するうえで重要なポイントである。次節では、セリーノ碑文以外の、カンパニア諸都市が残した顕彰碑文から皇帝や州知事と諸都市の関係を考えてみよう。

2　顕彰碑文に見るカンパニア諸都市と知事・皇帝の関係

カンパニア諸都市と皇帝たち

四世紀になってプテオリが経済的活況を取り戻した、とする見方は、この時代に作製された皇帝や元老院議員たちの顕彰碑文が数多く発見されていることが根拠となっていた。ディオクレティアヌス改革後のカンパニアでは、どのような変化が起きていたのだろうか。まずは諸都市と皇帝の関係を見ておきたい。

三〇六年から三一二年まで、イタリアと北アフリカはマクセンティウスの支配下にあった。しかし、その彼に対してカンパニア諸都市が捧げた碑文は残っていない。アティナ市がパトロヌスたる元老院議員を顕彰するに際して、マクセンティウスを「暴君」と呼んでいるのが確認できる程度である。[37] イタリア全土を見渡してみても、北イタリアのルナ市の碑文が知られているにとどまる。[38] それでは、マクセンティウスが権力を握る前のディオクレティアヌスの治世と、その後のコンスタンティヌスの治世はどうだろうか。

ディオクレティアヌス治世、カンパニア諸都市が皇帝とその同僚たちに対して捧げた碑文は九点発見されている。[39] ほとんどは皇帝の名が与格で刻まれ、それを都市か、あるいは都市参事会と民衆の名義で奉献するだけのものである。都市と皇帝の関係が緊密化したのかどうか、そこから判断するのは難しい。

一つだけ興味深い碑文を挙げるとすれば、テアヌム・シディキヌム市の碑文だろう。コンスタンティウス・クロルス副帝に対してテアヌム・シディキヌム市が捧げた、という文言は他の碑文と大差ないが、そのあとに続けて、カンパニア州知事ポンペイウス・ファウスティヌスと都市監督官オウィニウス・ガッリカヌスが奉献者として絶対奪格で言及されている。都市名は主格で刻まれており、この碑文を作製した主体は基本的には都市当局、つまり都市参事会の側だったと思われるが、州知事と都市監督官が上下関係ではなく、前後の順はあるにせよ、並列されている点は、両者の力関係を考えるうえで注目に値する。[40]

他方、コンスタンティヌス治世にカンパニア諸都市が皇帝に対して捧げた碑文は六点発見されている。二点は「不敗の」という形容詞を含んでいるため三二四年以前のものであり、[41] 一点は「勝利者」という称号を含んでいることから三二四年以後のものと考えられる。[42] 残る三点の年代ははっきりしない。[43] この状況をみる限り、カンパニア諸都市と皇帝との関係が、ディオクレティアヌス改革後に、あるいはマクセンティウス支配後に、何らかの大きな変化を蒙った様子は見出しがたい。

ただし、コンスタンティヌスの治世には、注目すべき別の点がある。それは、少なくとも三つの碑文がコンスタンティヌスの母ヘレナに対して捧げられた、という点である。[44] これらの碑文上で、彼女は「勝利者」コンスタンティヌスの母として言及されており、いずれも三二四年以降に捧げられたものだとわかる。これらの碑文には「非常に敬虔な(ピイッシマ)」あるいは「非常に寛大な(クレメンティッシマ)」といった賛辞がいくつも組み込まれ、コンスタンティヌス帝に捧げられた碑文よりも長いテクストが刻まれている。これらのうち二点はネアポリス市参事会によって捧げられたものだが、コンスタンティヌス帝がネアポリスに建てさせたというバシリカとの関連を想起すべきかもしれない。『教皇列伝』に言及されたそのバシリカは、キリスト教徒のためのものだっただろう。[45] この場合でも、ネアポリス市とコンスタンティヌス帝との直接的な関係よりも、仲介者としてのキリスト教徒、「聖」ヘレナの存在が重視されるべきだと思われる。

カンパニア諸都市と元老院議員

次にカンパニア諸都市と元老院議員たちの関係を考えてみよう。

プテオリは碑文の発見数が多い都市の一つである。[46] コンスタンティヌス治世については、例えば先述した騎馬像用の台座が発見されているほか、ほぼ同じサイズでクリスプス副帝に捧げられた碑文もある。[47] ただし、いずれもカンパニア州知事が捧げたものであり、いくつもの碑文が発見されているにもかかわらず、この時期にプテオリの住民が皇帝に対して捧げた碑文は発見されていない。他方、ローマ市では、プテオリ市参事会と民衆が、有力元老院議員ルキウス・アラディウス・ウァレリウス・プロクルスに対して捧げた碑文が知られている。[48] さらに、少なくとも四つのプテオリ市の街区が別の元老院議員クィントゥス・フラウィウス・マエシウス・エグナティウス・ロッリアヌスに対して彫像を捧げている。[49] 彼は正規コンスルや首都長官、アフリカ・プロコンスラリス属州総督などを歴任した最有力元老院議員の一人であり、カンパニア州知事も三二八／三三四年頃に務めている。異例のことながら、これらの碑文のうちの一つは、カリヌス帝に捧げられた台座を再利用したものだった。[50] これらの碑文はコンスタンティヌスの死後に立てられたものだが、彼のプテオリでの影響力の大きさを読み取ることができる。

また、カンパニアの別の都市、スエッサも彼に対して碑文を捧げている。[51] 彼の影響力はプテオリだけにとどまらず、カンパニア州内の他の都市にも及んでいたのである。

これ以外にも、諸都市に対して影響力をもった州知事の存在が知られている。例えば、バルバルス・ポンペイアヌスはウェナフルム出身の元老院議員で、三三三年にカンパニア州知事を務めた。彼はアベッラ市での事業を自ら誇る碑文を残している。[52] それは、彼がその事業で資材を再利用せず、新たに石を切り出して都市を飾ったがゆえだった。プラエネステ市もそのフォルム(広場)で彼に碑文を捧げているが、それは彼が公共施設の修復を命じたためであるという。[53] カンパニア州内での知事の影響力は大きかったように見える。

しかし、注意すべきなのは、ここまで紹介した元老院議員たちの事例は、いずれもコンスタンティヌス治世のものだ、という点である。第一章で確認したとおり、イタリアの属州化はディオクレティアヌスの治世前半、二九〇年代初頭には完了していた。それにもかかわらず、ディオクレティアヌス治世の州知事に対してカンパニアの諸都市が顕彰碑文を捧げた、という例は見つかっていない。皇帝を顕彰した碑文に大きな違いがなかったことを考えると、州知事だった元老院議員の顕彰碑文に見られる変化は注目に値する。四世紀に経済状況が好転したから碑文も増加した、という説明では不十分だろう。第Ⅱ部で見るように、北アフリカの状況は正反対だからである。この変化は、経済的な要因というよりも、むしろ政治的な要因に基づくものと思われる。

ディオクレティアヌスは、元老院を尊重していたにせよ、重用はしなかった。イタリアの各州のように元老院議員が地方統治の責任者に据えられたのは例外であり、属州総督の大半は騎士身分に取って代わられた。ディオクレティアヌスを「元老院への鉄槌《てっつい》」と評する研究者がいるのもこのためである[54]。それに対し、コンスタンティヌス帝の治世に、「ローマの貴族層は三世紀末の皇帝たちのもとで失った政治的な力を取り戻し始めた」と、A・H・M・ジョーンズは指摘している[55]。コンスタンティヌスは騎士身分を解体して元老院議員の数を大幅に増やすなど、元老院自体も大きく変質していた[56]。そうであるにせよ、この時期、旧来の元老院家系出身の議員たちが再び権力の座に近づけるようになったことも事実である。実際、クィントゥス・フラウィウス・マエシウス・エグナティウス・ロッリアヌスもルキウス・アラディウス・ウァレリウス・プロクルスも、いずれもコンスタンティヌス帝の「第一級の側近(コメス)」だったのである[57]。

カンパニアで元老院議員の顕彰碑文が増えたのは、諸都市がこの政治情勢の変化を読み取り、再びローマの元老院議員たちとの関係を密接なものにしようと試みていたからだと思われる。コンスタンティヌスは、三二四年頃、確かにその権威をカンパニアで確立しようと試みていた。しかし、このの ち、彼は北方や東方を動き回っており、カンパニアを訪れた形跡はない。カンパニアの諸都市にとっては辺境をさすらう皇帝にアクセスするのは難しかった。それゆえ、政治的な力を回復しつつあり、かつ都市近郊に滞在していたローマの元老院議員たちに再び目が向けられることになったのである。

おわりに

コンスタンティヌスによる帝国再統一を控えた三二四年頃、カンパニアでは、多くの都市に水を供給していたセリーノ水道の修復が皇帝の負担でおこなわれた。また、この時期には、プテオリをはじめとするカンパニア諸都市で、元老院議員や皇帝たちを顕彰した碑文が再び数多くつくられるようになっている。これらの碑文は四世紀の経済的復興を反映したものと考えられているが、むしろ、ディオクレティアヌス改革後も、政治情勢の変化に対応して行動を選択していた諸都市の様子を示すものと考えるべきだろう。

まず、セリーノ水道の修復は、碑文に刻まれているとおり、確かに皇帝の支出によっておこなわれた。そして、その修復工事を実際に施工したのは、名前の挙がっている水道担当官だったと思われる。先行研究でのこれらの指摘は適切ではある。ただし、先行研究では、元老院議員たる州知事の果たした役割が過小評価されてきたことも否定できない。

このセリーノ水道の碑文を捧げたカンパニア州知事ケイオニウス・ユリアヌスは、プテオリで発見された他の碑文を考慮すると、この碑文を捧げる直前に着任したばかりだったことがわかる。実際の修復工事に携わっていたとは考えにくい。それにもかかわらず彼がこの碑文を捧げる役割を担ったのは、元老院議員としてカンパニア諸都市や水道担当官に対して大きな影響力をもっていたためだったと考えられる。水道担当官は、その昇進を有力者の推薦に左右され、皇帝の意向が必ずしも人事で貫徹されたわけではなかった。コンスタンティヌスの治世には元老院議員が再び政治の表舞台に立つようになり、カンパニアを訪れたことのない皇帝よりも、諸都市にとっては重要な存在になったのである。カンパニアの諸都市が元老院議員たちを再びパトロヌスとして顕彰するようになったのは、このような政治情勢の変化を反映したものだったと考えられる。

このように見てくると、ディオクレティアヌス改革後も、カンパニアの諸都市は自ら利害関係を判断し、その行動を選択していたことがわかる。州知事や都市監督官による緊密な管理下で行動を制約されていたわけではなかった。実際、イタリアでは州知事や都市監督官も元老院議員であることが多く、彼らは皇帝の意向に沿って行動するだけの存在ではなかった。諸都市も元老院議員たちも、それぞれの立場に基づいて行動を決定しており、都市に対する国家管理の強化は容易に実現できるようなことではなかったのである。

諸都市はディオクレティアヌス改革後も厳密な管理下におかれたわけではなく、元老院議員たちを介して自らの利益を確保しようとしていた。その元老院議員たちは北アフリカでも大きな影響力を有していたが、第Ⅱ部ではその北アフリカの状況を考察していくことになる。ただし、その前にシチリアの様子も一瞥しておきたい。

補遺1　シチリア都市と元老院議員たち

　ローマ初の属州だったシチリアは、ディオクレティアヌス改革でも分割されることはなかった。コンスタンティヌス治世にはカンパニア州と並んで知事に言及する碑文が多く[1]、都市と知事の関係を考えるうえで注目すべき属州である。ディオクレティアヌス治世については、残念ながら、シチリア属州総督(あるいは知事)の名を残した碑文は発見されていないが、ある殉教者行伝では、シチリア属州知事が元老院議員だったと伝えられている[2]。その殉教者行伝の記録自体は信頼性が低いものの、コンスタンティヌス治世の碑文では、シチリアは属州(プロウィンキア)でありながらその責任者は知事(コレクトル)と呼ばれている。ディオクレティアヌスの治世にも元老院議員が知事を務めていた可能性が高い。コンスタンティヌス帝の治世後半には、知事職の称号はさらに「コンスラリス」に変更されている。四世紀にも知事の称号が「コレクトル」のままだった州もあることを考えれば、イタリア管区内でもシチリアが比較的重視されていたことがわかる。ここでは、シチリア属州知事の碑文から読み取れる都市との関係について、カンパニア州の状況を念頭におきつつ、いくつか指摘しておきたい。

　まず、もっとも注意を要する点は、コンスタンティヌス治世にはシチリア属州知事に言及する碑文が一五例知られているのに対し[3]、すでに述べたとおり、ディオクレティアヌス治世のそれは、今のところまったく発見されていない[4]、という事実である。この状況は、カンパニア州と同じく、コンスタンティヌスの治世に元老院議員たちが政治的復権を果たしつつあったことを反映したものと思われる。その内訳を見てみよう。

　コンスタンティヌス治世のシチリア属州知事に言及した碑文一五点のうち、シチリア島内で発見されたのは九点である[5]。残り六点はローマ市内やカンパニアなどで発見されたものであるため、ひとまず考察の対象からはずす。この九点のうち三点は、知事が皇帝を顕彰したものだった。[6] 二点はコンスタンティヌス帝に対して、一点はリキニウス帝に対して、それぞれ捧げられている。それに対し、ディオクレティアヌスの治世には、そもそもシチリア属州知事の名を残す碑文が発見されていないため類例はない。

諸都市が知事を顕彰した碑文は三点残っている。[7] ディオクレティアヌスの治世には見られなかった事態である。[8] うち二点がギリシア語碑文だったことは、[9] 四世紀初頭にもシチリアではギリシア語が広く使われていたことを反映したものといえるかもしれない。シチリア属州会議がローマ市で属州知事を顕彰した碑文がギリシア語を用いていたこともその印象を強くする。[10] イタリア本土や他の西方属州では、この時期、ギリシア語で州知事や属州総督を顕彰した碑文は知られていない。「マグナ・グラエキア（大ギリシア）」と呼ばれた時代を髣髴《ほうふつ》とさせる状況である。

属州知事の名を伝える碑文の状況は以上のとおりだが、皇帝の顕彰碑文を見てみると、まったく異なる状況が見出せる。

まず、ディオクレティアヌス帝に対してパノルムス市の捧げた碑文が一点知られているほか、[11] この都市はマクシミヌス・ダイア副帝に対しても碑文を捧げている。[12] 本来はマクシミアヌス帝やコンスタンティウス帝、ガレリウス帝に対して捧げた碑文もあった可能性が高い。このほか、ガウルス市がコンスタンティウス帝とガレリウス帝に対して第二次四帝統治体制の時期（三〇五～三〇六年）に捧げたものも知られている。[13] それに対し、コンスタンティヌス帝やその息子の副帝たちをシチリア都市が顕彰した碑文は今のところ発見されていない。シチリア属州知事が皇帝たちを顕彰した碑文が三点発見されていることを思えば、ディオクレティアヌス治世とは対照的な状況である。

シチリア属州はディオクレティアヌス治世に分割されることもなく、以前と同様、元老院議員の知事のもとにあったと想定される。もともと属州だったシチリアでは、責任者の称号が「コレクトル」に変わっても、属州統治の内実に大きな変化はなかった。ディオクレティアヌス治世には元老院議員の政治力は限られており、シチリア諸都市は皇帝の顕彰はおこなっても、元老院議員との接触を試みることに熱心ではなかった。しかし、コンスタンティヌスの治世、元老院議員たちが政治的復権を果たすと、シチリア諸都市もそれに対応して、元老院議員たちとの関係強化に動いた。地元で顕彰するのみならず、ローマ市まで属州会議の代表者が赴いた事例さえ確認されている。カンパニア州と同様、シチリア諸都市の動向も同時代の政治情勢の変化を反映したものだったといえるのではないだろうか。

第Ⅰ部では、北イタリアのコムムから南イタリアのカンパニア州、そしてシチリア島に至るまで、碑文から読み取れる都市と州知事や皇帝との関係を考察してきた。ディオクレティアヌス改革によってイタリアは属州化され、諸都市は都市監督官や州知事を介して緊密な帝国管理下におかれるようになった、と考えられてきたが、その根拠とされる碑文史料がそのような状況を示すとは思えない。

都市監督官や州知事を介して都市が緊密に管理されるようになったことを示す代表的な事例とされてきたコムムの碑文は、二九〇年から二九一年にかけての冬、近傍のメディオラヌム市においてディオクレティアヌス帝とマクシミアヌス帝が会談した際に、コムム市がパトロン的な立場にあった都市監督官を介して、皇帝から恩恵を勝ち取ったものだった可能性が高い。そもそも、この碑文が刻まれた段階ではイタリアの属州化は完了しておらず、属州化の結果を示すものではありえない。都市監督官を務めていたのも、この都市と二代にわたって関係をもつ元老院議員だった。元老院とは疎遠な軍人出身の皇帝が、元老院議員の務める州知事や都市監督官を介して都市をコントロールするようになった、という発想には無理がある。実際、カンパニア州やシチリア属州の諸都市の事例は、ディオクレティアヌス治世には諸都市と元老院議員たちの関係が希薄だったこと、そして、それにもかかわらず、元老院議員たちが政治的復権を果たしたコンスタンティヌス治世には、都市が積極的に元老院議員たちを顕彰し、再び関係をもとうとしていたことを示している。

オスティアやアクィレイアの碑文も、この時代の諸都市が依然として自ら政治情勢を判断し、有利な立場を得ようとしていたことを示している。緊密な帝国管理下におかれた諸都市の「貧困なる精神」の産物などではないのである。オスティア市の場合、ディオクレティアヌス治世には皇帝たちと比較的良好な関係を維持しえたものの、コンスタンティヌス治世にはそれに失敗した。アクィレイア市も、当初はコンスタンティヌス政権と対立したものの、オスティアのように取って代わるべき別の都市が存在しなかったために、むしろ皇帝から恩恵を付与され、事なきを得たように見える。ディオクレティアヌスがアポロ・ベレヌスというアクィレイア市の守護神的な神格に対して崇敬を捧げたのも、「迫害帝」の熱心な信仰の表れなどではなく、このようなアクィレイア市の戦略的重要性の賜物だったのである。

このように、イタリア管区の諸都市が、ディオクレティアヌス改革によって緊密な帝国管理下におかれたとは考えにくい。シチリアをはじめとする島嶼《とうしょ》部は、そもそも属州分割の対象とはならなかった。イタリア半島のかつての「本国」にあたる部分は、州に分割されて知事が派遣されたものの、州知事を務める元老院議員たちを、軍人出身の皇帝たちがどれほどコントロールできたのかは疑わしい。イタリアの「属州化」にともなう最大の変化は、新たに税を課されたことだっただろうが、その額は決して過大なものではなかった。[14]

さて、この「属州化」されたイタリアでは元老院議員たちの記録が少なくなかったが、彼らは海を越えた北アフリカでも大きな影響力をもっていた。第Ⅱ部では、その北アフリカの状況を考察していくことにしたい。

第Ⅱ部

北アフリカにおける戦争と平和

アウグストゥスが死去したとき、ローマが北アフリカにおいていた属州は、現在のリビア、チュニジアとアルジェリア東部からなるアフリカ・プロコンスラリス属州一つだけだった。現在のアルジェリア西部からモロッコにかけての地域はマウレタニア王国が治めており、アウグストゥスによってヌミディア王の遺児ユバ二世が王として送り込まれていた。このマウレタニア王国は、プトレマイオス二世がカリグラによって殺害されたあと、続くクラウディウス帝によって属州化された。現在のアルジェリア西部にはカエサレアを中心とするマウレタニア・カエサリエンシス属州がおかれ、現在のモロッコにあたる地域はマウレタニア・ティンギタナ属州とされている。北アフリカのローマ支配は次第に内陸へと拡大していき、セプティミウス・セウェルス治世の二世紀末、第三アウグスタ軍団司令官のもとで実質的に別個の属州となっていたヌミディアが、正式にアフリカ・プロコンスラリス属州から分離した。こうして、ディオクレティアヌス改革前の段階での北アフリカの四属州体制ができあがる。

このように、ローマ支配下の北アフリカは、カルタゴを中心とする古くから都市化の進んでいた地域だけではなく、一～二世紀に次第にローマ支配下に組み込まれていった地域まで多様であり、その都市化の進展具合は地域によって異なっていた。この事実は、ディオクレティアヌス時代の地方統治機構改革とそれに対する諸都市の動向を考察するうえでも大きな違いをもたらすことになる。

北アフリカは、「三世紀の危機」とされる時代にも蛮族の侵入による大きな被害を受けなかった。ディオクレティアヌス時代にも数多くの碑文が製作されていたうえ、遺跡の保存状態も良く、ディオクレティアヌス時代の地方都市の状況を考察するには格好の舞台となっている。逆にいえば、北アフリカこそディオクレティアヌス改革によって都市に対する帝国の管理が強まったという主張の根拠を提供してきた舞台でもあったのである。実際、北アフリカではディオク

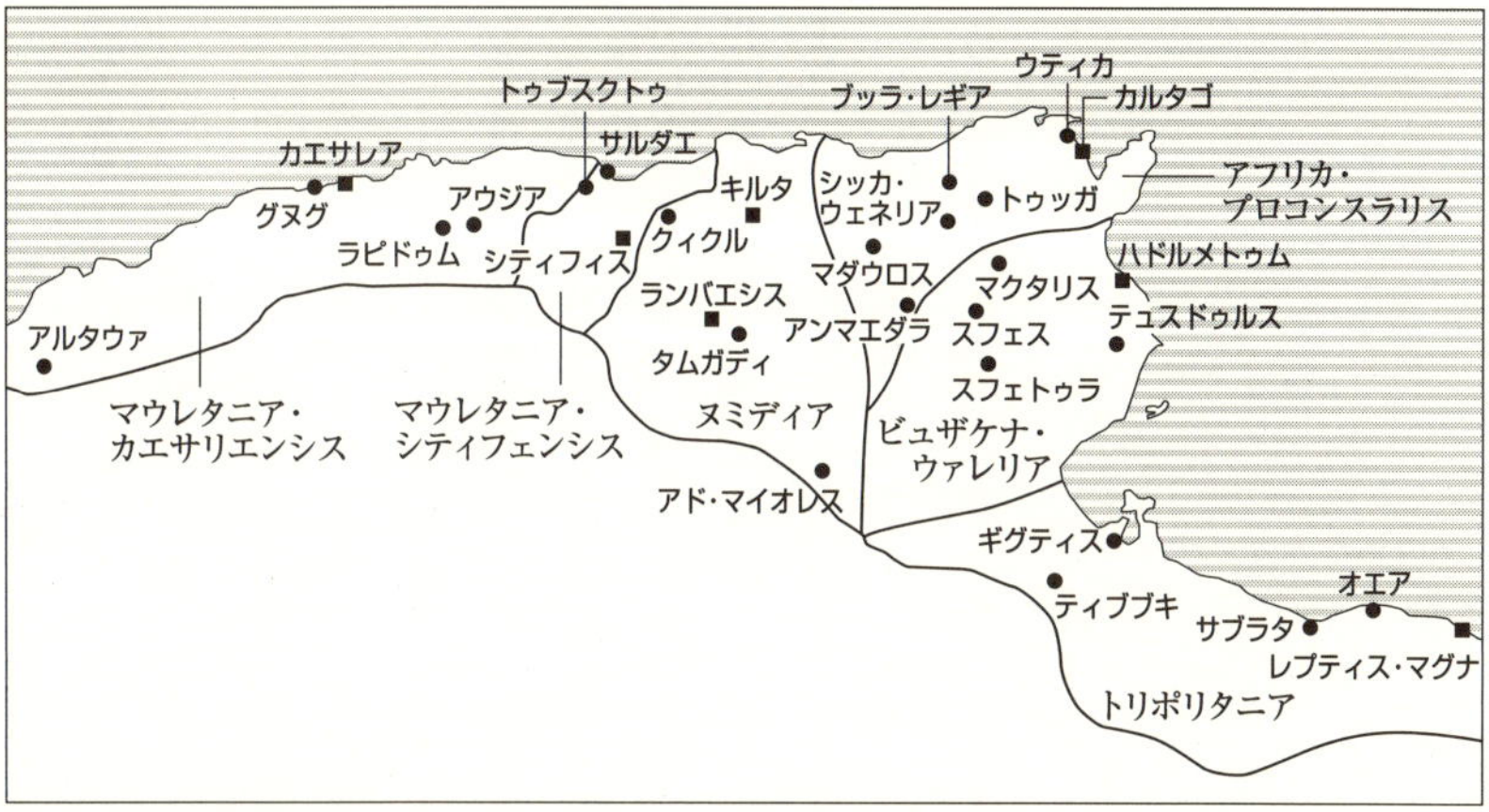

図4 アフリカ管区

レティアヌス治世に属州が細分化されたことが碑文から確認できるほか、都市監督官の活動を記録した碑文の数もこの時代に急増している。C・ルプレのいうとおり、ディオクレティアヌス治世に「断絶」があったように見えるのも確かなのである。北アフリカの碑文史料から確認できるこのような変化は、ディオクレティアヌス改革による都市管理の強化を示すものなのだろうか。第Ⅱ部では、この問いに対する回答を示しつつ、この時代の都市と皇帝権の関係を明らかにしていきたい。

第Ⅱ部では、まず第五章で属州分割によって諸都市への属州総督の監督が強化されたのかどうか、その全体像を把握する作業をおこなう。北アフリカ諸属州、なかでもその中心たるアフリカ・プロコンスラリス属州を中心に、その分割年代に関する先行研究を整理したうえで、属州分割の結果として都市に対する管理強化という状況が見出されるかどうかを確認していきたい。その過程で、都市監督官の活動を記録した碑文の増加が何を意味するのか、それらの碑文の特色から説明を加えていこうと思う。

第五章で諸都市と属州総督の関係を考察したのち、第六章では諸都市と皇帝たちの関係について考えてみたい。北アフリカではこの時代の皇帝たちに対して捧げられた数多くの顕彰碑文も発見されている。古代末期には、地方都市も皇帝たちの顕彰を義務的におこなわねばならなかったと考える研究者もいるが、はたしてその実態はどのようなものだったのだろうか。その顕彰碑文を捧げた主体や碑文の発見地、残存状況といった情報を総合しつつ、北アフリカの諸都市と皇帝の関係を明らかにしていきたい。

続いて第七章と第八章では、それぞれヌミディアとマウレタニアという都市化の比較的遅かった地域の状況を見ていく。ヌミディアには北アフリカに常駐する唯一の軍団、第三アウグスタ軍団の基地があり、州都ランバエシスもその周辺に発達した町だった。この軍団の影響は、都市社会でどのように見出されるだろうか。そして、ディオクレティアヌスによるヌミディア属州の分割とコンスタンティヌスによる再統合を経て、ヌミディア属州の中心地は北方のキルタへと移る。州都移転の影響についても考えねばならない。

北アフリカのなかでも西部に位置するマウレタニアは、三世紀後半に騒乱を経験するなど、北アフリカのなかでは例外的な地域である。属州化されたのも、その後の都市化の進展も、東部と比べると遅かった。三世紀後半の騒乱と都市化の遅れという二つの要因は、ディオクレティアヌス時代に地方統治機構の改革がなされるに際して、どのような影響を及ぼしたのだろうか。第八章では、この問題に取り組みたい。

古くから都市化の進んでいた地域と都市化の遅れた地域、あるいは平和が保たれていた地域と治安上の問題にさらされていた地域とでは、改革のあり方も違えばその影響も異なっていたと思われる。それぞれの地域で見られる碑文のあり方をとおして、その実情を探っていくことにしよう。

第五章　北アフリカ諸属州の再編と都市の動向

属州総督の活動を中心に

はじめに

ディオクレティアヌス治世、北アフリカ諸属州の枠組みは大きく変更された。アフリカ管区に含まれることになったのは、かつて四つあった属州のうち、最西端のマウレタニア・ティンギタナを除く三つの属州にあたる部分である。これら三つの属州はそれぞれ分割され、アフリカ管区は七つの属州から構成された。

東から順に見ていくと、アフリカ・プロコンスラリス属州は三分割されている。現在のリビアにあたるトリポリタニア属州と中南部のビュザケナ・ウァレリア属州が新たに創設され、カルタゴを中心としたアフリカ・プロコンスラリス属州は大幅に縮小された。

ヌミディア属州は南北に二分割され、北部はキルタを中心とするヌミディア・キルテンシス属州となり、南部は引き続きランバエシスを中心としたヌミディア・ミリティアナ属州となった。マウレタニア・カエサリエンシス属州は東西に分割され、東側にシティフィスを中心とするマウレタニア・シティフェンシス属州が新設されている。

それに対し、マウレタニア・ティンギタナ属州は分割こそされなかったものの、海を越えたヒスパニアの諸属州と統合され、ヒスパニア管区に所属することとなった。

このように、ディオクレティアヌス治世、北アフリカ統治の枠組みは大きく変更されたが、それによって諸都市と帝国、とくに属州総督との関係はどのように変化したのだろうか。本章では、北アフリカで発見された豊富な碑文史料を活かして、アフリカ・プロコンスラリス属州の状況を中心にその全体像を把握しようと試みる。属州の領域が縮小したことにともなって、総督たちは都市行政に対する管理を強化できたのだろうか。また、都市監督官は、属州総督が都市を管理するための手段だったのだろうか。ディオクレティアヌス時代に「断絶」があるとまでいわれてきたこの問題を、史料に即して再検討していきたい。

1 属州分割のクロノロジー

アフリカ諸属州の分割・再編による影響を考察するためには、その改革のおこなわれた年代を明確にしておかなければならない。現在、その再編年代については、G・ディ＝ヴィータ＝エヴラールの想定する三〇三年の「大改革」が有力な説となっている。[1] 彼女によれば、「マウレタニア・カエサリエンシスとシティフェンシス、ヌミディア・ミリティアナとキルテンシス、プロコンスラリス＝ゼウギタナとビュザケナやトリポリタニア、というアフリカ諸属州の分割は、(ディオクレティアヌスの)即位二〇周年記念日、すなわち三〇三年十一月二十日に実施された」ということになる。[2] しかしながら、ヌミディアを除けば、この説に直接的な根拠はない。[3] アフリカ諸属州の分割年代が長く論争の的だったことを考えれば、再考の余地は大きいといえる。

ヌミディアについては、三〇三年の分割を示す史料が存在する。この年、ヌミディア属州総督だったウァレリウス・フロルスが、管区代官だったウァレリウス・アレクサンデルとともに、アクア・ウィウァに軍事施設を建設したことを伝える碑文が発見されている。[4] この段階では、「ヌミディア属州総督」という彼の肩書ゆえに、属州はまだ分割されていなかったと考えられている。他方、同年十一月二十日、マコマデスという都市で、別のヌミディア属州総督アウレリウス・クィンティアヌスが皇帝たちの即位二〇周年を祝って碑文を捧げている。[5]しかし、先に名前を挙げた総督ウァレリウス・フロルスはキリスト教徒の迫害者として知られており、他の碑文やキリスト教関係の文献にも登場する。従って、アウレリウス・クィンティアヌスは分割によって新設されたヌミディア・キルテンシス属州総督であり、他方、ウァレリウス・フロルスは分割前最後のヌミディア属州総督で、分割後は初のヌミディア・ミリティアナ属州総督になった、と考えられている。そして、ヌミディア属州は三〇三年秋に分割されたと想定されている。[6]

ところで、このアウレリウス・クィンティアヌスの名はトリポリタニアで見つかった別の碑文でも見出される。その碑文によれば、トリポリタニア属州総督ウァレリウス・ウィビアヌスがティブブキで軍事施設の建設を開始し、そののちにトリポリタニア属州総督となったアウレリウス・クィンティアヌスが完成させたのだという。[7]ディ＝ヴィータ＝エヴラールによれば、アウレリウス・クィンティアヌスは三〇三年にヌミディア・キルテンシス属州総督を務め、それからトリポリタニアへ転任したとされる。ヌミディア・キルテンシス属州は軍隊のいない属州であり、軍の駐留するトリポリタニアと比べ総督の格が低かったはず、というのがその理由である。[8]たとえその見方が正しいとしても、この碑文は、遅くとも三〇三年頃までにはトリポリタニア属州がアフリカ・プロコンスラリス属州から分離していたことを示すにすぎず、三〇三年より前に分割がなされていた可能性を否定するものではない。

ディ＝ヴィータ＝エヴラールは、三〇三年の「大改革」を補強するために、小アジアなど帝国の他地域の状況も参照している。しかし、北アフリカにより近い地域で、それに対する反証は容易に挙げることができる。第Ⅰ部で述べたとおり、イタリアの分割は二九〇年代初頭に実施された。[9]詳しくは第九章で触れるが、ヒスパニア・キテリオル属州は二八〇年代後半に分割されている。[10]とくに重要なのは、遅くとも二九八年までにヒスパニア管区が創設されたと考えられていることだろう。ヒスパニア管区にはマウレタニア・ティンギタナ属州も含まれており、ディオクレティアヌスによる地方統治機構改革の波は、三世紀末にはすでに北アフリカにも及んでいたのである。

こういった事情を考えれば、アフリカ・プロコンスラリス属州の分割が三〇三年より前におこなわれていた可能性は小さくない。ただし、ディ＝ヴィータ＝エヴラールの指摘するとおり、その分割が二九四年よりあとだったことは確かである。二九〇年から二九四年までアフリカ・プロコンスラリス属州総督を務めたアリストブルスの名を残す碑文が、のちにビュザケナ属州に含まれることになる都市でも発見されているからである。[11]

アフリカ・プロコンスラリス属州の分割年代を確定するのに、残念ながらこれ以上の史料は残されていないが、B・H・ウォーミントンは、アリストブルスが退任した直後の二九四年から二九五年にかけての時期に分割がおこなわれたと考えている。[12] また、W・セストンは、マクシミアヌス帝が北アフリカ遠征をおこなった二九七年から二九八年にかけての時期を分割年代として想定している。[13] 三〇三年より前のこれらの時期に属州の分割がなされたということはできないのだろうか。

二九七年から二九八年という年代に関しては、属州分割はディオクレティアヌス主導でおこなわれたものであり、当時の北アフリカでの軍事行動も分割を正当化するほどの重要性をもたない、として、ディ＝ヴィータ＝エヴラールは明確に批判している。[14] 他方、二九四年から二九五年という説については、ウォーミントン以外に主張する人物がほとんどいないためか、ほとんど言及していない。[15] しかし、アリストブルスが北アフリカで果たした役割の大きさを考えると、この説の重要性は無視できない。アリストブルスの北アフリカでの活動については、次節以降で詳しく見ていくことにしよう。

マウレタニア・カエサリエンシス属州の分割に関しては、直接的な根拠は何も知られていない。かつては、ある碑文に基づいて二九〇年代初頭に分割されたと主張されていたが、J＝P・ラポルトがその碑文を再検討し、その見方を否定した。[16] その他、新たに成立したマウレタニア・シティフェンシス属州の州都シティフィスでは、マクシミアヌス帝の

「入市《アドウェントゥス》」を記念して、マウレタニア・シティフェンシス属州が円形闘技場を建設したことを伝える碑文も知られている。一見すると、二九七～二九八年の遠征時、すでにマウレタニア・カエサリエンシス属州は分割されていたように見えるが、三〇三年の大改革を支持するR・ルビュファは、この円形闘技場は二九八年に着工され、竣工したのは三〇三年以降だったとして、この問題を回避している。[17] 属州の分割年代を示す直接的な根拠とはなりえず、依然としてその分割年代は不明確なままである。

　結局のところ、ヌミディアを除けば、北アフリカ諸属州の分割年代を明確にすることはできない。三〇三年の「大改革」が通説的地位を占めているとはいえ、直接的な根拠を欠いている。それゆえ、統治機構改革の影響を考察するために、以下のような段階を踏んでいくことにしたい。まず、二九四年から二九五年にかけての時期に改革がなされたと考えた場合のアフリカ・プロコンスラリス属州の状況を考察する。その後、三〇三年に改革がなされた場合を考えるために、ディオクレティアヌス治世の状況と比較しつつコンスタンティヌス治世の北アフリカ諸都市と帝国当局との関係を考察することにしたい。このようにアフリカ・プロコンスラリス属州の状況を見たうえで、最後にヌミディアとマウレタニアの状況についても簡単に触れておこうと思う。

2　ディオクレティアヌス治世のアフリカ・プロコンスラリス

アリストブルス総督と都市監督官

　まずはウォーミントンの見方に従い、二九四年以前とそれ以降に分けて、アフリカ・プロコンスラリス属州の状況を考察していこう。この場合、二〇年ほどのディオクレティアヌスの治世がほぼ半々に分けられることになる。属州総督に言及する碑文の数も同じく半々となり、二九四年以前の碑文が一四点、それ以降のものも一四点となる。数は同じだが、表を見れば両者の違いは一目瞭然である(表2―1参照)。すなわち、治世後半の碑文は何人かの属州総督の名を記録しているのに対し、治世前半の碑文はほぼすべて、たった一人の属州総督、ティトゥス・クラウディウス・アウレリウス・アリストブルスの名を記した碑文なのである。治世前半の属州総督の碑文一四点のうち、少なくとも一二点がアリストブルスの名を伝えている。レプティス・マグナ出土碑文の欠損部分もアリストブルスの名を補うべきだ、とするディ＝ヴィータ＝エヴラールの仮説を受け入れれば[18]、一四点中一三点がアリストブルス総督の碑文ということになる。この碑文数の多さゆえに、アリストブルス総督の存在はこれまでも研究者の注目を集めてきた。ウォーミントンが「アリストブルスは、この属州の全般的な再建をおこなうという何らかの任務を帯びていたように見える」と述べているほか[19]、C・ルプレも同じような見方を示している[20]。ウォーミントンがアリストブルス総督の離任直後にアフリカ・プロコンスラリス属州の分割がなされたと考えているのも、彼が総督として果たした役割の大きさを考えてのことなのである。

本書の議論のなかで重要なのは、アリストブルス総督の在任中にはアフリカ・プロコンスラリス属州は依然として分割されていなかった、という事実である。アリストブルス総督の名が記された碑文を根拠として、都市に対する属州総督の管理・監督がディオクレティアヌス改革によって強化された、と主張するのは不適当だといわねばならない。ただし、アリストブルス総督の名が記された碑文が多いことも事実である。実際、C・ルプレは、アリストブルス総督の名を残す碑文の一つを、ディオクレティアヌス改革によって生じた「断絶」の根拠として挙げている[21]。彼のアフリカ諸都市に対する影響力の意味をいま一度考察してみる必要があるだろう。以下では、アリストブルスの名を記す一三碑文に加え、彼のもとで総督代理を務めたソッシアヌスの名だけを記す四碑文についても検討していく。(a)アリストブルスと都市監督官の名を記した碑文、(b)アリストブルスとソッシアヌスの名を記した碑文、(c)アリストブルス単独の碑文、という順で見ていくことにしたい。

表2　ディオクレティアヌス治世からコンスタンティヌス治世にかけてのアフリカ諸属州総督

表2-1　アフリカ・プロコンスラリス属州総督

	出　典	氏　名	年　代	碑文上での表現	場　所
1	*ILAfr.*, 513 = *CIL*, VIII, 1488 + *CIL*, VIII, 15507 + *CIL*, VIII, 26574	Aurelius Antiochus	285/290	anno procos. II Aur. Antiochi	Thugga
2	*IRT*, 522	[Cl]audius A... (Aristobulus?)	3世紀末 (*PLRE*); 3世紀末/312 (*IRT*)	[Cl]audio A[---] / [---] proconsuli p[rovinci]ae / [Afr]icae omnium virtutum / viro, innocentis integri/tatis victoriae lenitatis / sublimis moderation[i]s / laudauilis iustitiae / Lepcimagnenses ex de/creto ordinis, patrono / perpetuo	Lepcis Magna
3	*ILAlg.*, I, 2048	T. Cl. Aurelius Aristobulus	290–294	iubente T. Cl. / [Aurel]io Aristobulo procos. per instantiam C. Macrini Sossiani v. cos. leg. N(umidiae), idem procos. cum eodem leg. suo	Madauros
4	*ILAlg.*, I, 1284	T. Cl. Aurelius Aristobulus	290–294	Aristobulus	Thubursicu Numidiarum
5	*ILAlg.*, I, 179 = *CIL*, VIII, 5290 = *ILS*, 5477	T. Cl. Aurelius Aristobulus	290–294	[proco]nsulatu quarto insignis Aureli Aristobuli [viri cla/riss.] et ornat[iss]i[m]i, provisione gloriosi Macrini Sos[siani] / [v.c.] leg. quarto	Calama
6	*ILAlg.*, I, 1032 = *CIL*, VIII, 4645 = *ILS*, 5714	T. Cl. Aurelius Aristobulus	290–294	Aurel(io) Aristobulo. Proco(n)s(ule), c. v. Macrinio Sossiano l[eg.] c.v.	Thagura
7	*ILAfr.*, 90	T. Cl. Aurelius Aristobulus	290–294	[--- M.] Aur[elio] / [Ari]stoburo, c.v., pro/[cos.], auctore, inven/[to]re, dedicatore	Ksar-el-Hammam

8	*CIL*, VIII, 608 = *CIL*, VIII, 11772 = *ILS*, 637	T. Cl. Aurelius Aristobulus	290–294	Aur. Aristobulus v.c., procos. Africae per instantiam Macrini Sos/siani c.v. leg. cum eodem dedicavit	Mididi
9	*CIL*, VIII, 11774	T. Cl. Aurelius Aristobulus	290–294	[dedicante] M. Aur. Aristobulo, c.v., procos. Africae / [una cum Macrinio Sossiano c.v. leg.]	Mididi
10	*CIL*, VIII, 624 + *CIL*, VIII, 11782	T. Cl. Aurelius Aristobulus	290–294	[--- Aur. Aristo]bulus v.c., proc[os. Africae]	Mactar
11	*AE*, 1946, 119 + *CIL*, VIII, 23413	T. Cl. Aurelius Aristobulus	290–294	[Aureliu]s Aristobulus ... dedicavit	Mactar
12	*CIL*, VIII, 23657	T. Cl. Aurelius Aristobulus	290–294	dedicantibus Au[relio Aristobulo v.c., procos. provinciae Africae et Macrinio Sossiano legato eius]	Civitas A-- (Ksar Mdudja)
13	*CIL*, VIII, 23658 + *AE*,1899, 114	T. Cl. Aurelius Aristobulus	290–294	dedica[nti]bus Aurelio Aristo[bulo v.c., procos. provinciae Africae et Macrinio Sossiano legato eius]	Civitas A-- (Ksar Mdudja)
14	*AE*, 1992, 1763	T. Cl. Aurelius Aristobulus	290–294	[--- ab Aurelio Aristobulo, v(iro) c(larissimo), proc(n)s(ule) Africae] una cum Macrinio Sossiano legato suo	Sufes
15	*CIL*, VIII, 26566 = *DFH*, no.21.	T. Flavius Postumus Titianus	295–296	anno proco(n)s(ulatus) Postumi(i) Titiani c.v.	Thugga
16	*CIL*, VIII, 26567 + *CIL*, VIII, 26573 + *ILAfr*., 532	T. Flavius Postumus Titianus	295–296	anno proco(n)s(ulatus) Postumi(i) Titiani c.v.	Thugga
17	*CIL*, VIII, 17329	L. Cassius Dio?	296/297	[--- procon]/sulatu L. Cassi(i) [Dionis? ---]	Thabraca
18	*CIL*, VIII, 12459	L. Aelius Helvius Dionysius	297–299	L [Ael(io) Di]onys[io pr]o/cos. p(rovinciae) A(fricae) IIII amatori ordinis aeque Maxulae	Maxula

19	*CIL*, VIII, 14401 = *ILAfr.*, 441 = *AE*, 1920, 26	L. Aelius Helvius Dionysius	297–299	[[Aelio Helvio Diony]]sio c.v., procos.	Vaga
20	*ILAfr.*, 531 = *CIL*, VIII, 26562 = *CIL*, VIII, 1489 = *DFH*, no.134.	L. Aelius Helvius Dionysius	297–299	[[pro[co]nsulatu Ael[i Helvi Dionysi(i)]]]	Thugga
21	*AE*, 2003, 2010	L. Aelius Helvius Dionysius	297–299	[[ex auctoritate? / L. Aelii Helvii Dionysii c.v., proconsulis Africae? / et --- legatorum eius?]]	Thibaris (Henchir Thibar)
22	*CIL*, VIII, 1550 + *CIL*, VIII, 15552	M. Tullius T...nus	293/305 (300/301?)	M. Tullio T[...]no, procons. p(rovinciae) A(fricae)	Agbia
23	*ILT*, 1308 = *AE*, 1942/3, 82 = *CIL*, VIII, 1411 = *CIL*, VIII, 14910	C. Annius Anullinus	303–304	dedicante C(aio) Annio An[ullino proco(n)s(ule) ---]	Thignica
24	*CIL*, VIII, 23124 + *CIL*, VIII, 23123	... Gracchus	293–306	[---]I Gracchi vtriq [--- campli]ssimi proco[nsulis pro]vinciae Africae	Sabzia? (Hr. Sidi-Abd-el-Kerim)
25	*AE*, 1949, 59	C. Ceionius Rufius Volusianus	305–306	[--- Volu]siani [---] / [--- proco]s. Africae	Mactar
26	*ILAfr.*, 365	C. Ceionius Rufius Volusianus	305–306	[C. Caeionius Rufius / V]olusi[anus v.c.,] / proc. p(rovinciae) Africae, [---]	Carthago
27	*CIL*, VI, 1707 = *ILS*, 1213	C. Ceionius Rufius Volusianus	305–306	[---] / religiosissimoque / C. Caeionio Rufio Volusiano v.c., / corr. Italiae per annos octo, / proconsuli Africae, / ...	Roma
28	*AE*, 2003, 207 = *AE*, 1984, 145 = *CIL*, VI, 41319	C. Ceionius Rufius Volusianus	305–306	[v.c., ... proco(n)s(uli) Africae]	Roma

29	*CIL*, VIII, 1277 = *CIL*, VIII, 14772 = *ILS*, 6809	Petronius Probianus	315–316	florente proconsu/latu Petroni Probi[a]/ni v.c., procons. v(ice) s(acra) i(udicanti)	Vallis
30	*CIL*, VIII, 14453	Aco Catullinus	317–318	[--- proco]nsulatu Aconis Cat[ullini ---]	Vaga? (Hr. el-Gheria)
31	*CIL*, VIII, 24582	Aco Catullinus	317–318	[--- dedicante?] / [A]cone Catullino c.v.	Carthago
32	*ILAfr*., 269	Aco Catullinus	317–318	have Catulline Karissime	Hr. Kasbat
33	*CIL*, VIII, 1016 = *CIL*, VIII, 12465	Domitius Latronianus	314/324	Domitius Latronianus v.c., proco(n)s(ul) p(rovinciae) A(fricae)	Carthago
34	*CIL*, VIII, 12524	Maecius Hilarianus	324/325	[Mae]cilius [Hila]rianus, v.c., procons. p(rovinciae) A(fricae) v(ice) s(acra) [i(udicans) ...]	Carthago
35	*CIL*, VIII, 1179	Maecius Hilarianus	324/325	Mecilius Hilarianus v.c., pro/consul et vice sacra iudicans	Utica
36	*ILAfr*., 456 = *AE*, 1917/18, 99 = *AE*, 1991, 1682	Valerius Felix ? / Antonius Marcellus ? / Domitius Zenophilus ?	324/337 (Thebert, 332/336; Chastagnol, 332–336)	[---] / [[eximiae potesta/tis et moderatio/nis et bonitatis]] / ac praedicabili c.v., post cor/recturas et consularem dig/nitatem Ac(h)aiae, Asiae iteru[m], / et Africae IIII procos., sacro iudicio / domini et Augusti nostri / Constantini maximi vict[o]/ris ac triumfatoris semper Au[g.] / et beatissimorum Caes[arum]	Bulla Regia
37	*CIL*, VIII, 1408 = *ILS*, 5359	Domitius Zenophilus	326/333	procon[s]ulatu Domiti Zenofili c.[v., v(ice) s(acra) i(udicans) ...]	Thignica
38	*AE*, 1981, 878	Domitius Zenophilus	329/332	[per instantiam] Domiti(i) Zenofili, v(iri) c(larissimi) proconsulis	Ain-Rchine
39	*AE*, 2003, 2004	Domitius Zenophilus	326/333	et dedicavit Domitius Z[enophilu]s, v.c., proconsu[l v(ice) s(acra) i(udicans)]	Cincaris (Henchir Singaris)

40	*CIL*, VIII, 14431	M. Ceionius Iulianus?	326/333?	[M. Ceioni]o Iuliano v.c., am[plissimo. proconsule]	Gasr Mezbar
41	*CIL*, VIII, 14436 = *ILS*, 5518	M. Ceionius Iulianus	326/333	proconsulatu M. Ce[io]ni Iul[iani] c.v.	Belalis Maior (Hr. el-Fauar)
42	*AE*, 1978, 864	M. Ceionius Iulianus	326/333	[--- procon]sul(atu) [M. C]ae(i)on[i Iuliani c(larissimi) v(iri) ---]	Belalis Maior (Hr. el-Fauar)
43	*CIL*, VIII, 25525	M. Ceionius Iulianus	326/333	Kamenii / consularis / familiae viro / adque a paren/tibus patrono / Ceionio Iuliano / ampl. procons(uli), c.v., / vice sacra cog/noscen[ti]	Bulla Regia
44	*CIL*, VIII, 15269	M. Ceionius Iulianus	326/333	[---] dedicante Caeionio Iuliano amplissimo proconsule cla[rissimo viro ---]	Thubursicu Bure
45	*ILAlg*., I, 4011 = *AE*, 1922, 16	M. Ceionius Iulianus	326/333	[Ceion]io Iulia/no [c.v., p]atrono col(oniae) / bono [a]dque prae/stanti et senatoriae / dignitatis ornamen/[to], cuius p[r]oconsulatu / ...	Madauros
46	*CIL*, VIII, 24521	L. Aradius Proculus	333年以前	[L. Aradius Valerius Proculus v.c. augur] pont(ifex) mai(or), XV (vir) s(acris) f(aciundis) ... (3行)... proco(n)s(ul) prov. Afr. agens iud[icio sa]cro / [pe]r provincias Africanas	Carthago
47	*CIL*, VI, 1690 = *ILS*, 1240 = *AE*, 1976, 15	L. Aradius Valerius Proculus (11)	333年以前	Populonii / L. Aradio Val. Proculo v.c. / Auguri / (11行) / proconsuli provinciae Africae vice / sacra iudicanti eideq. Iudicio sacro / per provincias proconsularem et / Numidiam Byzacium ac Tripolim. / itemque Mauretaniam Sitifensem et / Caesariensem /	Roma

48	*CIL*, VI, 1691	L. Aradius Valerius Proculus (11)	333年以前	Populonii / L. Aradio Valerio Proculo v.c. / (8行) / comiti ordinis primi, procos. Prov. / Africae vice sacra iudicanti eidem/que iudicio sacro per provincias / proconsularem et Numidiam By/zacium ac Tripolim itemque Mau/retaniam Sitifensem et Caesa/riensem ...	Roma
49	*CIL*, VIII, 25524	Antonius Marcellinus (16)	340年以前 (Chastagnol: 332/336)	[--- il]/lustris famili[ae] / cuius integrita/tem et iustitiam / Africa conprobavit, / Antonio Marcelli/no c.v., pro[con]suli / p[rovinciae] A[fricae]	Bulla Regia
50	*CIL*, VIII, 25528	氏名不詳	4c.	[--- v.]c., amplissimo / [p]roconsuli iterum / [v]ice sacra cogn[o]s/[c]enti patrono perpe/[t]uo	Bulla Regia
51	*ILAlg*., I, 270 = *CIL*, VIII, 5357	氏名不詳	334?	v.c., procons.	Calama
52	*CIL*, VIII, 24594	[...Pul]laenius	Dioc.-Cons.	[pro]consule pr[ov...]	Carthago

表 2-2　ビュザケナ・ウァレリア属州総督

	出　典	氏　名	年　代	碑文上での表現	場　所
1	*CIL*, VIII, 23179 = *ILAlg*., I, 3832	(Mu)cius Flavianus	293/305	[Mu]cius Flavia/[nu]s, v.p., p.p.Val(eriae) [B]yz(acenae)	Thelepte -Theveste
2	*AE*, 1953, 45	Uibius Flavianus	3世紀末/4世紀初頭	praesidatu Vibi Flaviani	Mactar
3	*CIL*, VI, 1684	Q. Aradius Rufius Varelius Proculus	321–322	u(iro) c(larissimo), / Praesidi Provinciae Val(eriae) Byzac(enae)	Roma
4	*CIL*, VI, 1685	Q. Aradius Rufius Varelius Proculus	321–322	cum v.c., praesid(i) / provinc(iae) Val(eriae) Byzac(enae) / --- / v.c., praes(es) Provin(ciae) Val(eriae) Byzac(enae)	Roma
5	*CIL*, VI, 1686	Q. Aradius Rufius Varelius Proculus	321–322	[---]	Roma

6	*CIL*, VI, 1687	Q. Aradius Rufius Varelius Proculus	321–322	v.c., praesidem / provinc(iae) Val(eriae) Byzacenae / --- / v.c., praeses / provinc(iae) Val(eriae) Byzacenae	Roma
7	*CIL*, VI, 1688	Q. Aradius Rufius Varelius Proculus	321–322	c.v., praesidem prov(inciae) Val(eriae) Byzac(enae)	Roma
8	*CIL*, VI, 1689	Q. Aradius Rufius Varelius Proculus	321–322	v.c., p(raeside) p(rovinciae) / --- / v.c., [prae]/ses p(rovinciae)	Roma
9	*CIL*, VI, 1690 = *ILS*, 1240 = *AE*, 1976, 15	L. Aradius Valerius Proculus (11)	324年以前	Populonii / L. Aradio Val. Proculo v.c. / (7行) / praesidu provinciae Byzacenae / ...	Roma
10	*CIL*, VI, 1691	L. Aradius Valerius Proculus (11)	324年以前	Populonii / L. Aradio Valerio Proculo v.c. / (4行) / ... praesidi provin/ciae Byzacenae ...	Roma
11	*AE*, 1946, 45	Agricola	4世紀初頭	[jubente? --- A]gricola v.c., pra(e)sid[e provinciae ---]	Chusira (La Kessera)
12	*CIL*, VIII, 701	..tianus	4世紀初頭	...tiani v.c., p[raeses Byzacenae?]	Chusira (La Kessera)
13	*ILAlg*., I, 4012 = *AE*, 1922, 17	Cezeus Largus Maternianus	4世紀初頭/半ば	Cezeo Largo c.v., / patrono coloniae, / magnifico atq(ue) praes/tanti et senatoriae dig/nita[tis] ornamento / prae[t]orio viro, ex con/sulri B]yzacenae pro/vinciae, tertio procon/suli provi[nc]iae Africae, cuius pr[ocons]ulatu‹s› ...	Madauros
14	*CIL*, X, 3846	Brittius Praetextatus, Argentius	330年頃/390年頃	v.cl., / curatori Capuae, quinde/cemviro, consulari Byza/cii	Capua

表 2-3　トリポリタニア属州総督

	出典	氏名	年代	碑文上での表現	場所
1	*IRT*, 102	氏名不詳	3世紀末/4世紀	[--- pr]aesidi / [prov(inciae) Trip(politaniae) ... / ... patron[o] / [praestantis]simo	Sabratha
2	*AE*, 1954, 184	氏名不詳	293/305	preside[e] eiusde[m] / [prov]inciae	arae Philaenorum

3	*IRT*, 577 = *AE*, 1929, 4	C. Valerius Vibianus	303年頃	Obsequii / C. Valerio Vibiano v.p., / praesidi provinciae / Tripolitaniae, singula/ris aequitatis et benibo/li victoris‹v› omnium vir/tutum viro, ... , patrono	Leptis Magna
4	*CIL*, VIII, 22763 = *ILS*, 9352 = *ILPB*, 21 = *ILT*, 5	C. Valerius Vibianus	303年頃	Valerius Vibianus / v.p., initiari / Aurelius Quintianus v.p., / praeses provinciae Tri/politanae perfeci curavit	Tibubuci
5	*CIL*, VIII, 22763 = *ILS*, 9352 = *IPMB*, 21 = *ILT*, 5	Aurelius Quintianus	303年頃	Valerius Vibianus / v.p., initiari / Aurelius Quintianus v.p., / praeses provinciae Tri/politanae perfeci curavit	Tibubuci
6	*IRT*, 465 = *AE*, 1946, 149	Volusius Donatianus	306/308	Volusius / Donatianus / v.p., p(raeses) p(rovinciae) Tripol(itanae)	Leptis Magna
7	*CIL*, VIII, 22767	氏名不詳	4世紀初頭	[---] praeses EI[---]	Talati (Ras el Ain)
8	*IRT*, 101 = *AE*, 1948, 39	Laenatius Romulus	324/326	[---] / Laenat[io Romulo] / v.p., pra[es(idi) prov(inciae) Trip(olitanae)], / ... , / [--- pat(rono)] / dignis[simo ---]	Sabratha
9	*IRT*, 467 = *AE*, 1948, 37 = *AE*, 1934, 172	Laenatius Romulus	324/326 (*IRT*: 317年頃)	... ac sumptu publico disponen[te] / [La]enatio Romulo v.p., rectore provinciae	Leptis Magna
10	*IRT*, 468 = *AE*, 1948, 40	Laenatius Romulus	324/326	[---]te ac dedicante / Laenatio Romulo [v.p., p.p.T.] /	Leptis Magna
11	*IRT*, 574 = *AE*, 1948, 38	Laenatius Romulus	324/326	Romulii / ... / ... adven/tus eius Laena/tio Romulo v.p., / p(raesidi) p(rovinciae) Tripol(itanae)	Leptis Magna

12	*IRT*, 610	Ae[---]	3/4世紀（*IRT*: 4世紀初頭）	Ae[---], v(iro) p(erfectissimo) / prae[sidi provinc(iae) Tr]ip(olitanae) / omnium virtut[um vi]ro / innocentis inte[g]rita/tis vigoratae laenitatis / sublimis moderat[i]onis / iustititae laudab[i]lis to/tius aequitatis	Leptis Magna

表2-4　ヌミディア属州総督

	出　典	氏　名	年　代	碑文上での表現	場　所
1	*CIL*, VIII, 2480	Fl. Flavianus	286/293	[dedica]n[te] v.p. Flav[i]o Flavian[o p(raeside) n(ostro *ou* umidiae)]	Ad Maiores
2	*CIL*, VIII, 2481	Fl. Flavianus	286/293	dedicante v.p. Flavio Fla[vi]/ano p(raeside) n(ostro *ou* umidiae)	Ad Maiores
3	*CIL*, VIII, 4325	Fl. Flavianus	286/293	Flavius Flavianus / v.p., p.p.N., e[x] cor/nic[ul]ario praeff. / praett., ee.mm.vv.	Casae
4	*AE*, 1916, 18 = *ILAlg*., II–3, 7858	Fl. Flavianus	286/293	[[---Fl. Fla]]/vianus v.p., p. p. Num., / ex cornicvl. praeff. / praett. ee. mm. vv.	Cuicul
5	*AE*, 1916, 21	Fl. Flavianus	286/293	[Fl. Flavianus v.p., p.p.N.], ex corniculario praeff. / [praett. eemm. vv.]	Lambaesis
6	Gsell, *Recherches Archeologiques en Algerie*, 1893, p.175	Fl. Flavianus	286/293（Lepelley: 286/287）	Fl. Flavianus v.[p., p.p.N. --- resti]tuit	Hr. Tamarit
7	*CIL*, VIII, 2573	M. Aurelius Diogenes	286/293	M. Aurelius / Diogenes / v.p., p.p.N.	castra Lambaesitana
8	*CIL*, VIII, 2574	M. Aurelius Diogenes	286/293	Aurelius / Diogenes v.p., p.p.N.	castra Lambaesitana
9	*CIL*, VIII, 2575	M. Aurelius Diogenes	286/293	Aurelius / Diogenes v.p., / p.p.N.	castra Lambaesitana

10	*ILAlg*., II–3, 7511 = *AE*, 1903, 243	M. Aurelius Diogenes	286/293	v.p., / p(raeses) N(umidiae), Aur(elius) Diogenes	Ain Kerma
11	*CIL*, VIII, 2718	氏名不詳（*CIL*: Aurelius Maximianus）	286/293	v.p., p. / [p.N.]	Lambaesis
12	*CIL*, VIII, 2572 = *ILS*, 5786	Aur. Maximianus	290/293	curante Aurelio / Maximiano v.p., p.p.N.	castra Lambaesitana
13	*CIL*, VIII, 2660 = *ILS*, 5787	Aur. Maximianus	290/293	per Aurelium Maximianum v.p., p.p.N.	Lambaesis
14	*CIL*, VIII, 4224	Aur. Maximianus	290/293	[Au]r. Maximianus v.p., p.p.N., / ... / restituit	Verecunda
15	*CIL*, VIII, 7003 = *ILAlg*., II, 579	Aur. Maximianus	290/293	[Aur. M]aximianus, v.p, p.p.N.	Cirta
16	Kolbe, ***Statthalter Numidiens***, p.40, n.3	Aur. Maximianus	290/293	Aurelius Maximia/n[us] v.[p.], p.p.N., patronus / patriae	Thamugadi
17	*AE*, 1917/18, 30	Aur. Pi...nus	293/305?	Avr. Pi[---]nus v.p., p.p. [N(umidiae)]	Lambaesis
18	*AE*, 1920, 15 = *ILAlg*., II–3, 7859	Val. Concordius	295	Valerius Concordius v.p., p.p.N.	Cuicul
19	*AE*, 1908, 240 = *ILAlg*., II–3, 7900	Fl. Aelius Victorinus	3世紀末/4世紀初頭	Probati. / Flavio Aelio / Victorino p.v., / praesidi pro/vinciae Numi/diae, ... / ... / patrono	Cuicul
20	*AE*, 1992, 1864	Fl. Aelius Victorinus	303年以前	[Fl(avio) A]elio Minucio Victoriniano, filio Fl. / [Ae]li Victorini, v.p., praesidis provin/[c]iae N(umidiae)	Lambaesis
21	*AE*, 1992, 1863	(Fl. Aelius Victorinus)	303年以前	[Fl(avio)] Aelio Minuci[o ---, filio Fl. Aeli / Vi]ct[or]in[i, v.p., p(raesidis) p(rovinciae) N(umid(ae) ---]	Lambaesis

22	*AE*, 1992, 1889 = *ILAlg*., II–3, 7901	Fl. Aelius Victorinus	303年以前	[--- Flavi / Ae]li Victo[rini / v(iri)] p(erfectissimi), p(raesidis) p(rovinciae) Numid(iae)	Cuicul
23	*AE*, 1991, 1689 = *CIL*, VIII, 3297	Fl. Aelius Victorinus	303年以前	Minuci[ae Da?]/tivilla[e ---] / coniug[i Flavi] / Ael(ii) Victo[rini v(iri) p(erfectissimi), p(raesidis) p(rovinciae) N(umidiae)],	Lambaesis
24	*CIL*, VIII, 2345 = *ILS*, 633	Val. Florus	303/305	Valerius Florus / v.p., p.p.Num.	Thamugadi
25	*CIL*, VIII, 2346 = *ILS*, 632	Val. Florus	303/305	Valerius Florus / v.p., p.p.Num.	Thamugadi
26	*CIL*, VIII, 2347 = *ILS*, 631	Val. Florus	303/305	Valerius Flo/rus v.p., p.p.Num.	Thamugadi
27	*BCTH*, 1907, p.274	Val. Florus	303/305	iussione v.p. Valeri / Flori p.p.N.M.	Thamugadi
28	*CIL*, VIII, 4324	Val. Florus	303/305	Valerius Florus	Casae
29	*CIL*, VIII, 6700	Val. Florus	303/305	sub praeside Floro	Tiddis
30	*AE*, 1942/43, 81	Val. Florus	303	ex praecepto / Val. Alexandri. v.p., agent(is) vic(e) praeff(ectorum) praet(orio) et Val. Flori v.p., p.p.N.	Aqua Viva
31	*AE*, 1955, 81	Val. Florus	303/305	Val. Florus, / v.p., p. p. N(umidiae) M(ilitaris)	Lambaesis
32	*CIL*, VIII, 4764 = *CIL*, VIII, 18698 = *ILS*, 644	Aur. Quintianus	303 (11月20日)	regente p(rovinciam) N(umidiam) vestra(m) Avrel(io) Qvin/tiano v.p.	Macomades (Ksur el-Ahmar)
33	*CIL*, VIII, 7965 = *ILAlg*., II, 31	C. Val. Antoninus	305–306	C. Valerius Antoninus v.p., p.p.N.C.	Rusicade
34	*CIL*, VIII, 4766 = *CIL*, VIII, 18700	C. Val. Antoninus	305–306	Val. Ant[oninus v.p., p.p.N.]	Macomades (Ksur el-Ahmar)

35	*CIL*, VIII, 5526 + *CIL*, VIII, 18860 = *ILS*, 651 = *ILAlg*., II–2, 4672	C. Val. Antoninus	305–306	Val. / [A]ntoninu[s], v.[p., / p.p.]N.C. ... posvit.	Thibilis
36	*ILAlg*., II–2, 4671	C. Val. Antoninus	305–306	Valerius Anton[i]/nus v.p., p.p.N.C.	Thibilis
37	*CIL*, VIII, 7067 = *ILAlg*., II, 580	C. Val. Antoninus	305–306	Valer[ius Antoni]/nus v.p., [p.p.Numi]/diar[um et Mau]/ret[aniarum]	Cirta
38	*CIL*, VIII, 7004 = *ILS*, 674 = *ILAlg*., II, 580	Scironius Pascicrates	308/309	Scironius Pa/scicrates v.p., / [p.p. Numi]diar[um]	Cirta
39	*CIL*, VIII, 18905 = *ILAlg*., II, 4673	Val. Paulus	313/314	Val. Paulus v.p., p.p.N.	Thibilis
40	*CIL*, VIII, 7006 = *ILS*, 688 = *ILAlg*., II, 582	Val. Paulus?	313/320	[---] Va[lerius? Paulus?, v.p.,] p.p.N.	Cirta
41	*CIL*, VIII, 7005 = *ILAlg*., II, 584	Iallius Antiochus	314/317	Iallius Antiochus v.p., praeses / prov. Numid.	Cirta
42	*CIL*, VIII, 2241	Iallius Antiochus	314/317	curante Iall[io Antiocho v.p., praes. prov. Numidiae	Mascula
43	*CIL*, VIII, 4469	Aur. Almacius	293/305 または314/320	dedicante Avrelio Almacio v.p., p.p.N.	Nagvs
44	*AE*, 1915, 30 = *AE*, 2003, 2022	Domitius Zenophilus	320（12月）	Domi/tius Zenofilus, v.c., / cons（ularis） sexfascalis / p（rovinciae） N（umidiae）	Lambaesis
45	*CIL*, XI, 5381	M. Aur. Val. Valentinus	330（2月）	M. Aur. Val. / Valentino, c.v., / consulari Numi/diae, corr（ectori） Flam（iniae） / e[t P]ic[eni]	Asisivm

46	*CIL*, VIII, 7011 = *ILS*, 715 = *ILAlg*., II, 587	Clodius Celsinus	333/337	Clodius Celsinus v.c., cons. / p(rovinciae) N(umidiae)	Cirta

表 2-5　マウレタニア・カエサリエンシス属州総督

	出　典	氏　名	年　代	碑文上での表現	場　所
1	*CIL*, VIII, 21486 = *ILS*, 4495	Aelius Aelianus	3世紀後半(278/280または四帝統治期)	Aelius Aelianus, v.p., / praeses provinciae / Mauretaniae Caes.	Zuccabar (Affreville)
2	*AE*, 2003, 2024 = *AE*, 1907, 157 = *ILS*, 8959 cf. *BCTH*, 1907 p.229.	Svlpicivs Sacratvs	3世紀後半（プロブス治世，または四帝統治期）	Svl[pi]civs Sac[rat]vs, (p.v., praeses provinciae Mauretaniae Caesariensis?)	Teniet Meksen
3	*CIL*, VIII, 8474	Fl. Pecualius	288	Flavius Pecu/arius, v.p., prae/ses prov. Mavr. / Caes.	Sitifis
4	*CIL*, VIII, 9041 = *ILS*, 627	T. Aurelius Litua	290	per Aurelium Lituam, v.p., p(raesidem) n(ostrum)	Avzia
5	*CIL*, VIII, 9324 = *ILS*, 628	T. Aurelius Litua	290–293	Aurel(ius) Litua, v.p., p.p.M.C.	Caesarea (Cherchel)
6	*CIL*, VIII, 8924 + *CIL*, VIII, 20680 = *AE*, 1998, 1591	T. Aurelius Litua	290–293	Aurel(ius) Litua, v.p., p.p.M. Caes(ariensis)	Saldae (Bejaia/Bougie)
7	*CIL*, VIII, 20215 = *ILS*, 6886	T. Aurelius Litua	290–293	T. Aurel(ius) Litua, / v.p., p.p.M. Caes(ariensis)	Aqua Frigida (Tala Aizraren.)
8	*AE*, 1912, 24	T. Aurelius Litua	290–293	Au[reli]us Litua / v(ir) p(erfectissimus) [p(raeses) p(rovinciae)] M(auretaniae) C(aesariensis)	Waldeck-Rousseau

9	*CIL*, VIII, 20836 = *ILS*, 638 cf. *AE*, 1991, 1736.	Vlpius Apollonius	293/305 (Christol: 297/305)	curante / U[l]pio Apollonio, v.p., p.p.M.C.	Rapidum
10	*CIL*, VIII, 21447 + *CIL*, VIII, 21448 + *CIL*, VIII, 21449	...ianus	297	...iano, v.p., / preside [prov. Mauret]aniae / Caes.	Gvnvgv
11	*CIL*, VIII, 21450	(...ianus)	297?	[...iano, v.p., / preside prov. Mauretaniae Caes.?]	Gvnvgv
12	*CIL*, VIII, 20964	氏名不詳	3世紀末 /4世紀初頭	v.p., p.p.M.Caes.	Caesarea
13	*AE*, 1966, 600	M. Valerius Victor	305/306	M. Valerius / Victor, v.p., p.p.M.[C.]	Tipasa
14	*CIL*, VIII, 20989 = *ILS*, 671	Valerius Faustus	311/312	Val. Faustus / v.p., p.p. Mavr(etaniae) Caes(ariensis)	Caesarea
15	*AE*, 1975, 882	L. Iunius Iunillus	320年頃	L. Iunio Iunillo, v.p., com(es) divini / lateris, praeses pr(ovinciae) M. C., civi et patrono	Ureu (Procos.)
16	*CIL*, VIII, 8932	Fl. Terentianus	324/337	Flavius Terentia/nus, v.p., praeses prov. / Mavr. Cae. et Sitifensis	Saldae

表2-6　マウレタニア・シティフェンシス属州総督

	出　典	氏　名	年　代	碑文上での表現	場　所
1	*CIL*, VIII, 8484	Titus Atilius	3世紀末 /4世紀初頭	Titus Atilius, / ex rationalib(us) / svmmarvm / vrbis Rom(ae), / p.p.M. Sitif[ens(is)]	Sitifis
2	*CIL*, VIII, 8476	Septimius Flavianus	315 (*CIL*: 316)	Septimius Fla/vianus, v.p., p.p.M.S.	Sitifis
3	*CIL*, VIII, 8477 = *ILS*, 695	Septimius Flavianus	315	Septimius Flavianus, v.p., p.p. Mavr. Sitif.	Sitifis

4	*CIL*, VIII, 8713	Septimius Flavianus	315	Septimius Flavianus, v.p., p.p. Mavr. Sitif.	Bir Haddada
5	*CIL*, VIII, 8412 = *ILS*, 696	Fl. Terentianus	318/319	Flavius Terentia/nus, v.p., praeses / provinciae Mav/retaniae Sitif.	Ain Rua
6	*CIL*, VIII, 8932	Fl. Terentianus	324/337	Flavius Terentia/nus, v.p., praeses prov. / Mavr. Cae. et Sitifensis	Saldae

略号：c.v./v.c. ＝ clarissimus vir.　procos. ＝ proconsul.　v.p./p.v. ＝ perfectissimus vir.　p.p.N. ＝ praeses provinciae Numidiae.　p.p.M.C.＝praeses provinciae Mauretaniae Caesariensis.

ⓐアリストブルスと都市監督官の名を記した碑文

都市監督官に言及する碑文の数は、ディオクレティアヌス治世に急増した。都市監督官に言及した碑文の増加を中央集権化の表れと見なす研究者も少なくない。アリストブルス総督に関しては、四つの碑文が都市監督官の存在に触れている。

一点目は現在のアルジェリア東部、カラマで発見されたもので、大理石製の台座に刻まれていた碑文である。[22] アリストブルス総督の在任四年目に、総督代理ソッシアヌスの先見性により、カラマ市民で監督官たるユリウス・ルスティキアヌスがウィクトリア神像を移動させたのだという。総督の在任四年目という部分は、アフリカ・プロコンスラリス属州総督が原則として一年任期だったことを考えれば、注目すべき表現といえる。とはいえ、この碑文では、アリストブルス総督の名は神像の移転がおこなわれた年を示しているにすぎず、両者の間に指揮・命令系統があったことを示しているわけではない。また、この碑文に登場する都市監督官ユリウス・ルスティキアヌスが、この都市の市民だと述べられている点は、都市監督官の立場を考えるうえでは重要な点となる。この点についてはのちほど改めて触れることにしたい。

続く二点は現在のチュニジア中部、ミディディで発見された碑文である。[23] 一方は高さ六七センチ、幅二メートル六五

図５　マクタリスの都市監督官ルピリウス・ピソニアヌスの碑文（著者撮影）

センチ、他方は高さ四八センチ、幅一メートル一七センチという建築部材に刻まれていたものである。前者は比較的保存状態が良く、四帝統治の皇帝たちの治世にあらゆるものがよりよく再建された、と述べたあと、柱廊が公費で完成され、アリストブルス総督がソッシアヌス総督代理とともにそれを奉献した、と伝えている。都市監督官の名は、碑文の最後に絶対奪格で刻まれているものの、欠損のため名前はわかっていない。この碑文では、アリストブルス総督は柱廊の「奉献」しかおこなっておらず、この碑文には「参事会決議により公費で」この事業がおこなわれたことも明記されている。一〜二世紀にも属州総督が都市の公共建築物の奉献をおこなった事例は少なからず知られており[24]、ディオクレティアヌス治世の大変革をこの碑文が示しているわけではない。

後者の碑文は前者をもとに内容が復元されている。ただし、皇帝の名前はディオクレティアヌスとマクシミアヌスのものしかなく、二九三年に四帝統治が成立するより前のものと思われる。こちらの碑文では都市参事会議場が再建されたことを伝えており、やはりアリストブルス総督がソッシアヌス総督代理とともに奉献をおこなったとされている。こちらの碑文でも都市監督官の名は絶対奪格で碑文の最後に刻まれており、ルピリウス・ピソニアヌスという名を確認することができる。

さて、この都市監督官ルピリウス・ピソニアヌスの名は、ミディディ近くの都市マクタリスで発見された碑文でも目にすることができる。アリストブルス総督と都市監督官双方の名を記すものとしては四つ目の碑文である。この碑文も建築部材に刻まれていたもので、先のミディディの碑文をもとに内容の大半が復元されている[25]。この碑文でも、ディオクレティアヌスとマクシミアヌスの治世にあらゆるものがよりよく再建された、としたうえで、アリストブルス総督がソッシアヌス総督代理とともに何らかの公共建築物を奉献したことを伝えている。都市監督官ルピリウス・ピソニアヌスの名は、やはり碑文の最後に絶対奪格で刻まれている(図5)。

ミディディとマクタリスで発見された三碑文は、いずれも「皇帝たちの治世にあらゆるものがよりよく再建された」という非常に特徴的な表現をもっており、一見したところ、皇帝たちのプロパガンダだったかのように見える。しかし、実際には、この表現が見られるのはこれらの両都市の碑文だけであり、帝国当局による強制、あるいは命令の結果とは思えない。むしろ、ルピリウス・ピソニアヌスが両都市で都市監督官を務めていることからもわかるとおり、両都市の間にあった密接な関係を想起すべきだと考える。マクタリス市はローマ支配が始まるよりも前からこの地域の拠点であり、帝政期にもその点に変化はなかった[26]。また、ルピリウス家はマクタリスで古くから続く名家である[27]。この碑文の表現の共通性の背後には、そのような地域的な特性があったことを忘れてはならない。

以上のとおり、カラマの碑文も含めたこれら四つの碑文では、アリストブルス総督の名は年代を示すか、あるいは彼が「奉献」したことを記すにすぎず、都市監督官を介して都市管理を強めたことを示すものとは考えにくい。しかし、ディオクレティアヌス治世に都市監督官の活動を示す碑文が増加したことも事実である。アリストブルス総督の他の碑文を見る前に、ディオクレティアヌス治世の北アフリカの都市監督官について考えてみよう。

ディオクレティアヌス治世の都市監督官

都市監督官の増加に注目した研究者は少なくない。例えば、C・ルーカスによれば、この時代、都市監督官は各都市に派遣され、属州総督の指示に従って政策を実施していたという[28]。都市監督官の増加は中央集権化の進展を示す、ということになる。他方、ルプレは、当初、都市監督官は四世紀半ばには都市公職の経歴に統合されるようになる、として、その増加を中央集権化の表れとする見方には批判的だった。[29] しかし、一九九〇年代に入ってからは、「たとえ都市監督官がすぐに地方の名望家から選ばれるようになったのだとしても、それは皇帝権の代弁者でしかなかった」と述べ、ディオクレティアヌス治世に「断絶」があったと見なしている。[30] すでに見たとおり、都市監督官は、アリストブルス総督の名を残す碑文一四点のうち四点に登場していた。都市監督官を利用することによって、アリストブルス総督は諸都市をそれまで以上に厳しく管理できたのだろうか。

この問題については、以下の二点を指摘しておきたい。

第一に、ディオクレティアヌス治世に都市監督官の名を記す碑文が急増したにせよ、すべての都市に都市監督官が派遣されたとは考えにくい、という点である。首都ローマのカエリウス丘で発見された六枚の青銅板が、この問題解決のためのヒントを与えてくれる。これらの青銅板は、ビュザケナ属州内の六都市が三二一年から三二二年にかけてのビュザケナ属州総督クィントゥス・アラディウス・ウァレリウス・プロクルスを都市のパトロヌス(保護者)に選び、選ばれた側もそれを受け入れたことを伝えている。[31] そのうちのいくつかには、このパトロヌスの選任手続きのために北アフリカから首都ローマへ派遣された使節たちの名が記されている。例えば、ザマ・レギア市のタブレットには一〇人の名が挙げられているが、その筆頭には都市監督官の名が挙げられており、[32] 都市監督官が都市行政のなかで重要な役割を担っていたことがわかる。しかし、クルリタヌム市のタブレットを見てみると、こちらにも同じく一〇人の使節たちの名が挙げられているものの、そこに都市監督官の名は見当たらない。そのトップにあるのは二人委員の名である。[33] このように史料を比較してみると、各都市に都市監督官が派遣されていたのかどうか疑わしく思えてくる。

第二に、コンスタンティヌス帝の法文を見ると、都市行政に果たした都市監督官の役割が本当に不可欠なものだったのか疑わしい、という点も挙げられる。三三一年、コンスタンティヌス帝は道長官エウァグリウスに送った法文でこう述べていた。

年齢に基づきながらであれ業績に基づきながらであれ、都市《パトリア》の全負担を完全に果たしてしまわない限り、都市参事会員の何ぴとも管理官職や都市監督官職に就いてはならない。政務をつかさどることを望み、〔有力者の〕推薦により実際にその地位に就いた者は、求めた職務から排除されるのみならず、勅書や親任状がその者からただちに取り上げられ、〔その者は〕宮廷へ送られるべし[34]。

この法文からは、都市の有力者が都市監督官の地位を望み、それを手にするために不正な手段に訴えていたことが読み取れる。もう一点、別の法文を見てみよう。三二六年にコンスタンティヌス帝がアフリカ総監ティベリアヌスに宛てて送ったものである。

その年の次の職務のために、後任となる二人委員に任命を与える都市公職者は、自らが負うことになる危険を熟慮したうえで以下のようになるよう取り計らうべし。アフリカでは慣習に基づいて人民の選挙によっても任命がおこなわれているとはいえ、公職者自身も同様に、任命されることになる者らが適格であることを確認するよう尽力し、努力すべし。というのも、もし任命されたものが適格ではなかった場合には、その危険を負うべき彼ら自身が責任を負わされることを、衡平の原理は勧めるからである[35]。

こちらの法文からは、四世紀初めの北アフリカで、二人委員が依然として都市行政において重要な役割を果たしていたことが読み取れる。二人委員の後任選びは極めて重要な事柄とされており、不正な手段でその地位を得た都市監督官がただちにその職を解かれるよう命じられていたのとは対照的である。都市監督官の不在が都市行政の運営に大きな問題を引き起こすことはなかったのではないだろうか。

このように見てくると、都市監督官があらゆる都市で常時存在していたとは考えにくい。さらにもう一つ、先のコンスタンティヌスの法文が示す重要な点は、都市監督官選任のイニシアティヴを握っていたのは皇帝ではない、という事実である。先の法文では、問題となった都市監督官は、有力者の推薦という不正な手段で勅書や親任状を入手していた。

都市監督官は、形のうえでは皇帝によって任命されていたとはいえ、その選任のイニシアティヴを握っていたのは都市監督官を派遣される都市の側だったということになる。ディオクレティアヌスの治世にもすでに、都市監督官の任命に絡んで問題が生じていた。その治世前半に出された法文で、皇帝はこう述べている。

> そなたの承認なく、公職者がそなたの息子を監督官となしてしまったので、そなたが訴え出る必要はなかったのである。実際、指名者は(そなたの)権利下にある息子を、父(たるそなた)の同意なく負担へと呼びだしたので、もしそなたの意思で事前に息子が都市参事会員とされていなかったならば、負担の損害に指名者は結びつけられるべし。[36]

ここでは、ある都市公職者が、いまだ父権のもとにある人物を父親の同意なしに都市監督官に選んだために、その負担をめぐって問題となっている。選任のイニシアティヴは皇帝権の側ではなく、明らかに都市側に握られていたのである。[37]

皇帝は、都市行政をそれまで以上に厳しくコントロールするために、すべての都市に都市監督官を送り込んだりはしなかった。都市監督官選任のイニシアティヴは都市側に握られており、その碑文の増加が属州総督による都市への管理強化を示すことはないのである。

そう考えた場合、ディオクレティアヌスの治世に、都市監督官に言及する碑文が北アフリカで急増したのはなぜか、という疑問が残る。

ディオクレティアヌス治世の北アフリカ諸都市の監督官について記録した碑文は、二〇例知られている。それに加えて、年代の正確な確定はできないにせよ、恐らく同時代のものと考えられる碑文が一六点存在する(表3参照)。ディオクレティアヌス治世のものとわかる二〇点についていえば、そのうち一五点で、都市監督官は «curante curatore rei publicae» という絶対奪格で表現されており、そのほとんどが公共事業に関する碑文である。他方、正確な年代決定の難しい碑文一六点について見ていくと、その大半が、都市監督官に対して、あるいは都市監督官によって、捧げられた

表3　ディオクレティアヌス時代の北アフリカの都市監督官

	出　典	氏　名	年　代	表　現	地　位	総　督	場　所
1	*CIL*, VIII, 2480 + *CIL*, VIII, 17970	Cocceius Donatianus	286–293	curante	e.r.; cur.r.p.	dedicante	Ad Maiores（Numidia）
2	*CIL*, VIII, 2481	Cocceius Donatianus	286–293	curante	e.r.; cur.r.p.	dedicante	Ad Maiores（Numidia）
3	*CIL*, VIII, 2660 = *ILS*, 5787	Aemilius Lucinus	290–293	curantibus	augur; cur.r.p.	per praesidem	Lambaesis（Numidia）
4	*CIL*, VIII, 4224	?	290–293	主格（restituit）	fl.pp.; cur.r.p.	主格	Verecunda（Numidia）
5	*CIL*, VIII, 25520 = *ILS*, 9358	L. Munatius Sabinus	286–293	主格（perfecit et dedicavit）	c.v.; cur.r.p.		Bulla Regia（Procos.）
6	*ILAlg*., I, 1228 = *ILS*, 9357	C. Umbrius Tertullus	286–293	curante	e.v.; cur.r.p.		Thubursicu Numidarum（Procos.）
7	*AE*, 1940, 18	C. Umbrius Tertullus	286–293	curante	e.v.; cur.r.p.		Thubursicu Numidarum（Procos.）
8	*CIL*, VIII, 906 = *CIL*, VIII, 11167 = *CIL*, VIII, 23062	?	286–293	curante（rem publicam）	?		Segermes（Procos. → Byzacena）
9	*AE*, 1946, 119 + *CIL*, VIII, 23413 + *CIL*, VIII, 624	P. Rupilius Pisonianus	290–293	curante（rem publicam）	e.v.	dedicavit	Mactaris（Procos. → Byzacena）
10	*CIL*, VIII, 11774	P. Rupilius Pisonianus	290–293	curante（rem publicam）	e.v.	（dedicante）	Mididi（Procos. → Byzacena）

11	*ILAlg*., I, 179 = *CIL* , VIII, 5290 = *ILS*, 5477	Julius Rusticianus	293	主格（transtulit et locauit）	civis et cur. Kalamensium	proconsulatu quarto	Calama（Procos.）
12	*CIL*, VIII, 608 = *CIL*, VIII, 11772 = *ILS*, 637	Ca...ianus	293–294	curante（rem publicam）	?	dedicavit	Mididi（Procos. → Byzacena）
13	*AE*, 1920, 15	M. Rutilius Felix Felicianus	295年頃	curante（opus omne）	e.r.; cur.r.p.; pontifex	restituit	Cuicul（Numidia）
14	*CIL*, VIII, 21665	C. Iulius Fortunatus	299	主格（reformauit）	curator et dispunctor rei publicae		Albulae（Mauretania）
15	*CIL*, VIII, 2345	Iulius Lambesius	303	curante	cur.r.p.	posvit	Thamugadi（Numidia）
16	*CIL*, VIII, 2346	Iulius Lambesius	303	curante	cur.r.p.	posvit	Thamugadi（Numidia）
17	*CIL*, VIII, 2347	Iulius Lambesius	303	curante	cur.r.p.	posvit	Thamugadi（Numidia）
18	*BCTH*, 1907, p. 274	Iulius Lambessius（Lambesius?）	303/305	curante	cur.r.p.	iussione praesidis	Thamugadi（Numidia）
19	*CIL*, VIII, 23124	?	293–305	主格？	fl.pp.; cur.r.p.	属格	Sabzia（Procos. → Byzacena）
20	*CIL*, VIII, 26472	（Q. Octa）vius Stratonianus	293–305	curante	cur.r.p.; c.v.		Thugga（Procos.）

同時代と推測される都市監督官の碑文

21	*CIL*, VIII, 25998	Aurelius Honoratus Quietianus		属格（provisione et stantia curatoris）	e.r.; cur.r.p.		Thubursicu Bure（Procos.）

22	*CIL*, VIII, 11536	Fl. Pollio Flavianus		属格 （監督官の娘に対して捧ぐ）	cur.r.p.; c.v.		Ammaedara（Procos.）
23	*ILAlg*., I, 283 = *CIL*, VIII, 5356 = *CIL*, VIII, 17494	L. Suanius Victor Vitellianus		与格	c.v.; consularis vir; patronus coloniae; cur.r.p.		Calama（Procos.）
24	*CIL*, VIII, 828 = *CIL*, VIII, 23964 = *ILS*, 5713	Q. Vetulensius Urbanus Herrenianus, signo Magnillianus	迫害の前後？	主格	fl.pp.; cur.r.p.		Municipium Aurelium Commodianum（Procos.）
25	*CIL*, VIII, 23965	Q. Vetulensius Urbanus Herrenianus, signo Magnillianus	迫害の前後？	主格	fl.pp.; cur.r.p.		Municipium Aurelium Commodianum（Procos.）
26	*CIL*, VIII, 25523	Agrius Celsinianus		属格 （監督官の娘に対して捧ぐ）	curator suus; c.v.; consularis vir; patronus		Bulla Regia（Procos.）
27	*ILAfr*., 414	Agrius Celsinianus		属格 （監督官の母に対して捧ぐ）	curator suus; consularis vir		Bulla Regia（Procos.）
28	*CIL*, IX, 1121	Bettius Pius Maximillianus		与格	consularis; curator coloniae Carthaginis		Aeclanum（Samnium）
29	*CIL*, VIII, 1270	Lusius Fortunatianus		属格 （墓碑）	aedilis; duovir, agens vices curatorum rei publicae		Thipisiduo（Procos.）
30	*AE*, 1961, 200	Aurelius Flavius		与格	decurio; aedilis; duoviralicus; e.r.; cur.r.p., decurio Karth.		Vina（Procos.）

31	*CIL*, VIII, 12129 = *CIL*, VIII, 704	...danianus		主格	fl.pp.; e.r.; cur.r.p.		Chusira (Procos. → Byzacena)
32	*CIL*, VIII, 51 = *ILS*, 5777	Annius Rufinus		[curam agente?]	c.v.; qui ex indulgentia principis curat		Thysdrus (Procos. → Byzacena)
33	*IRT*, 561	L. Domitius Justus Aemilianus, signo Consentius		与格	p.v.; cur.r.p. (in patriam); civis		Leptis Magna (Procos. → Tripolitania)
34	*IRT*, 543	L. Volusius Bassus Cerealis, signo Curnius		与格	c.v.; consularis vir; curator r. p. suae		Leptis Magna (Procos. → Tripolitania)
35	*CIL*, VIII, 8396 = *ILS*, 5728	M. Annius Sacerdos		主格	e.r.; patronus municipii, curator et dispunctor		Satafis (Mauretania)
36	*CIL*, VIII, 20268	M. Annius Sacerdos		主格	e.r.; patronus municipii, curator et dispunctor		Satafis (Mauretania)

略号：c.v. = clarissimus vir.　e.r. = eques romanus.　e.v. = egregius vir.　fl.pp. = flamen perpetuus.　p.v. = perfectissimus vir

顕彰碑文だったことがわかる。この違いに、ディオクレティアヌス治世に都市監督官の名を記録した碑文が急増した理由を理解するための鍵が隠されている。

北アフリカではじめて都市監督官が確認されるセウェルス朝期からディオクレティアヌスの即位までの間、北アフリカでは四〇点ほどの都市監督官の碑文が発見されている。[38] しかし、そのなかで先に述べたような絶対奪格句で都市監督官に言及する碑文は、プロブス(在位二七六〜二八二)治世の碑文二点と二八三年の碑文一点の計三点にすぎない。[39] 残る碑文の大半は、都市監督官が捧げたものか、あるいは都市監督官に対して都市が捧げた碑文である。従って、ディオクレティアヌス治世に生じた都市監督官の碑文の変化は、公共事業関連の碑文が増加したことで生じたものだったことになる。都市監督官に言及する碑文の増加は、都市に対する帝国管理の強化を示すわけではない。むしろ、北アフリカ諸都市が活発に公共事業をおこない、繁栄を謳歌していたことを示すものなのである。[40]

アリストブルス総督とソッシアヌス総督代理

都市監督官についての検討が長くなったが、再びアリストブルス総督の碑文に戻ろう。アリストブルス総督と都市監督官がともに登場する碑文四点についてはすでに見たとおりだが、それらの碑文では、アリストブルス総督はマクリニウス・ソッシアヌスという総督代理とともに奉献したことが明記されていた。このソッシアヌス総督代理の名は、他の碑文六点でもアリストブルス総督とともに見出すことができる。

(b)アリストブルス総督とソッシアヌス総督代理の名があらわれる碑文

最初に見ておきたいのは、現在のアルジェリア東部、マダウロスで発見された碑文である。やはり建築資材だった石に刻まれていたもので、高さ四八センチ、幅一メートル七〇センチほどの大きさである。この碑文によれば、ディオクレティアヌスとマクシミアヌスの治世に、老朽化し壊れていたヘルクレス神殿が、アリストブルスが命じて、ソッシアヌス総督代理の精励により修復され、同総督が同総督代理とともに奉献した、のだという。[41] この碑文に「アリストブルスが命じた」ことが明記されていた点は、注目すべきかもしれない。実際、ディオクレティアヌス治世の「断絶」を示す一例として、ルプレはこの碑文を挙げている。[42] とはいえ、ディオクレティアヌスからコンスタンティヌスの治世にかけてのアフリカ・プロコンスラリス属州で、総督の「命令」を伝える碑文はこの一点だけである。例外的なものという印象はぬぐいがたい。[43] また、ここで修復されたのが、マクシミアヌス帝の守護神たるヘルクレスの神殿だったことにも注意すべきだろう。皇帝に関わる神の神殿だったことが、アリストブルス総督の判断に影響した可能性は高い。

ただし、「ソッシアヌス総督代理の精励により」という表現は、先に挙げたミディディやマクタリスの碑文にも見られる特徴的な表現であり、重要なものと思われる。この表現はソッシアヌス総督代理の果たした役割の大きさを示しているように見えるが、この問題については、他の碑文も見たあとに改めて検討したい。

ところで、このマダウロスの碑文では、都市当局に関して一切触れられていない。アリストブルス総督が命じたと述べられているにせよ、その命令の対象が都市参事会や都市公職者だったとは書かれていないのである。この碑文を、都市に対する管理強化の証と見なすのは慎重であるべきだろう。アリストブルス総督がヘルクレス神殿の修復を命じたことは確かであるにせよ、その命令は、都市に対するコントロールというよりも、むしろ総督による都市への恩恵付与、あるいは皇帝に対する忠誠の表明だったものと思われる。

前項で紹介した都市監督官の登場する碑文四点とこのマダウロスの碑文以外にも、五つの碑文でアリストブルス総督はソッシアヌス総督代理とともに公共建築物を「奉献」したとされている。これらの碑文では、マダウロスの碑文のように「アリストブルス総督がソッシアヌス総督代理とともに捧げた」という形だけではなく[44]、「アリストブルス総督とソッシアヌス総督代理によって捧げられた[45]」、あるいは「アリストブルス総督とソッシアヌス総督代理が捧げた[46]」という形も見られ、名前の順序はあるにせよ、両者がほぼ同等に扱われている碑文が多い。ここでもソッシアヌス総督代理の果たした役割の大きさが示されている。

それに加えて、ソッシアヌスの名前しか残っていない碑文も五点知られている。うち一点は総督代理となる前、二八三年にカラマ市の都市監督官だったときのものだが[47]、他の四点はいずれも公共事業関連のものであり、アリストブルス総督のもとでその総督代理を務めたときのものだった可能性が極めて高い[48]。

総督代理だったソッシアヌスの名は、アリストブルス総督の名を伝える碑文一三点、あるいは一四点の碑文のうち、一〇点に含まれている。ほかに、ディオクレティアヌス治世の碑文四点でソッシアヌスの名が確認できる。これだけ頻繁に碑文に登場する総督代理は、極めて例外的な存在である。G・カモデカは、コンモドゥス治世からディオクレティアヌスの即位まで、二五人のアフリカ属州総督代理を列挙しているが、その一人当りの碑文の数はごく少ない[49]。すでに述べたとおり、ソッシアヌスはディオクレティアヌス即位以前にカラマ市の監督官を務めており、北アフリカ出身で当地の状況に精通していたと考えられる。アフリカ情勢に精通していたがゆえに、彼は総督代理に任じられることになったのである。アリストブルス総督のもとで、彼がその手腕をいかんなく発揮したであろうことは、数多くの碑文が示しているとおりである。ソッシアヌスの経歴には不明な点が多いとはいえ、コンスル格だった彼ほどに活躍した総督代理は存在しない。アリストブルスとソッシアヌスは北アフリカ再建という任務を託されていた、との見方は恐らく正しい。ただし、彼らの任務は一時的なものであり、それが永続的なものではなかったという点には注意しておきたい。彼らの任務は、アフリカ・プロコンスラリス属州の分割・再編年代を考えるうえでは重要であるにせよ、それが中央集権化の進展を示しているということはできないのである。少々結論を急ぎすぎた感もあるが、他のアリストブルス総督関連の碑文を見ていくことにしよう。

ⓒアリストブルス総督単独で名前の記された碑文

アリストブルス総督の名が単独で刻まれた碑文は、残念ながら断片的な碑文ばかりである。レプティス・マグナで見つかった台座の碑文にアリストブルスの名を補うのは絶対確実とはいえず[50]、トゥブルシク・ヌミダルムの碑文にあらわれる「アリストブルス」については、ディオクレティアヌス治世の属州総督と見なす意見がある一方で[51]、判断を保留する慎重な見方もある[52]。ウォーミントンは、スースの博物館に保存されている碑文で、アリストブルスが「創始者、発起人、奉献者」と呼ばれている点を重視している[53]。断片的な碑文でその実態ははっきりしないとはいえ、アリストブルス総督が北アフリカで果たした役割を考えるうえでは貴重なものといえるかもしれない。

これまで見てきたとおり、アリストブルス総督とソッシアヌス総督代理の活動は、ディオクレティアヌス治世前半の北アフリカを考えるうえで極めて重要なものだった。しかし、そのことが中央集権化の進展、あるいは都市に対する管理の強化と短絡的に結びつけられるのかといえば、そうではない。

これらの碑文の多くは公共事業の記録であり、アリストブルス総督が「奉献」だけをおこなっている事例が多かった。属州総督が公共建築物の「奉献」をおこなう事例は一〜二世紀にも見られ、そのこと自体がディオクレティアヌス治世の大変革を示しているわけではない。それらの碑文には「都市参事会決議により公費で」その事業がおこなわれたことが明記されている場合も多い。都市の名が主格で刻まれていることもあり、基本的には都市側の主導で事業が進められたものと考えられる。都市監督官も皇帝が都市の管理のために送り込んだわけではなく、法文を見る限り、その選任のイニシアティヴは都市側が握っていた。アリストブルス総督の在任中は、アフリカ・プロコンスラリス属州は依然として分割されていなかったこともあわせて考えれば、この時期の碑文を根拠として、ディオクレティアヌス改革による都市管理の強化を論ずべきではないということになる。

それでは、これらの公共事業における都市側のイニシアティヴを重視した場合、アリストブルス総督の名前がこれほど多くの碑文に刻まれることになった理由は何だろうか。この問題については、彼の経歴がその回答の手がかりを与えてくれる。

歴史上、ティトゥス・クラウディウス・アウレリウス・アリストブルスがはじめて登場するのは、二八五年、ディオクレティアヌスの即位を認めなかった西方のカリヌス帝の近衛長官としてである。この年、ディオクレティアヌスはカリヌスを破って帝国の統一を果たすが、その際、ディオクレティアヌスは敗れたカリヌス派の人々を赦したという。このエピソードを伝えるに際して、アウレリウス・ウィクトルは、近衛長官だったアリストブルスの名前だけにわざわざ言及している[54]。それゆえ、彼がカリヌス帝殺害に加担していたのではないか、と推測する研究者まで存在する[55]。この戦いののち、彼はディオクレティアヌスとともにコンスルを務めた。皇帝とともにコンスルを務めるのは臣下にとっては破格の名誉であり、実際、アンミアヌス・マルケリヌスは、三六三年にユリアヌスとフラウィウス・サッルスティウスがコンスルに就任したことを伝える記事のなかで、このエピソードに言及している。[56] 北アフリカの諸都市が彼の名を碑文として残すことを望んだのは、政界でもとくに有力だった人物と密接な関係にあることを誇示したかったからではないだろうか。属州総督が諸都市に対して影響力を行使するにあたっては、総督という役職の力だけではなく、むしろ総督個人のもつ権威が重要だったのである。

アフリカ・プロコンスラリス属州総督は、ディオクレティアヌスの治世にも元老院議員が就任し続けた数少ないポストの一つだった。「元老院の鉄槌《てっつい》」とまで呼ばれ、元老院とは疎遠だったディオクレティアヌスにとっては、アフリカ・プロコンスラリス属州は手出ししにくい場所だったに違いない。そのなかにあって、アリストブルスの経歴は異色である。カリヌス帝の近衛長官だったことが示すとおり、彼は元老院身分の出身ではなく、恐らく騎士身分出身だった。その彼を元老院入りさせ、アフリカ・プロコンスラリス属州総督として派遣したのは、この属州の分割・再編をおこなう環境を整えるためだったと思われる。実際、二九三年、ディオクレティアヌスはアリストブルス総督に対して、有力者のパトロキニウム（パトロネジ）によって訴訟がゆがめられてはならず、また、元老院議員に損害を与えることを恐れることのないよう訓示している。[57] アリストブルス総督の職務は、当地で影響力をもつ元老院議員たちの既得権を脅かすものでもあったのである。

それでは、次に二九五年以降の状況を見ていこう。

アリストブルス総督退任後のアフリカ・プロコンスラリス属州総督と諸都市

アリストブルス総督の退任からマクセンティウスによる簒奪《さんだつ》までの間、アフリカ・プロコンスラリス属州総督の碑文は一四点が知られている（表2-1の15〜28〈一一〇〜一一一頁〉参照）。ただし、うち二点はローマ市で発見されたもので、三〇五年から三〇六年にかけてアフリカ・プロコンスラリス属州総督を務めたガイウス・ケイオニウス・ルフィウス・ウォルシアヌスに対して、彼が三一三年から三一五年の間に首都長官を務めたあとに捧げられたものである。[58] そのうえ、これらの碑文は断片的なものであり、残念ながら、ディオクレティアヌス時代の北アフリカ諸都市の状況を知る手がかりとはならない。他の碑文に関していえば、それらの碑文から都市に対する管理強化の兆候を見出すのはやはり難しい。それらの碑文は、アリストブルスの碑文と同じく属州総督が「奉献」だけをおこなった碑文や、[59] あるいは属州総督に対して捧げられた顕彰碑文だったからである。[60]

そのようななかで、この時期に特徴的なのが属州総督の名で年代を示す碑文である。その表現は四つの碑文で見られるが、うち三つはトゥッガで見つかったもので、残る一点はタブラカで発見されている。

トゥッガの碑文三点のうち二点は対になっており、一方はコンスタンティウス副帝に対して、他方はガレリウス副帝に対して、トゥッガ植民市がポストゥミウス・ティティアヌス総督のときに捧げた、と刻まれている。また、いずれの碑文とも、最後にエグナティウス・トゥッキアヌスというクラリッシムス級の都市監督官が配慮したと述べられている。[61] 刻まれた碑文テクストだけを見ると、いずれも台座に刻まれた顕彰碑文のように見えるが、実際には、高さは一メートルに及ばないながら、幅は一方が三メートル七〇センチ弱、他方も二メートル八五センチとかなり大きな石に刻まれていた。有名なトゥッガのカピトリウムに接するフォルム(広場)の一画には四帝統治の皇帝たちに捧げられたモニュメントがあり、その一部を構成するものだったと考えられている(図6)。

トゥッガで発見されたもう一つの碑文は大地母神の神殿が修復されたことを記録しており、やはりトゥッガ植民市が奉献主体となっている。[62] この碑文では、ヘルウィウス・ディオニュシウス総督のときにこの神殿が奉献されたと刻まれているが、興味深いことに、この碑文では属州総督の名が削り取られている。その経緯ははっきりしないが、何らかの不祥事があったのだろう。

タブラカ市で見つかった最後の一点は、老朽化して壊れていたユピテル神殿の修復がカッシウス・ディオ総督のときにおこなわれたことを伝えている。[63] セウェルス朝期の有名な歴史家で元老院議員だったカッシウス・ディオの子孫ともいわれる人物である。[64] ただし、この碑文では、肝心の「ディオ」という名前の部分が補いであるために、ディオクレティアヌス治世のものではない可能性も残る。

こうして見ると、「〇〇総督の年に」という表現は、とくにトゥッガ市で頻繁に用いられていたような印象を与える。しかし、ディオクレティアヌス治世の前半にも同じような表現の碑文が二点知られている。一つは、唯一アリストブルス総督とは関係なかった碑文で、やはりトゥッガ市で発見されている。[65] 他方、もう一点はカラマ市で見つかったもので、アリストブルス総督の在任四年目の碑文である。[66] こののち、四世紀になると、同じように属州総督の任期で年代をあらわす碑文が各地で見られるようになってくる。R・デュトワが類例を集めており、[67] 一見すると、古代末期に属州総督による都市行政への介入が強まったことを示しているようにも見える。ただし、ここで挙げたトゥッガの碑文のように、実際にその事業を担っていたのは都市の側だった可能性が高い。あとで検討するヌミディア属州やマウレタニア諸州の総督たちと比べると、これらの碑文の表現が公共事業における属州総督のイニシアティヴを示すものと見なす必要はないことがわかるだろう。

図6　トゥッガのコンスタンティウス副帝の顕彰碑文（上下ともに著者撮影）

ところで、この時期に属州総督主導でつくられたと思われる碑文が、唯一カルタゴで発見されている。[68] しかし、その碑文は、ガイウス・ケイオニウス・ルフィウス・ウォルシアヌスという総督が神像を修復したことを伝えているだけであり、大規模な公共事業を示すものとは考えにくい。また、カルタゴは属州首都であり、他の地方都市と同列に論ずべきではないだろう。

ディオクレティアヌス治世のアフリカ・プロコンスラリス属州に関しては、以上のとおりである。ディオクレティアヌス改革によって都市に対する管理が強められ、それ以前との間に「断絶」があった、というだけの根拠は見出せない。他方、アフリカ・プロコンスラリス属州から分離・新設されたビュザケナ属州とトリポリタニア属州に関していえば、残念ながら、それらの新設属州の総督たちの名を伝える碑文はほとんど発見されていない。ディオクレティアヌス治世のビュザケナ属州総督の名を伝える碑文はわずか一点のみであり、しかも、テレプテ市とテベステ市の間で発見された、恐らくマイル標石だったと思われる碑文である。[69] ムキウス・フラウィアヌスという総督によって皇帝たちの守護神《ゲニウス》に捧げられたものだが、都市との関係について教えてくれることは何もない。

トリポリタニア属州では、少なくとも三点の碑文が残されている。しかし、二点は軍事施設の建設を伝えるもので、都市との関係を知る手がかりとはならない。[70] 残る一点は、レプティス・マグナ市がトリポリタニア属州総督をパトロヌスとして顕彰した碑文である。[71] 三〇三年頃の碑文だが、この一点だけでディオクレティアヌス改革の影響を論ずるのには無理がある。コンスタンティヌス治世の碑文と合わせ、この碑文にはまたあとで触れることにしたい。

アフリカ・プロコンスラリス属州では、アリストブルス総督退任後も数多くの碑文に総督の名が残されている。それに対し、都市の少ないトリポリタニア属州はともかく、比較的都市化が進んだ地域であるビュザケナ属州でも、総督の名を残す碑文はわずか一点しか発見されていない。この状況は驚くべきものではないだろうか。新しいビュザケナ属州の総督は、それ以前の元老院議員の務める総督《プロコンスル》とは違い、騎士身分の総督《プラエセス》だった。長きにわたって有力な元老院議員を総督として受け入れてきたビュザケナの人々から見ると、新設されたビュザケナ属州の総督の地位は低く、以前ほど敬意を払うことができなかったものと思われる。属州の細分化は、必ずしもより良い統治を実現したわけではなかった。J・E・レンドンが指摘しているように、属州総督の地位が低下したことにともなって、属州統治の質が悪化することもありえたのである。[72]

ただし、これは属州分割がアリストブルス総督の退任直後におこなわれたと想定した場合の話である。次節では、ディオクレティアヌス治世末の三〇三年に属州分割がおこなわれた場合を考えてみよう。

3　コンスタンティヌス治世のアフリカ・プロコンスラリス、ビュザケナ、トリポリタニア

マクセンティウス支配下の北アフリカとドミティウス・アレクサンデルの反乱

三〇五年五月一日、ディオクレティアヌスとマクシミアヌスは退位し、コンスタンティウス・クロルスとガレリウスが正帝に昇格した。しかし、翌三〇六年七月にコンスタンティウス・クロルスが死去すると、政情は混沌としていった。ブリタニアで父の跡を襲ったコンスタンティヌスはガレリウスによって副帝と認められたものの、それに刺激されて首都ローマで帝位を称した先帝マクシミアヌスの息子マクセンティウスは、正当な皇帝とは認められなかった。しかし、マクセンティウスは鎮圧に乗り込んできた新正帝セウェルスやガレリウスを撃退し、三一二年までイタリアと北アフリカを支配した。

このマクセンティウス支配下では、北アフリカでも碑文はほとんど作製されなかった。少なくとも、現在まで残る碑文はごく少ない。公共事業を記録した碑文は皆無であり、アフリカ・プロコンスラリス属州やビュザケナ属州の総督の名を記した碑文も知られていない。トリポリタニア属州総督に関しては、レプティス・マグナ市のセウェルスのフォルムで、ウォルシウス・ドナティアヌスという総督がマクセンティウスに対して捧げた碑文が発見されている。[73]この碑文

についてはのちほど改めて触れるが、都市への言及は見られず、マクセンティウス政権と北アフリカ諸都市の関係を考える手がかりとしては扱いにくい。

三〇八年には、管区代官だったルキウス・ドミティウス・アレクサンデルがマクセンティウスに対して反乱を起こし、自ら帝位を称した。マクセンティウスは近衛長官だったウォルシアヌスを派遣し、三一〇年にはこの反乱を鎮圧している。マクセンティウスの主張する帝位が正当とは認められなかったこと、そしてドミティウス・アレクサンデルの反乱が生じたこと。これら二つの点が、この時期の北アフリカで碑文がとくに少ない理由を説明してくれる。マクセンティウスは、皇帝たちの筆頭となったガレリウスに認められることはなく、三一二年にはミルウィウス橋の戦いでコンスタンティヌスに打ち破られた。マクセンティウスが正当な皇帝とは見なされていない、という説明はこれで十分だろう。

ドミティウス・アレクサンデルの反乱についていえば、アウレリウス・ウィクトルは、「わずかな軍隊で」「軽微な戦闘により」鎮圧されたと述べている。[74] 一見すると、その影響は大きくなかったように見える。しかし、マクセンティウスは反乱後にカルタゴの破壊を命じたといわれている。[75] ヌミディア属州総督もドミティウス・アレクサンデルを支持していたほか、[76] マウレタニアでもドミティウス・アレクサンデルのマイル標石が発見されている。[77] ヌミディアの中心地だったキルタも破壊され、コンスタンティヌスによって復興された。反乱後のマクセンティウスによる弾圧は激しかったらしく、マクセンティウスの敗北後、北アフリカではコンスタンティヌス神官まで創設されている。[78] この反乱の北アフリカでの影響はアウレリウス・ウィクトルの記述から受ける印象以上に大きく、また広範な地域に及んでいたのである。

コンスタンティヌス治世のアフリカ・プロコンスラリス属州総督

三一二年のミルウィウス橋の戦いでマクセンティウスが敗れたのち、北アフリカもコンスタンティヌスの支配下に入った。コンスタンティヌス治世の北アフリカでは、二三点のアフリカ・プロコンスラリス属州総督の名を伝える碑文が残されている。うち二点はローマ市で発見されたもので、アフリカ・プロコンスラリス属州総督を務めた元老院議員ルキウス・アラディウス・ウァレリウス・プロクルスに対して捧げられた顕彰碑文である。捧げられたのは彼がコンスルを務めた三四〇年よりあとのことであり、しかも捧げたのは、一方はカンパニアのプテオリ市、他方は豚商人組合であった。コンスタンティヌス治世の北アフリカ諸都市と総督の関係を考えるという意味では扱いにくい。[79]

ディオクレティアヌス治世との対比を念頭に、残る二〇点強の碑文からこの時代の特徴を考えていくと、次の三点が指摘できる。

まず目立つのは、ディオクレティアヌスの治世後半の特色としてすでに述べたのと同じく、属州総督の名で年代を示す碑文の存在である。このような碑文は五点知られているが、少なくとも三点が公共建築物の修復記録であり、[80] 一点は台座に刻まれていた。[81] 残る一点は断片的な碑文であるため、確実なことはいいにくい。[82] 三点の建築碑文も欠損部分が多く詳細は不明であり、総督の名で年代を特定していることが都市に対する管理強化を示していると断定することはできない。興味深いのは台座に刻まれていた碑文であり、ウァッリス市で発見されたものである。ペトロニウス・プロビアヌス総督の在任中に総督代理ユリウス・トゥッリウス・プリスクスが設置した、と述べられているが、それに加えて、終身神官で都市監督官だったアエミリウス・ウィクトルがそれを監督したことも絶対奪格で刻まれている。総督と総督代理の二人はクラリッシムス級の元老院議員であり、都市監督官はエグレギウス級だった。両者の身分の違いは大きく、総督代理による都市監督官への指揮・命令があったようにも見える。ただし、何が設置されたのか、肝心の部分は残っていない。刻まれていたのが高さ一メートルほどの台座でしかなかったことを考えれば、ディオクレティアヌス治世初頭のカラマの碑文のように、神像か何かだったのかもしれない。いずれにせよ、碑文の刻まれた石からは大規模な事業だったとは考えにくく、都市行政への介入と呼べるほどのものではない。

次に注目すべき点は、カルタゴで出土した碑文数の増加である。増加したといってもわずか四点でしかないが、ディオクレティアヌス治世のカルタゴでは、アフリカ・プロコンスラリス属州総督の名を残した碑文は一点も発見されていなかった。退位直後の三〇五年か三〇六年に、総督が神像を修復したという碑文が残されていただけである。[83] それに対し、コンスタンティヌス治世については、浴場と恐らく柱廊の修復を伝える二点の建築碑文と、[84] 皇帝に対して捧げられた二点の顕彰碑文が発見されている。[85] カルタゴでこのような変化が起こった理由は、恐らくマクセンティウスが支配していた時期にある。すでに述べたとおり、マクセンティウス支配下の北アフリカではドミティウス・アレクサンデルの反乱が起こり、その鎮圧後、マクセンティウスはカルタゴの破壊を命じている。[86] コンスタンティヌス治世の属州総督たちは、破壊された属州首都の復興を図らねばならなかったのである。実際、コンスタンティヌスは碑文上で「あらゆる公共建築物を新たにし拡張した者」と呼ばれている。[87] カルタゴは属州首都であり、そもそも他の地方都市と同列に論ずべきではないのだが、ここに見られる変化は、都市に対する管理強化の表れというよりも、むしろ属州首都再建に向けた努力を反映したものなのである。なお、コンスタンティヌスに捧げられた顕彰碑文の一つは、属州総督と都市監督官が連名で捧げたものだった。[88] この都市監督官はクラリッシムス級の元老院議員であり、この碑文を見る限り両者の間に何らかの指揮・命令系統が存在したとは考えにくい。都市監督官の地位に応じて属州総督や総督代理との関係も異なっていたことを忘れるべきではない。

コンスタンティヌス治世の変化として最後に注目しておきたいのが、総督が都市のパトロヌスとして言及される碑文の存在である。ディオクレティアヌス治世のアフリカ・プロコンスラリス属州総督の名が刻まれた碑文はその大半が建築碑文であり、総督を都市のパトロヌスとして顕彰した碑文はレプティス・マグナで発見された一点しか知られていなかった。[89] それに対し、コンスタンティヌス治世には、マダウロスの一点とブッラ・レギアの二点(あるいは四点)に加え、アフリカ・プロコンスラリス属州の分割によって誕生したビュザケナ・ウァレリア属州の総督を、属州内の諸都市がパトロヌスとして選んだことを伝える六枚の青銅板が首都ローマで発見されている。ディオクレティアヌスが属州を細分化したことによって総督の担当領域が狭まり、より良い統治が可能となった。その結果、総督と諸都市の関係はより緊密なものとなり、総督を都市のパトロヌスとする例が増えた。こう考える研究者もいる。[90] しかし、私見では、別の側面を重視すべきだと考える。

それぞれのケースを順に見ていこう。

まずはマダウロスの碑文である。この碑文は、三二六年から三三三年の間に総督を務めたケイオニウス・ユリアヌスに対して捧げられている。[91] しかし、この碑文が作製されたのは、彼が総督を務めたのち、数十年を経てからのことだったらしい。『アルジェリア・ラテン碑文集』の編者であるS・グセルによれば、この碑文は四世紀半ばに総督を務めたゲゼウス・ラルグス・マテルニアヌスに捧げられた碑文と類似しているという。ゲゼウス・ラルグス・マテルニアヌスはコンスタンティヌス治世にケイオニウス・ユリアヌス総督のもとで総督代理を務め、その後、総督として再びこの地に戻ってきた。[92] 両者の類似性を考慮すれば、これらの碑文は、ゲゼウス・ラルグス・マテルニアヌスが総督としてこの地に戻ってきた四世紀半ばに同時に作製された可能性が高い。ケイオニウス・ユリアヌスの碑文が総督任期中の彼の恩恵に触れているとしても、彼の総督としての職務がこの顕彰碑文設置に直接つながったわけではないのである。

次にブッラ・レギアのケースを見てみよう。この都市では、少なくとも二つの碑文がコンスタンティヌス治世の属州総督に対して捧げられている。しかし、ここでも属州総督としての職務が顕彰碑文の設置に直接つながったわけではなかった。顕彰された属州総督の一方は「父祖代々のパトロヌス」であり、[93] 他方も「卓越した家系」の人物である。[94] 顕彰に際しては、総督としての短い任期ではなく、その家系との長期的な関係が重要だったことが理解できる。

これらの碑文は、ブッラ・レギア市の中心部、フォルムに面したアポロ神殿で発見されたが、この神殿ではもう一点、属州総督をパトロヌスとして顕彰した碑文が発見されている。被顕彰者の名前は欠損しているためわからないが、「二年目のアフリカ・プロコンスラリス属州総督、……終身のパトロヌス」だったことはわかる。[95]この碑文を刊行したA・メルランによれば、先の「卓越した家系」に属するというアントニウス・マルケッリヌスの碑文と「疑いなく同時代の、数年後の」碑文であるという。[96]多くの研究者はより慎重で、四世紀のもの、[97]あるいはコンスタンティヌス帝以降のもの、[98]と表現している。このほか、ユリア・メンミアの浴場跡で発見された碑文に刻まれていた氏名不詳の属州総督も、この都市のパトロヌスだったと見なされることがある。[99]この碑文の属州総督の同定をめぐる議論は錯綜しており、いまだ決着を見ていないが、[100]この都市でコンスタンティヌス治世に属州総督の顕彰が盛んにおこなわれていたことは確かである（図7）。

最後に、ローマで見つかった六枚の青銅板について考えてみよう。いずれも内容は類似しており、各都市がビュザケナ属州総督だったクィントゥス・アラディウス・ウァレリウス・プロクルスを都市のパトロヌスとして選び、総督の側も各市の市民たちをクリエンテス（被護民）として受け入れた、と述べている。[101]総督の任期中になされた契約であり、これらの青銅板からはディオクレティアヌス改革の影響を読み取ってもよいように見える。しかし、この史料の性質を考えると、そのような見方には慎重にならざるをえない。

都市のパトロヌスに関する史料の多くは諸都市で捧げられた顕彰碑文である。それに対し、これらの史料はローマ市で見つかった青銅板だった。このようなパトロン・タブレットは、青銅という、溶かして再利用することが容易な素材であるために残存数は限られている。アフリカ・プロコンスラリス属州総督に関していえば、これら六枚を除けば、紀元前一二年の総督ドミティウス・アエノバルブスのものと、後一五〜一七年の総督ウィビウス・ハビトゥスのものが知られているにすぎない。[102]クィントゥス・アラディウスのパトロン・タブレットが六枚もまとめて発見されたのは偶然の要素が極めて大きかった。これらの青銅板の存在を、ディオクレティアヌス改革で諸都市に対する総督の影響力が強まった結果だったと解するのは難しい。

図7　ブッラ・レギアのアポロ神殿跡(著者撮影)

また、これらのタブレットによれば、両者のパトロキニウム関係は子々孫々まで続くという。たとえ、その総督任期中に結ばれたものだったとしても、総督としての役割とパトロヌスとしての役割は決して一致していないのである。

このように見てくると、コンスタンティヌス治世に属州総督たちが都市のパトロヌスとされる事例が増加したのだとしても、それがディオクレティアヌス改革の影響を示すものだったとは思えない。史料を見る限り、都市のパトロヌスへの期待として重要だったのは、属州総督としての短期的な職務ではなく、元老院議員としての高い出自に基づいた継続的な関係だった。コンスタンティヌス治世に総督を都市のパトロヌスとした例が目立ってくるのは、彼らが有力な元老院議員家系出身だったためであり、改革によってより良い統治が実現した結果だったわけではないのである。

前章で見たとおり、カンパニアやシチリアでも、州知事を都市のパトロヌスとして顕彰する事例がコンスタンティヌス治世に増加していた。元老院議員の保持するヴィッラや大所領が多く、彼らの影響力が大きかったこれらの地域で、コンスタンティヌスの治世に彼らの顕彰碑文が同時に増加しているのは偶然ではない。すでに述べたとおり、権力の中枢から元老院議員たちを遠ざけたディオクレティアヌスとは異なり、コンスタンティヌスの時代には古くからの元老院議員家系出身の人々も再び登用されるようになった。カンパニアやシチリアの諸都市と同様、アフリカ・プロコンスラリス属州やビュザケナ・ウァレリア属州の諸都市もその政治情勢の変化を読み取り、元老院議員との関係改善に動いていたのではないだろうか。これらの碑文は、都市に対する属州総督の影響力強化といった文脈ではなく、コンスタンティヌスの対元老院政策の変化とそれに対する諸都市の反応として理解すべきものなのである。

トリポリタニアの変容

すでに見たとおり、ディオクレティアヌス治世のトリポリタニアでは、属州総督に対して捧げられた顕彰碑文が二点見つかっている。一点は属州分割前のアフリカ・プロコンスラリス属州総督に対して捧げられたものであり[103]、もう一点は分割によって新設されたトリポリタニア属州総督に捧げられたものだった[104]。二点とも、発見されたのは新属州の首都となったレプティス・マグナ市である。

マクセンティウス支配下では、トリポリタニア属州総督に捧げられた顕彰碑文は知られていないものの、マクセンティウスに対して捧げられた碑文は二点残っている。一点は属州総督によって[105]、もう一点はアフリカ管区代官によって捧げられたものである[106]。ディオクレティアヌス治世の二碑文と同様、これらの碑文が見つかったのもレプティス・マグナ市のセウェルスのフォルムである。残念ながら、都市と皇帝権の関係については何も教えてくれないが、マクセンティウス支配下のアフリカ・プロコンスラリス属州やビュザケナ属州では彼に捧げられた碑文がまったく見つかっておらず、他方、後述するように、ヌミディアではいくつかの碑文が残っていることを考えると、その存在は興味深い。トリポリタニアでこれらの碑文が見つかっているのは、たんにレプティス・マグナの遺跡の保存状態が良かったからではなく、むしろ、ヌミディアやマウレタニアのように辺境に位置し軍事的意味合いの大きい属州のほうが、アフリカ・プロコンスラリスやビュザケナのような都市化の進んだ属州よりも、皇帝の影響力が強く発揮されやすかったことを反映したものなのではないだろうか。ヌミディアやマウレタニアの属州総督はペルフェクティッシムス級で元老院議員ではなかったのに対し、アフリカ・プロコンスラリスやビュザケナの属州総督はクラリッシムス級の元老院議員だった。皇帝は――あるいは帝位を称する簒奪者は――元老院議員よりも地位の低い軍人出身の総督のほうがコントロールしやすかった。新設されたトリポリタニア属州は、その総督が軍事施設の建設に従事していたことからもわかるように、分割前よりも軍事的色彩が強まったことは確かである。マクセンティウスに捧げられた二碑文の存在は、属州分割によってトリポリタニアの軍事的色彩が強まったことを反映したものといえるだろう。

コンスタンティヌス治世には、三二四年から三二六年にかけて総督を務めたラエナティウス・ロムルスの活躍が目立っている。レプティス・マグナの旧フォルムで発見された台座に刻まれていた碑文によると、この総督の監督下、崩れたバシリカの廃材が撤去され柱廊が建設されたのだという。さらに、コンスタンティヌス帝に対して彫像も捧げられている。都市監督官や都市参事会がこの事業に関わっていたことも碑文からは読み取れるが、イニシアティヴを握っていたのは属州総督だったものと思われる。[107]

レプティス・マグナの市場跡で見つかった碑文からは、コンスタンティヌス帝とその息子たちの支援を受けて柱廊の修復がおこなわれたことがわかる。[108] 総督は奉献をおこなっただけだが、この碑文に都市当局は登場せず、この碑文の場合にも総督がイニシアティヴを握っていたものと思われる。この総督に対しては、レプティス・マグナ市とサブラタ市の捧げた顕彰碑文も二点発見されている。[109] ラエナティウス・ロムルスは元老院議員ではなかったものの、皇帝との密接な関係をもとに、属州内の諸都市を上手く治めることに成功していたのである。

トリポリタニアでは、これ以降も、属州総督に対して捧げられた顕彰碑文が少なからず発見されている。[110] それらの碑文の存在は、ディオクレティアヌス改革以降軍事的色彩を強めたこの地域において属州総督がもっていた影響力の強さを反映していたのである。

4　三世紀末から四世紀初頭のヌミディアとマウレタニア

ヌミディア属州の分割と再統合

ディオクレティアヌスからコンスタンティヌスにかけての時代の碑文は、ヌミディアでも大量に発見されている。すでに見たとおり、それらの碑文のおかげで、ヌミディア属州の分割が三〇三年におこなわれたことも判明している。北側の地中海に面した地域はヌミディア・キルテンシス属州となり、南部はヌミディア・ミリティアナ属州となった。この属州の分割は、いくつかの碑文のほか、『ヴェローナ・リスト』からも確認できる。しかし、この二つの属州は、遅くともコンスタンティヌス治世初頭に再び統合された[111]。従って、見つかった碑文の数は多いにもかかわらず、属州分割の影響を考えるにはヌミディアの状況はそれほど参考にはならない。とはいえ、アフリカ・プロコンスラリス属州の状況と比べてみると、興味深い特徴が見出される。

この時期のヌミディア属州総督の碑文は合計で四六点知られている。うち三七点がディオクレティアヌス治世の碑文であり、コンスタンティヌス治世のものが八点、残る一点はマクセンティウス支配下で反乱を起こしたドミティウス・アレクサンデルに捧げられた碑文である(一一七頁表2−4参照)。圧倒的多数はディオクレティアヌス治世のものということになるが、その内容はなかなか印象的である。

すでに見たとおり、ディオクレティアヌス治世のアフリカ・プロコンスラリス属州総督の碑文は、その多くが建築碑文だった。公共建築物が属州総督によって奉献されていたり、あるいは公共建築物がある属州総督の任期中に修復されたりしたことを伝えたものである。それに対しヌミディア属州では、建築碑文もあるとはいえ、その多くは顕彰碑文だった。しかも、これらの碑文のおよそ三分の一は、四帝統治の皇帝たちに対して属州総督自らが捧げたものなのである。なかでも、ディオクレティアヌスの治世初頭、フラウィウス・フラウィアヌス総督の捧げた三つの碑文は非常に興味深い[112]。この総督は、自身がかつて近衛長官の書記だったことをわざわざ碑文に刻ませているからである。これらの碑文は、近衛長官の書記だったというこの総督が皇帝と比較的近い関係にあったことを誇示しようとしたものといえよう。三〇三年には、ディオクレティアヌスの即位二〇周年を祝うに際して、ウァレリウス・フロルスという総督が皇帝たちの守護神に対して碑文を捧げている[113]。

　顕彰碑文の設置だけでなく建築事業においても、ヌミディア属州総督はイニシアティヴを発揮していたように見える。例えば、先に挙げたフロルスは、タムガディ市でメルクリウス神殿の再建を命じるなど[114]、属州内の諸都市に大きな影響力をもっていた。クィクル市では、二九五年に総督だったウァレリウス・コンコルディウスが水道を建設している[115]。また、ランバエシスで発見された碑文によれば、二九〇年から二九三年頃、ディオクレティアヌス帝とマクシミアヌス帝はアウレリウス・マクシミアヌスという総督を介して水道を修復させている[116]。この時期に皇帝たちが北アフリカを訪れたことはなく[117]、このケースで実際にイニシアティヴを握っていたのは属州総督だったと考えられる。

　アフリカ・プロコンスラリス属州などと比べると、ヌミディア属州総督と州内の諸都市の関係は密接だった。ディオクレティアヌスの時代以降、総督が諸都市を緊密に管理するようになったと見えるかもしれない。しかし、この状況はディオクレティアヌス治世に大きく変化した結果ではない。ヌミディア属州の都市数はアフリカ・プロコンスラリス属州と比べると少なく、総督は以前から諸都市を管理しやすい立場にあった。しかも、ランバエシスには北アフリカ唯一の軍団である第三アウグスタ軍団が駐屯しており、ヌミディア属州総督はディオクレティアヌス治世にも依然として軍事指揮権を保持していた。都市の数が少なく、総督が軍事指揮権を握っているという二つの要因があいまって、ディオクレティアヌスの即位以前から、ヌミディア属州総督は都市に対する管理を容易におこなうことができたのである[118]。ディオクレティアヌス改革がヌミディア諸都市の行政に大きな影響を与えたわけではなかった。ヌミディア出土の碑文を根拠として、ディオクレティアヌス治世に都市管理が強化されたと主張することはできないのである。

マウレタニア

マウレタニアに関しては、残念ながら、都市と属州総督の関係をうかがわせるような碑文がほとんど発見されていない。三世紀半ば以来、マウレタニアは内陸部の山岳民の蜂起に悩まされていた。この内陸部の治安が安定するのは、早くても二九〇年代初頭、アウレリウス・リトゥア総督の時期だった。この総督は蛮族を打ち倒したことを神々に感謝する碑文を複数残している。また、二九七年から二九八年にかけて、マクシミアヌス帝が北アフリカ遠征をおこなっており、この時期までマウレタニアの治安は安定しなかった、と主張する研究者もいる。しかし、首都ローマのディオクレティアヌス浴場建設を伝える碑文でこの遠征が言及されているにもかかわらず、当の北アフリカでは、この遠征に関わる碑文はそれほど発見されていない。この遠征は軍事的な必要性ゆえにおこなわれたというよりは、当時の政治的な必要に基づいておこなわれたものだったと考えたい[119]。

いずれにせよ、アウレリウス・リトゥア総督に代表されるように、マウレタニアの総督たちは基本的に軍人としての側面が強かった。この軍事的色彩の強い属州では、都市の活動を伝える碑文はわずかであり、しかも都市側のイニシアティヴを見出すのは難しい。例えば、内陸部のラピドゥム市では、四帝統治の皇帝たちがこの都市を再建した、と伝える碑文が発見されている[120]。総督だったウルピウス・アポロニウスがその事業を監督したこともこの碑文は伝えているが、この碑文には都市当局への言及がまったくない。マウレタニア内陸部の状況は、アフリカ・プロコンスラリス属州とは大きく違っていたのである。

他方、海沿いの地域に目を転じてみても、属州総督の都市行政への影響力の大きさが目につく。例えば、グヌグ市が四帝統治の皇帝たちに捧げた碑文では、属州総督がそれを促した、と記されている[121]。また、ティパサ市では、市壁とそれに付随する塔がディオクレティアヌス治世に奉献されている。奉献したのは属州総督マルクス・ウァレリウス・ウィクトルだが、ここでも都市当局は登場しない[122]。序章で紹介した法文にあったように、属州総督が都市行政に介入して資金を市壁修復に振り向ける、といった事態も、マウレタニアでなら起こりえただろう。

この時期のマウレタニアの碑文で私的な恩恵付与行為(エヴェルジェティスム)を伝えるのは、唯一、二九九年にアルブラエ市でおこなわれたマウラ女神の神殿修復事業だけである[123]。この碑文では逆に、属州総督への言及はない。マウレタニアの総督たちは基本的には軍人としての性格が強く、軍事的な問題を除けば、都市との関係にはそれほど関心をもっていなかったのである。

おわりに

ディオクレティアヌス改革の結果、諸都市は属州総督や都市監督官によって緊密に管理されるようになった、といわれてきた。ディオクレティアヌスが諸属州を細分化したのは確かだとしても、その改革が諸都市に与えた影響は別問題である。

これまで見てきたとおり、北アフリカで発見された碑文からは、ディオクレティアヌス改革後、諸都市が属州総督や都市監督官によって厳しく管理されるようになったと主張するだけの根拠は見出せない。重要なのは、むしろ、アフリカ・プロコンスラリス属州やビュザケナ属州のような都市化の進んだ属州と、ヌミディアやマウレタニアのような都市の少ない軍事的な属州の間に見られる差異のほうだろう。

アフリカ・プロコンスラリスでは属州総督は元老院議員であり、諸都市の建設、あるいは修復した公共施設を奉献しただけのケースが多かった。また、ディオクレティアヌス治世に都市監督官に言及する碑文が増加したことは確かであるにせよ、都市監督官の選任は都市主導でおこなわれており、公共事業のイニシアティヴも都市側が握っていた。そこから都市に対する管理強化という状況を見出すことはできない。

ただし、二九〇年から二九四年にかけてアフリカ・プロコンスラリス属州総督を務めたティトゥス・クラウディウス・アウレリウス・アリストブルスの影響は大きく、属州分割のもたらした影響を凌ぐほどだった。ディオクレティアヌスからコンスタンティヌスの治世にかけてのアフリカ・プロコンスラリス属州総督のなかで、アリストブルスの名が見られる碑文はもっとも数が多い。しかも、彼のもとで総督代理を務めたマクリニウス・ソッシアヌスの名も、総督自身に劣らぬほど多くの碑文で見出される。ウォーミントンやルプレが指摘するとおり、ディオクレティアヌスはアリストブルスに対して、この属州を再建する任務を託していたものと思われる。アリストブルスは、他のアフリカ・プロコンスラリス属州総督たちとは違って世襲的な元老院議員家系の出身ではなく、騎士身分出身であり、皇帝とも近い関係にあった。ディオクレティアヌスは、元老院を尊重していたとしても信頼はしておらず、属州再編の年代を考えるうえで、アリストブルス総督の果たした役割は大きかったといわねばならない。直接的な根拠はないにせよ、アフリカ・プロコンスラリス属州が分割されたのは、アリストブルス総督が退任した直後、二九四年から二九五年にかけての時期だった可能性が高い。

ビュザケナでは、ディオクレティアヌス治世、新属州の総督の名を記した碑文は一点しか発見されていない。しかも、この碑文はマイル標石だったともいわれており、都市と総督の関係については何も教えてくれない。そして、コンスタンティヌス治世になると、ビュザケナ属州総督には、再び元老院議員が登用されるようになった。この時期には、属州総督を諸都市がパトロヌスとして選んだことを伝える青銅板も知られている。属州総督を都市がパトロヌスとして選ぶ事例が増加したことが、ディオクレティアヌス改革の影響として指摘されることもあるとはいえ、その指摘はいささか短絡的にすぎる。諸都市にとって重要だったのは、有力なパトロヌスとの継続的な保護＝被護関係であり、属州総督との短期的な関係ではなかった。ディオクレティアヌス改革の影響というよりは、コンスタンティヌス治世に元老院議員たちが政治的復権を果たすという政治情勢の変化に諸都市が対応した結果だったと理解すべきなのである。

このような都市化の進んだ属州に対し、ヌミディアやマウレタニアでは属州総督主導で事業が進められることが多かった。一見すると、都市に対する管理が厳しくなったようにも見える。しかし、これはディオクレティアヌス改革による変化ではない。それ以前からヌミディアやマウレタニアでは都市の数が限られており、軍隊も駐留していたことから、都市に対する総督の管理が行き届きやすい環境にあった。これらの地域で発見された碑文をもとに、都市に対する管理強化を主張するのは問題があるといわねばならない。

他方、トリポリタニアではディオクレティアヌス改革による影響が比較的大きかった。アフリカ・プロコンスラリス属州から切り離されたことでレプティス・マグナ市に属州総督が駐在するようになり、この地域の防衛は以前より効率化されることになった。トリポリタニアでは属州総督の存在は大きなものとなり、防衛も強化されたものと思われる。

このように、碑文の分析からは、都市化の進んだ地域から軍事的な問題を抱えた地域まで、北アフリカが多様な地域からなっていたことが理解できる。ディオクレティアヌスの地方統治機構改革の影響も地域によって大きく異なっていたことを忘れてはならない。それぞれの地域の実情に応じて碑文の示すものを改めて考察していく必要があるのである。

本章では、属州総督や都市監督官と諸都市の関係について考察してきた。次章では、本章でほとんど触れることのできなかった地方都市での皇帝の存在感について考えてみたい。同じように詳しく触れることのできなかったヌミディアとマウレタニアの状況については、その後、第七章と第八章でそれぞれ見ていくことになる。

第六章 都市のなかの皇帝たち
顕彰碑文に見る都市と皇帝

はじめに

ローマ帝政期の地中海世界では、皇帝たちに対して捧げられた数多くの碑文がつくられた。ディオクレティアヌス治世の北アフリカもその例外ではない。皇帝の顕彰碑文はその多くが皇帝像を載せた台座に刻まれた。皇帝像自体は、皇帝の意を受けて宮廷でオリジナルの像がつくられ、その後、各地でその複製が製作されたといわれている。[1] ディオクレティアヌスの時代は、皇帝像に新たな様式が採用されるなど、この点でも変化が生じた時代だった。[2] 皇帝像は帝国各地で原則として同じタイプのものがつくられており、皇帝のプロパガンダをある程度反映していたものと思われる。とはいえ、そのプロパガンダの実効性を高めるために、皇帝や属州総督が諸都市に対して顕彰碑文の建立を積極的に働きかけていたかどうかは別問題である。元首政期の皇帝像の台座について研究したJ・M・ホイテは、皇帝の顕彰は諸都市にとって次第に義務と感じられるようになり、三世紀から四世紀には顕彰碑文の建立が命じられるようになった、と述べている。[3] しかし、彼の研究は元首政期を対象としたものであり、本書で対象とする時代については再検討の余地が大きい。G・エリンセンも、この時代の皇帝像の重要性を指摘しているものの、その研究は文献史料に基づくもので、地方都市の状況にまでは踏み込んでいない。[4]

この時代、諸都市は皇帝の顕彰碑文を設置するよう命じられたのだろうか。

ラテン語の皇帝顕彰碑文では、多くの場合、顕彰の対象となる皇帝の名を与格で、建立主体となる都市や属州総督の名を主格で記す。残念ながら、碑文のテクストからそれ以上の情報を得られるケースはほとんどない。本章では、北アフリカ諸属州で見つかった皇帝の顕彰碑文の地理的・年代的な分布から、この問題について考えてみたい。

1　ディオクレティアヌス治世の皇帝顕彰碑文の分布

それでは、ディオクレティアヌス治世の皇帝顕彰碑文の分布を属州ごとに見ていこう。まずはアフリカ・プロコンスラリス属州である。北アフリカでもっとも都市化の進んだこの地域では、四帝統治の皇帝たちに捧げられた台座は期待されるほどには発見されておらず、その顕彰碑文は一八例にとどまる。ただし、前章でも触れたトゥッガ市の皇帝たちのモニュメントの碑文四点は、[5]台座ではないものの顕彰碑文であり、似たような性格をもつといえるかもしれない。

皇帝たちの顕彰碑文は、建築碑文とは異なり、個々の皇帝に捧げられたケースが多かった。そのため、四人の皇帝それぞれについて見ていくと興味深い結果が見出される。四帝統治の皇帝たちのなかでもっとも多くの台座が残っているのはコンスタンティウス副帝であり、およそ一〇例を数える。[6]うち二例はガレリウス副帝との連名だが、[7]そのガレリウス副帝だけの名前が残る顕彰碑文は三例しか発見されていない。[8]ディオクレティアヌスに捧げられた碑文も二例しか見つかっておらず、[9]マクシミアヌスに至ってはわずか一例にとどまる。[10]残る二例のうち、一方は皇帝たちの「永遠性」に捧げられたものであり、[11]他方は、破損しているためはっきりしないが、皇帝たちの「勝利」、[13]あるいは守護神《ゲニウス》に捧げられたものだったと考えられている。[12]この最後の二例は欠損のため奉献者はわからないものの、残る碑文を捧げたのはすべて属州内の諸都市である。ディオクレティアヌス治世のアフリカ・プロコンスラリス属州では、属州総督が設置した皇帝顕彰碑文は発見されていない。この点は、あとで紹介するヌミディアやマウレタニアの状況、あるいはコンスタンティヌス治世の状況とは対照的であり、重要な点である。ここでは、アフリカ・プロコンスラリス属州では諸都市がコンスタンティウス・クロルス副帝に対して捧げた顕彰碑文が多い、という点を確認しておきたい。

ビュザケナ・ヴァレリア属州では、皇帝の顕彰碑文はわずか三点しか発見されていないものの、同じような傾向を示している。コンスタンティウス副帝に捧げられた碑文が二点で、[14] 残る一点は破損しているものの、マクシミアヌス帝に捧げられたものだったと考えられている。ただし、この碑文は剣闘士興行の開催にも触れており、都市が皇帝に捧げた他の顕彰碑文とはいささか性格を異にする。[15]

トリポリタニア属州では、レプティス・マグナ市のセウェルスのフォルム（広場）で発見された二碑文が皇帝たちの名をとどめるのみである。一方はコンスタンティウス帝とガレリウス帝に対して、[16] 他方はコンスタンティウス帝だけに、[17] レプティス市民が捧げたものであり、コンスタンティウス副帝に対して都市が捧げたものが残っているという意味では同じ傾向といえる。

それに対して、ヌミディア属州の状況は、これまで見てきたような分割前の旧アフリカ・プロコンスラリス属州の地域とは大きく異なっている。ヌミディアでは四帝統治の皇帝たちに捧げられた台座が三六点発見されている。これを四帝統治の皇帝ごとに見ていくと、まず、ディオクレティアヌスに捧げられた碑文が九点ある。[18] うち二点はマクシミアヌスとの連名だが、[19] マクシミアヌスに対して単独で捧げられた碑文も六点発見されている。[20] 他方、コンスタンティウス帝の顕彰碑文が一二例、[21] ガレリウス帝の顕彰碑文が九例ある。[22] この数字を見ると、アフリカ・プロコンスラリス属州などと比べ、個々の皇帝の間の違いは小さい。ただし、重要な点は数の違いではない。ここで注目すべきなのは、これらの碑文を捧げた主体である。

ディオクレティアヌスに捧げられた九碑文のうち、半数近い四例を捧げたのはヌミディア属州総督であり、[23] 都市が捧

表4　ディオクレティアヌス治世の皇帝顕彰碑文分布

	ディオクレティヌアス	マクシミアヌス	コンスタンティウス	ガレリウス
プロコンスラリス	2	1	10	5
ビュザケサ	0	1	2	0
トリポリタニア	0	0	2	1
ヌミディア	9	8	12	9
マウレタニア	1	0	2	1

げたものと同数である。[24] マクシミアヌスに至っては、ディオクレティアヌスとの連名の二碑文も含め、六例をヌミディア属州総督が捧げている。[25] 残る二点のうち一点は第三アウグスタ軍団が捧げており、[26] 都市が捧げたのは一例のみである。[27]

それに対し、コンスタンティウス帝の場合、ヌミディア属州総督が捧げたものはわずか一例であり、[28] 都市によって捧げられたものが九例を占める。[29] 残る二例のうち、一方は第三アウグスタ軍団によって捧げられたものだが、[30] 他方は欠損のため奉献者はわからない。[31] ガレリウス帝の碑文も、都市によって捧げられたものが七例を占め、[32] ヌミディア属州総督によって捧げられたのは二例にとどまる。[33] ヌミディアでも、諸都市がコンスタンティウス帝に捧げた碑文が多いという点では、アフリカ・プロコンスラリス属州と同じ傾向を示している。しかし、ディオクレティアヌス帝やマクシミアヌス帝の顕彰碑文を捧げたのは都市ではなく属州総督が多かったこと、あるいは、ガレリウス帝に対して都市が捧げた碑文も多いこと、はヌミディアの特色といえるだろう。

マウレタニアでは、他のジャンルの碑文と同様、顕彰碑文の発見数も少ない。それでも、コンスタンティウス帝に捧げられた顕彰碑文が目立つ、といってもよいだろう。[34] ある都市の二人委員が四帝統治の皇帝たちの「永遠性」に対して捧げた碑文を除けば、個々の皇帝に捧げられた顕彰碑文である。[35] コンスタンティウス帝に捧げられた顕彰碑文は二点あり、いずれも都市が捧げている。このほかには、ディオクレティアヌス帝とガレリウス帝に対して捧げられた碑文がそれぞれ一点ずつ知られているにすぎない。しかも、ディオクレティアヌス帝の顕彰をおこなったのはマウレタニア属州総督であり、[36] ガレリウス帝の碑文は、その死後、神君ガレリウスに対して捧げられたものだった。[37] マクシミアヌス帝については、単独で捧げられた顕彰碑文は残っていない。マウレタニアでもコンスタンティウス帝に対して都市の捧げた碑文の残存数が多い、という傾向は認めてよいと思う。このほか、グヌグ市の二例も顕彰碑文だが、石の形状からすると台座だったとは考えにくい。[38]

ディオクレティアヌス治世の北アフリカで、皇帝顕彰碑文の分布状況をまとめると以上のとおりである。内容を簡単にまとめれば、表4(前頁)のようになる。明らかに目立つのは、全属州でコンスタンティウス帝に対して諸都市の捧げた顕彰碑文が数多く残っていること、そして、ヌミディア属州では属州総督によって捧げられた顕彰碑文が多いこと、である。皇帝や属州総督に基づく命令があったと想定するには、かなりいびつな構成に見える。この二つの特色について、次節以降、こうなった理由を考えてみたい。まずはコンスタンティウス副帝の顕彰碑文が多い理由について検討し、その後、ヌミディア属州の状況について見ていくことにしよう。

2 マクシミアヌスに対する「ダムナティオ・メモリアエ」

四帝統治の時代にも、顕彰碑文は個々の皇帝に対して捧げられることが多かった。現在まで残っている顕彰碑文にコンスタンティウス帝のものが多いとしても、コンスタンティウス帝の顕彰碑文だけが建立を命じられたとは考えにくい。コンスタンティウス帝が主に担当していたのはガリア北方やブリタニアの制圧であって、北アフリカと縁が深かったわけではないからである。北アフリカで特定の皇帝の顕彰碑文が多いとすれば、むしろマクシミアヌス帝の顕彰碑文が多い、というのが自然なはずである。マクシミアヌス帝は二九七年から二九八年にかけて北アフリカの諸属州を横断する遠征を敢行しており、諸都市との接触も多かったはずだからである。それにもかかわらず、数が多いのはコンスタンティウス帝のものだった。その理由は、作製時よりも、碑文が残される過程にあったと考えられる。

そもそも作製時点では、碑文自体は個々の皇帝に捧げられたものであっても、原則として四帝統治の皇帝全員のものが同時につくられたと考えられる。例えば、ティミダ・ブレ市で発見されたコンスタンティウス副帝の顕彰碑文には、「彼ら〔＝皇帝たち〕の神性に捧げられた」という文言が見られる。[39] この表現は、コンスタンティウス副帝以外の四帝統治の皇帝たちの顕彰碑文もその場にあったことを示していると考えられている。[40]

また、タムガディで出土した三碑文の内容は特徴的である。これらの碑文は三〇三年頃のヌミディア属州総督ウァレリウス・フロルスが捧げたもので、それぞれディオクレティアヌスの守護神たるユピテル、マクシミアヌスの守護神たるヘルクレス、ガレリウスの守護神たるマルスに対して捧げられている。[41] 残念ながらコンスタンティウスの守護神に捧げられた碑文は残っていないが、相互の対応関係は明白である。[42]

このように、原則として四帝統治の皇帝たちの像が同時に設置されていたと考えた場合、コンスタンティウス副帝の台座だけが数多く残されたのはなぜだろうか。理由の一つとして考えられるのが、コンスタンティヌスが出したとされるマクシミアヌス像の破壊命令である。

マクシミアヌスは、三〇五年、ディオクレティアヌスとともに帝位から退きルカニアに隠棲した。しかし、翌三〇六年に後継者であるコンスタンティウス・クロルスが死去し、実子マクセンティウスがローマで帝位を称すると、その蜂起に合流した。マクセンティウスと仲違いしたあとはガリアにいたコンスタンティヌスのもとに身を寄せ、そこでさらに帝位復帰を画策し続けた。コンスタンティヌスの暗殺を試みるに及んで、ついに自殺に追い込まれたのが三一〇年のことである。この出来事を受けて、恐らく三一一年に、コンスタンティヌスはマクシミアヌス像の破壊を命じたとされる。この出来事を伝えるラクタンティウスによれば、マクシミアヌス像はディオクレティアヌス像とともにあることが多かったため、ディオクレティアヌス像も同時に破壊されてしまったのだという。その事態に打ちのめされてディオクレティアヌスは自死を決意した、というのがラクタンティウスの描くストーリーである。[43]

北アフリカでは、ディオクレティアヌスとマクシミアヌスの名が碑文から削り取られていることが多い。その理由としてラクタンティウスの伝えるこの出来事を想定する研究者も少なくない。しかし、ディオクレティアヌスの最期については古代の歴史家たちの記述は一致しておらず、ラクタンティウスの記述を鵜呑みにはできない。エウトロピウスは、ディオクレティアヌスは死後に神格化されたと伝えており[44]、ディオクレティアヌスとマクシミアヌスが発布したという法文も大量に残されている。悪帝が死後にその記憶を抹消され、行為を無効化されるという、いわゆる「ダムナティオ・メモリアエ」にあったわけではないのである。しかも、ディオクレティアヌスの隠棲したサロナは当時リキニウスの支配下にあり、コンスタンティヌスの命令が実行されたとは考えにくい。ラクタンティウスは、コンスタンティヌスとリキニウスの同盟をマクシミアヌス像破壊のエピソードよりあとにおいており、ラクタンティウスに従ってクロノロジーを理解しようとすると矛盾が生じてしまう。また、当時の北アフリカは依然としてマクシミアヌスの実子マクセンティウスの支配下にあった。三一二年のミルウィウス橋の戦いののち、コンスタンティヌスがマクシミアヌス像の破壊を改めて北アフリカでおこなわせたのかどうか、という問題も考えなければならない。コンスタンティヌスを「神君マクシミアヌスの孫」と呼ぶマイル標石もあり[45]、マクシミアヌスの死後、コンスタンティヌスがすぐに彼との関係を否認したわけではなかった。コンスタンティヌスのマクシミアヌスに対する姿勢は、その死後も単純なものではないのである[46]。マクシミアヌスに対する「ダムナティオ・メモリアエ」は、元老院主導だったという見方もあるほどなのである。四帝統治の皇帝たちのなかでコンスタンティウス副帝の顕彰碑文だけが数多く残されていた理由を考えるうえでも、ラクタンティウスの伝えるエピソードを援用するのには慎重であるべきだろう。

ディオクレティアヌスとマクシミアヌスの名が削り取られたという問題を考えるうえで、もう一つ主張されてきた理由は、後代のキリスト教徒が迫害帝を辱めるためにおこなった、というものである。筆者としてはこの説のほうが適切だと考えているが、本章のような顕彰碑文の刻まれた台座の残存状況を考えるうえでは、もう一つ、碑文の刻まれた石の再利用という視点を付け加える必要があるだろう。

3 顕彰碑文の再利用

碑文の刻まれた石の再利用という問題は、史料として碑文を利用する場合、避けては通れない課題である。第一章で扱ったコムムの碑文は中世の墓地で再利用されていたし、第二章で考察したアクィレイアでも、市壁の建設のためにさまざまな碑文の刻まれた石が再利用されていた。北アフリカでも、例えば、先に紹介したタムガディの碑文はビザンツ期の要塞で再利用されていた。このような石の再利用は、もともと置かれていたコンテクストから碑文が切り離されてしまうために、古代社会の実情を考えるうえで大きな障害となる。しかし、碑文の刻まれた石の再利用は古くからおこなわれていた。ディオクレティアヌス時代もその例外ではない。

都市が建設されて以来、フォルムをはじめとする公共のスペースにはさまざまな顕彰碑文が設置されていった。都市景観という意味では、実際に重要だったのは顕彰碑文の刻まれた台座ではなく、その上に載せられた彫像のほうだったことは想像に難くないが、この顕彰碑文をともなった彫像の設置は、都市空間が限られている以上、時の経過とともに次第に難しくなってくる。しかも、公共スペースに空きがあればよいというものではなく、例えばフォルムならば、そのなかでも人通りの多寡《たか》、周囲の彫像との関係などによって顕彰碑文にふさわしい場所は異なり、その設置場所は個々のケースに応じて判断されたといわれている。[47] そのような状況ゆえ、顕彰碑文の再利用は必然的に増加していくことになった。

実際、ディオクレティアヌス治世の顕彰碑文のなかにも、すでに前の時期の顕彰碑文を再利用したものが散見される。例えば、トゥブルシク・ヌミダルム市のディオクレティアヌス帝の顕彰碑文は、ゴルディアヌス帝の碑文を再利用したものだった。[48] また、同市のコンスタンティウス帝の顕彰碑文は以前あった碑文を削り取ったうえで、その面に刻み直されている。[49] 第三章で紹介したオスティアのヘルクレス神殿の祭壇はガリエヌス帝時代のものを上下に反転させて再利用したものだったし、ディオクレティアヌスの治世初頭の顕彰碑文もセウェルス帝時代のものだった。例を挙げ始めればきりはないが、このことは、ディオクレティアヌス時代の顕彰碑文が逆に再利用されてしまった場合もあったであろうことを示している。

もっともわかりやすいのは、本書で対象とする地中海世界西方から外れてしまうが、小アジアのエフェソスで発見された碑文である。この都市のいわゆる「ハドリアヌス神殿」の前には、四帝統治の皇帝たちに捧げられた四つの台座が置かれていた。古代には彫像も載っていたはずである。この四つの碑文のうち現在も残っているのは、ディオクレティアヌスとコンスタンティウス、ガレリウスに捧げられた三つだけである。マクシミアヌスに捧げられた碑文は、テオドシウス帝の父、コメスのテオドシウスに捧げられた碑文に取って代わられている。[50] それ以前、四世紀半ばまでは、四帝統治の皇帝たちの名がセットで見られたはずである。

北アフリカに話を戻すと、ヌミディア属州のクィクル市、現在のアルジェリアのジェミラ遺跡のフォルムは保存状態が良く、この問題を考えるうえで参考になる。このクィクルのフォルムとタムガディのそれについては、G・ツィマーとG・ヴェシュ＝クラインの手によってフォルム内の顕彰碑文の配置状況が復元されている。[51] それによれば、クィクルのフォルムには六四点の顕彰碑文が配置されていた(図8参照)。[52] ディオクレティアヌス帝の顕彰碑文は図の一番にあたり、都市参事会議場入口の目立つところに設置されていた。[53] その隣、三番にはコンスタンティウス帝の碑文があり、この二点は比較的近いところに置かれていたことがわかる。しかし、マクシミアヌス帝に捧げられたとされる顕彰碑文はフォルム中央の大型の基壇脇に設置された碑文の一つであり、図の一九番にあたる。[54] さらに、ガレリウス帝のそれに至っては、フォルムに隣接したバシリカに設置されており、五三番となる。[55] ここまで離れてしまうと、四帝統治の皇帝たちの対応関係を見出すのは難しい。さらに二三番の碑文はヌミディア属州総督がマクシミアヌス帝に捧げた顕彰碑文だった[56]。

クィクル市のフォルムでも、エフェソスのハドリアヌス神殿前のように、元来は四帝統治の皇帝たちの彫像がセットで捧げられていたのかもしれない。あるいは、それ以前の皇帝や属州総督、地方名望家たちの彫像ですでにフォルムが

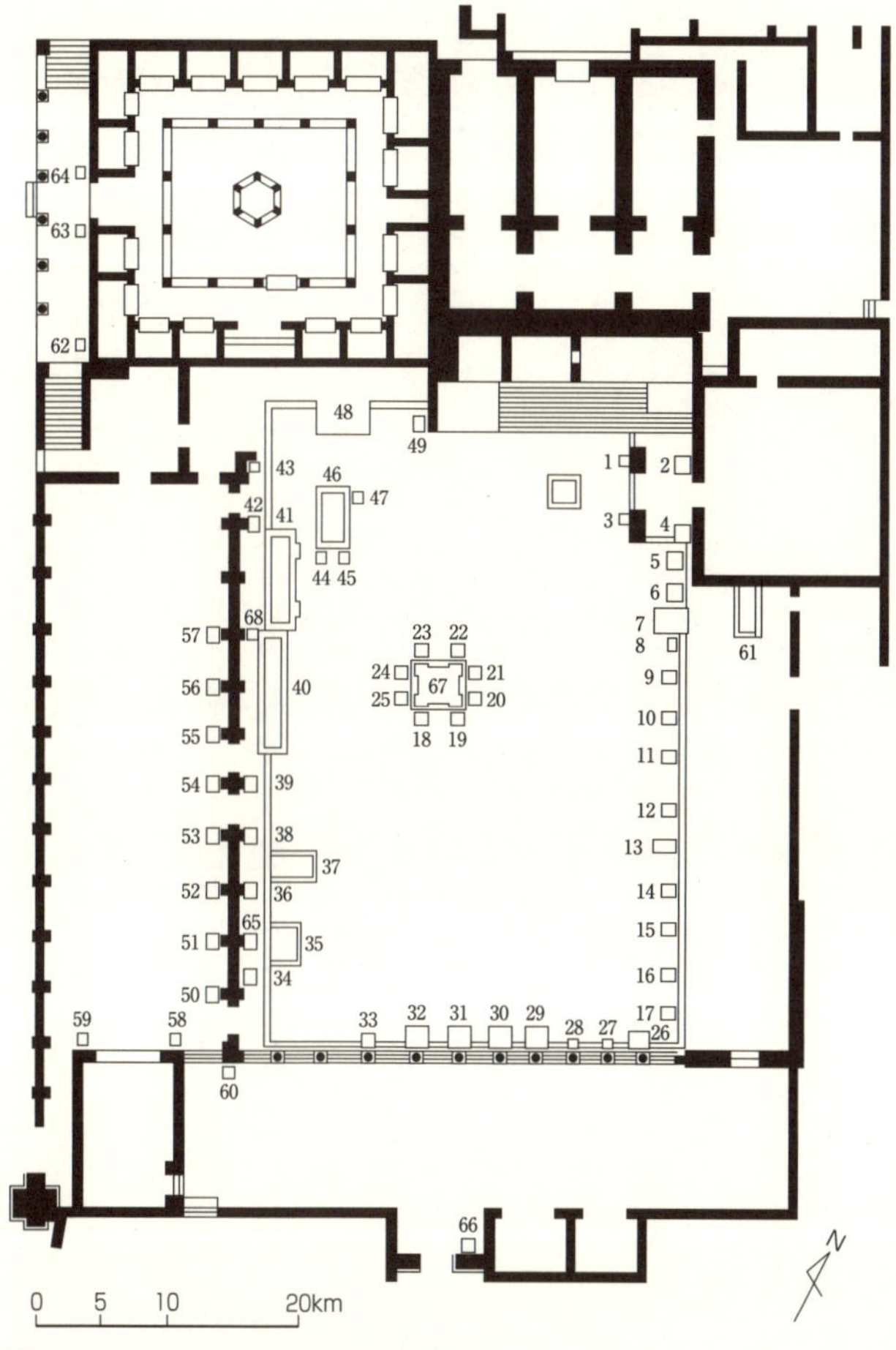

図8　クィクル市のフォルムの碑文配置
出典：G. Zimmer und G. Wesch-Klein, *Locus datus decreto decurionum: Zur Statuenaufstellung zweiter Forumsanlagen im römischen Afrika*, München, 1989, 18.

手狭になっていたために、このような配置になってしまったのかもしれない。このフォルムにはコンスタンティヌス帝やユリアヌス帝の顕彰碑文もあり、[57]ディオクレティアヌス治世以降にも改変があったことは確実である。その影響も考慮しなければならないだろう。

このような配置で今日まで残された理由は明らかではないが、ここでもう一点注目しておきたいのは、このフォルムに残されたディオクレティアヌスの顕彰碑文からは、都市名は残されているものの、皇帝の称号全体が削り取られている、という事実である。このフォルムにはさらに、名前が削り取られているため同定のできない同時代の皇帝の顕彰碑文も残されている。[58]このような削り方は、その皇帝を貶《おとし》めるのが目的だったとは考えにくく、再利用を前提にその場に残されていたものと思われる。

三一二年にコンスタンティヌス帝がマクセンティウスを打ち破ってからユリアヌス帝が戦没するまでの半世紀、北アフリカを支配していたのはコンスタンティヌス帝とその一族だった。それゆえ、その父祖たるコンスタンティウス帝の顕彰碑文を、フォルムをはじめ市域から撤去するのは難しかっただろう。その結果、コンスタンティウス帝以外の四帝統治の皇帝たちの顕彰碑文の多くが再利用されたにもかかわらず、コンスタンティウス帝に捧げられた顕彰碑文だけは残されることになったのである。皇帝や属州総督の命令を改めて受けていなくとも、マクシミアヌス帝やディオクレティアヌス帝のものから再利用されていっただろう。なかにはコンスタンティウス帝の名が削り取られている碑文もあり、ときにマクセンティウス派の仕業と見なされることもあるが、[59]むしろ後代に再利用を企図したものだったのではないだろうか。

ここまで検討してきたように、北アフリカで発見されたディオクレティアヌス治世の皇帝たちの顕彰碑文は、コンスタンティウス帝のものに偏っていた。それは製作時点での偏りのためでも、コンスタンティヌス帝によるマクシミアヌス像の破壊命令のためでもなく、コンスタンティウス帝の子孫たちの支配が続くなかで再利用に偏りが生じたことが主たる要因だったと考えられる。ただし、ヌミディアでは、コンスタンティウス帝以外の皇帝たちの顕彰碑文も少なからず残されていた。次節では、そのヌミディアの状況の示すものを考えてみよう。

4　ヌミディア属州総督と皇帝たち

ヌミディアでは、他の属州と同様、コンスタンティウス帝に対して諸都市の捧げた顕彰碑文が多かったものの、属州総督がディオクレティアヌス帝やマクシミアヌス帝を顕彰した碑文も少なくない。状況を確認しておくと、ヌミディア属州総督がディオクレティアヌス帝を顕彰した碑文は四例、同じくマクシミアヌス帝を顕彰した碑文は六例あった。両帝連名の碑文が二点あるため、残っているのは計八点である。

この八点のうち二点は、すでに紹介したタムガディの碑文である。四帝統治の皇帝それぞれの守護神に対して、三〇三年頃のヌミディア属州総督ウァレリウス・フロルスが捧げたものだった。[60] 残る六点は、いずれも四帝統治成立よりも前のものである。うち三点はマルクス・アウレリウス・ディオゲネス総督が捧げたもので、いずれもランバエシス市で発見されている。[61] 二点はフラウィウス・フラウィアヌス総督が捧げており、クィクル市とカサエ市で発見された。[62] 最後の一点はキルタ市で発見されたもので、アウレリウス・マクシミアヌス総督が捧げている。[63] 副帝たちが任命されるよりも前のものである以上、属州総督の作製した顕彰碑文がディオクレティアヌスとマクシミアヌスに偏っていたのも当然である。ただし、これは偶然ではない。

このなかでとくに興味深いのは、フラウィウス・フラウィアヌスという総督である。[64] 彼は少なくとも二つの碑文を皇帝たちに捧げているが、[65] その際の彼の肩書はたんなるヌミディア属州総督ではなかった。前章でも紹介したように、いずれの碑文でも、属州総督職に加えてわざわざ「エミネンティッシムス級の近衛長官たちの元書記」と刻ませている。

しかも、カサエ市出土の碑文にはディオクレティアヌス帝は「護民官職権一回」と記されている。ディオクレティアヌス帝が北アフリカに支配の手をのばすのは即位した翌年以降のことであり、この記載はミスだった可能性が高いものの、[66]いずれにせよ、この人物がディオクレティアヌス治世の最初期のヌミディア属州総督だったことは確かである。近衛長官は皇帝の側近であり、碑文上にわざわざ前職としてその書記職を刻ませているということは、皇帝との近さを誇示しようとしたものと考えられる。ヌミディアが軍事的に重要な属州だったことは前章でも指摘したとおりであり、この属州の安定は北アフリカ支配確立の要だった。ディオクレティアヌス帝の治世前半、ヌミディア属州総督たちはこの皇帝の支配を確立させるべく、皇帝の顕彰という手段を利用したのだと考えられる。支配がある程度安定してくる治世後半には属州総督による皇帝の顕彰事例がわずかであること、また、都市化が進んでいたにもかかわらずアフリカ・プロコンスラリス属州では属州総督による皇帝顕彰碑文が見られないこと、などと比較すれば、その軍事的・政治的意味が理解できよう。ツィマーも、クィクルやタムガディのフォルムでは他の地域と比べて皇帝の顕彰碑文の比率が高いことを指摘している。[67]軍事的重要性ゆえ、ヌミディア属州では皇帝の意向が反映されやすい状況にあったのである。

興味深いことに、北アフリカ諸都市の捧げた顕彰碑文が残っていないマクセンティウス支配下でも、この地域では属州総督の捧げた碑文が残されていた。北アフリカでマクセンティウスの顕彰碑文は五点発見されているが、その場所は、[69]ヌミディア・ミリティアナ属州のタムガディとクィクル、[68]マウレタニア・カエサリエンシス属州の州都のカエサレア、そしてトリポリタニア属州の州都レプティス・マグナである。[70]これらの遺跡の保存状態が良いことは確かだが、アフリカ・プロコンスラリス属州やビュザケナ・ウァレリア属州にも保存状態の良い遺跡は数多く残っている。マクセンティウスの顕彰碑文の分布も、軍事的要素が強く皇帝の影響力が強い地域ほど、皇帝の顕彰碑文が数多く製作されたことを反映していたのである。さらに付け加えれば、マクセンティウス支配期に北アフリカで反旗を翻し帝位を称したドミティウス・アレクサンデルに捧げられた顕彰碑文が見つかったのも、ヌミディア・キルテンシス属州の州都たるキルタ市であった[71]。

カエサレアやレプティス・マグナの碑文を捧げたのはペルフェクティッシムス級の属州総督や近衛長官代行であり、元老院議員ではなかった。属州総督の社会的地位によって皇帝との関係が異なっていたことにも注意すべきだろう。ヌミディアやマウレタニア、トリポリタニアといった属州の総督たちは、皇帝の意向が比較的反映されやすい地位におかれていたのである。

それに対し、アフリカ・プロコンスラリス属州やビュザケナ属州といった都市化の進んだ地域では、これらの短命の皇帝たちの顕彰碑文はほとんど発見されていない。碑文の発見総数、あるいは公共建築物の碑文数などと比較してみると、両地域間の差異は明らかである。作製されて再利用されたという可能性も否定できないにせよ、皇帝の威光が及びやすい地域か否か、という相違は重要な要素だったものと思われる。

ヌミディア属州内の諸都市が設置した皇帝の顕彰碑文に関していえば、残っているのはやはりコンスタンティウス帝のものが多い。ただし、碑文の発見総数からすれば、ヌミディアの諸都市が皇帝を顕彰した碑文がそれほど多いわけではない。皇帝や属州総督が諸都市に対して皇帝の顕彰を命じたとすれば、属州総督自身が捧げた碑文以上に残っていてもよいはずである。ヌミディア属州総督は、都市に命じて皇帝の顕彰碑文を設置させるという間接的な手段ではなく、むしろ自ら顕彰碑文を設置することを選んだのである。皇帝の顕彰碑文を設置するよう都市が命じられていたとは考えにくい。皇帝の顕彰碑文の設置・撤去とも、基本的には都市の判断に委ねられていたと見なすべきだろう。

おわりに

本章の目的は、ディオクレティアヌス治世、諸都市が皇帝像を設置せねばならなかったのかどうかを、北アフリカで見つかった皇帝の顕彰碑文の残存状況をもとに考察することだった。その検討から判明したのは以下の二つの特色である。すなわち、北アフリカ諸属州全体として、諸都市がコンスタンティウス帝に対して捧げた顕彰碑文の残存状況が、他の四帝統治の皇帝たちに対するものと比べて圧倒的に良かったこと。もう一つは、ヌミディアにおいては、ディオクレティアヌスの治世前半を中心に、属州総督が皇帝に対して捧げた碑文が目立ったこと、である。

四帝統治の時代、顕彰碑文の刻まれた台座とその上に載る彫像の設置は、個々の皇帝に対しておこなわれたが、原則として四人の皇帝に対するものが一括しておこなわれたと考えられる。それにもかかわらずコンスタンティウス帝の顕彰碑文だけが現在まで数多く残っているのは、しばしば想定されてきたマクシミアヌス帝に対する「ダムナティオ・メモリアエ」の結果というよりも、コンスタンティウスの子孫たちの支配が続いたことによって台座の再利用が抑制された結果だったと考えられる。

ヌミディアやマウレタニア、属州分割後のトリポリタニアでは、属州総督が皇帝たちに対して捧げた顕彰碑文が目立っていた。それは、軍事的重要性をもつ属州ほど皇帝の威光が及びやすい環境に置かれていたことを反映していたのである。

このように見てくると、諸都市に対して属州総督が皇帝像を捧げるよう働きかけていたとは考えにくい。必要な場合には、属州総督は皇帝に対して自ら顕彰碑文を捧げていた。また、アフリカ・プロコンスラリス属州やビュザケナ属州では建築碑文が多く、それに比べると皇帝の顕彰碑文はごく限られた数しか知られていない。再利用されて減った可能性はあるにせよ、皇帝や属州総督によって諸都市が皇帝像を設置するよう命じられたとするだけの数量的な根拠も見出せない。この時代の皇帝顕彰碑文の分布からも、北アフリカでの諸都市への管理・監督の強化という状況よりは、都市化の進んだ地域と軍事的緊張状態におかれていた地域との間の落差を読み取るべきだと思われる。

次章では、軍事的な色彩の強い属州の一つ、ヌミディアの状況を見ていきたい。すでに第五章と第六章でその状況の一端は示してきたが、ヌミディアは一度分割され、そしてまもなく再統合されるというプロセスをたどった。その影響は、都市と皇帝権の間でどのような形であらわれているのだろうか。

第七章　ランバエシスからキルタへ
ヌミディアの分割と再統合から

はじめに

第五章で説明したように、ヌミディアは三〇三年に分割されたことがわかっている。しかし、アフリカ・プロコンスラリス属州などと比べると都市の数も少なく、分割された属州もわずか一〇年ほどで再統合された。そのため、ディオクレティアヌス時代の地方統治機構改革の影響を見定めるには不向きであることも指摘したとおりである。とはいえ、ヌミディアは碑文の発見点数が非常に多い地域でもある。とくに、北アフリカに駐屯する唯一の軍団、第三アウグスタ軍団の基地があったランバエシス周辺はとくに碑文が多く、『ラテン碑文集成』に収録されたヌミディア南部の碑文およそ三三〇〇点のうち二二〇〇点ほどを占めるという。[1] そのなかには、ディオクレティアヌス治世の碑文も少なからず含まれている。本章では、このランバエシスを中心とするヌミディア属州の碑文を用いて、ディオクレティアヌス治世の都市と帝国の関係を考えていこうと思う。

ヌミディアで発見された碑文数は多く、それらを用いた研究も少なくない。しかし、三世紀から四世紀初頭の碑文を用いた研究で目立つのは、ヌミディア属州総督のプロソポグラフィに関するものである。一九六二年のH＝G・コルベの研究でほぼ大成されたかに見えたが、[2] B・E・トマッソンのより広範な北アフリカ諸属州総督のプロソポグラフィ研究が一九九六年に刊行されているほか、[3]近年もいくつかの論文が発表されている。[4]

それに対し、この時期のヌミディア都市については、C・ルプレの大著にヌミディア諸都市の状況もまとめられているものの、ディオクレティアヌス改革との関係についての議論は乏しい。[5]二〇〇八年にヌミディア南部の都市化に関する研究集会がリヨンで開催され、翌年にその報告集が出版されたものの、都市ごとの個別研究は始まったばかりとの印象は否めない。[6]ランバエシスについては、一九七〇年代にM・ジャノンが考古学的な調査をおこない、その結果を明らかにしているが、[7]そのあとは事実上研究がストップしている。二〇〇五年にジャノンがテクストを執筆し、ふんだんな再現イラストを載せたランバエシスに関する入門書が出版されている。[8]ランバエシスの概要を知るうえで意義はあるにせよ、研究上の進展は大きくない。

このように、豊富な碑文史料に比して、先行研究での扱いは必ずしも十分なものではない。本章では、これまでに見てきたイタリアや北アフリカの他地域との比較をとおして、ディオクレティアヌス改革がヌミディアにもたらした影響を明らかにしていきたい。

1　ランバエシス市とディオクレティアヌス

ランバエシスの建設

ランバエシスは、北アフリカのなかでは比較的新興の都市である。ローマによる北アフリカ支配は、第三次ポエニ戦争後、旧カルタゴの勢力圏を引き継ぐ形で始まった。共和政末期の内戦で元老院派に味方したヌミディア王国がカエサルによって廃絶されると、ヌミディア北部のキルタなど、旧ヌミディア王国の中心部には植民者が送り込まれた。他方、ランバエシスなどヌミディアの南部がローマ支配下に入るのは、それよりかなり遅い。ティベリウス治下に起こったタクファリナスの反乱に代表されるように、内陸部の治安の安定には時間を要したのである。第三アウグスタ軍団は、アウグストゥス治世、まずは現在のチュニジア西部、アンマエダラに拠点をおいた。その後、徐々に南西へ、内陸へと進んでいき、ウェスパシアヌス治世の七四年か七五年に現在のアルジェリア東部、テベステに移動している。ランバエシスにはじめて基地ができたのは八一年のことで、第三アウグスタ軍団の中核がランバエシスに移転したのはトラヤヌスの治世だったと考えられている。

ランバエシス市は、八一年にできた基地を中心に、その需要を満たす形で集落が発達した。この地にそれ以前の居住の痕跡は見つかっていない。アントニヌス・ピウス帝の治世には「村（ウィクス）」と呼ばれていたが、マルクス・アウレリウスによってラテン権をもつ自治市に昇格した。二四七年か二四八年には依然として自治市だったことが確認できるものの、二五二年のキュプリアヌスの書簡では植民市とされており、三世紀半ばに植民市昇格を果たしたことがわかっている。[9]

このランバエシス市の市街地は二カ所に分散していた。中心市街地は八一年に建設された基地周辺に発達したもので、神殿や浴場、ニンファエウム（ニンフに捧げられた噴水）の跡が発見されている。フォルム（広場）はまだ発掘されていないものの、見つかっている遺構のすぐ近くにあったと考えられている。このように八一年に建設された基地の周辺に市街地が発達した結果、トラヤヌス治世に軍団の中核が移転してくるに際して、基地の拡張が困難になった。そのため、その市街地から一キロほど離れたところに軍団基地が新設されている。ここがしばしばランバエシスの軍団基地として紹介される場所であり、その周辺にも小規模ながら市街地が発達した。円形闘技場が建設されたのはこの区域だったとされている。このほか、東に五キロほど離れた場所にも集落が形成され、のちにウェレクンダという独自の都市となった。退役兵の入植地だったといわれているが、不明な点が多い。[10]

ランバエシスは軍団基地を中心として発展した。軍団や兵士たちと取引する商人や、退役兵たちも多かった。都市社会が軍制度に基づいて形成されていたとする「軍隊社会」論には疑問が呈されているものの、[11]ランバエシスなどヌミディア南部にあった諸都市で軍隊の影響が強かったことは想像に難くない。このことは、ディオクレティアヌス治世の碑文でも明確に見出すことができる。

ディオクレティアヌス治世のランバエシス

ランバエシスは二つの集落からなっていた。碑文が発見されたのも、この一キロほど離れた二カ所に分かれており、ランバエシスの中心市街地側と軍団基地側では見つかった碑文の性格にも違いが見られる。

まず、軍団基地側で発見された碑文ではランバエシス市は基本的に登場しない。例えば、四帝統治の皇帝たちに捧げられた顕彰碑文が五点発見されているが、「プラエトリウム」と呼ばれる基地内の四面門近くで見つかった碑文三点は、二八七年から二八九年のヌミディア属州総督マルクス・アウレリウス・ディオゲネスが捧げたものである。[12]円形闘技場付近で見つかった残り二点は第三アウグスタ軍団の名義で捧げられている。[13]それに対し、中心市街地側ではランバエシス市が皇帝に捧げた顕彰碑文も発見されている。[14]軍人や官吏の世界と市民の世界は、この二つの居住地の間で分かれていたように見える。

この違いがもっとも典型的にあらわれているのが、二九〇年から二九三年までの間の属州総督アウレリウス・マクシミアヌスの時代におこなわれた水道の修復事業を記録した二つの碑文である。一方は軍団基地側から、もう一方は中心市街地側から発見されている。いずれもディオクレティアヌス帝とマクシミアヌス帝が主語となって、水道を修復した、と述べている。それにもかかわらず、両者の内容は微妙に違っている。

まず、軍団基地側で発見された碑文は、高さ一〇〇センチ、幅四八センチの台座に刻まれていた。先に紹介した顕彰碑文と同じく、「プラエトリウム」の裏手で発見されたものだという。碑文の内容としては建築碑文だが、刻まれた石は台座であり、顕彰碑文と変わりない。上にどのような像が載っていたのかは想像するよりほかないが、恐らく、周辺の水場に設置されていたものと思われる。

この碑文では、まず一行目に「水道」という言葉があらわれる。「ディオクレティアヌス帝とマクシミアヌス帝の第三アウグスタ軍団の水道」である。それが長年放置され傷んでいたので、「不敗の復興者にして、その世界の拡大者たるディオクレティアヌス帝とマクシミアヌス帝」が、より良い状態へと修復したのだという。皇帝の称号にはいくつかの修飾語が付されているものの、「インペラトル・カエサル」という部分はない。目立つのは、ディオクレティアヌスとマクシミアヌスという名が二度も登場する点だろう。このあと、ペルフェクティッシムス級のヌミディア属州総督アウレリウス・マクシミアヌスとエグレギウス級の軍団長官(プラエフェクトゥス・レギオニス)がこの事業を監督した旨、絶対奪格で並列して刻まれている。属州総督と軍団基地の責任者が、ここではほぼ同格のものとして表現されていることになる。[15]

それに対し、中心市街地側で発見された碑文は、高さ五四センチ、幅一一五センチと横長の石に刻まれており、市街地中心部のセプティゾニウムと呼ばれるニンファエウムで発見された(図9)。こちらの碑文では、まずは複数形の「インペラトレス・カエサレス」で始まる両皇帝の称号が主格で刻まれたうえで、老朽化で壊れた「ティテュレンシス水道」を水源地から市街地まで」修復した、と述べる。軍団基地側の碑文とは異なり、こちらでは「ティテュレンシス水道」と水道の名前が明記されている点が目を引く。すでに述べたとおり、両市街地は一キロほど離れており水道の終点部分は分かれているが、上流部では両水道は一体だった。[16] これに続けて、この修復作業が「ペルフェクティッシムス級のヌミディア属州総督アウレリウス・マクシミアヌスを介して」おこなわれ、「鳥占官で都市監督官たるアエミリウス・ルキヌスと百人隊長ユリウス・アウレリウスが監督した」ことも記されている。皇帝→属州総督→都市監督官・百人隊長、という三段階のヒエラルキーが見出せるという意味でも興味深い。[17]

それでは、これら二碑文の存在はどのように理解されるべきだろうか。

二〇〇二年にリヨンで開催された古代末期の軍隊に関する研究集会でランバエシスの軍団基地の碑文について報告したC・S・ハイデンライヒは、これらの碑文を、四帝統治時代に始まりコンスタンティヌスの息子たちの時代まで続く新型碑文の一つとしている。皇帝たちに対して高官によって捧げられた、という側面に注目しているわけである。[18]

図9　ランバエシスの水道の碑文
出典：M. Janon, Recherches à Lambèse（I et II）, *AntAfr* 7, 1973, 228.

しかし、そのような位置づけには同意できない。というのも、中心市街地のセプティゾニウムからは、セウェルス・アレクサンデル以降、三世紀の先行する皇帝たちがこの水道を建設したり、あるいは修復したりしたことを伝える碑文が発見されているからである。[19]ランバエシスの考古学的な調査をおこなったジャノンは、これらの一連の碑文の流れのなかにこれらの碑文も位置づけ、フロンティヌスの『水道書』も引用しながら、水道にたまる石灰質の除去が定期的に必要だったことを指摘している。[20]

水道の定期的なメンテナンスが必要だったことは事実だが、この碑文はそのメンテナンスを記録しただけのものでもないだろう。すでに本書でも何度か指摘しているとおり、地方都市において皇帝たちが主体となって事業を進めたと碑文に刻まれるのは極めて稀な事例だからである。これらのランバエシスの碑文を除けば、北アフリカで皇帝たちが主体となって事業を進めたのは、マウレタニアのトゥブスクトゥ市の倉庫建設と、同じくラピドゥム市の再建事業だけである。いずれも、二九七〜二九八年にマクシミアヌス帝がおこなった北アフリカ遠征との関連が想定される。[21] それに対し、二九〇年から二九三年にかけて、ディオクレティアヌスはバルカン半島からシリアにかけての地域を行き来しており、マクシミアヌスはガリアにいた。[22] 両者とも北アフリカを訪れた形跡はない。それにもかかわらず、両皇帝が主語となる形で碑文が刻まれたのは、ランバエシスのもつ軍事的重要性を反映したものだったと考えられる。実際、この時期、ヌミディアの他都市でも水道の修復がおこなわれているが、それらの碑文で主体となっているのは属州総督や都市当局であり、皇帝ではない。[23] ヌミディア属州のなかでもランバエシス市の特別待遇が目立っている。

ディオクレティアヌスとマクシミアヌスが、その治世前半にランバエシスで自らの存在感を示そうとした象徴的な碑文がもう一つ残されている。その碑文は、軍団基地内の「プラエトリウム」上に刻まれていた。この碑文はディオクレティアヌスとマクシミアヌスの名が与格で刻まれており、皇帝たちに対して捧げられたものだったことがわかる。しかし、この碑文は、もともとガリエヌス帝の名が刻まれたものだった。変えられたのは皇帝の名前だけで、属州総督のほうは、二六八〜二六九年に在任したテナギノ・プロブスの名がそのまま残されている。[24] 治世前半のまだ政権が安定していなかった時期に、皇帝たちに対する兵士の忠誠を少しでも高めようとした努力の跡を、この碑文に見出すことができるだろう。

ここまで見てきたように、ディオクレティアヌス治世のランバエシスは、その軍事的重要性ゆえに、皇帝や属州総督と密接な関係にあった。市街地に達する水道の修築でも皇帝が主体として表現され、属州総督のもと、都市監督官だけでなく百人隊長もその修築工事に参加していた。しかし、このような軍団との密接な関係は、こののち、変容を余儀なくされることになった。

属州分割後のランバエシス

ランバエシスはヌミディア属州の首都だった。ディオクレティアヌス治世には、先に挙げた皇帝や属州総督の活動を伝える碑文以外にも、総督府の補佐官が属州総督フラウィウス・アエリウス・ウィクトリヌスの息子に対して捧げた碑文なども発見されている。[25]

三〇三年にヌミディア属州が分割されたのち、ランバエシス市は南側のヌミディア・ミリティアナ属州の州都になったと想定されている。分割後初のヌミディア・ミリティアナ属州総督に横滑りしたウァレリウス・フロルスがミトラス神に対して捧げた碑文が、ランバエシスのミトラエウム跡から発見されている。ランバエシスでは兵士に人気のあったミトラス神に捧げられた奉納碑文が数多く発見されており、歴代のヌミディア属州総督もその祭儀に参加していた、という意見もある。この碑文も、ランバエシスの軍事的特色を物語る碑文といえる。[26]

属州分割後も、ランバエシスは新設されたヌミディア・ミリティアナ属州の中心地としてその地位を保っていた。他方、その北隣には、ヌミディア・キルテンシス属州という、文字どおりキルタを中心とする属州が新設された。初のヌミディア・キルテンシス属州総督アウレリウス・クィンティアヌスの碑文が見つかったのは別の都市だが、[27]三〇五〜三〇六年の総督ガイウス・ウァレリウス・アントニヌスの名を残す碑文はキルタでも発見されている。[28]このキルタの地位が高まっていくのに合わせ、ランバエシスの地位は次第に脅かされていった。

2　コンスタンティヌスとキルタ市

マクセンティウスによるキルタの破壊

キルタはヌミディア王国時代からこの地方の中心都市だった。断崖に囲まれた天然の要害の地であるこの都市は、戦略的にも重要な拠点だったのである。ヌミディア王国廃絶後すぐにローマ人の入植者が入り、アウグストゥス期には植民市となっている。この都市にはローマ文化が深く浸透していた。マルクス・アウレリウス帝の師、マルクス・コルネリウス・フロントがこの地の出身であることを思い起こせば十分だと思う。

ただし、統治制度上、キルタ市は特異な地位にあった。「キルタ連合」と称される四植民市の連合体が、元首政期にも長らく維持されていたのである。この地方の多くの碑文において、キルタ、ルシカデ、クッル、ミレウという四都市の連名でその碑文が作製されたことが確認できる。キルタ市は、事実上、分割前のヌミディア属州の北半分を占めていたのであり、ディオクレティアヌス治世に新設されたヌミディア・キルテンシス属州とは、かつてのキルタ市のことにほかならない。[29]

とはいえ、この「キルタ連合」が確認できるのは、三世紀半ばの碑文が最後である。[30] クラウディウス二世(在位二六八～二七〇)の時期には領域内にあったティビリスが自治市へと昇格しており、[31] 恐らく、この頃に「キルタ連合」は解体されたと考えられている。ヌミディア・キルテンシス属州の新設とその属州首都への昇格は、「キルタ連合」解体に対する代償措置だったという見方もあることには留意しておきたい。[32]

この王国時代からの歴史を誇るキルタを、三一〇年に悲劇が襲った。反乱鎮圧を目指すマクセンティウス軍による攻撃で大きな被害を蒙ったのである。ディオクレティアヌスが退位しコンスタンティウス・クロルスが早世したのち、三〇六年から三一二年までイタリアと北アフリカはマクセンティウスの支配下におかれた。そして、そのマクセンティウス支配下の三〇八年、アフリカ管区代官だったルキウス・ドミティウス・アレクサンデルが反乱を起こす。この反乱は三一〇年まで足掛け二年にわたって続いたが、反乱自体はマクセンティウスによって派遣された近衛長官ウォルシアヌスによって簡単に鎮圧されたという。しかし、第五章でも指摘したように、アウレリウス・ウィクトルが書くほどに、この反乱が簡単に鎮圧されたとは考えにくい。この反乱は比較的広い地域にまたがり、キルタでは、ヌミディア諸州総督スキロニウス・パシクラテスが、反乱を起こしたドミティウス・アレクサンデルに対して捧げた碑文が発見されている。この碑文に出てくる「ヌミディア諸州総督」という複数形の表現からは、ヌミディアが二つに分割された状態だったこと、そしてその両属州を単独の総督が統治していたことが読み取れる。正式な再統合を前に、分割からわずか数年で実質的に単一の属州として扱われていたのである。[33] この碑文の存在からもうかがえるように、恐らくこの時点ですでに、両ヌミディアを担当する属州総督はランバエシスではなくキルタを拠点としていた。アウレリウス・ウィクトルによれば、この反乱の際にキルタは大きな被害を受けたという。[34] そして、コンスタンティヌスの治世、ヌミディアの再統合とこの戦争被害からの復興を経て、キルタがヌミディア属州の中心となった。

コンスタンティヌス治世のキルタ

コンスタンティヌス治世に入ると、両ヌミディア属州はまもなく再統合されたらしい。これ以降は再び、単一の「ヌミディア属州総督」という肩書しか見られなくなるからである。その再統合されたヌミディア属州の首都になったのは、かつてのランバエシスではなくキルタだったと考えられている。

アウレリウス・ウィクトルによれば、コンスタンティヌスはキルタの破壊された城砦を再建し、この都市に「コンスタンティナ」という名も与えたとされる。[35] マクセンティウスによる破壊ののち、コンスタンティヌスの時代は復興の時代だったように見える。

実際、キルタでは、ディオクレティアヌス治世の碑文は一点しか知られていなかったにもかかわらず、[36] コンスタンティヌス時代の碑文は数多く発見されている。コンスタンティヌス帝に捧げられたものだけで七点の碑文が発見されているほか、[37] コンスタンティヌスの長男、クリスプス副帝を称えた顕彰碑文も見つかっており、[38] キルタでのコンスタンティヌス帝の存在感は大きい。ただし、ここで注目すべきは、これらの碑文の大半を捧げたのはキルタ市当局ではない、という事実である。これらの碑文の大半を捧げたのは、ヌミディア属州総督やヌミディア・マウレタニア担当帝室財産管理官といった肩書をもつ人々だった。コンスタンティヌス治世のキルタが属州行政の拠点として発展し始めたことを象徴的に物語る事実といってよい。キルタ市民が捧げたのはクリスプス副帝の碑文一点だけなのである。キルタは現在でもコンスタンティーヌと呼ばれ、アルジェリア民主人民共和国第三の都市である。従って、遺跡の保存状態も良いとはいえない。碑文の残存状況に偏りがあることにも注意せねばならないだろう。しかし、現在まで残る碑文を見る限り、コンスタンティヌスによる恩恵の付与に対してキルタ市民が感謝を捧げた結果だったとは思えない。むしろ、コンスタンティヌスによる権力正当化のためのプロパガンダという側面が強かったといわざるをえないのである。

事実、キルタで発見されたコンスタンティヌスの顕彰碑文の多くは、コンスタンティヌスに付された多彩な修飾語が特徴的である。「全民族からの凱旋者にして全党派の支配者」とか「永遠なる安全と自由の保障者」といった具合である。マクセンティウスに対する勝利とゲルマン人に対する勝利を念頭においたもので、これらの碑文の多くがマクセンティウスを三一二年に破った直後、三一四年か三一五年につくられている。コンスタンティヌスが北アフリカを支配下におさめたのち、その支配の安定を図ろうとしていた時期のものなのである。

それに対して、コンスタンティヌス治世のランバエシスでは、ランバエシス市当局が関与したことを示す碑文も多くはないとはいえ、[39] 属州総督が関わった碑文で知られているのは一点のみである。三二〇年に当時の属州総督ドミティウス・ゼノフィルスがアエスクラピウス神とヒュギア神に対して捧げた奉納碑文がそれである。[40] この信仰は軍団兵の間で人気があり、ランバエシスが依然としてある程度軍事的意義をもっていたことは確認できる。しかし、ディオクレティアヌス治世までの状況と比べると、ランバエシスの重要性が大幅に低下した感は否めない。

同じ三二〇年に、同じ属州総督ドミティウス・ゼノフィルスは、キルタで司教シルウァヌスのキリスト教徒迫害時の文書の「引渡し」をめぐる裁判をおこなっている。[41] 迫害時に妥協した聖職者をめぐる問題は、こののち、ドナトゥス派問題として北アフリカでは深刻化していくことになる。この裁判も、属州行政においてキルタ市の果たす役割が大きくなっていたことを反映したものといえるだろう。

　このように、コンスタンティヌス治世のヌミディアでは、キルタ市の政治的重要性が急速に高まっていた。それは、キルタが王国時代からの中心だったという背景に加えて、マクセンティウス支配下に起こったドミティウス・アレクサンデルの乱でキルタ市が損害を受けたという事実も大きく影響していた。コンスタンティヌスは、ミルウィウス橋の戦いでマクセンティウスを打ち破ったあと、北アフリカにおいて自らの政権の正当性を示すために、キルタ市を政治的な象徴として利用したのである。この構図は、第五章で指摘したカルタゴの復興と共通するものといってよい。ディオクレティアヌス治世からコンスタンティヌス治世にかけてのヌミディア統治体制の変遷は、同時代の政治情勢によっても左右されていたのである。

おわりに

　本章では、当地で数多く見つかっている碑文史料をもとに、ディオクレティアヌス治世からコンスタンティヌス治世にかけてのヌミディア属州の再編が地元の諸都市にどのような影響を与えていたのかを考察してきた。

　ディオクレティアヌス治世には、北アフリカで唯一の軍団が駐屯するランバエシス市に対する格別の配慮が見出せた。地方都市としては例外的なことに、皇帝たちが主体となって水道を修理したと碑文に刻まれており、その修復事業には都市監督官とならんで百人隊長も関与していた。皇帝たちがランバエシス市を特別扱いしていたことと同時に、ランバエシス市の都市生活に軍団の影響が大きかったことも、この碑文は示している。

　三〇三年にヌミディア属州が分割されたあとは、ランバエシスは南部のヌミディア・ミリティアナ属州の首都となり、北部にはヌミディア・キルテンシス属州が成立した。コンスタンティヌス治世になると、このヌミディア・キルテンシスの首都、キルタが重視されるようになってくる。

コンスタンティヌスの北アフリカ支配が始まるのに先立ち、マクセンティウス支配下で起こったドミティウス・アレクサンデルの反乱に際して、キルタは大きな損害を蒙った。コンスタンティヌスはこのキルタ市の再建事業を、自らの支配の正当化のために利用した。キルタ市には「コンスタンティナ」の名を与え、再統合されたヌミディア属州の新たな首都としたのである。治世初頭には、属州総督や帝室財産管理官たちが、コンスタンティヌスを称えた碑文を数多く刻ませていた。それにもかかわらず、キルタ市が皇帝に捧げた碑文は一点のみだった。ディオクレティアヌス治世の碑文も、属州総督が皇帝に対して捧げた一点だけである。コンスタンティヌス治世の高官たちが皇帝に対して捧げた碑文の存在に目を向けるのと同時に、「キルタ市」の沈黙にも注意すべきかもしれない。この事実は、第Ⅲ部で「碑文習慣」の衰退を考える際、改めて想起されることになるだろう。キルタで発見されたこの時代の碑文の大半は、キルタ市民が皇帝に感謝したものではなく、むしろ皇帝の政治宣伝としての側面が強かったことを忘れてはならない。

ヌミディアはもともと都市の数が少なく、総督の意向が都市に及びやすい地域だった。北部にあったのは長らく「キルタ連合」のみであり、南部には退役兵植民市が点在していた。ディオクレティアヌス治世からコンスタンティヌス治世にかけての属州再編劇からは、軍団の影響力の強い地域で、総督や軍の強い影響下におかれていたこの地方の都市の様子を、そして同時代の政治情勢に翻弄されるその姿を、読み取ることができる。

次章では、北アフリカの西端、マウレタニアの様子を見ていこう。ヌミディアと同じく軍の影響が強い地域であり、ディオクレティアヌス改革で大きな変更もおこなわれている。碑文の数がごく限られた地域だが、都市と帝国の関係がどのようなものだったのか、見ていくことにしよう。

第八章　マウレタニア諸属州の再編成

軍事的危機と都市

はじめに

マウレタニアは北アフリカの西端に位置している。属州化されたのはクラウディウス帝の即位直後、四〇年のことであり、ローマ帝国のなかでも比較的遅い。[1] アウグストゥスがユバ二世をマウレタニア王として送り込んで以来、この地では王都イオル＝カエサレア（現シェルシェル、アルジェリア）を中心にローマ文化の浸透は進んでいたが、[2] 内陸部でのローマ支配の進展には時間がかかった。属州化直後には殺害された王プトレマイオス二世の解放奴隷が中心となって内陸部で抵抗を続けている。内陸部の安定化はトラヤヌス治世を待たねばならなかった。[3] マウレタニアのローマ支配は、セウェルス朝期、さらに南進したものの、三世紀半ばには蛮族の反乱が相次いだ。[4] 早くから都市化が進み三世紀も安定した状態にあったアフリカ・プロコンスラリス属州などの東部とは、マウレタニアの状況は根本的に異なっていたことをまずは確認しておく必要がある。

クラウディウスによって属州化されたとき、マウレタニアは二つに分割された。現在のモロッコにあたるマウレタニア・ティンギタナと、王都カエサレアを中心とするマウレタニア・カエサリエンシスである。ディオクレティアヌスはマウレタニア・カエサリエンシスの東部、シティフィスを中心とする地域をマウレタニア・シティフェンシス属州として分離させた。さらに、管区の創設に際してはマウレタニア・ティンギタナをヒスパニア管区の所属とし、アフリカ管区に配分された他の北アフリカの属州とは扱いを区別している。マウレタニアはディオクレティアヌス改革の影響が比較的大きかった地域といえる。

しかし、ディオクレティアヌスの地方統治機構改革との関係でマウレタニアが注目されることはほとんどなかった。ディオクレティアヌス治世のマウレタニアが注目されるのは、二九七〜二九八年におこなわれたマクシミアヌス帝の北アフリカ遠征程度である。アフリカ・プロコンスラリスやヌミディアと比べ碑文の数も少ないため、属州分割の年代もはっきりしない。とはいえ、碑文を見る限り、都市のおかれていた状況は、アフリカ・プロコンスラリスやヌミディアとも大きく違っていたように見える。ディオクレティアヌス治世の一連の改革はマウレタニア諸都市のあり方にどのように影響したのだろうか。この章では、この地域の都市と皇帝の関係について考えていきたい。まず、マウレタニア・カエサリエンシス属州の状況を確認したうえで属州分割の影響を考察し、次いでマウレタニア・ティンギタナの様子を見ていくことにしよう。

1　マウレタニア・カエサリエンシス属州の分割

ティトゥス・アウレリウス・リトゥア総督の活躍

マウレタニアでは、二五〇年代、アトラス山脈に住む山岳民の襲撃が相次いだ。この「クィンクエゲンタネイ」や「バウァレス」と呼ばれる人々との戦いは二七〇〜二八〇年代にも続く。そして、ディオクレティアヌス治世に活躍したのが、二九〇〜二九三年にマウレタニア・カエサリエンシス属州総督を務めたティトゥス・アウレリウス・リトゥアである。

リトゥア総督の名を記す碑文はマウレタニア・カエサリエンシス属州内で五点発見されている。同時期のアフリカ・プロコンスラリス属州総督だったアリストブルスとは比べるべくもないが、そもそも都市数も碑文総数も少ない地域であることを考えれば注目すべき数といえる。しかも、注目すべきなのはその数だけではない。内容もこの時代の属州総督の碑文としてはいささか過激で、印象的なのである。

五点のうち三点は、蛮族の撃破を感謝してユピテルとその他の不死の神々に対して捧げた、という奉納碑文である。発見されたのは属州首都たるカエサレアと港湾都市サルダエ、そして蛮族を打ち破った場所と思われる内陸の山岳地帯の三カ所だった。[5] このうち、カエサレアの奉納碑文では、蛮族が抹殺されて戦利品を獲得したことが報告され、サルダエの奉納碑文でも、侵入してきた蛮族の多くを打ち倒し、生残りを捕虜とし、戦利品を獲得した、と述べられている。皇帝たちの名も登場するが、それは軍の持ち主として「皇帝たちの軍とともに」総督が蛮族を打ち破った、という形であり、あくまでも前面に出てくるのはリトゥア総督自身なのである。

とはいえ、このリトゥアという総督だけがかくのごとき碑文を残したわけではない。年代ははっきりしないが、二七〇〜二八〇年代のマウレタニア・カエサリエンシス属州総督たちも、同じように蛮族を打ち倒し戦利品を奪ったことを神々に報告している。[6] この時代のマウレタニア・カエサリエンシス属州総督は、最前線で戦う軍人としての印象が極めて強い。実際、リトゥア総督の名を刻んだ残る二点の碑文も軍事的な性格をもっている。一方は内陸の都市アウジア近郊で橋が修復されたことを伝えたものだが、その碑文でも「戦闘で破壊された橋がリトゥア総督を介して平和が回復されたために修復された」とされている。[7] 他方は、リトゥア総督がアクア・フリギダの軍事施設を改修したことを伝えている。[8] これらの碑文を見る限り、この時代のマウレタニア・カエサリエンシス属州総督と諸都市の関係は希薄だったように見える。しかし、リトゥア総督の碑文のなかには、都市と属州総督の関係、あるいは属州分割の進展具合を考えるうえで、示唆的な情報も含まれている。

まず、アウジア近郊で橋を修復したことを伝える碑文である。この橋の修復は「ディオクレティアヌスとマクシミアヌスの神的卓越性が命じた」ものだという。皇帝の命令という意味でもこの碑文は興味深いが、ここで注目したいのはこの碑文の後半にあらわれる「検査官(ディスプンクトル)」の存在である。この碑文の後半は損傷が激しく、この役職に就いていた人物の名前も断片的にしかわからないが、恐らく、この工事を施工したのはこの人物だろう。さて、この見慣れない役職は、C・ルプレによれば、都市の監督官のことであるという。[9] 北アフリカのなかでもマウレタニアの碑文でしか見られない役職であり、その実態は不透明だが、もし都市監督官に相当するものであるとするなら、都市と属州総督の関係を考えるうえで参考になるかもしれない。ただし、この碑文は都市の公共建築物ではなく街道の橋の修復を記録したものである。都市行政に属州総督が介入したことを示すわけではなさそうである。

なお、マウレタニアの碑文ではしばしば属州暦で年代が表記されている。この表現も他の北アフリカ諸属州では見られないものであり、少なくともディオクレティアヌス治世の他の西方諸州での類例はない。この碑文でも「属州暦二五一年」と記されており、そこから二九〇年に刻まれた碑文だったことがわかる。マウレタニアにおけるローマ支配の円滑化を図ろうとする属州当局の意向を反映したものというべきかもしれない。この属州暦による年代表記は、ローマ支配の崩壊後にも利用され続けた。

リトゥア総督の碑文に話を戻そう。アウジア碑文のほかにもう一点、サルダエの碑文は属州再編の流れを考えるうえで興味深い情報を提供してくれる。この碑文によれば、蛮族を撃破するに際して、リトゥア総督は「カエサリエンシス地区とシティフェンシス地区双方の兵士たち」を率いたのだという。[10] ここで「地区」と訳したのは「パルス」という単語であり、この時代の行政単位としては、管見の限りほかで見かけることはない。属州分割後、サルダエ市はマウレタニア・シティフェンシス属州に属することになるが、この碑文でもリトゥアの職名はマウレタニア・カエサリエンシス属州総督とされている。分割後の碑文だとすれば、隣接属州の総督が越境して軍事指揮権を行使し、あまつさえ奉納碑文まで立てさせたことになるが、その可能性は低い。この碑文の再検証をおこなったJ＝P・ラポルトによれば、この碑文自体はマウレタニア・カエサリエンシス属州の分割を示すわけではなく、別個の軍管区の存在を示すものであるという。[11] 本書では、属州分割に至る前の段階として、新設属州につながる枠組みがすでに形成されていたことの証左ととらえておきたい。[12] これら一連のリトゥア総督の碑文を最後に、蛮族の撃破を属州総督が神々に感謝する奉納碑文は姿を消した。リトゥア総督のもとでマウレタニア・カエサリエンシスの治安はある程度回復され、属州再編の準備も進められていたのである。

マクシミアヌス帝の北アフリカ遠征とマウレタニア

ディオクレティアヌス治世のマウレタニアで最大の出来事は、マクシミアヌス帝が二九七年から二九八年にかけておこなった北アフリカ遠征である。このマクシミアヌスの北アフリカ遠征は同時代の頌詞で称えられているほか、アウレリウス・ウィクトルやエウトロピウスの史書でも言及されている。頌詞によればこの遠征の目的はマウリ人討伐であり、アウレリウス・ウィクトルやエウトロピウスも、先の碑文に登場した「クィンクエゲンタネイ」がアフリカを荒らしていたことを伝えている。[13] マクシミアヌス帝の遠征の主たる目的地としてマウレタニアが想定されていたことは疑いない。

このマクシミアヌス帝の北アフリカ遠征は、リトゥア総督の退任後わずか数年でマウレタニアの治安が再び悪化したことを示しているのだろうか。この遠征の示すところについては、大きく分けて二つの見方が存在する。一つは、文字どおり、この遠征を軍事的なものと見なし、この時期のマウレタニアの治安は悪化していたと想定する。もう一つは、この遠征を政治的理由からおこなわれたものと見なすものである。マクシミアヌス帝は反乱を起こしたブリタニアの制圧に失敗していたが、ちょうどこの頃、コンスタンティウス副帝がブリタニア遠征を成功させている。マクシミアヌス帝の北アフリカ遠征に触れた頌詞も、コンスタンティウス副帝の勝利を称えるのが主たる目的だった。マクシミアヌス帝は、この同僚の功績とバランスをとるために何らかの軍功を必要としていた、というのが後者の見方である。[14] 北アフリカで発見された碑文史料からは、遠征を政治的なものと見なす後者の説のほうが適切なものと思われる。

すでに見たとおり、二九〇年代初頭、リトゥア総督はいくつかの奉納碑文で蛮族の撃破を神々に感謝し、破壊された橋を修復し、軍事施設を整備していた。それに対し、マウレタニアではマクシミアヌス帝の影は薄い。マクシミアヌスの遠征に従軍したともいわれる兵士の墓がマウレタニア・ティンギタナで発見されているが、異論も多い。[15] 確実にこの遠征関連といえる碑文は、トゥブスクトゥで皇帝たちが倉庫を建設したことを伝える碑文程度である。[16] この倉庫は、マクシミアヌス帝が「クィンクエゲンタネイ」と戦ったときに建設を命じたものだと明記されているからである。しかし、この倉庫が完成し碑文が刻まれたのは、マクシミアヌスがすでに退位したのち、第二次四帝統治の時期(三〇五〜三〇六年)だった。遠征に際して倉庫の建設が命じられたものの、竣工まではかなりの時間を要したのである。遠征のために急いで建設されたわけではなく、主たる戦闘が終わったあとの事後処理としての意味合いが強い。

ほかにも遠征との関係が想定できる碑文はあるものの、激しい戦闘を想起させることはない。ただし、属州再編、あるいは都市と皇帝の関係を考えるうえでは興味深いものがある。ここでは二つの碑文を順に検討したい。

まず、属州再編との関連で興味深いのは、マウレタニア・カエサリエンシス属州から分離したマウレタニア・シティフェンシス属州の州都、シティフィスで発見された碑文である。それによれば、マクシミアヌス帝の入市を記念して、マウレタニア・シティフェンシス属州が円形闘技場を修復したのだという。[17] この碑文は高さ八六センチ、幅一七六センチという比較的大型の石に刻まれていた。残念ながら左側は欠損しており、多くの部分を補いに頼らざるをえないが、「マクシミアヌス帝の入市」と「マウレタニア・シティフェンシス属州」は確実に読み取れる。三〇三年の大改革を支持するR・ルビュファは、北アフリカ遠征中の二九七年末にマクシミアヌス帝がシティフィス市を訪問し、それが契機となって修復事業が開始され、三〇三年と想定する属州分割ののちに修復事業が竣工した、という見方を示している。[18]

しかし、この事業の主体となったのは「マウレタニア・シティフェンシス属州」であり、分割前のマウレタニア・カエサリエンシス属州がシティフィス市で円形闘技場の修復をおこなう謂れはない。この碑文を素直に解釈すれば、マクシミアヌス帝の北アフリカ遠征時、マウレタニア・シティフェンシス属州はすでに創設されていたことになる。いずれにせよ「マウレタニア・シティフェンシス属州」が主格である点は注目に値する。属州分割後、比較的早い時点で諸都市の代表者からなる属州会議が恐らく上意に基づいて創設され、皇帝の入市を歓迎する役割を果たしたのではないだろうか。

もう一つの注目すべき碑文は、マウレタニア・カエサリエンシス属州の内陸部、ラピドゥムという都市で発見されている。[19]この碑文は、四帝統治の皇帝たちが襲撃で破壊されたラピドゥム自治市を再建した、と述べている。都市そのものを皇帝たちが再建したと述べる碑文は同時代の西方に類例はなく、極めて例外的なものである。しかも、都市が再建されたことを記録しているにもかかわらず、この碑文には都市参事会や都市公職者は一切登場しない。皇帝たちが主体となっており、実際に施工を担ったと思われる属州総督ウルピウス・アポロニウスの名も絶対奪格で続いている。四帝統治の時期という以上に、この碑文の年代を絞ることはできない。また、ランバエシス碑文のように、皇帝が主体となっていても、その場に皇帝がいたとは限らない。実際、二九七年に沿岸部のグヌグ市が皇帝たちに捧げた顕彰碑文では、「〜イアヌス」で終わる名前の属州総督が、その顕彰碑文設置を促したとして登場する。[20]年代からすると、この顕彰碑文の設置もマクシミアヌス帝の遠征を機に設置された可能性が高いものの、そうすると、別の属州総督が登場するラピドゥム碑文がマクシミアヌス遠征のときにつくられたとは主張しにくい。実際、都市そのものを再建するというのは、たとえ小規模であれ、決して簡単な仕事ではない。この碑文には都市参事会も都市公職者も登場しない。考古学的にも、この再建事業までの数十年にわたってラピドゥム市は放棄されていたと想定されている。[21]とするならば、マクシミアヌス帝の遠征を機に都市の再建事業が始まり、竣工まで数年かかったと考えても不自然ではない。実際、ラピドゥムではマクシミアヌス帝を描いたというレリーフも発見されており、[22] 遠征の途次、マクシミアヌス帝がこの地を訪れた可能性は高いと思われる。

このように見てくると、マクシミアヌス帝の北アフリカ遠征は、文献史料からはマウレタニアでの蛮族征討が目的だったように見えるものの、現実には、騒乱後の再建を加速させるという民政上の意義のほうが大きかったと考えられる。マクシミアヌス帝自身にとってもこの遠征には政治的な意味が大きく、首都ローマのディオクレティアヌス浴場の碑文でも、わざわざ「アフリカ遠征からの帰還後」に着手したことを明記させている。[23]

マウレタニアの諸都市は、三世紀後半の騒乱から復興しつつあった。しかし、その歩みは弱々しいうえに遅く、皇帝や属州総督主導でさまざまな事業が推し進められた。沿岸部のティパサ市でも第二次四帝統治の時期(三〇五〜三〇六年)に市壁と塔が再建されたものの、その事業を主導したのは属州総督マルクス・ウァレリウス・ウィクトルだった。その碑文にも都市参事会や都市公職者は登場しない。[24] マウレタニアでなら、序章で示した法文にあったように、見世物用の支出を属州総督が市壁の建設に転用する、という事態もありえただろう。ただし、四世紀前半、ティパサ市が属州総督を都市のパトロヌスとしたことを伝えるタブレットがヒスパニアで発見されている。[25] 石に刻まれた碑文という形では残らなかったとしても、都市参事会が機能していなかったわけではないのである。

2　マウレタニア・ティンギタナ属州とヒスパニア管区

管区の創設とマウレタニア・ティンギタナ

すでに述べたとおり、北アフリカの西端に位置するマウレタニア・ティンギタナ属州は、ディオクレティアヌス改革で分割されることはなかったものの、他の北アフリカ諸属州とは切り離され、ヒスパニア管区に所属することになった。

まずはその経過を見ていこう。

マウレタニア・ティンギタナ属州がヒスパニア管区に属していたことを示す史料は『ヴェローナ・リスト』のみである。このリストは四世紀初頭の帝国の行政区分を示している。ディオクレティアヌス改革後の属州区分を教えてくれるものの、改革の進展具合についてはわからない。しかし、二九八年、ティンギスで殉教したというマルケッルスの殉教者行伝に、近衛長官代行アウレリウス・アグリコラヌスが登場する。皇帝誕生日に祭儀を拒否した百人隊長マルケッルスの裁判に際して、属州総督フォルトゥナトゥスから審理を回されて、最終判断を下すという役どころである。近衛長官代行は、管区代官に相当するものと考えられている。この殉教者行伝の記述を受け入れるなら、二九八年までにはヒスパニア管区が創設され、マウレタニア・ティンギタナ属州はヒスパニア管区に属していたことになる。ただし、別の版では、マルケッルスを最初に裁いたのはヒスパニア西北部のガッラエキア属州総督だったとされており、マウレタニア・ティンギタナ属州での出来事ではなかった可能性も残る。

それでは、現地で出土した碑文から得られる情報はないだろうか。

ディオクレティアヌス治世のマウレタニア・ティンギタナ属州総督の活動を伝える確実な碑文は一点しか知られていない。一九八七年に発見された比較的新しいものである。マルクス・アウレリウス・クレトゥスというペルフェクティッシムス級のマウレタニア・ティンギタナ属州総督が、ユピテルをはじめとする不死の神々に対して、皇帝たちの安寧のために、そして「属州の平和のために」捧げた祭壇であるという。奉献した年月日をコンスル年で表記しており、二九一年九月十九日に奉献されたことがわかる。[26]

この祭壇の碑文では、「属州の平和のために」という非常に特徴的な文言が目立つ。しかも、捧げる対象はユピテルをはじめとする不死の神々であった。二九一年九月という製作年代とあわせ、マウレタニア・カエサリエンシス属州総督アウレリウス・リトゥアの蛮族への勝利を記念したものだという想定は妥当なものといえる。[27]コンスルによって年代を表記する碑文はこの時期には珍しく、その点でも属州総督としての公的な立場を反映したものといえるかもしれない。ただし、発見されたのは現在のエル・カスル・エル・ケビル、『アントニヌス帝の旅程表』などにあらわれるオピドゥム・ノウムと同定されている。[28] 属州首都や主要都市ではない。このような場所柄から属州総督としての行動の意味や、あるいは都市との関係は明らかにしにくい。

さて、同じ二九一年に、マウレタニア・ティンギタナ属州内で別の碑文も作製されている。ディオクレティアヌス帝に捧げられた碑文の断片で、残念ながら奉献者の名はわかっていない。[29] しかし、この断片が発見されたのは、ディオクレティアヌス治世に属州首都になったと考えられるティンギスである。[30] 年代から考えて、この碑文を捧げたのも同じ属州総督マルクス・アウレリウス・クレトゥスだったと推測されているほか、[31] 別の断片も同じ総督の手によるものだった可能性が指摘されている。[32] 蛮族への勝利を感謝して、属州総督がユピテルをはじめとする神々に対して碑文を捧げる、というケースは、ディオクレティアヌス治世の西方ではマウレタニアの二属州に集中している。これらの碑文の内容の共通性に注目するなら、二九一年時点では、マウレタニア・ティンギタナ属州は依然として他の北アフリカ諸属州との、少なくともマウレタニア・カエサリエンシス属州とのつながりが強かったものと考えられる。

このほか、ティンギスでは二九六年にもフロントニアヌスなる人物が、皇帝たちの安寧を祈って、ユピテルをはじめとする神々に対して祭壇を捧げたらしい。[33] 十五世紀の記録に残るのみで現存しておらず、「スブプロクラトル(副管理官?)」なる肩書をもつこの奉納者の地位もはっきりしない。しかし、属州首都で作製された碑文であり、その肩書から見ても、属州総督府に関わる人物だった可能性が高い。また、ユピテルと他の神々に対して捧げた祭壇であるという点を重視するなら、二九六年の段階でも依然としてマウレタニア・カエサリエンシス属州との関係が強かったことを示しているともいえる。ヒスパニアの属州総督たちに、このような祭壇を残したケースはないからである。[34] ただし、マウレタニアでの奉納碑文の慣習を引きずっただけの表現という可能性もあり、管区創設年代を確定する基準とするのには躊躇《ためら》いを覚える。

マウレタニア・ティンギタナ属州がヒスパニア管区へ入ったのは、アウレリウス・リトゥアがマウレタニア・カエサリエンシス属州総督を務めていた二九〇年代初頭よりは後のことであり、二九八年よりは前だったものと思われる。アフリカ管区創設の手がかりはほとんどないが、アフリカ・プロコンスラリス属州の分割と同時に管区が設置されたとすれば、アリストブルス総督退任直後の二九四～二九五年頃だった可能性が高い。マウレタニア・ティンギタナ属州がヒスパニア管区に属することになったのも、その頃か、あるいは二九七～二九八年のマクシミアヌス帝の北アフリカ遠征に備えてのことだった可能性もある。

いずれにせよ、ディオクレティアヌス治世のマウレタニア・ティンギタナでは都市の活動は目につかず、むしろ属州統治に関わる高官たちが碑文を残していた。マウレタニア・ティンギタナは、マウレタニア・カエサリエンシス以上に都市の活動が弱い地域だったように見える。ただし、コンスタンティヌス治世のマウレタニア・ティンギタナについては、わずかながら都市の活動が垣間見える碑文も発見されている。次いで、その碑文について見ていくことにしよう。

コンスタンティヌス治世のマウレタニア・ティンギタナ

コンスタンティヌス治世のマウレタニア・ティンギタナ属州総督の碑文は知られていない。マウレタニア・カエサリエンシス属州総督についてもごくわずかな碑文で知られるのみである。それにもかかわらず、コンスタンティヌス治世のマウレタニア・ティンギタナ属州の都市が残した碑文があるというのは貴重なものといえる。発見されたのは、マウレタニア・ティンギタナの最南端部に位置する都市サラ。都市参事会決議によりサラ市がコンスタンティヌス帝に捧げた、というシンプルな顕彰碑文の刻まれた台座が、この都市のフォルム跡で発見されたのである。[35] コンスタンティヌスの称号に含まれる「マクシムス」という部分から、マクセンティウスを打ち破った三一二年以降のものであることが、同じく「不敗の」という形容詞から三二四年にリキニウスを破って東方を制覇するよりも前のものであることがわかる。古い顕彰碑文の刻まれた石を再利用したもので、台座の側面に刻まれていた。

同じサラ市のフォルムでは、同時代の副帝を顕彰したと思しき台座も見つかっている[36]。その碑文を含めてもわずか二点にすぎないが、マウレタニア・ティンギタナ属州の最南端部に位置するこの都市でこのような顕彰碑文が発見されたことは重要な意味をもつ。これらの碑文は、ローマ支配がこの時期のマウレタニア・ティンギタナ属州南部でも継続していたことを示しているだけではない。都市が皇帝を顕彰した碑文の存在は、このような辺境地帯の都市でさえ、依然としてローマ帝国の一員であるという認識をもち、それを表明していたことをも示しているからである。

ただし、このサラ市と「ローマ帝国」とのつながりは、海路に負う部分が大きかった。かつての属州首都ウォルビリス市は内陸に位置しており、三世紀末以降、この地での活動の痕跡が碑文からは見出しにくくなっていく。ウォルビリスでは三世紀末まで数多くの碑文が発見されており、ローマ支配の継続は疑いない。ディオクレティアヌスの名を記した可能性が指摘されている碑文もある[37]。しかし、その後の状況はわからず、六世紀のキリスト教徒の碑文が何点か発見されているにすぎない[38]。新たに属州首都となったティンギス市にせよ、南端のサラ市にせよ、ヒスパニアとの連絡は海路に拠っていた。三世紀半ばのマウレタニア内陸部の治安悪化が、マウレタニア・ティンギタナ属州のヒスパニア管区への編入の契機になったという想定は、恐らく妥当なものだろう。マウレタニア・ティンギタナ属州のヒスパニア管区編入によって、沿岸部の都市はローマ社会との接触を保ち続けるのに有利になった。しかし、属州首都がティンギスに移りヒスパニアとの紐帯《ちゅうたい》が強まるなかで、内陸部は取り残され、ローマ支配から次第に脱落していくことになる。

おわりに

両マウレタニア属州は、ディオクレティアヌス改革の影響が比較的大きい地域だった。マウレタニア・カエサリエンシス属州からはマウレタニア・シティフェンシス属州が分離・新設され、マウレタニア・ティンギタナ属州は分割こそ免れたものの、ヒスパニア管区の所属とされた。しかし、このような統治機構改革がこの地域の都市のあり方にどのように影響したのかは判断しにくい。

マウレタニアが属州化されたのはクラウディウスの治世と比較的遅く、内陸部の安定化にはとくに時間を要した。三世紀半ば以降も「クィンクエゲンタネイ」や「バウァレス」と呼ばれる山岳地帯の住民への対処が必要であり、平和で都市化の進んだアフリカ・プロコンスラリス属州など東部とはおかれた状況がそもそも異なっていたのである。

このような状況ゆえか、ディオクレティアヌスの治世前半には、両属州とも、総督が蛮族への勝利を神々に感謝するという奉納碑文の存在が目を引いた。二九七〜二九八年のマクシミアヌス帝の遠征自体はマウレタニアの治安悪化を示すものとは考えにくいものの、ディオクレティアヌスの治世後半にも、皇帝や属州総督主導による活動が目立っていた。ラピドゥム市の再建や、ティパサ市の市壁と塔の修復といった事業である。属州分割によって都市行政への介入が強化されたというよりも、むしろディオクレティアヌス改革後も引き続き都市自治は弱体なままだった、というべきだろう。

しかしながら、ティパサ市のパトロン・タブレットやサラ市の顕彰碑文に見られるように、沿岸部の都市では都市参事会による自治もある程度機能していたことが確認できる。治安が安定せず次第にローマ支配から脱落していくことになる内陸部と、海路でヒスパニアや他の北アフリカ諸地域、イタリアとの関係を維持しえた沿岸部とで、このあとの運命は大きく分かれていくことになる。

ここまで第Ⅱ部で見てきたとおり、この時代にも、北アフリカでは数多くの碑文がラテン語で刻まれていた。その数はイタリアをも凌ぐほどである。それら豊富な碑文史料は、ディオクレティアヌス改革によって諸都市が緊密な帝国管理下におかれたことを示す証拠ともされてきた。実際、ディオクレティアヌス治世には、数多くの属州総督が碑文に登場するのみならず、その手足として諸都市を支配したという都市監督官に関する記録も急増していた。一見すると、この時代に、前の時代との「断絶」が存在するかのように見えるのも事実である。しかし、そのような見方はいささか短絡的にすぎる。

第五章で詳しく論じたように、アフリカ・プロコンスラリス属州が分割されたことによって、属州総督が諸都市に対する管理を強めたという形跡は見出せない。ディオクレティアヌス治世のアフリカ・プロコンスラリス属州総督としてとくにその活躍が目立つのは、二九〇年から二九四年にかけて在職したアリストブルスである。その記録は、治世前半の総督関係の碑文の大半を占める。それらの碑文の多くで彼がおこなっていたのは、「都市参事会決議により公費で」なされた公共事業の「奉献」だけだった。このような表現は一～二世紀の碑文にも見出されるものであり、この時代に何かが激変したことを示すものではない。そもそも、彼の在任時期はこの属州が分割されるより前のことであり、属州再編の結果として都市に対する総督の管理が強まったことを示す根拠とはなりえない。ただし、彼が皇帝から北アフリカ再建という任務を託されていた可能性は高い。アフリカ・プロコンスラリス属州の分割年代は必ずしも明確ではないが、アリストブルス総督の退任直後、二九四年頃だった可能性が高い。

都市監督官の碑文が急増したことについていえば、この時代の都市監督官に言及した碑文の多くが、公共事業の竣工を記録したものだった事実は重要である。それまで、都市監督官に言及した碑文の大半が顕彰碑文だった。この時代の政治的安定がもたらした公共事業の増加が、都市監督官に関する記録をも増加させたのである。また、法史料によれば、都市監督官は形のうえでは勅任であっても、実態としては都市側の意向で選任されていた。皇帝が、都市に対する管理を強めるために、常時あらゆる都市に監督官を派遣していたとは考えにくいのである。

このように、数多くの碑文が残る北アフリカ東部の諸都市は、イタリアと同様、この時代にも自らの判断で行動を選択していた。カンパニアやシチリアの諸都市のように、コンスタンティヌス治世に政治的復権を果たした元老院議員たちとの関係を修復しようと試みていた様子も垣間見える。しかし、北アフリカは広く、都市化の進展にも幅があった。ヌミディアやマウレタニアといった西方の属州は違った様子を見せている。

ヌミディアには、北アフリカ唯一の軍団、第三アウグスタ軍団が駐屯していた。この軍団の存在は、都市と皇帝の関係にも大きな影響を与えている。まず、軍団の駐屯するランバエシスには皇帝が特別な関心を寄せていた様子がうかがえる。軍団の駐屯するヌミディアの安定は北アフリカ支配の要であり、皇帝にとっても無視しえない場所だった。ヌミディア属州総督には皇帝の信の篤い者が任じられ、その総督はヌミディア支配の安定のため、比較的数の少なかった諸都市に大きな影響力を行使したものと思われる。ただし、この状況も、ディオクレティアヌス時代に大きな変化が生じた結果ではない。ヌミディアはもともと都市の数が少なく、軍団の影響は大きかった。この地の状況を根拠に、ディオクレティアヌス改革によって都市に対する管理が強化されたとは主張できないのである。

マウレタニアについても同じようなことがいえる。マウレタニアはもともと都市化の進展が遅く、治安も安定していなかった。ディオクレティアヌス治世にも、蛮族に対する勝利を誇る碑文を残したリトゥアのように、その総督は軍人としての性格が強い。ラピドゥム碑文に見られるように、都市に対する支援もなされてはいた。しかし、マウレタニアでは、ディオクレティアヌス改革後も変わることなく都市の力が弱いままだった、というべきだろう。

北アフリカの場合、都市のおかれた状況は東部と西部で大きく異なり、ディオクレティアヌス改革がもたらした影響も地域によって違っていた。この地域による差異という点は、改革の影響を考えるうえで重要な要素である。第Ⅲ部では再び海を越え、ヒスパニアやガリアといった北西部の諸属州の状況を考察していこう。

第Ⅲ部

「碑文習慣」の衰退

ヒスパニア、ガリア、ゲルマニア

帝国北西部の諸属州は、「三世紀の危機」とされる時代、ゲルマン人の侵入によって大きな被害を受けたとされている。実際、二六〇年から二七四年にかけて、「ガリア帝国」と呼ばれる分離帝国が存在し、正統とされる皇帝の支配から離れた状態が続いた。この「ガリア帝国」の支配はガリアだけにとどまらず、ブリタニアのほか、一時はヒスパニアにまで及んでいた。「三世紀の危機」の象徴として、もっとも印象的な役割を果たすのがこの地域だといえるのかもしれない。他方で、ガリアやヒスパニアは、考古学調査が極めて活発におこなわれている地域である。現在も着実に増加しつつある考古学的な知見は、「危機」とされる時代の暗鬱な、破滅的なイメージに修正を迫っている。

例えば、都市に関わるテーマとして、ガリアやヒスパニアの諸都市を囲む小規模な城壁に関する問題を見てみよう。一～二世紀の都市的な居住地全体ではなく、その一部を囲むだけの市壁のことである。かつて、これらの市壁は、蛮族の侵入に対処するために、「ガリア帝国」の皇帝たちが——あるいは四帝統治の皇帝たちが——命じて、建設させたものだと主張されていた。蛮族の侵入に対する応急的な措置として、「危機」のイメージに沿った解釈といえる。しかし、近年の調査では、これらの市壁の建設年代がそもそも三世紀後半だったのか、という根本的な部分から見直しが進められている。考古学的な、あるいは建築史的な観点からすると、これらの市壁の建設がおこなわれたのは、二世紀後半から五世紀まで、あるいはもっと遅い時代にまで及んでいるという。「危機」の時代に関する考古学的な知見を総合する作業はいまだ道半ばであるとはいえ、「危機」に基づいた不用意な説明を施すべきではないのである。[1]

第Ⅲ部では、このような考古学からの指摘を念頭におきながら、ヒスパニアやガリアといった帝国北西部の諸都市にディオクレティアヌス改革が与えた影響を考えていきたい。ただし、これまで考察してきたイタリアや北アフリカといった地域に比べると、この地域の碑文研究には大きな障害が立ちはだかっている。端的にいえば、それは碑文点数の絶対的な不足である。

序章でも述べたとおり、三世紀には碑文の製作点数が急速に減少した。減少したとはいいつつも比較的数の多かったイタリアや北アフリカとは異なり、この時代の帝国北西部の諸属州の碑文数は非常に限られている。ヒスパニアでは属州首都だったいくつかの都市を中心に一定数の碑文を目にすることができるものの、元首政期から碑文数の少なかった

図10　北西部の諸管区(ヒスパニア，ウィエンネンシス，ガリア，ブリタニア)

ガリアでは、マイル標石を除けば都市関係の碑文は数えるほどしか存在しない。ブリタニアに至っては、この時代の都市に関係する碑文は皆無である。従って、第Ⅲ部では、この碑文が急速に減少したことの意味、つまり「碑文習慣」が衰退した理由についても考えていく必要があるだろう。

まず第九章では、この時代のヒスパニア諸都市と帝国の関係について、属州首都だった三つの都市、タッラコ、コルドバ、エメリタを中心に考察していく。いずれの都市も、この時代の特徴的な碑文、あるいは考古学的な遺構が発見されており、ディオクレティアヌスによる地方統治機構改革の影響を考えるヒントを与えてくれる。属州首都以外の都市から発見された碑文の分析と合わせ、この時代のヒスパニア諸都市にみられる変化を明らかにしていきたい。

次に第十章では、ガリアおよびゲルマニアの状況を見ていきたい。ライン川とアルプス山脈、そしてピレネー山脈と海によって区切られたこの地方には、ディオクレティアヌス改革によって、南部にはウィエンネンシス管区、北部にはガリア管区が創設された。この広大な地域では、残念ながら、この時代の碑文はごくわずかしか発見されていない。しかし、それらの碑文は、ディオクレティアヌス時代の都市と帝国の関係を考えるうえで、有益な情報を提供してくれる。まず、現在のグルノーブルにあたるクラロの市壁の建設を伝える二碑文について考察し、その後、現在のマインツにあたるモゴンティアクム市が皇帝たちに捧げた碑文について見ていこうと思う。碑文の数はごく限られているが、他の碑文との比較や、その碑文のおかれたコンテクストの分析をとおして、この時代の都市のおかれた状況を考えていこう。

最後に、ブリタニアとアルプス山中の諸属州について補遺を付け加えた。ブリタニアにはこの時代の都市関連の碑文がないため簡単な紹介にとどまるものの、アルプス山中からはいくつかの面白い碑文が発見されている。アルプスの三つの属州の碑文は、各州の属する管区は違えど、共通した特色を見せている。アルプス山中の諸都市の状況を見ることで、北イタリアから西地中海を時計回りに回ってきた本書の考察を終えることにしたい。

第九章 ヒスパニアにおける都市と帝国

属州首都と総督・皇帝の関係を中心に

はじめに

ディオクレティアヌス治世のヒスパニア情勢には不明な点が多い。コンスタンティヌス治世も同様である。文献史料での言及は稀であり、碑文の残存数も決して多くはない。しかし、その内容をこれまで考察してきたイタリアや北アフリカの状況を踏まえて見直していくと、当時のヒスパニア諸都市のおかれていた状況が見えてくる。

スペインでの古代史研究の進展は目覚しく、とくに考古学的知見は急速に増加している。[1] 古代末期の都市像についてもその例外ではない。近年の考古学の成果を踏まえて、「三世紀の危機」による都市の衰退、という見方は根本的な見直しを迫られている。蛮族の侵入による破壊の痕跡がなかなか見出されない一方で、都市の公共建築物は古代末期にも維持されていたことが確認されている。[2] また、大迫害終結後に開かれたエルビラ教会会議のカノン(決議文)で二人委員や神官を務めたキリスト教徒が問題となっていることが示しているように、この時代のヒスパニアでも都市の自治は続いていたのである。[3]

他方、三世紀に碑文史料が急速に減少したことも事実である。碑文の多くは属州首都だった都市に集中しており、それ以外の都市での記録は限られている。古代末期のヒスパニア都市について大部の研究書を著したM・クリコウスキーは、四世紀以降、皇帝の恩恵を継続的に受けることのできた属州首都とそれ以外の都市の間に格差があったことを指摘している。[4] 本章でも、碑文史料を中心にこの時期の都市の姿を考察していくため、属州首都の状況が考察の中心とならざるをえない。

ディオクレティアヌスの治世、ヒスパニアでも属州再編は実施された。『ヴェローナ・リスト』によればヒスパニア管区には六つの属州があり、バエティカ、ルシタニア、カルタギニエンシス、ガッラエキア、タッラコネンシス、マウレタニア・ティンギタナの名が列挙されている。マウレタニア・ティンギタナについてはすでに前章で扱ったため、本章ではイベリア半島の五州について見ていくことにしたい。はじめに名の挙がっているバエティカ属州とルシタニア属州は、ディオクレティアヌス改革でも分割されなかった。それに対し、かつてのヒスパニア・キテリオル属州は三分割され、新たにタッラコネンシス、カルタギニエンシス、ガッラエキアの三属州が成立した。タッラコネンシス属州総督については、ディオクレティアヌス治世にはすでに分割後と思われる属州総督が二人確認されている。[5] いずれも治世前半の碑文であり、ヒスパニアの属州分割はディオクレティアヌス治世の比較的早い時期におこなわれたものと考えられる。[6] この点についてはあとで詳しく検討することにしたい。他方、新たに成立したというカルタギニエンシス属州の総督は史料上確認されていない。[7] ガッラエキア属州総督は二九八年の出来事を記した殉教者行伝の一節に登場するが、マウレタニア・ティンギタナでの出来事とする版もあり、その存在は疑わしい。[8] ただし、ガッラエキア属州総督の存在は、コンスタンティヌス治世になると碑文から確認できる。しかし、その数は二例にとどまり、[9] 属州首都だったブラカラ・アウグスタ市の発掘もそれほど進んでいない。発掘が進んでいないという意味では、カルタギニエンシス属州の首都となったカルタゴ・ノウァ市も同様である。[10] それに対し、かつてのヒスパニア・キテリオル属州の首都で新属州でもその地位を保ったタッラコ市や、バエティカ属州の首都だったコルドバ市、ルシタニア属州の首都だったエメリタ・アウグスタ市では発掘が盛んにおこなわれ、その成果も明らかにされてきた。[11] これら三都市では、この時代の碑文も数多く発見されている。クリコウスキーの指摘するとおり、属州首都とそれ以外の都市の間には格差が存在したようだが、都市と属州総督、皇帝の関係はいかなるものだったのだろうか。本章では、まずこれら三都市と属州総督や皇帝たちとの関係を見たうえで、碑文史料が垣間見せるそれ以外の都市の状況についても考えていきたい。クリコウスキーは、イタリアや北アフリカと同様、スペインも都市化の進んだ地域だったと指摘しているが、その実態はどのようなものだったのか。イタリアや北アフリカの状況を念頭におきつつ、この地域の特色を考えていこう。

ところで、すでに述べたとおり、ヒスパニアでは三世紀に碑文総数は急速に減少した。クリコウスキーは、この問題をローマ化プロセスの終焉《しゅうえん》を示すものと解釈している。つまり、碑文総数が増加した時期には、碑文を立てることによって自身がローマ人であることを示すのが重要であったのに対し、碑文が一般化し市民権が拡大した結果、その意義が薄れ、碑文の減少を招いた、というわけである。[12] 碑文が比較的多く残る古代末期の北アフリカ都市について研究したC・ルプレが碑文史料の増減を経済的要因によるものと見なしていたことを思い起こすと、[13] その対照的な見方は興味深い。この問題は終章で改めて考えることになるが、本章でも留意しておくべき観点である。ディオクレティアヌスからコンスタンティヌスにかけての時代、ヒスパニアで碑文を刻ませたのは誰で、何のためにつくらせたのか、という点にも注意しながら、考察を進めていきたい。

1　タッラコ市の柱廊と浴場をめぐって

タッラコ、コルドバ、エメリタの各市は現在まで居住の続く都市である。従って、発掘が進んでいるとはいえ、オスティアやトゥッガといった遺跡に比べれば、その保存状態は決して良くはない。それでもタッラコ市では、この時期の皇帝たちや属州総督に対して捧げられた顕彰碑文が発見されているだけでなく、建築事業を記録した碑文も知られてい

図11　タッラコ市の柱廊建設碑文
出典：*RIT*, TAFEL XIX.

る（図11）。それによれば、ディオクレティアヌスとマクシミアヌスが（恐らくバシリカの）柱廊を建設するように命じ、ペルフェクティッシムス級のヒスパニア・キテリオル属州総督ユリウス・ウァレンスがそれを監督し奉献したのだという。[14] 皇帝の名は二人分しかなく、二九三年に四帝統治体制が発足するより前のものということになる。この建設を「命じた」皇帝たちも、それを「監督し奉献した」属州総督も、ともに主格で表現されている。第Ⅰ部、第Ⅱ部でも述べたように、皇帝が事業主体となった碑文はイタリアや北アフリカでは珍しい。アクィレイア市やランバエシス市の碑文については、その都市の軍事的意義が重視された結果だったという見方を示しておいた。それらの碑文は治世前半に政権の安定を企図したものと考えられるが、タッラコ市の場合はどうだろうか。

この碑文は五つの断片からなっている。保存状態は比較的良く、高さ六九・五センチ、幅一二五センチに及ぶ大きな一断片に大半の文字が残されており、その右側の欠損部分を補う形で他の四断片も発見されている。全体ではもともと一六〇センチほどの幅があったと想定されている。しかし、どの柱廊が建設されるよう命じられたのか、肝心の部分は曖昧なままである。もっとも大きな断片が発見されたのは一九二六年か二七年のことで、キリスト教徒の墓地で再利用されていた。

発見場所から本来の用途を推定することはできない。『タッラコのローマ碑文集』を編纂したG・アルフェルディは、疑問符を付しつつも、ユピテルの名をもつ「バシリカ」の柱廊を建設したものとして補っている。

タッラコ市には二つのフォルム(広場)があった。この都市はもともとフランコリ川の河口に前五世紀に成立した集落である。ポエニ戦争の頃から戦略拠点として重視されるようになり、前一世紀後半には植民市になった。アウグストゥスのときにはヒスパニア・タッラコネンシス属州の首都となり、バシリカとフォルムが市街南西部に整備された。[15] アルフェルディは先の補いに際して、碑文の出土地に比較的近いこのバシリカを想定している。しかし、この事業に関する考古学的遺構は確認されていない。[16] このバシリカはアウグストゥス期に建設されたものであり、碑文の記録は文字どおりの「建設」ではなかった可能性もある。

この「植民市のフォルム」と呼ばれる下町のフォルムに対して、都市北東部の丘の上には「属州のフォルム」と呼ばれるフォルムもあった。このフォルムは神殿や競技場とも隣接しており、属州会議による皇帝礼拝の場だった複合施設の一部と想定されている。フラウィウス朝の時期に丘の上を整地するという大規模な造成事業を経て建設された。[17] この碑文の示す柱廊の建設(あるいは再建)も、この属州のフォルムでおこなわれた事業だったのではないか、と想定する研究者もいる。[18]

ディオクレティアヌスからコンスタンティヌスの治世にかけて、皇帝たちに捧げられた顕彰碑文があったと考えられているのも「属州のフォルム」である。[19] 二八八年から二八九年のヒスパニア・キテリオル属州総督ポストゥミウス・ルペルクスがディオクレティアヌスとマクシミアヌスに対して捧げた顕彰碑文のほか、[20] リキニウスやコンスタンティヌス、[21] コンスタンティウス二世副帝に対してヒスパニア・タッラコネンシス属州総督の捧げた碑文などが知られている。[22] このほかにも、クリスプス副帝に対してヒスパニア管区を担当する近衛長官代行セプティミウス・アキンディヌスが捧げた顕彰碑文もあった。[23]

この「属州のフォルム」で発見された皇帝の顕彰碑文は、いずれも属州総督や管区代官が設置したものである。都市当局の関与をそこに見出すことはできない。この皇帝礼拝の場として整備されたフォルムは、タッラコ市による顕彰の場としてはふさわしくないと判断された可能性が高い。[24] 実際、タッラコ市参事会が奉献したフィリップス帝(在位二四四〜二四九)の顕彰碑文は「植民市のフォルム」跡で発見されているほか、[25] アウグスタレスが奉献したセウェルス・アレクサンデル帝(在位二二二〜二三五)の顕彰碑文が発見されたのも「植民市のフォルム」だった。[26] 他方、「属州のフォルム」は属州単位での皇帝礼拝の場であり、ほかにも多くの顕彰碑文が設置されていた。実際、ディオクレティアヌスの即位直前にも顕彰碑文が二点設置されている。ヒスパニア・キテリオル属州総督マルクス・アウレリウス・ウァレンティニアヌスが、二八三年、それぞれカルス帝とカリヌス帝に対して捧げた碑文がそれである。[27]

このカルス帝とカリヌス帝の顕彰碑文を見ると、ディオクレティアヌス治世の総督とはその地位が異なることに気づく。カルス治世の総督マルクス・アウレリウス・ウァレンティニアヌスは「クラリッシムス級」の、すなわち元老院議員の総督である。それに対し、ディオクレティアヌス治世には、「ペルフェクティッシムス級」の人物がその職務を務めていた。先の柱廊建設を担ったユリウス・ウァレンスも、顕彰碑文を捧げたポストゥミウス・ルペルクスも、いずれもペルフェクティッシムス級の人物である。しかも、同じヒスパニア・キテリオル属州総督とはいえ、二八三年には「プラエセス」という古代末期に一般化する称号と並べて——あるいはそれを言い換えるように——「レガトゥス・アウグスティ・プロ・プラエトレ」、すなわち「法務官格の皇帝代理」を意味する元首政開始以来の伝統的な皇帝属州の総督の職名も名乗っていた。それに対し、ディオクレティアヌス治世の二人の属州総督は、いずれもこの称号を名乗っていない。この変化は、すでに述べたとおり、ディオクレティアヌス治世の初頭にヒスパニア・キテリオル属州が分割された結果だったと見てよいだろう。[28] ディオクレティアヌスの治世初頭、属州首都たるタッラコ市は、縮小された新属州を担当する、従来に比べ格の低い属州総督を迎えることになったのである。

この時代のタッラコ市において皇帝名義で柱廊が建設されたことの背景として、このヒスパニア・キテリオル属州総督の地位が低下したという事実を想起してもよいかもしれない。四帝統治体制の成立する二九三年より前には、ディオクレティアヌス帝もマクシミアヌス帝もヒスパニアを訪れておらず[29]、碑文上で皇帝たちが建設を命じたと述べられていても、それを文字どおりに受け取ることはできない。軍団も駐屯せず戦略的意義も乏しいタッラコ市に、ランバエシス市やアクィレイア市と同じように皇帝の関心が向けられたとは考えにくい。とするならば、その事業の施工を監督し、柱廊を奉献した属州総督ユリウス・ウァレンスの存在に注目せざるをえないのである。彼の存在はこの碑文以外では知られておらず[30]、注目しうる点があるとすれば、彼がヒスパニア・キテリオル属州分割後はじめての、ペルフェクティッシムス級の属州総督だった可能性がある、というにとどまる。彼がその地位にあった時期は、マクシミアヌスが正帝となった二八六年以降で、四帝統治の成立する二九三年より前というところまでしか絞れない。他方、ディオクレティアヌスとマクシミアヌスに顕彰碑文を捧げた別の属州総督ポストゥミウス・ルペルクスが初のペルフェクティッシムス級のヒスパニア・キテリオル属州総督だった可能性もある。すでに述べたとおり、彼がその地位にあったのは二八八年か二八九年のことだが、こちらもそれ以上の経歴は不明である[31]。いずれにせよ、タッラコ市でこの柱廊の建設事業がおこなわれたのは、属州総督の地位が格下げされた直後のことだったのである。

三世紀にはさまざまな属州で、それまで元老院議員が務めてきた属州総督職が騎士身分の人物によって占められるようになった[32]。ディオクレティアヌスの治世、元老院議員が属州総督を務め続けたのは、イタリアの各州を除けば、最終的にはアフリカ・プロコンスラリス属州とアシア属州の二つだけだった。それを考えれば、ヒスパニア・キテリオル属州総督職の格下げもよくある例の一つ、ということになる。現代の我々から見れば数ある例の一つだとしても、同時代人にとってはときに深刻な問題にもなりえたのである。ことに、前任者に比べ低い権威しかもちえない新任の属州総督にとって、統治下の都市と良好な関係を築くのは難しい問題だったと考えられる[33]。そのような状況下で属州統治を円滑に進めるために、皇帝の命令を受けて属州首都で柱廊を建設する、という恩恵を示して見せたのではないだろうか。

この時期、タッラコ市は属州総督からさらに恩恵を受けた可能性もある。年代ははっきりしないものの、属州分割後のタッラコネンシス属州総督マルクス・アウレリウス・ウィンケンティウスを「モンタヌス浴場の復興者」として称えた顕彰碑文を、タッラコ市監督官メッシウス・マリアヌスが作製している。[34] 残念ながら、この碑文の存在は十八世紀の記録に基づくのみで、本来どこにあったものなのかはっきりしない。この碑文で称えられた属州総督マルクス・アウレリウス・ウィンケンティウスにせよ、奉献者の都市監督官メッシウス・マリアヌスにせよ、いずれの存在も他の史料では知られていない。[35] 浴場の考古学的遺構も発見されておらず、背後の事情は不明である。しかし、都市監督官が属州総督に対して顕彰碑文を捧げるというケースは非常に珍しい。この都市監督官メッシウス・マリアヌスが属州総督と同等か、あるいはそれに準ずる権威・権力をもつ地位だったとは考えにくい。ヒスパニアでの都市監督官関連碑文はわずかだが、イタリアや北アフリカの事例から考えれば、この都市監督官は元老院議員などではなく、都市参事会で経歴を重ねた人物だった可能性が高い。この碑文は、属州総督が属州首都に恩恵を与え、良好な関係を築いていたことの証だったのである。[36]

これまで見てきたように、属州総督が皇帝に対して捧げた顕彰碑文はいくつも発見されている。それにもかかわらず、タッラコ市の側が属州総督に捧げた碑文は先に述べた年代の不確実な一点のみであり、四帝統治の皇帝たちやコンスタンティヌス帝に捧げた顕彰碑文についても、確実な事例は見つかっていない。ただし、「植民市のフォルム」で発見された大理石の断片には、四帝統治の皇帝たちの称号と思われる文字が刻まれていた。この称号は属格であり、皇帝たちに直接捧げられた顕彰碑文ではない。アルフェルディは、属州総督か、発見場所を考えればタッラコ市当局が「皇帝たちの安寧のために」捧げた碑文だったと想定している。[37] 発見されたのは「植民市のフォルム」跡であり、タッラコ市当局の関与した碑文だった可能性は高いだろう。

コンスタンティヌス帝については、その称号の一部と思われる文字の刻まれた断片なら発見されているが、発見されたのは円形闘技場跡であり、文字高は一一〜一三センチと比較的大きい[38]。古い碑文を再利用したものと考えられているが、この文字の大きさからすると建築碑文だったものと思われる。碑文の作製者はタッラコ市参事会かタッラコネンシス属州総督とされるが、その点ははっきりしない。後者だとすれば、属州総督のタッラコ市に対する恩恵付与の事例が増えることになる。

このように、タッラコ市では属州総督がバシリカや浴場の建設・修復をとおして市民生活に大きな影響を与えていた。それらを記録する碑文は、属州総督が自らの権威を示す必要から刻ませた場合のほか、都市監督官が属州総督を顕彰したケースもあった。また、幾人もの属州総督や近衛長官代行が「属州のフォルム」で皇帝に対して顕彰碑文を捧げていた。タッラコ市は属州首都としての役割を十分に果たしており、属州総督はこの都市に積極的に恩恵を与えていたと考えられる。それに対し、タッラコ市当局が主導して製作された碑文はほとんどなく、皇帝や属州総督による碑文が目立つのとは対照的だった。

次いで、バエティカ属州の首都コルドバ市の状況を見ていこう。タッラコ市との共通点、あるいは相違点が見出しうるだろうか。

2　コルドバ市と四帝統治の皇帝たち　セルカディィラ遺跡の意味

一九九二年、スペイン南部のセビリアで万国博覧会が開催された。コロンブスの「新大陸発見」五百年を記念したものので、それにあわせ、スペイン国鉄はマドリードとセビリアの間に高速鉄道を建設している。この高速鉄道は中間の都市コルドバも通ることになったが、その工事に際して、コルドバ駅付近である遺跡が発見された。この国家プロジェクトを前にして発掘は急いでおこなわれ、記録だけを残して遺跡の主要部分は破壊され、新しい駅になってしまった。[39] しかし、この遺跡はディオクレティアヌス時代のヒスパニア情勢を考えるうえで極めて重要な情報を提供してくれたのである。

この遺跡はセルカディラと呼ばれ、古代のコルドバ市の北西端から西へ六〇〇メートルほどのところに位置していた。この施設に入るルートは一つしかなく、長方形の広場、半円形の広場を経て、その奥にはバシリカ状の建物がそびえていた。半円形の広場はクリュプトポルティクス(屋根付きの柱廊)によって囲まれており、さらにそこに接続して浴場などさまざまな施設が東側に建設されていたという。そして、この施設の中心となるバシリカの北にある浴場跡からは碑文の断片も発見された。そこには、コンスタンティウス副帝とガレリウス副帝の称号の一部と思われる文字が刻まれていた。[40] さらに、この遺跡のクリュプトポルティクスからは金メッキされた青銅の文字片三点も発見されている。[41] 遺跡の壮大さや建築技法、そしてこれらの碑文史料をもとに、この施設はマクシミアヌス帝が二九七年から二九八年にかけて北アフリカ遠征をする前にヒスパニアに滞在したとき、二九六年頃に建設させた宮殿だった、と考えられることになった。[42]

しかし、この見方には根強い異論がある。スペインの古代末期研究を代表する研究者の一人J・アルセは、西方の貴族層のヴィッラが皇帝の在所に劣らぬものであったことや、皇帝たちが遠征先に宮殿を建設したわけではないことなどを指摘して、この施設をマクシミアヌス帝が建てさせた宮殿だったとする見方を批判した。この指摘は説得的であり、この遺跡をマクシミアヌス帝の宮殿とする見方は一面的すぎるだろう。先に述べた碑文は断片にすぎないが、皇帝の称号が属格だったことはわかる。アルセも指摘しているとおり、皇帝に対して捧げられた碑文、あるいは皇帝に謝意をあらわした碑文が、その滞在やパトロキニウム(パトロネジ)を示しているわけではないのである。[43]

結局、この遺跡が何だったのか断定することはできていない。属州総督府だったと考えるのが今のところ妥当な解釈と思われるが[44]、かつては市域南方にある川沿いの別の遺跡がそれと同定されていた[45]。都市と皇帝や属州総督との関係を考えるうえで興味深い遺跡であることは確かだが、都市住民への恩恵付与とはいいがたい。ただし、皇帝の、あるいは帝国の威光を示す存在ではあっただろう。

それでは、他の碑文からコルドバ市における属州総督や皇帝の存在を考えてみよう。タッラコ市と同様、コルドバ市でも皇帝に対して捧げられた顕彰碑文がいくつか発見されている。例えば、コンスタンティウス帝に対してバエティカ属州総督オクタウィウス・ルフスが捧げたものや、コンスタンティヌス帝に対して同じくエグナティウス・ファウスティヌスが捧げたもの、などが知られている[46]。これらの顕彰碑文は、その発見場所から、もともとは「植民市のフォルム」に設置されていたと考えられている。このフォルムは共和政期以来の市街地に位置し、市内ではやや北寄りにある。

タッラコ市と同様、コルドバ市にも「植民市のフォルム」のほかに「属州のフォルム」もあったと考えられている[47]。市域の中央部にそのフォルムは想定されており、皇帝礼拝の神官を顕彰した碑文は主にそちらから出土している。すでに見たとおり、タッラコ市では、皇帝に対して属州総督によって捧げられた顕彰碑文は「植民市のフォルム」ではなく、「属州のフォルム」と呼ばれる皇帝礼拝用の区域に設置されていた。コルドバ市の二つのフォルムでは、タッラコ市とは異なる情景が展開されていたことになる。

コルドバ市の「属州のフォルム」を想定したA・U・スタイロウは、四世紀に属州総督が皇帝の顕彰碑文を「植民市のフォルム」に設置していたことに関連して、「属州のフォルム」は四世紀には使われなくなっていた、と指摘している[48]。発掘によれば、この変化はすでに三世紀に進んでいたのだという。神殿は大邸宅へと変わり、フォルムはその機能を停止していた[49]。それに対し、「植民市のフォルム」は引き続きその機能を保っていた。その結果、皇帝の顕彰碑文は、たとえそれが属州総督の手によるものであれ、「植民市のフォルム」に設置されることになったのである。

コルドバ市には、コンスタンティヌス帝に対して近衛長官代行クィントゥス・アエクラニウス・ヘルミアスが捧げた顕彰碑文もあった。[50]残念ながらこの碑文は現存しておらず、本来の設置場所もわからない。しかし、先の状況を考慮すると、この碑文も「植民市のフォルム」に設置されたものだった可能性が高い。

属州総督や近衛長官代行の捧げた顕彰碑文は以上のとおりである。他方、コルドバ市当局の手によって製作された顕彰碑文は確認されていないが、一点だけ興味深い碑文が残されている。その碑文には、コンスタンティヌス帝の父、コンスタンティウス帝の名が刻まれていた。[51]副帝ではなく正帝として刻まれており、ディオクレティアヌスとマクシミアヌスが退位した三〇五年五月からコンスタンティウス自身が死去する翌年七月までの間につくられたものである。高さ一六五センチ、直径四〇センチほどの石灰石製の円柱に刻まれていた。捧げた主体の名は残されていないが、その裏面にアウレリアヌス帝に対して捧げられた碑文も残されていた。[52]そして、アウレリアヌス帝にこの碑文を捧げたのは、コルドバ市ではなく別の都市だったのである。後代に運び込まれた可能性もあるが、皇帝の顕彰碑文を属州首都で立てることもあったのかもしれない。しかし、この碑文の刻まれていた石の形状ゆえ、マイル標石と考える研究者もいる。コンスタンティウス帝の碑文に奉献者の名は残っておらず、いずれにせよ誰が設置したのかは判断できない。

コルドバ市では、皇帝や属州総督による恩恵はタッラコ市ほどには明確に示されていなかった。分割されなかったがゆえに、大きな変化もなかったといえる。他方、コルドバ市当局によってつくられた碑文はやはり見出せなかった。タッラコ市に比べ発掘がそれほど進んでいないことが影響したのかもしれない。また、顕彰碑文の設置されたフォルムのあり方は両都市で大きく異なっていた。コルドバ市では、「属州のフォルム」に設置されていた碑文には皇帝礼拝祭司の顕彰碑文が多く、皇帝の顕彰碑文がほとんど確認されていない。そのうえ、三世紀からすでにフォルムとしての機能を停止しつつあった。コルドバ市では、属州総督も、機能し続けていた「植民市のフォルム」に顕彰碑文を設置していたが、当時のコルドバ市の状況ではやむをえない判断だっただろう。

次に、ルシタニア属州の都エメリタ・アウグスタ市の状況を見ていきたい。

3 エメリタ・アウグスタ市の劇場修築 ヒスパニア諸州総監の役割

古代末期のエメリタ市を語るとき、この都市が『ヴェローナ・リスト』でヒスパニア管区の中心とされている点に注目が集まってきた。[53] 管区の責任者を務める近衛長官代行、あるいは管区代官の在所として、ルシタニア属州にとどまらずヒスパニア管区全体をつかさどる行政の中心として、エメリタ市は多くの人を集めていたとされている。しかし、ヒスパニア管区の責任者たる近衛長官代行がつねにエメリタ市にとどまっていたとは考えにくい。すでに見たとおり、タッラコ市やコルドバ市でも近衛長官代行が皇帝に対して顕彰碑文を捧げていた。また、二九八年の殉教者行伝では、ヒスパニア管区に属する北アフリカのマウレタニア・ティンギタナ属州での裁判に近衛長官代行が関わっていた。このほか、管区代官ガイウス・アンニウス・ティベリアヌスは、三三二年にヒスパリス市でコンスタンティヌス帝からの法文を受領している。[54] 元首政期の属州総督と同様、この時期の近衛長官代行も管区内を巡回していたと考えたほうが自然である。

他方、エメリタ市では近衛長官代行の記録は最近まで発見されていなかった。セプティミウス某の名が残された碑文が発見され、この人物が近衛長官代行としてタッラコ市で顕彰碑文を捧げたセプティミウス・アキンディヌスと同一人物だと考えられるようになったのは最近のことである。[55] この碑文が、エメリタ市で初の近衛長官代行の記録となった。

セプティミウス・アキンディヌスが近衛長官代行を務めたのはコンスタンティヌス治世のことであり、ディオクレティアヌス治世には、エメリタ市がヒスパニア管区の拠点として何らかの役割を果たしたという確実な記録はない。エメリタ市では蛮族を打ち倒す騎兵を描いたレリーフが発見されており、アルセは、その意匠から騎兵をマクシミアヌス帝と解釈している。[56] そして、そのレリーフはもともとアフリカ遠征の勝利を記念して三〇〇年頃に建設された凱旋門の一部だったと推測した。その建設事業がエメリタ市でおこなわれたのはエメリタがヒスパニア管区の中心だったから、とも述べていたが、[57] 近年ではこのレリーフをもっと遅い時期のものとする反論も示されている。[58] ディオクレティアヌス治世の恩恵を示すものかどうかは疑わしい。しかし、コンスタンティヌス治世については、劇場修復を記録した碑文が残されている。[59] 高さ四二センチの横長の大理石板に刻まれたその碑文によれば、コンスタンティヌスとその息子たちが劇場を修復させたのだという。欠損部分が多いものの、この事業の施工者としてセウェルスという名の総監(コメス)と氏名不詳のルシタニア属州総督への言及もある。三三三年から三三五年にかけて、コンスタンティヌス帝がヒスパニア諸州総監セウェルスに宛てて送った法文が何点か残されており、[60] この碑文もその前後のものということになる。

ところで、このヒスパニア諸州総監(コメス・ヒスパニアルム)とは何者だろうか。ここで「総監」と訳した「コメス」は、もともと旅行や遠征に際して皇帝に同行した側近たちの名乗った称号だった。[61] この「コメス」を制度化し等級をつけたのがコンスタンティヌス帝である。例えば、第四章で登場した元老院議員ルキウス・アラディウス・ウァレリウス・プロクルスやクィントゥス・フラウィウス・マエシウス・エグナティウス・ロッリアヌスといった人々は「第一級のコメス」だった。彼らは実際に宮廷で活動していたと考えられているが、他方、宮廷外でも、教会会議への出席など特定の役割をもって派遣される事例が確認されてくる。さらに、ヒスパニア管区に限らず、近衛長官代行や管区代官の代わりに、あるいはその上級職として、管区担当の総監《コメス》がコンスタンティヌス帝によってしばしば任じられていた。ヒスパニア諸州総監はその嚆矢《こうし》といえるものだが、ほかにもアフリカやアシア、オリエンスなどその事例はいくつか知られている。[62]

ヒスパニア管区のトップだった近衛長官代行や管区代官と職務上明確な違いがあったのかどうかはわからない。ヒスパニア諸州総監宛の法文がいくつか残されてはいるものの、その内容から彼らの職務を特定することはできないからである。これらの法文は、逃亡奴隷の扱いについて、商人の負担について、あるいは未成年者の財産保全についてなど、係争中の訴訟に関連したものなのである[63]。ヒスパニア諸州総監についても、教会会議などと同様、コンスタンティヌス帝が特別な任務を与えて信頼のおける人物を総監《コメス》として派遣した、ともいわれている[64]。「コメス」という言葉が示す本来の意味から考えれば、この称号をもつ人物のほうが近衛長官代行や管区代官と呼ばれていた人物よりも皇帝との関係が密接だった可能性は高い[65]。エメリタ市でヒスパニア諸州総監が関与し、皇帝たちが劇場の修復をおこなわせたのは偶然ではなかったと考えられる。

コンスタンティヌス帝没後、その息子たちの治世に、エメリタの競技場もヒスパニア諸州総監の手で修復されたことが碑文からわかっている[66]。ヒスパニア諸州総監ティベリウス・フラウィウス・ラエトゥスが競技場を整備・修復し、見世物を催したことをその碑文は伝えている。三三七年にコンスタンティヌス帝が没したのち、三人の息子がその跡を継いだ。ヒスパニアは長子コンスタンティヌス二世の支配下におかれたため、この碑文ではコンスタンティヌス二世の名は他の二帝とは区別して大きく刻まれている。コンスタンティヌス二世は、三四〇年に末弟コンスタンスと争って敗北したため、コンスタンティヌス二世の名はこの碑文からは削り取られた。さらに、三五〇年にはコンスタンス帝もマグネンティウスによって追い落とされたため、その名も削り取られた。しかし、削り取られてしまったとはいえ、この碑文にはコンスタンティヌス帝の息子たち三人の名がすべて刻まれていたことは再構成でき、エメリタ市での競技場修復は三三七年から三四〇年までの間、コンスタンティヌス帝の死の直後だったことがわかる。

ディオクレティアヌスの治世、タッラコ市では属州総督の名で柱廊建設がおこなわれたが、ヒスパニア管区内で近衛長官代行や管区代官の名で公共事業がおこなわれることはなかった。コンスタンティヌスの治世についても同様で、皇帝に対して顕彰碑文を捧げてはいても、公共事業の主体とはなっていない。それに対し、四世紀前半のヒスパニア諸州総監の碑文を見てみると、いずれもエメリタ市で皇帝の名のもとに公共事業がおこなわれたことがわかる。しかも、競技場では見世物の開催までおこなっていた。皇帝の信頼篤い総監によるエメリタ市への恩恵付与という側面をここに見出すのは自然なことだろう。[67]

ここで修復されたのが劇場、あるいは競技場だったことも重要なポイントである。クリコウスキーは、この劇場の修築について、この時期のヒスパニアでは劇場が使われなくなっていたなかでは珍しい、と評している。[68] 浴場や円形闘技場は市民生活に不可欠なものとして古代末期のヒスパニアでも利用され続けたのに対し、劇場は他のヒスパニア都市では使われなくなっていたからである。それでは、エメリタ市で総監の関与のもと、劇場が修築されたのはなぜだろうか。

エメリタ市は、前二五年、アウグストゥスによって退役兵のために建設された植民市である。[69] 劇場建設もその時期まで遡り、前一五年か前一六年、アグリッパによって建設された。[70] この時期には、劇場だけでなく、円形闘技場などさまざまな公共施設が建設されている。皇帝とこの劇場の関係を考えるうえで重要なことは、この劇場がたんに演劇を鑑賞するための施設だったわけではない、という点だろう。ヘレニズムの伝統に従い、劇場は司法・行政の場としても機能していた。さらに、劇場は皇帝礼拝の場としても重要だったのである。実際、エメリタ市の劇場には、建設者のアグリッパだけでなく、その息子でアウグストゥスの孫にあたるガイウス・カエサルとルキウス・カエサルの像も設置されていた。[71]

コンスタンティヌス治世のエメリタ市の劇場の状態は明確ではないが、劇場がこの時代も引き続き皇帝礼拝の場として機能していた可能性は高い。例えば、イタリアのテアヌム・シディキヌム市の劇場からは四帝統治時代の巨大な皇帝像が発見されている。[72] また、コンスタンティヌス帝が晩年にも皇帝礼拝を認めていたことを伝える有名なヒスペッルム勅答碑文が発見されたのは、その都市の劇場跡だった。その勅答によれば、州会議による皇帝礼拝に際しては、剣闘士の試合や演劇といった見世物も同時におこなわれたらしい。[73] この時代にも、劇場は皇帝礼拝に関係する場として重要な役割を果たしていたのである。

ヒスパニア各地で劇場がその機能を停止するなかで、エメリタ市でヒスパニア諸州総監セウェルスの関与のもとに劇場が修築された背景としては、この劇場が皇帝礼拝との関係で重要性をもっていたことが想定される。また、競技場の修復にも同様の趣旨があったと考えてよいだろう。例えば、タッラコ市の皇帝礼拝の場たる「属州のフォルム」は競技場と神殿をあわせて皇帝礼拝のための複合施設を形成していた。エメリタ市の競技場の建設年代は不明だが、市域の北東に位置していて劇場とは比較的近い場所にある。ヒスパニア諸州総監による劇場や競技場の修復はエメリタ市への恩恵付与ではあったが、その背景には皇帝礼拝の場としての重要性も意識されていたのである。

　この節の最後に、エメリタ市のフォルムの様子も確認しておこう。とはいえ、タッラコ市やコルドバ市と比べると、史料の残存状況は劣悪である。エメリタ市にはタッラコ市と同様、それぞれ「植民市のフォルム」「属州のフォルム」と呼ばれる二つのフォルムがあったといわれている[74]。しかし、そこにあったはずの台座となると、この時期の事例は乏しい。まずディオクレティアヌス治世についていえば、皇帝に対しても、属州総督や近衛長官代行に対しても、捧げられた顕彰碑文は発見されていない。一点だけ興味深い碑文が発見されているが、それは、ユピテル神に対してアエミリウス・アエミリアヌスというペルフェクティッシムス級のルシタニア属州総督が捧げたものだった。ディオクレティアヌス帝とユピテル神の関係を考えると、皇帝礼拝に関係するものにも見える。しかし、「自身と家族の安全のために」捧げた祭壇であり、その側面を過大に評価することはできない[75]。

　コンスタンティヌス治世になると、タッラコ市やコルドバ市と同様、属州総督がコンスタンティヌス帝に捧げた顕彰碑文が見られる。ただし、エメリタ市では三一五年にルシタニア属州総督が捧げた一例しか発見されておらず[76]、その評価は難しい。むしろ、エメリタ市出土の顕彰碑文で注目すべきなのは、すでに触れた近衛長官代行セプティミウス・アキンディヌスに捧げられた顕彰碑文のほうだろう。地元産の大理石でつくられたものだが、残念ながら断片にとどまる。しかし、タッラコ市やコルドバ市の事例とは異なり、この碑文は近衛長官代行が捧げたものではなく、近衛長官代行に対して捧げられたものだった。欠損していて捧げた主体は不明だが、エメリタ市が捧げたものとJ・C・サケットは推測している。[77] もしこの推測が正しければ、この時期のヒスパニアの顕彰碑文として珍しいケースとなる。彼は、この顕彰事業の動機として、管区代官(＝近衛長官代行)としての職務遂行への謝意を想定したうえで、パトロネジ関係の存在も排除できない、と述べている。管区の責任者としての職務の遂行と地元に対する恩恵の付与は表裏一体のものだったと考えられるが、この都市と管区代官個人の関係が任期を越えた継続的なものだったのかどうか、判断は難しい。いずれにせよ、先に挙げた劇場や競技場の修築事業と合わせ、エメリタ市が管区の中心としてさまざまな恩恵を得る機会に恵まれていたことは確かである。

4 属州首都と他都市の「格差」

ここまで、タッラコ、コルドバ、エメリタと三つの属州首都を中心に考察してきた。本節では、この三都市以外のヒスパニア都市の状況を、碑文からわかる範囲でたどっていきたい。本章冒頭でも述べたとおり、発掘の成果や教会会議史料をもとに、古代末期にも諸都市が引き続き機能していたと考えられる一方、碑文史料が激減したこともまた事実である。この状況は何を示しているのだろうか。

まず、公共事業関連の碑文に注目すると、前記三都市以外でこの時期に碑文として記録が残っているのは、現在のリスボンにあたるオリシポ市と、トラヤヌス帝の出身地イタリカの二例だけである。まずはオリシポ市の事例を見ておこう。

この碑文は十八世紀に記録されただけで、実物は残っていない。この碑文によると、クラリッシムス級のルシタニア属州総督ヌメリウス・アルバヌスの命令に基づいてカッシウス浴場が改修され、アウレリウス・フィルムスが監督したのだという。「ネポティアヌスとファクンドゥスがコンスルの年」という表記から、この碑文が刻まれたのは三三六年だったことがわかる。[78] 属州総督がこの事業をおこなったのは、エメリタ市やタッラコ市と同様、この都市も属州行政上重要だったからだという指摘のほか、オリーヴ油の集散地として経済的に重要だったことも要因として挙げられている。[79] こういった指摘も理解できるが、州都以外では総督の関与した公共事業が稀なことを考えれば、この都市と属州総督との間のパトロキニウム関係があったと考えるべきかもしれない。ただし、この碑文には都市当局の直接的な関与を示す文言はない。この事業の施工を監督したアウレリウス・フィルムスの役職は書かれておらず、都市監督官だった可能性が高いものの、推測にとどまる。

イタリカ市の事例は、もともと知られていた碑文に、近年、新しい復元が提案されたものである。それに従えば、コンスタンティヌス帝とその息子たちの名が主格で刻まれていたことになるという。[80] しかし、あまりにも断片的な碑文であり、当時の状況を再構成するのは難しい。エメリタ市やタッラコ市のように、ヒスパニア諸州総監や属州総督を介したものだったのかもしれないが、いずれにせよ都市当局の関与はうかがえない。

次に顕彰碑文に目を向けても、ヒスパニア諸都市によって奉献された事例は限られている。そもそも属州首都だった三都市でも、都市当局が奉献したことが確実な顕彰碑文は発見されていなかった。すでに見たとおり、そう推測される碑文が二点発見されているにとどまる。[81] ガッラエキア属州の首都だったブラカラ市でもコンスタンティヌス帝に捧げられた顕彰碑文が発見されているものの、それを捧げたのは属州総督だった。[82] また、ルシタニア属州総督が四帝統治の皇帝たちに対して捧げた顕彰碑文と思われる台座もオッソノバという町で発見されているが、年代には疑義も唱えられている。[83]

都市が皇帝に捧げた顕彰碑文を見ても、その数はやはり限られている。ディオクレティアヌスとその同僚たちに捧げられた顕彰碑文が一件見つかっているものの、断片ゆえ捧げたのが都市かどうかはわかっていない。[84] マクシミアヌス帝については、タッラコネンシス属州のセガッレンシス市の捧げたものが知られている。[85] コンスタンティウス帝に対して都市が捧げた顕彰碑文は二例知られている。いずれもバエティカ属州のもので、ヒスパリス市とバルバ市が捧げたものである。[86] 後者のバルバ市では、同じフォルム跡からリキニウス帝の顕彰碑文も発見されている。[87] ガレリウス帝の顕彰碑文は発見されておらず、リキニウス帝の顕彰碑文も属州首都以外ではこれがヒスパニアで唯一の事例である。コンスタンティヌス帝の顕彰碑文も、属州首都以外では一例が確認されているのみである。[88] しかし、それも欠損が激しく、誰が捧げたものなのかは判明していない。

これまで見てきたとおり、ヒスパニアでは、属州首都にせよそれ以外の都市にせよ、都市当局が皇帝や属州総督を顕彰するケースはあまり確認できない。確実なのは、コンスタンティウス帝の二点とマクシミアヌス帝、リキニウス帝の各一点、計四点にとどまる。公共事業関連の碑文に目を転じても、属州首都を中心にいくつかの事例が確認できるものの、都市主導で進められたケースは見出せない。ディオクレティアヌスからコンスタンティヌスにかけての時代、ヒスパニアで碑文を残したのは、皇帝とそれに連なる属州総督や総監など高官たちばかりだったのである。[89] 碑文の残存数が少ないとはいえ、それ以前の時期と比べて、また、同時代の属州総督や皇帝たちの名で残された碑文と比べて、ヒスパニア諸都市の碑文製作に対する消極性は否定できない。都市主導で積極的に公共事業をおこなっていた北アフリカ東部の諸都市とはもちろん、減少したとはいえ元老院議員や皇帝たちの顕彰碑文を残したイタリアの都市とも、ヒスパニアの諸都市は異なる行動を示している。

はじめに述べたとおり、クリコウスキーは、この変化をヒスパニアの「ローマ化」プロセスの完了として認識していた。しかし、ヒスパニアが首都ローマ近郊のカンパニア以上に「ローマ化」した、というのは納得しにくい。「ローマ化」の地域ごとのバリエーションを認めるとしても、[90] もう少し碑文の残存状況に即して説明する必要があるだろう。

ヒスパニア諸都市の碑文作製に対する消極性はどこに理由があるのだろうか。イタリアや北アフリカでは、諸都市が皇帝や属州総督、あるいは元老院議員を顕彰するケースは、この時代にも依然として少なくなかった。また、北アフリカでは公共事業でも都市主導で碑文を積極的に残しており、ヒスパニアの状況とは対照的である。

顕彰碑文を作製する動機は明らかである。第Ⅰ部、第Ⅱ部で見たとおり、ある人物からの、あるいはその人物を介した、都市への恩恵付与に対する期待、あるいは謝意の表現である。ヒスパニアでも、エメリタで近年発見された近衛長官代行の碑文の断片はこの類例と考えてよいかもしれない。タッラコで都市監督官が属州総督を顕彰した碑文を例として挙げてもよいだろう。しかし、それ以外、ヒスパニアでは類例がない。都市が皇帝に捧げた顕彰碑文もわずかであり、皇帝礼拝も盛んではなかった。それに対し、属州総督をはじめ属州行政に携わる高官たちは属州首都で皇帝に顕彰碑文を捧げていた。公共事業関連の碑文でも、皇帝や総監、あるいは属州総督たちが事業主体として都市に恩恵を与えたことを積極的に示そうとしている。この対照は、ヒスパニア諸都市がさまざまな負担を課される一方で、それに対する見返りを期待できなかった状況を反映しているのではないだろうか。

カンパニア州やアフリカ・プロコンスラリス属州といった皇帝や属州総督の名を伝える碑文が多い地域は、元老院議員との関係が比較的深い地域だったことを思い起こす必要がある。イタリアや北アフリカに比して、ヒスパニア出身者は、二世紀のトラヤヌス帝やハドリアヌス帝の治世以降、中央政界での勢力を衰えさせていた[91]。そのことが、皇帝や元老院議員といった有力者からの恩恵付与、いわば利益の還元を減少させていたのである。都市機能は古代末期まで維持されていたとしても、ヒスパニアではことさら有力者の顕彰をおこなう状況にはなかった。そう考えれば、皇帝や属州総督が事業主体となる形で公共事業を進めたことを碑文に刻み、誇示する必要があった理由も理解できる。

ディオクレティアヌス改革によって都市に対する管理が強化されたのか、という本書での問いについていえば、皇帝や属州総督、あるいは総監が主体となる形で碑文が残されたことは、帝国管理の強化に対する肯定的な回答に見える。しかし、それらの碑文の発見場所が属州首都に限られていたこと、また諸都市への介入手段と想定されてきた都市監督官に言及した碑文がほとんど見られないこと、これら二つの事実が、大半の都市がそのような状況にはなかったことを示している。この時代のヒスパニア諸都市が大きな転換期を迎えていたとすれば、それは皇帝や属州総督による管理が強まったことではなく、諸都市が彼らの存在に、あるいはローマ社会に属しているのを表明するという行為に、関心を示さなくなっていたという点こそ重視されるべきなのである。

おわりに

ヒスパニアでは、皇帝や属州総督、ヒスパニア諸州総監といった帝国中央の支配階層に連なる人々が属州首都を中心として碑文を残すことが多かった。建築碑文であれ顕彰碑文であれ、その傾向に違いはない。それに対し、属州首都を含め、ヒスパニア諸都市が主導して碑文を製作するケースは稀だった。都市の奉献した皇帝の顕彰碑文はわずか四例を数えるにすぎず、属州総督や近衛長官代行を称えた碑文もほとんどない。他方、属州総督や近衛長官代行は属州首都で皇帝に対して碑文を捧げ、皇帝の名で、その権威を示すかのごとく公共事業を積極的に進めていた。イタリアや北アフリカの状況と比べたとき、碑文作製に対する都市の消極性と属州総督など帝国当局者の積極性は対照的なものといえる。

この事実は、イタリアや北アフリカといった顕彰碑文の盛んにつくられた地域が元老院議員との縁が深く、皇帝や元老院議員自身からの恩恵付与を期待しえたのに対し、ヒスパニア出身者は中央政界での影響力を弱めており、諸都市が恩恵を実感しにくい状況にあったことを反映しているものと思われる。ヒスパニア諸都市はその負担に見合うだけの見返りを受け取っていないと感じていた。それゆえ、イタリアや北アフリカと比べて皇帝や元老院議員への謝意表明の機会が少なくなり、碑文総数の減少という結果を生んだ。それに対して、属州総督や皇帝に派遣された総監は、恩恵を付与してみせねばならなかった。しかし、現実には、その力は属州首都までしか及ばなかったのである。

碑文総数の減少というこの状況を、クリコウスキーのように「ローマ化」プロセスの完了として評価することも一面においては可能かもしれない。しかし、顕彰碑文が減少し、建築碑文でも皇帝の安寧を祈る表現が見られないという事態は、「ローマ帝国」に対してヒスパニア諸都市が関心を失いつつあったことを示していたのである。

次章ではガリアやゲルマニアの状況を見ていこう。ヒスパニア以上に碑文の数は少ないが、この時期のガリアやゲルマニアの都市と皇帝の関係はいかなるものだったのだろうか。

第十章　ガリア、ゲルマニアの諸都市と四帝統治の皇帝たち

クラロとモゴンティアクムの碑文を中心に

はじめに

ディオクレティアヌスの治世、ガリアやゲルマニアの諸属州も地方統治機構改革の対象となった。しかし、その実態を碑文史料から考えようとすると、大きな障害につきあたる。元首政期以来、これらの地域は碑文の数が少なかったうえに、[1] 三世紀にはさらに減少してしまったからである。蛮族の侵入といった「危機」の影響にも見えるが、第Ⅲ部冒頭で述べたように、その結論を急ぐべきではないだろう。この章では、残された史料から、この時代のガリアやゲルマニアの諸都市と帝国の関係について考えていくことにしたい。

この地域の属州再編については、『ヴェローナ・リスト』から得られる情報がその大半を占める。それによれば、この地域にはウィエンネンシス管区とガリア管区が設定されていた。ウィエンネンシス管区は現在のフランス南部、かつてのナルボネンシス属州やアクィタニア属州などからなり、ウィエンナ市(現ウィエンヌ)を中心として七つの属州から構成されていた。ガリア管区はかつてのルグドゥネンシス、ベルギカと上下ゲルマニアの四属州の地域に相当し、八つの属州から構成されていたとされる。[2] ただし、これらの属州の総督たちや管区代官についてわかっていることはさほど多くない。碑文や頌詞から知られている属州総督もいるとはいえ、そこから得られる情報は限られている。[3]

しかし、諸都市と帝国の関係を明らかにしてくれる史料がまったくないわけではない。例えば、これまでにも何度か取り上げたラテン語の頌詞がある。それらの頌詞をつくったのは、アウグストドゥヌム(現オータン)やアウグスタ・トレウェロルム(現トリーア)といった町の修辞学教師であり、頌詞は、これらの都市が宮廷に派遣した使節によって発表されたと考えられている。[4] これらの頌詞では、出身都市への愛着が、あるいは皇帝の恩恵によって再建された生まれ故郷アウグストドゥヌム市の様子が、たびたび語られている。[5] ガリアの人々も都市への愛着をもち、地方都市は機能し続けていたのである。

それでは、碑文からいえることは何かないのだろうか。この地方の都市と帝国の関係を考えるうえで参考になりそうな碑文は、以下の数点にとどまる。まず、ディオクレティアヌス治世のクラロ(現グルノーブル)では、皇帝たちが市壁を建設し、その名を門の上に刻ませたことが知られている。また、モゴンティアクム(現マインツ)では、都市当局が皇帝たちに対して碑文を捧げている。コンスタンティヌス治世には、レミの首邑《しゅゆう》ドゥロコルトルム(現ランス)でコンスタンティヌス帝が国庫(フィスクス)の支出で浴場の建設をおこなった記録があるほか、[6] アレラテ(現アルル)ではコンスタンティヌスとその息子たちに対して捧げられたフォルム(広場)の碑文が復元されている。[7] 本章では、これらの碑文のうち、とくにディオクレティアヌス治世の二都市の碑文について考察していく。もともと碑文の作製点数が少ないうえ、残存状況の悪いこの地域において、これらの碑文はいかなる状況で、すなわち、いつ、誰の手によって、何のために作製されたのだろうか。これらの碑文作製の背後に想定される状況を再構成することで、ディオクレティアヌス改革がガリアやゲルマニアの諸都市にもたらした変化を明らかにしていきたい。

1　クラロの市壁建設の意義

クラロの市壁碑文

はじめに取り上げるクラロの碑文は、市壁に設置された門の上に刻まれていた。二カ所の門にそれぞれ同じような碑文が刻まれていたという。碑文によれば、一方は、ディオクレティアヌス帝とマクシミアヌス帝が、クラロ市の城壁を内部の諸建築ともども完成させたのち、ローマ門をユピテル門と呼ぶよう命じた、と述べ、他方は、ウィエンナ門をヘルクレス門と呼ぶように命じた、とされている。[8] それぞれが、ディオクレティアヌス帝とマクシミアヌス帝の守護神に対応しているのは明らかである。これらの碑文には、皇帝たちが市壁とその内部の建物を建設させ、門の名を定めたことが明確に示されている。

これらの碑文が刻まれていた門は、前者は十六世紀末、後者は十九世紀初頭には破壊されてしまった。そのため、碑文自体は残っていない。しかし、十五世紀以来いくつかの記録に残されており、多少の修正が提案されているものの、内容自体が大きく違っていることはないと考えられる。また、この市壁と門があった場所もほぼ判明している。市壁は市街中心部を囲む楕円形の形状で、囲まれた範囲は九ヘクタールほどだった。ローマ門は市壁の南西側、ウィエンナ門は北東側にあったという。[9]

ガリアやヒスパニアでの市壁の建設は、第Ⅲ部冒頭で述べたように、必ずしも「三世紀の危機」の時代に限定されるものではない。考古学や建築史の観点から必ずしも年代が特定できないものが多いなかで、クラロの事例は碑文から年代が確定できる貴重なものといえる。[10] この碑文に残る皇帝たちの名からすると、クラロの市壁建設はマクシミアヌス帝の即位以降であり、かつ四帝統治体制発足よりも前、すなわち二八六年から二九三年までの間となる。また、この市壁建設の理由としては、防衛という目的が真っ先に挙げられる。実際、エウトロピウスは、恐らく二九〇年代末の出来事として、コンスタンティウス副帝がリンゴネス族の地でアラマンニの大軍と出会い、市門が閉鎖されていたために綱で引き上げられて壁を越え、救助されたというエピソードを伝えている。[11] ただし、これは現在のラングル、グルノーブルよりはるかに北のシャンパーニュ地方での出来事であり、しかも、そこですらライン川沿いの前線から遠く隔たっていることを理由に、このエピソードは真実ではないとする見方もある。[12] アルプス山脈近くではバガウダエの活動が活発だったといわれており、クラロでの市壁建設の目的としては、ゲルマン系の侵入者よりも、むしろ地元の盗賊対策を考えるべきだろう。[13] いずれにせよ、この市壁の建設では実用的な役割が重視されていたものと思われる。

この市壁につくられた二カ所の門の上には、先に述べた碑文が刻まれていた。クラロの碑文では、皇帝が主体となって市壁を建設したことは明らかである。イタリアや北アフリカの事例を思い起こせば、皇帝の名が主格で刻まれているという点で、この碑文は注目に値する。この時代の他都市での市壁建設に関する碑文は知られておらず、そもそも市壁が三世紀後半に建設されたものだったのかもわかっていない。そのような状況下で、このクラロの市壁建設碑文はどのような意味をもつのだろうか。この地域の「壁」建設を伝える他の碑文とも比較しながら、クラロの市壁建設の意義を考えてみよう。

ディオクレティアヌス治世の砦の「壁」

都市関係の碑文の数は限られているものの、じつはディオクレティアヌス治世のこの地域の「壁」の建設を伝える碑文が、他にも三点ほど知られている。そのなかでも比較的保存状態の良いウィトゥドゥルムの碑文を見てみよう。高さ七三センチ、幅一六五センチ、厚さ二五センチの横長の石に、高さ六・五~七センチほどの文字で七行にわたって碑文が刻まれていた。中世以来、ドイツ南部、スイスとの国境に位置するコンスタンツにあることが知られていたが、現在はスイスのヴィンタートゥールの市役所で展示されている。[14]
この碑文は七行にわたって石に刻み込まれているが、一・二行目にディオクレティアヌスの、三・四行目にマクシミアヌスの名が刻まれ、五行目から六行目の初めまでを副帝たちの称号が占めている。正帝たちの名は「ゲルマニアの征服者、サルマティアの征服者、ペルシアの征服者」という征服称号のほか、最高司令官としての歓呼の回数や護民官職権の回数まで刻まれていた。そのため、この碑文が作製されたのは二九四年だったことがわかっている。そして、皇帝たちが自らの負担で土台からウィトゥドゥルムの壁を建設した、と述べ、最後の行に、ペルフェクティッシムス級の属州総督アウレリウス・プロクルスが監督した旨、絶対奪格で追記されている。
この碑文に記されているウィトゥドゥルムの遺跡は、ヴィンタートゥールの南西二・五キロほどのところに位置しており、街道沿いに建設された砦だった。アウグストゥス期にウィンドニッサに軍団が配置された際、この地にも部隊が駐屯したのが始まりだったとされる。その後、周辺に集落も成立したが、この碑文にある壁は砦を囲むものだったと思われる。壁に囲まれた広さは七二〇〇平方メートルほどで、ベル型の砦だったという。[15]
クラロの碑文との比較で、この碑文で注目すべき点は二つある。
まず、この碑文には属州総督の関与が明示されている点が挙げられる。ランバエシスやタッラコの碑文を思い起こせば、皇帝が建設主体と記されている場合でも、実際の施工者は現地の属州総督、というケースはそれほど奇異の念を抱かせるものではない。『スイスのローマ碑文集（*RIS*）』を編集したG・ヴァルサーは、ディオクレティアヌスが東方へ戻る前の碑文であるとし、皇帝の直接的な関与を示唆しているが、必ずしもそう考える必要はないだろう。[16] それに対し、クラロの碑文に属州総督への言及はない。この碑文で主体として言及されていたのが皇帝のみだったことは注目すべき点といえる。
第二に、皇帝の称号にゲルマニアなどの征服称号が含まれている点である。これは、ドナウ川沿岸の砦の建設碑文で違には注意を要する。

号はない。クラロの碑文と同様、建設されたのが「壁」だと述べられているとはいえ、砦という純軍事的な施設との相

も確認されるもので[17]、軍事施設だったために重視されたものと考えられる。他方、クラロの市壁の碑文に皇帝の征服称

「壁」に触れた残る二碑文は欠損が激しく、このウィトゥドゥルム碑文をもとに復元されている。一方は「タスガエティウムの壁」の再建記録であり、コンスタンツ湖南西のライン川沿いの砦である[18]。先のウィトゥドゥルムに非常に近いが、この砦は円形の塔をともなった正方形であり、形状はだいぶ違っていたらしい[19]。残念ながらこの碑文は断片的なものであり、肝心の「壁」の部分は補いに頼らざるをえないが、属州総督の関与も記録されていたと考えられる。

もう一点は、ラウリカ(現アウグスト)で発見された断片である[20]。ラウリカは現在のスイス、バーゼル近くのライン川南岸に建設された植民市だった。この碑文は、長らくウァレンティニアヌス帝、ウァレンス帝、グラティアヌス帝の三人が「マギドゥヌムの壁」を建設した記録だと考えられてきた。近年、P゠A・シュヴァルツが再利用の状況を再検討し、皇帝の称号に含まれる「ペルペトゥウス」の用例を調査したうえで、ディオクレティアヌス治世のものだった可能性を指摘している[21]。属州総督の関与は確認できないものの、軍部隊による施工だった。古代末期と中世の二度にわたって再利用されたため、この碑文に言及されている「マギドゥヌム」の位置はわかっていない。ラウリカ市の古代末期の名とも、近隣の砦の名とも考えられている。

いずれの事例でも、ウィトゥドゥルムの碑文と同様、クラロ市壁の碑文とは明らかに内容に違いがある。砦の「壁」の建設は、皇帝たちの名で、その地の軍事施設の責任を負う属州総督が担当していた。他方、クラロの市壁建設は皇帝たちの名で事業がおこなわれたものの、それを施工したと思しき地方官は登場しない。クラロの市壁建設は、どのように進められたのだろうか。

同じ「壁」の建設であっても、砦などの軍事施設と市壁の建設では、その意思決定の過程には大きな違いがあったは

ずである。地方都市の市壁建設は一義的には都市側の責任に属すべき事項であって、属州総督や皇帝が自らおこなうべきことではなかった。クラロの市壁建設碑文を、砦と同様に軍事的な目的を反映したもの、と単純に見なすべきではない。そもそも、ウィトゥドゥルムやラウリカなどと比べると、クラロは前線からは遠く隔たっていた。クラロという町の性格から、市壁碑文の意味を考えてみよう。

クラロと皇帝たち

クラロとは一体どんな都市だったのだろうか。まず注意すべきなのは、現在のグルノーブルにあたるこの都市が、元首政期には、本書で用いてきた意味での「都市」ではなかったという点である。つまり、クラロは皇帝から「都市」と認められてはおらず、遠く離れたウィエンナ市の一部を構成していた。その「都市」を構成する集落の一つにすぎなかったのである。この「都市」は、ローヌ河畔のウィエンナ市街からレマン湖の畔、現在のジュネーヴなども含む広大な領域からなっていた。[22]

ウィエンナの例にも見られるように、ガリアの「都市《キウィタス》」は、イタリアや北アフリカのそれとはいささか異なる性格をもっている。それは、ラテン語の「キウィタス」の示す内容が、「市民権」「市民権をもつ人々の集団」あるいは、「(市民たちと領域によって構成される)国家」を示していたことに起因する。ローマ人がはじめてガリアの地に入ったとき、そこに住む人々の集団は「キウィタス」として認識されることになった。従って、アウグストゥスがガリアを属州として編成したとき、一部に建設された退役兵植民市を除き、ガリアは六四の「都市」に分割されることになったのである。[23]ここでいうウィエンナ市とは、共和政末期の政治史にしばしば登場する「アッロブロゲース族」のことだといえばイメージしやすいかもしれない。この広大な「都市」をイタリアや北アフリカといった地方の都市と同様に見なすのは難しい。この「都市」のなかにはいくつかの都市的な集落があり、「町(パグス)」「村(ウィクス)」と呼ばれた。[24]そして、そのうちの一つが「都市の首邑（カプト・キウィタティス）」と呼ばれたのである。

クラロはこうした領域内村落の一つにすぎなかった。イゼール川の渡河地点に位置し、ローマ支配以前から集落は存在したらしい。古くは共和政末の内戦期、ムナティウス・プランクスのキケロ宛書簡にも登場するが、[25]アクィレイアなどと比べ、それほど戦略的に重要な場所だったとは考えにくい。『ポイティンガー図』でも言及されているものの、街道沿いに小さな文字を見出せるのみである。ただし、税関が存在したことは確認されており、[26]ガリアと北イタリアを結ぶ街道筋である程度の重要性はもっていたと思われる。

元首政期には、この集落と皇帝の関わりは薄い。百点ほどの碑文がこの地で発見されているものの、元首政期の皇帝に触れた碑文は、退役兵の墓碑一点のみである。[27]しかし、三世紀後半になると、市壁の碑文とは別に興味深い碑文も発見されている。夜警長官（プラエフェクトゥス・ウィギルム）ユリウス・プラキディアヌス指揮下でナルボネンシス属州に派遣された兵士・軍人たちがクラウディウス二世（在位二六八〜二七〇）に対して捧げた碑文がそれである。[28]この碑文中で「ナルボネンシス属州へ行軍中」と述べられている部分には、じつは大きな意味がある。クラウディウス二世は「ゴティクス」とも呼ばれることからわかるとおり、有能な軍人皇帝だった。しかし、彼の治世には「ガリア帝国」が分離した状態にあった。ガリアの諸都市は、クラウディウス二世とは別に、ポストゥムスの後継者ウィクトリヌスを皇帝としていただいていた。クラロは、そのガリアを再統一するための橋頭堡《きょうとうほ》となっていたのである。

J・F・ドリンクウォーターは、この碑文を同時代の規準からすれば大型できれいに刻まれたものだ、と評している。[29]また、クラロ南方一五キロほどの場所から別の碑文も発見されている。その碑文では、先の夜警長官プラキディアヌスが近衛長官として言及されており、さほど間をおかず昇進したものと考えられる。[30]この時期から、クラロは北イタリアとガリアを結ぶアルプス山中の拠点として重視され始めたのである。[31]

ディオクレティアヌス治世の前半にクラロで市壁が建設されたことはすでに述べた。クラロが都市に昇格した時期は不明だが、この市壁建設と都市昇格を結びつける研究者もいる。[32]その後、グラティアヌス帝(在位三六七〜三八三)の治世、この都市はグラティアノポリスと名を変える。グルノーブルという現在の名につながる名前である。この改名は、皇帝の滞在が契機だったと考えられている。[33]

こうした前後の状況を考えると、ディオクレティアヌス治世の市壁建設も、北イタリアとガリアを結ぶ街道上の拠点となったために、マクシミアヌス帝自身(あるいは皇帝の側近たち)が主導した結果だった可能性が高い。すでに確認したとおり、砦などの壁を建設した碑文では、属州総督らが施工者として登場していた。それに対し、クラロの碑文であらわれるのは皇帝のみである。しかも、都市の北東と南西の二つの門でそれぞれ名を変え、ユピテルとヘルクレスという皇帝たちの守護神に対応した名をつけていた。

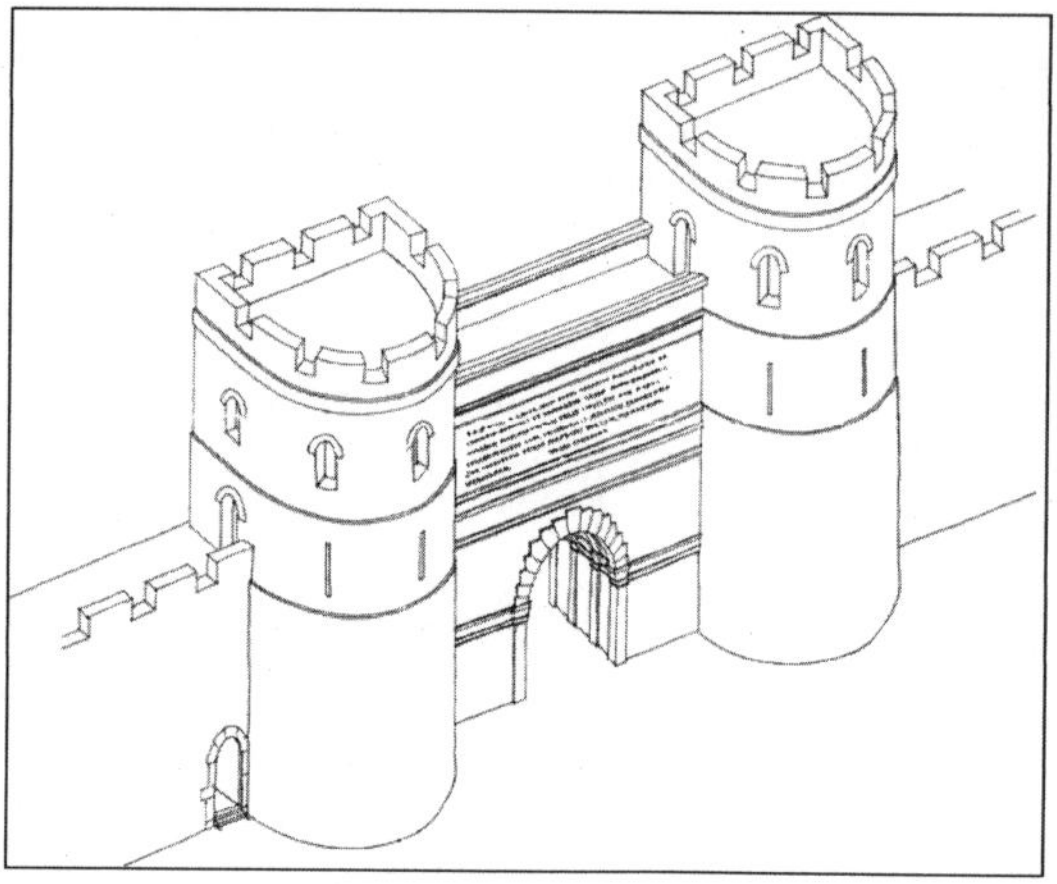

図12　クラロのウィエンナ門の復元図
出典：B. Rémy et J. -P. Jospin, *Cularo Gratianopolis Grenoble*, Lyon, 2006, 102.

これらの碑文は市街地に入る門の上に刻まれており、中世以来いくつもの記録が残されてきた。これらの碑文は、北イタリアとガリアを結ぶ街道を行きかう人々の目に入りやすい場所にあったのである。市壁の門の上に刻まれた碑文は、この市壁が都市の防衛という目的だけではなく、皇帝のプロパガンダとしての目的ももっていたことを示している(図12参照)。

また、これらの碑文に地元の都市当局の姿があらわれないことにも注意せねばならない。この時期にクラロが都市に昇格したという想定を受け入れるとしても、この集落に市壁建設を自発的におこなうだけの力、あるいは意思、はなかったのである。北アフリカや小アジアなどと異なり、ガリアでは村落が都市に昇格した事例はほとんど確認できない。碑文が少ないこともあるが、五世紀初頭にも「都市」の数はそれほど多くなかったと考えられている。[34]そのなかでクラロが独自に都市昇格を目指したとは考えにくい。クラロの市壁に都市のステータスを示す機能を認め、都市昇格がディオクレティアヌス治世だったとした場合、それは皇帝の意向を反映したものだったと考えるべきだろう。

ただし、この都市がガリア統治のなかで大きな役割を果たしたわけではなかったことには注意を要する。すでに述べたとおり、クラロの市壁が囲む領域は九ヘクタールほどだった。コンスタンティウス帝が長く滞在し、のちにガリア道長官の在所となったアウグスタ・トレウェロルム(現トリーア)はガリアでは例外的な広さを誇り、市壁の長さ六キロ、広さ二八五ヘクタールに及ぶ。[35]コンスタンティヌス帝が浴場を建設した記録の残るレミの首邑ドゥロコルトルム(現ランス)は、大幅に面積を減じつつも五五ヘクタール以上に及んでいた。[36]クラロの市壁は、碑文での皇帝の現れ方とは対照的に、決して大規模なものではなかったのである。現在のパリにあたるルテティアの市壁内の面積も九・五ヘクタールであり、クラロの市壁のサイズはガリアでは平均的なものだったというが、[37]あくまでも北イタリアとガリアを結ぶ街道沿いに位置し、皇帝たちがこの地を行きかう機会が増えた結果、恩恵を受ける契機を得たものと考えられる。

さて、この地域での都市昇格をめぐっては、ライン河畔の都市モゴンティアクムでも興味深い碑文が発見されている。次節では、モゴンティアクムの事例を考えてみたい。

2 モゴンティアクム市の都市昇格

モゴンティアクム碑文

モゴンティアクム市は現在のマインツにあたり、ローマ帝国によるゲルマニア支配の拠点の一つだった。[38]アウグストゥス期に二つの軍団が駐屯し始め、九二年以降は第二二プリミゲニア軍団が駐屯していた。要塞の周辺には集落も発達し、上ゲルマニア属州の州都として繁栄した。[39] 文献史料にもたびたび登場し、八八〜八九年にはサトゥルニヌスの反乱の舞台ともなっている。軍団とともに成立し、軍団とともに歩んだ都市なのである。ディオクレティアヌスの治世、マイル標石を除けばこの地域で唯一、確実に都市が主体となって製作された碑文がこの地には残されている。それによると、「帝室に敬意を表し、最善・最高のユピテル、ユノ・レギナ、ミネルウァ、不死の神々と女神たちに対して」四帝統治の皇帝たちの安寧と安全のためにモゴンティアクム市が捧げた、のだという。碑文の最後には、アウレリウス某という属州総督だったと想定される人物の名も刻まれていた。[40] 右半分と上下が欠損しているものの、大部分は復元可能な範囲である。ただし、下部の欠損は補いがたく、モゴンティアクム市のあとにある人名の肩書は不確実である。『ラテン碑文集成』では最後の部分を「クラリッシムス級の上ゲルマニア属州総督（コンスラリス）」と補っているが、年代を考えれば不適切だろう。[41] モゴンティアクム市は属州首都であり、ここに属州総督の名を想定すること自体はそれほど不自然ではないが、ディオクレティアヌス治世には、アフリカ・プロコンスラリス、アシアと、イタリア各州を除いて、原則として元老院議員の属州総督は確認されていない。「コンスラリス」を属州総督の称号として用い始めるのもコンスタンティヌス治世のことであり、[42] この碑文で補うには無理がある。他の属州総督の事例から考えれば、「ペルフェクティッシムス級の上ゲルマニア《ゲルマニア・スペリオル》属州総督（プラエセス）」といった形が自然だろう。[43] 属州分割後なら「第二ゲルマニア《ゲルマニア・セクンダ》」だったかもしれない。

　欠損部分の補いについてはこの程度にして、内容がある程度確実にわかっている碑文前半の部分に戻ろう。[44] 冒頭の「帝室に敬意を表して」という表現は、建築事業の目的を示すものとして用いられる定型的な表現の一つである。一世紀から見られる表現だが、その用例はもともとゲルマニアを中心として北西部の属州に多かった。[45] この時期の碑文は数も少なく、用例は非常に限られている。この碑文のほかには、ボンナ（現ボン）の軍団司令官が四帝統治の皇帝たちの安寧を祈ってマルス神殿を再建したことを伝える碑文に登場しているほか[46]、同じゲルマニアで三一五年にミトラス神に対して捧げられた碑文でも見出される[47]。しかし、碑文総数の多い北アフリカやイタリアでの用例はない。ライン川流域、とくに中・下流域で三例発見されるのみ、ということになる。

皇帝たちの安寧のためにカピトリウムの神々に対して都市が捧げものをする、というケースは北アフリカ、セゲルメス市で類似の事例が見られる[48]。カピトリウムの建設記録であり、三つの断片からなる楣石《まぐさいし》に刻まれていた。モゴンティアクムではいまだ遺構は確認されていないものの、この都市でもディオクレティアヌス治世にカピトリウムの神々のための神殿が建設、あるいは修築されたのかもしれない。しかし、ユピテルと不死の神々に捧げる、という部分に目を向ければ、むしろ第八章で紹介したマウレタニアの属州総督たちの捧げた碑文との類似性のほうに注目すべきかもしれない。

モゴンティアクムの都市昇格

ところで、この碑文でとくに注目を集めてきたのは、その奉献主体が「モゴンティアクム市」と述べられている点だった。本節冒頭でも述べたとおり、モゴンティアクム市はアウグストゥス期以来軍団が駐屯し、周辺には集落が発達した。上ゲルマニア属州総督もこの地におり、属州首都だったとされている。碑文も九〇〇点以上発見されている。それにもかかわらず、この集落が「都市(キウィタス)」として確認できるのは、ディオクレティアヌス治世のこの碑文がはじめてのケースなのである[49]。これ以前の碑文では、モゴンティアクムは「村(ウィクス)」と呼ばれており、モゴンティアクムが「都市」に昇格したのは三世紀末のことだったと考えられている[50]。それに対し、近年では、「COL」という碑文の略号を、「組合(collegium)」ではなく「植民市(colonia)」を示すものと解し、モゴンティアクムが早くからラテン植民市だったと主張する研究者もいる[51]。いずれの立場からも決定的な根拠を示すには至らず、現時点での回答は難しい[52]。

モゴンティアクムが「都市」になったのはいつのことだったのだろうか。この問題を解く鍵は、この碑文に「モゴンティアクム市(キウィタス・モゴンティアケンシス)」と記されていたところにあると考えられる。下ゲルマニア属州の首都だった現在のケルンは、植民市だった。これはアウグストゥス期にローマ市民が入植した結果である。また、軍団基地の周辺に発展した集落でも、のちに「植民市」に昇格した事例はある。第七章で見たランバエシス市などはその典型例といえる。それに対し、ランバエシスよりも早くから軍団基地周辺に集落が発展していたはずのモゴンティアクムは単純に「都市」と呼ばれている。C・ルプレによれば、「植民市(コロニア)」「自治市(ムニキピウム)」といった法的な区分が意味をなさなくなる三世紀末以降に昇格した都市は、単純に「都市(キウィタス)」とだけ呼ばれることになったという。[53]彼が例として挙げているのは、第Ⅱ部で何度か登場したビュザケナ・ウァレリア属州総督クィントゥス・アラディウス・ウァレリウス・プロクルスを都市のパトロヌス(保護者)に選んだ六都市の一つ、ファウスティアネンシス市である。実際、他の都市が「植民市」「自治市」と正式な名称を主張するなかでこの都市だけが異なり、何らかの相違があったことは確かである。

モゴンティアクム市では、三世紀後半、ゲルマン人が侵入してくるなかで市壁が建設された。その市壁に囲まれた面積は一二〇ヘクタールにも及ぶ。[54]アウグスタ・トレウェロルム市には及ばないにせよ、ガリアのなかでは十分に大きい部類に入る。また、リヨンのメダイヨンが示すように、モゴンティアクムはマクシミアヌス帝のアラマンニ族掃討作戦の拠点ともなり、周囲には皇帝の肝いりで蛮族の入植もおこなわれた。[55]属州首都であり、皇帝も滞在したモゴンティアクムほどの都市が、たんに「都市」と表現されているのは、都市昇格が三世紀末だったことを反映したものと考えれば理解できる。

すでに述べたとおり、クラロでも市壁建設と都市昇格の関連性が指摘されていた。その事例もあわせて考えると、三世紀末、ガリア諸属州・管区の再編成が進められるのにともない、また、とくに北方では蛮族の入植まで進められるなかで、都市領域の再編成も同時に進められた可能性が指摘できる。ガリアやゲルマニアでの碑文出土数はあまりに少なく、論証は難しいものの、ガリアにはマクシミアヌス帝やコンスタンティウス帝がしばしば滞在していた。少なくとも、クラロのような街道沿いの都市や、モゴンティアクムのように属州首都であり遠征の拠点ともなった都市は、皇帝たちの進める地方統治機構の再編の影響を受けやすい位置にあった。従来、村落が都市に昇格する事例がさほど見られなかったガリアやゲルマニアで、皇帝の滞在が都市昇格への契機となった可能性は高い。

ただし、その都市昇格のプロセスは都市によって異なっていた。本章で検討した碑文の事業主体に注目する限り、クラロでは皇帝のイニシアティヴが、モゴンティアクムでは都市側のイニシアティヴが強かったものと思われる。この相違は、モゴンティアクム市のほうが人口も多く、もともと集落内の自治組織を有していたことから説明されよう。モゴンティアクム市では、もともと存在していた村落の自治機構が都市昇格へのイニシアティヴを発揮しえた。それに対し、三世紀後半から街道の往来の拠点となり始めたクラロは、自力での市壁建設は難しかった。その結果、先の碑文でも明らかなように、皇帝の恩恵として市壁建設をはじめとする事業が進められることになったのである。

おわりに

ディオクレティアヌスの治世について、ガリアやゲルマニアで出土した碑文史料は決して多くはない。そのなかで、クラロとモゴンティアクムの碑文は、この時期の都市に起こった変化を示す貴重な史料である。

クラロの碑文では、ディオクレティアヌス帝とマクシミアヌス帝が、市壁をその内側の建物ともども建設し、門に自らの守護神にちなんだ名をつけたことが記録されていた。この碑文では、皇帝たちが事業の主体として言及される一方で、属州総督や都市当局の関与はまったく見出せない。同時代のガリアやゲルマニアでは、クラロ市と同じく「壁」を皇帝たちが建設したことを伝える他の碑文も知られているが、それらは軍事施設の建設事業を伝えたものだった。しかも、それらを記録した碑文には属州総督の名も記されており、皇帝の意を受けたものであるにせよ、施工者は属州総督だったと考えられる。それに対し、クラロ市の碑文には事業の主体として皇帝の名しかあらわれず、マクシミアヌス帝やその側近たちがイニシアティヴを握っていたことを強く感じさせるものだった。

この市壁建設事業の背景として、クラロ市のおかれた状況が変化していたことも考慮せねばならない。元首政期、クラロは長らくウィエンナ市の一部を構成していた。しかし、三世紀後半になるとクラロは北イタリアとガリアを結ぶ街道上の拠点として重視されるようになった。クラロが都市に昇格した時期は不明だが、四世紀後半にはグラティアヌス帝の名にちなんでグラティアノポリスとその名を変えている。このときまでには都市に昇格していたはずである。そこで注目されるのがディオクレティアヌス治世の市壁建設であり、この市壁建設は都市昇格の反映とも見なされている。クラロ市は、ウィエンナ市の一領域内村落から、街道沿いの拠点として皇帝たちの関心を引き止めるほどになったのである。

他方、モゴンティアクム市は上ゲルマニア属州の首都として発展した。しかし、軍団基地の周囲に成立したこの集落が都市に昇格したのは三世紀末のことだったと考えられる。この地では数多くの碑文が発見されているにもかかわらず、「モゴンティアクム市」と記録された碑文が見出されるには、ディオクレティアヌス治世を待たねばならない。モゴンティアクムほどの大きさの都市がたんに「都市」と呼ばれているのは、「植民市」「自治市」といった区別が意味を失った三世紀末以降に昇格したためだったと考えられる。

これらの事例を見てくると、クラロとモゴンティアクムという非常に限られた事例ながら、この時期、ガリアやゲルマニアでは村落の都市への昇格が相次いだことになる。イタリアや北アフリカの都市とは異なり、この地域の都市は広大な領域からなっていたが、都市の領域内村落が都市へ昇格する事例は少なかった。ディオクレティアヌス治世には、属州分割や管区の設置という地方統治機構の再編成にともなって、さらに蛮族の入植も進むなかで、ガリアやゲルマニアの都市領域にも変更が加えられることになったのである。

このように、ガリアやゲルマニアの諸都市も、ディオクレティアヌスによる地方統治機構改革の影響を蒙った。それをこの地方の人々がどう受け取ったのかは、いくつかの頌詞とモゴンティアクムの碑文といったごくわずかな史料から考えるよりほかないが、少なくとも碑文の残存状況は、イタリアや北アフリカよりも、ヒスパニアの状況に近いだろう。皇帝たちに捧げられた顕彰碑文なら、アウグスタ・トレウェロルムで前線指揮官(ドゥクス)がコンスタンティウス帝に対して捧げたものや、[56] ウィエンナでウィエンネンシス属州総督がコンスタンティヌス帝に対して捧げたものが残っているが、[57] 都市主体のものはモゴンティアクムの碑文のみである。建築碑文は皇帝や属州総督が主体となったものばかりであり、都市監督官に言及した碑文も知られていない。[58] 皇帝は、この地域の広大すぎる都市を分割・再編成することで、さらなる都市化の進展を図った可能性が高いものの、ガリアの人々が皇帝の企図に応えることはなかったのである。

この時代のガリアやゲルマニアでも、碑文の多くを残したのは皇帝や属州総督といった帝国側の人々だった。ガリアの住民たちも、ラテン語で碑文を残すという形で自己を表現することに関心をなくしていたように見える。海を越えたブリタニアの状況はさらに厳しいが、他方、アルプス山中では面白い碑文も見つかっている。ブリタニアとアルプス山中の様子を、最後に補遺で見ておくことにしよう。

補遺2　アルプス諸州とブリタニア

この補遺では、アルプス諸州とブリタニアの状況を見ていきたい。

ブリタニアは、カラウシウスの反乱やコンスタンティウス帝の死など、この時代の政治史上、重要な出来事の舞台となっている。しかし、そのブリタニアの都市がおかれていた状況には不明な点が多い。『ヴェローナ・リスト』によれば、ブリタニア管区は四属州からなっていた。しかし、その実態を伝える史料はほとんどない。[1] ブリタニアではもともとさほど碑文は製作されておらず、その分布は北部の軍事区域に集中していた。[2] ディオクレティアヌス治世についても、マイル標石を除けば北部で軍事施設の修復を伝える碑文が一点知られているにすぎない。[3] 碑文を使って都市と帝国の関係を考察するのはほぼ不可能な地域なのである。

それに対し、アルプス諸州は狭い地域ながら、この時期の碑文が何点か発見されている。それらの碑文からうかがえるこの地域の都市と帝国の関係は興味深い。個々の碑文の検討に入る前に、まずはアルプス諸州の統治区分を確認しておこう。

アルプス山脈の諸州はディオクレティアヌス改革によって三つの管区に分属させられることになった。南から順にアルペス・マリティマエ属州はウィエンネンシス管区に、アルペス・コッティアエ属州はイタリア管区に、アルペス・グライアエ・ポエニナエ属州はガリア管区に、という具合である。いずれも小さい属州であり、ディオクレティアヌス治世にも分割されることはなかった。ただし、属州の境界は一部で変更されたらしい。[4]

それでは、はじめにアルペス・コッティアエ属州の都市セグシオの碑文を見てみよう。この都市では、都市参事会が、ディオクレティアヌス帝とマクシミアヌス帝それぞれに捧げた顕彰碑文が発見されている。現存するのはディオクレティアヌス帝に捧げられた一方のみで、市壁のなかにある。他方、マクシミアヌス帝に捧げられたものは行方不明となっている。[5]

この両碑文を見て関心を誘う点はいくつかある。まず、「国父」称号がマクシミアヌス帝のほうにしかないこと。そして、ディオクレティアヌス帝の名は削り取られているにもかかわらず、マクシミアヌス帝の名は残っていたらしいこと、である。「国父」称号がマクシミアヌス帝のほうだけにあったのは、たんなる偶然かもしれない。しかし、この地域をディオクレティアヌス帝が訪れたことはなく、他方、マクシミアヌス帝は何度か通過したであろうことを考えると、都市側の皇帝認識を考えるうえで意味のある差異だったのかもしれない。また、ディオクレティアヌス帝の名だけが削り取られていたことは、第六章で検討したマクシミアヌス帝の「ダムナティオ・メモリアエ」という見方にさらなる疑問を付け加えることになろう。マクシミアヌス帝が最期を迎えたのはアルプスからもそう遠くないマッシリア（現マルセイユ）でのことだった。皇帝の命令による組織的な破壊というよりは、後世のキリスト教徒による損壊、あるいは再利用といった目的を想定すべきだと思われる。しかし、セグシオ市の二碑文が興味深い点はこれだけにとどまらない。

これらの碑文の文言のなかでもっとも興味深いのは、奉献主体は明らかにセグシオ市参事会であるにもかかわらず、その施工を担ったのはペルフェクティッシムス級の属州総督アウレリウス・サトゥルニヌスだったという点である。碑文の最後に「ペルフェクティッシムス級の総督アウレリウス・サトゥルニヌスが監督した」と、絶対奪格で付記されている。同じような事例は、ディオクレティアヌスと想定される氏名不詳の皇帝に対して、アルペス・マリティマエ属州の都市カトゥリグムが捧げた碑文をはじめ、[6]三世紀後半から四世紀にかけてアルプス諸属州で何点か見られる。[7]

この「監督」の内実について、ガリアの皇帝像を包括的に研究したE・ロッソは、三つの可能性を挙げて考察している。第一に、属州総督が資金を負担した可能性。第二に、属州総督が「提案」した、すなわち属州総督が間接的な主導者である可能性。そして最後に属州総督が公式な奉献行為をおこなった可能性である。

このうち、属州総督が資金を負担した可能性は、都市が資金を負担したことが明示されている碑文があるため否定される。また、最後の属州総督が公式な奉献行為をおこなった可能性も、その場合、「奉献した」ことを示す別の単語が用いられるとの想定から否定される。ロッソも指摘しているとおり、先に挙げたカトゥリグムの碑文では「監督し、奉献した」となっていた。本書でも、属州総督が「奉献した」事例はいくつも紹介しており、この指摘は適切なものといえる。結論としては、属州総督が非公式な、あるいは間接的な影響力を行使したものと解釈されることになる。[8] ディオクレティアヌス治世にもこのような形の碑文は珍しく、アルプス山中の小さな属州ゆえに生じた事態だったものと思われる。

先に述べたアルペス・マリティマエ属州の都市カトゥリグムの碑文には、別の疑問も残っている。この台座の正面には、氏名不詳の皇帝に対してカトゥリグム市が捧げた旨、顕彰碑文が刻まれていた。属州総督が「監督し、奉献した」と絶対奪格で刻まれていたのもこの面である。ただし、この面に刻まれた碑文は磨耗が激しく、属州総督の名ははっきりしない。この碑文とは別に、同じ台座の反対側の面に別の碑文が刻まれていた。こちらの碑文は、やはり名前のわからない皇帝に対して、エグレギウス級のアルペス・マリティマエ属州総督(プロクラトル・エト・プラエセス)アンニウス・ルフィヌスが捧げたことを伝えている。『ラテン碑文集成』も、ロッソも、この裏面に刻まれた属州総督アンニウス・ルフィヌスの名を正面でも補って理解している。しかし、ほぼ同時に同じ属州総督の名が正面とその反対側に刻まれた、と想定するのは無理がある。ロッソ自身もコメントしているように、正面に碑文を刻んで一定期間台座として用いたのち、裏面に別の碑文を刻んで再利用した可能性を重視すべきだろう。

そう考える理由は、他の台座の再利用状況という間接的なものではなく、この台座の両面に刻まれた碑文の皇帝称号の違いである。この台座に刻まれた碑文は、正面・裏面とも皇帝の名前ははっきりしていない。しかし、いずれも皇帝称号の最後の部分は残っている。前者では「(敬虔にして)幸運な不敗の正帝、護民官職権、コンスル、国父、プロコンスル」というところで終わっている。この時期によく見られる皇帝称号といえる。他方、右側面のそれは「敬虔にして幸運な不敗の正帝、世界の復興者、これまでの元首たちのなかでもっとも思慮深く、あらゆる者たちを上回ってもっとも力強き者」という非常に特徴的な修飾がなされている。ディオクレティアヌスをはじめ第一次四帝統治の皇帝たちにはあまり見られない修飾語である。

このような「復興者」といった表現は、むしろコンスタンティヌスの治世、マクセンティウス支配を打破したのちにしばしば見受けられる。「世界の復興者」ではなく、「自由の復興者」と呼ばれることが多いものの、リキニウス帝や北アフリカでマクセンティウスに対する反乱を起こしたドミティウス・アレクサンデルなど、[9]四世紀初頭には皇帝を「復興者」と呼ぶ碑文は多かった。

例えば、オスティアで発見された顕彰碑文でこの表現が見られるほか、[10]ローマ市でも、コンスルや首都長官を経験したガイウス・ケイオニウス・ルフィウス・ウォルシアヌスがコンスタンティヌス帝を「人類の復興者」と呼んでいる。[11]北アフリカ・ヌミディア属州のキルタでも同様の事例がいくつか残されていた。[12]残念ながらアルプス周辺の碑文は数が少なく類例はほとんどないものの、南フランスのマイル標石で「復興者」という表現が見られる。[13]

これらの事例を考えると、カトゥリグム市の台座に刻まれた碑文は、両面のものがそれぞれ別の時期に刻まれた可能性が高い。まず、三世紀後半からディオクレティアヌス治世にかけて、都市当局が別の属州総督の助言によりいずれかの皇帝の像を捧げた。その後、三一二年にコンスタンティヌス帝がイタリアに進攻した際、同地の総督だったアンニウス・ルフィヌスがその台座を再利用し、コンスタンティヌス帝に対して忠誠を表明した、と考えるべきではないだろうか。

これでは再利用に至るまでの時間の経過が短すぎるのではないか、との疑念が残るかもしれない。しかし、アルプス諸州の都市は政治情勢の変化に機敏に対応し、碑文の再利用も躊躇しなかった。最後に別の碑文を紹介しよう。

アルペス・マリティマエ属州のある都市(現サン・ロレンツォ・ディ・カラーリオ)は、ディオクレティアヌスに対して顕彰碑文を捧げたらしい。残念ながら、この都市の古代名はわかっていない。コンスタンティヌスの支配がこの地域に及ぶと、この都市はディオクレティアヌスの名を削り取って、コンスタンティヌスの名をその上に刻み直した。ただし、その際に削り取ったのは皇帝称号のごく一部である。ディオクレティアヌスの称号「インペラトル・カエサル・ガイウス・ウァレリウス・ディオクレティアヌス・ピウス・フェリックス・インウィクトゥス・アウグストゥス」のうち、前者は、「ガイウス」を「フラウィウス」に、「ディオクレティアヌス」を「コンスタンティヌス」に変えただけだった。しかも、「ガイウス」の略字「C」を「F」に変えただけである。その結果、現在は、表面上、この都市の参事会が民衆とともに「コンスタンティヌス帝」に対して捧げた碑文として残っている。[14] 新皇帝やその配下の総督たちの威令が行き届いていたというには、あまりにおざなりな刻み方ではないだろうか。

三〇六年以来イタリアを支配していたマクセンティウスは、セウェルスやガレリウスを撃退し、北アフリカのドミティウス・アレクサンデルの反乱も短期間で鎮圧するなど、ある程度安定した支配体制を築いていた。アルプス山脈周辺は、コンスタンティヌスの支配領域とマクセンティウスの支配領域の境界に位置していた。この地域の諸都市は、コンスタンティヌスのイタリア進攻の成否に確信をもつことはできなかった。この碑文の刻み方を異例なものと見なし、中央政府(=コンスタンティヌス帝)からの要求と都市の疲弊を想定する意見もあるが、[15] この時期に碑文の再利用は珍しくない。[16] 諸都市のもつ将来への懸念が、このような形で表にあらわれたものと考えるべきではないだろうか。アルプスの山中でも、都市は属州総督の命令に従うだけではなく、政治情勢の変化を見極めようとしていたのである。

第Ⅲ部では、帝国北西部の諸属州の都市と帝国の関係を考察してきた。残念なことに、イタリアや北アフリカと比べ、この地域で発見された碑文の総数は非常に限られている。しかし、その限られた数の碑文であっても、この地域の特徴を見出すことはできる。

まず、第九章で扱ったヒスパニアでは、この時代の顕彰碑文や建築碑文は、属州首都だったタッラコやコルドバ、エメリタといった都市に集中していたことが目を引く。しかも、その碑文を刻ませたのは、都市当局ではなく、属州総督をはじめとする帝国側の役人たちだった。ヒスパニア諸都市の側が刻ませた碑文として確実なものはなく、ほぼ完全に沈黙を守っていたのとは対照的な状況といえる。ヒスパニアは比較的都市化の進んだ地域であり、教会会議のカノン(決議文)などを見ると、依然として都市自治は機能していたと考えられる。そのヒスパニア諸都市の沈黙は、「ローマ化」プロセスが完了した結果と解されることもあるが、むしろ、ゲルマニアやマウレタニア・ティンギタナの戦線を支える兵站《へいたん》拠点として負担を課される一方、それに対する見返りを期待できなかったこの地方の人々が、「ローマ」社会の一員であると表明するのを忌避するようになった、その結果だったと考えるべきではないだろうか。

ヒスパニアと同じく都市化の進んでいたガリア南部でも、この時代の碑文はごく限られている。やはり属州首都だったウィエンナで属州総督がコンスタンティヌス帝に対して捧げた顕彰碑文が見つかっているほか、古代末期にこの地方の支配拠点となるアレラテで、コンスタンティヌス帝とその息子たちに捧げられた建築碑文が復元されている。後者の碑文を捧げた主体はわかっていないが、ペルフェクティッシムス級の人物が絶対奪格で最後に付記されていた。この事業を施工したと思しきこの人物は、都市監督官か、あるいは属州総督だったと考えられている。[17] いずれにせよ、この地方でも都市当局主導で残された碑文は知られておらず、都市名望家の帝国指導層への不満を反映したものといえる。

ガリアの中北部へ目を転じると、属州再編や蛮族の入植に合わせ、都市領域の再編成が進められていた可能性が高い。ウィエンナ市に属していたアルプス山中の集落クラロは、恐らくこの時期に単独の都市へと昇格し、属州首都でありながら「都市」ではなかったモゴンティアクムも、この時代にはじめて「都市」として言及される。皇帝は、都市化を推進することでこの地方の統治を効率化しようとしたのかもしれない。しかし、この時代にこの地方の都市の人々が残した碑文は知られておらず、皇帝の企図が達成されたとは考えにくい。ガリアの諸都市は、皇帝の頻繁な往来によって恩恵を得るチャンスに恵まれながらも、ラテン語で碑文を刻むという形で自らの文化的アイデンティティを表明することはなくなっていたのである。

終章　ディオクレティアヌス改革と帝国のその後

ディオクレティアヌス帝の地方統治機構改革は都市と帝国の関係にいかなる影響を与えたのか。この問いに答えることが本書の目的だった。元首政期、都市はローマ帝国統治の最前線を担い、帝国統治の実務の大半は諸都市の自治に依存していた。そして、都市が帝国の行政運営の基礎単位だった事実は古代末期にも変わりはない。依然として都市は帝国統治のうえで重要な存在だったとされている。そのような都市と帝国の関係に、ディオクレティアヌス改革がもたらした影響を考えることは、ローマ帝国統治を理解するために大きな意味をもっている。

それにもかかわらず、ディオクレティアヌス治世の地方統治機構改革の結果、諸都市と帝国の関係がいかに変化したのか、という問題はこれまで等閑視されてきた。属州が細分化された結果、属州総督は都市監督官を介して諸都市をより緊密に管理するようになった、と、なかば自明であるかのように語られてきたにすぎない。いわゆる「三世紀の危機」を経て、都市はその活力を失い、自治も形骸化していったという想定が前提となってきたためだろう。しかし、「三世紀の危機」に関する見直しも進み、かつてのように深刻なイメージだけで語られることは少なくなってきた。それゆえ、ディオクレティアヌス改革が諸都市に与えた影響も、再度、慎重な検証が必要とされていたのである。皇帝が、都市に対する管理の強化を意図していた可能性は否定できないにせよ、その実態ははっきりしない部分が多かった。本書では、各都市の実情を知る手がかりとして碑文史料に焦点をあて、属州分割をはじめとするディオクレティアヌス改革の影響を明らかにしようと努めてきた。

ディオクレティアヌス改革によって都市に対する管理が強化された、というとき、その根拠となっていたのは、イタリアや北アフリカの都市で発見された碑文だった。本書では、それらの碑文の置かれた状況や年代、場所などの情報から、その碑文が作製された当時の情勢を再構成することを試みた。さらに、同時代の顕彰碑文や建築碑文を可能な限り参照し、個々の碑文が全体のなかでいかなる意味をもつのかを考えてきた。その結果からすると、当時の都市と帝国の関係は、これまで想定されてきたように、帝国が都市に対する管理を強めた、と単純化できるようなものではない。

そもそも、属州総督や都市監督官を介して都市に対する監督が強化されたという見方は、それらの役職に言及した碑文が登場、あるいは増加したことを根拠としていた。この時期の碑文の出土件数は圧倒的に北アフリカが多く、次いでイタリアとなる。その根拠とされる碑文も北アフリカやイタリアで出土した碑文が多かった。とくにイタリアはディオクレティアヌス治世に属州化されたため、注目を集めることになった。

例えば、第一章で検討したコムム市の碑文では、皇帝の命令に基づいてイタリア州知事が神殿を建設し、都市監督官もその事業に参画していた。オスティア市でもこの時期には食糧長官が都市監督官を兼任する事例が見られるようになってくる。北アフリカでも、ディオクレティアヌスの時代、都市監督官に言及した碑文が急速に増加した。このような変化が、一見したところ、都市に対する管理・監督が強化されたことを示すように見えるのは確かである。各章での詳しい検証をここでは繰り返さないが、このような変化を示す諸碑文は、イタリアや北アフリカ各地の都市が自らイニシアティヴをとって行動した結果として残されたものだった。諸都市は、州知事や属州総督、都市監督官によって緊密に管理されたというよりも、むしろ彼らの存在を利用して自らの利益となるよう行動していた。その意味では、元首政期の状況と大きな相違はなかったといえる。ただし、そこには大きな地域差があったことを忘れてはならない。

この時期の都市と帝国の関係を見ていくと、おかれた状況によって「ローマ帝国の地方都市」の実態は多様だったという、極めて単純な事実に改めて気づかされる。「ディオクレティアヌス時代の地方都市」と一括りにして語りうるモデルケースは存在しない。とはいえ、地方都市のあり方は多様だったというだけでは何の結論にもならないので、ここでは、この時代の都市と帝国の関係を大きく三つの地域にまとめてみたい。

まずは、イタリアから北アフリカの東部、とくにアフリカ・プロコンスラリス属州とビュザケナ・ヴァレリア属州にかけての地域である。これらの地域は都市化も進み、小規模ながら都市の数も多かった。「都市のモザイクからなる帝国」のいわばモデルケースとなってきた地域である。これらの地域では、この時代にも比較的多くの建築碑文や顕彰碑文が作製され、都市に対する管理が強まった根拠とされてきた。しかし、その根拠となってきた碑文の示す状況を再構成してみると、むしろ、都市側がイニシアティヴを握り、地元の利益となるように行動を選択していたものと想定される。ディオクレティアヌス治世には、都市側のイニシアティヴで選任された都市監督官を介して、有力者や皇帝へのアクセス手段を確保し、コンスタンティヌス治世になると、帝国統治のなかで実権を取り戻しつつあった元老院議員たちに再び接近するようになった。公共建築事業でも「都市参事会決議により公費で」おこなわれた旨が明記され、皇帝や元老院議員に対しても都市の名前で顕彰碑文を捧げていた。こういった地域では、都市と帝国の関係が、いわば双方向で成り立っていたといえる。軍団が駐屯し属州総督の影響力が圧倒的に強かったとはいえ、都市当局の残した碑文が多いヌミディアも、この範疇《はんちゅう》に入れておくべきかもしれない。

次に取り上げるのは、イベリア半島から南仏にかけての地域である。すなわち、イタリアや北アフリカと同じく比較的都市化が進んでいたにもかかわらず、都市の活動が碑文としては残らなかった地域である。南仏、かつてのガリア・ナルボネンシス属州であり、ディオクレティアヌス改革後はウィエンネンシス管区に含まれることになったこの地域は、大プリニウスをして「属州というより、むしろイタリア」といわしめたほどであり、北アフリカより都市化の歴史は古い。また、ヒスパニアの都市化の歴史も古く、とくに南部のバエティカは都市の数も多かった。それにもかかわらず、この時代ヒスパニアでは都市側のイニシアティヴで作製されたという碑文がほとんどない。他方で、タッラコやコルドバ、エメリタのように属州首都だった都市を中心に、属州総督や管区代官、総監といった帝国中央から派遣されてきた高官たちはいくつもの碑文を残していた。ウィエンネンシス管区の中心だったウィエンナ市でも、属州総督がコンスタンティヌス帝に捧げた顕彰碑文が発見されている。碑文の示す帝国の高官たちの皇帝に対する忠誠、あるいは都市に対する恩恵の付与と、都市側の沈黙は何を物語るのだろうか。イタリアや北アフリカ東部の状況を考えれば、その答えはおのずと見えてくる。カンパニアやシチリア、アフリカ・プロコンスラリスといった地域の諸都市は、近郊に所領をもっていたり、都市監督官や州知事、属州総督として派遣されてきたりした元老院議員たちとの関係から恩恵を引き出すことができた。それに対し、ヒスパニアやナルボネンシスではそのような関係は見出せない。少なくとも、碑文として残し誇示するほどのものとは見なされていなかった。蛮族の侵入による深刻な被害は受けていなかったにせよ、ヒスパニアやナルボネンシスはライン川沿いやマウレタニアの戦線を支える後背地として負担を果たしていた。しかし、それに対する十分な見返りが得られていないと感じた結果が、都市の作製した碑文数の減少としてあらわれてきたのである。

最後に、地中海沿岸を除くガリアの北部からゲルマニアにかけての地域である。ブリタニアのほか、北アフリカの西端、マウレタニアもここに入れるべきだろう。都市化の進行が遅く、もともと碑文数の少なかった地域である。これらの地域では、都市主導で残された碑文が少ないという事実自体はそれほど驚くべきものではない。他方、三世紀後半に蛮族の侵入による混乱が目立った地域でもあり、マウレタニアでは属州総督が戦勝を神々に報告する碑文が残されていたほか、ゲルマニアでも軍事施設の建設・補修を記録した碑文が残されている。これらの碑文が、マウレタニアでは属州総督の名で刻まれたのに対し、ゲルマニアでは皇帝の名でつくられていたのは、蛮族の侵入の深刻さを反映しているのかもしれない。実際、この時代の皇帝たちがライン川流域に滞在することは多かったものの、マウレタニアを訪れたのは二九七〜二九八年のマクシミアヌス帝の遠征の一度だけである。都市と帝国との関係でいえば、皇帝や属州総督によって残された碑文が多く、彼らのもたらす影響が大きい地域だったといえる。しかし、これらの地域でも都市自治に基づいた統治制度を維持・発展させようという皇帝側の意思は読み取れる。マウレタニアの内陸部では破壊されたラピドゥム市を再建させ、ガリアでは広大すぎるウィエンナ市を分割してクラロを自立させ、ゲルマニアでもモゴンティアクムが公式に都市として認められた。皇帝は都市の守護者を自任しており、都市自治に基づかない帝国統治はありえなかった。ただし、そのような皇帝の意向がどれほど貫徹されえたかは別問題である。

このように、ディオクレティアヌス改革がもたらした影響は、それまでの都市化の進展具合や蛮族の侵入といった「危機」の深刻さに応じて異なっていた。いずれにせよ、都市自治に基づく帝国統治という原則が揺らぐことはなく、個々の地方都市の運営にまで宮廷の意向が及ぶなどということはなかった。諸都市は、帝国統治の単位であると同時に、独自の利害も考慮して行動を選択する住民の共同体でもあった。皇帝、あるいは属州総督の側としても、良き統治を実現するために統治下にある諸都市との円滑な関係は重要だったのである。とくに、帝国統治に不可欠な重要都市では、皇帝や属州総督側からの積極的な働きかけも目立っていた。その意味では、先に述べた三つの大きな地域区分とは別に、都市の性格に応じた帝国との関係の違いも理解しておくべきだろう。

個々の地方都市の運営に皇帝が、あるいは属州総督が口出しすることはさほど多くはなかった。しかし、ときに皇帝や属州総督による積極的な行動が見られる都市もある。

その第一のカテゴリは、軍事的に重要な都市である。本書で取り上げたなかでは、北イタリアのアクィレイア、ヌミディアのランバエシスの二カ所が特徴的だった。ガリアのクラロも、場合によっては、ここに含めてもよいかもしれない。

アクィレイアは、第二章で取り上げたように、その創設以来、イタリア防衛の要として重要な拠点だった。この都市には恒常的に軍団が駐留していたわけではないが、この都市は、有事には住民の協力もあって大きな役割を果たした。ディオクレティアヌスとマクシミアヌスが、いまだ帝位の不安定な治世初期に都市の守護神たるベレヌス神に碑文を捧げたのも、住民との関係を強固なものとしておく必要があったからだと思われる。ランバエシスには北アフリカ唯一の軍団である第三アウグスタ軍団が駐屯していた。その基地を中心に発達したランバエシス市は軍団と密接な関わりをもっており、ディオクレティアヌス以前の皇帝たちも同じように水道を修復し、都市の中心部に位置するセプティゾニウムに碑文を残していた。この碑文も治世前半のものであり、軍事拠点への皇帝たちの配慮が目立っている。ガリアのクラロも、三世紀半ば以来、ガリアを扼する拠点としての意味合いが強まっており、皇帝たちがこの地で市壁を建設して碑文を残させたのも、戦略的意義があったからなのかもしれない。

次に注目すべきは属州首都である。とくにヒスパニアで顕著だが、ガリアでは珍しいことに、コンスタンティヌス帝が浴場を修復したという碑文が残るレミ族の首邑《しゅゆう》ドゥロコルトルムも、第二ベルギカ属州の中心だった。[1] コンスタンティヌス治世にヌミディアの州都となったキルタや新たにトリポリタニア属州の州都となったレプティス・マグナでも変化が目立っていた。属州総督は、そのおひざ元である属州首都で、皇帝たちに対して積極的に顕彰碑文を捧げていたからである。ときには、タッラコの柱廊やエメリタの劇場のように、皇帝の名のもとに公共施設を建設することもあった。属州首都には、毎年、属州会議での皇帝礼拝のために各都市の有力者が集った。その意味では、皇帝の、あるいは属州総督による、恩恵付与を誇示する場としてふさわしかったといえる。

このように、軍事的に重要な都市や統治の拠点となるべき属州首都では、皇帝や属州総督など、帝国側からの介入、むしろ恩恵の付与が目立っていた。さて、このような意味でもっとも重要だったのは、改めていうまでもなく首都ローマだったはずである。本書の目的は、ディオクレティアヌス時代のローマ帝国の地方統治のあり方を探ることであり、本編では首都ローマについてはほとんど触れなかった。三世紀半ば以来、歴代の皇帝たちはローマを離れて前線にいることが多くなった。元老院が座し、膨大な人口を抱える帝国発祥の地ではあっても、国政を動かすという意味ではローマ市は首都機能を失っていた。いわば、巨大な地方都市になりつつあったといえるのかもしれない。しかし、その歴史と元老院のもたらす政治的重要性は、この時代の皇帝たちにも無視できるものではなかった。

ディオクレティアヌスの即位に先立つ二八三年、ローマ市中心部は大規模な火災に見舞われた。ディオクレティアヌスの時代には、その火災からの復旧が進められている。現在ローマ市のフォルム（広場）で目にすることのできる元老院議場《クリア》はディオクレティアヌス治世に建設されたものをモデルとして復元されている。その他、バシリカ・ユリアや神君カエサルの神殿なども再建され、フォルム一帯の再整備が進められた。復元された元老院議場やカエサル神殿の再現イラストを見る限り、この再整備事業によって復元されたフォルムは、かつてアウグストゥスが豪語した「大理石の都」ではなく、煉瓦《れんが》の町に逆戻りしてしまった感もある。しかし、三〇三年のディオクレティアヌスの即位二〇周年に合わせ、フォルムの整備はさらに進められた。凱旋門が建てられ、四帝統治の皇帝たちを象徴する記念柱も立てられた。現在でも、即位二〇周年を祝う碑文を残した台座をフォルムで目にすることができる。フォルムの整備はその後も続けられ、ディオクレティアヌスの退位後に権力を握ったマクセンティウスも、巨大なバシリカを建設させている。[2]

残念ながら、フォルムの再建に関する碑文はそれほど残っていない。しかし、いくつかの碑文からは、ディオクレティアヌスとマクシミアヌスが水道の修復やテヴェレ河岸の整備をおこなわせたこともわかっている。[3]

また、ディオクレティアヌス時代の首都ローマでもっとも重要な公共建築物といえば、現在でもテルミニ駅前に巨大な姿を見せているディオクレティアヌス浴場である。現在では八個の断片を残すにすぎないが、その建設を記録した碑文の内容は過去の記録から明確にわかっている。上級正帝にして皇帝たちの父たるディオクレティアヌスとマクシミアヌス、正帝コンスタンティウスとガレリウス、副帝セウェルスとマクシミヌス、という六人の皇帝たちがローマの住民たちのためにディオクレティアヌス浴場を奉献した、のだという。皇帝たちの名前からは、この浴場の完成が、ディオクレティアヌスとマクシミアヌスの退位からコンスタンティウス・クロルスの死までの間、すなわち三〇五年五月から三〇六年七月までの間だったことがわかる。さらに興味深いのは、正帝マクシミアヌスがアフリカから帰還したときにディオクレティアヌス浴場の着工を命じたこと、この巨大建築物のためにいくつもの建物が買収されたこと、そしてマクシミアヌスが兄たるディオクレティアヌスの名でこの浴場を聖別したこと、などがこの碑文には明記されていたという点である。これほど明確に皇帝のイニシアティヴを示した碑文を、本書で検討してきた地方都市で目にすることはできない。しかも、現在残る断片に重なり合う部分があることからもわかるように、この碑文は複数存在していた。浴場の各出入口に掲げられていたものと思われる。[4]首都機能を失いつつあったとはいえ、依然としてローマは首都であり、その重要性は別格だったといわねばならない。

このように、皇帝たちの関心が向けられていたのは、アウグスタ・トレウェロルムやメディオラヌムといった宮廷のおかれた都市を除けば、基本的には首都ローマと軍事的な拠点にとどまっていた。そのほかには、属州総督を介して属州首都にはその恩恵が及びやすい、というにとどまる。この時代に前代との「断絶」があり、これ以降、地方都市が帝国の緊密な管理下におかれるようになったとは考えにくい。ディオクレティアヌス治世に各地で属州の細分化が進められた。それによって、ディオクレティアヌス自身がある法文のなかで述べていたように、[5]司法行政の改善が図られた可能性は高い。しかし、それが都市自治に基づいた地方統治制度の根本的な変容を招いたわけではなかった。伝統的な神々の祭祀に見られるように、保守的な心性をもった改革者としてのディオクレティアヌスという姿を、改めて思い起こす必要があるだろう。

実際、皇帝が都市自治の強化を図っていたと思われる例も少なくない。例えば、第十章で見たように、ガリアやゲルマニアといった地域では、従来の広大すぎる「都市」の領域を分割し、より適正な規模の都市へと再編を進めていた。マウレタニアでも破壊されたラピドゥム市が再建されている。また、本書の対象となる地域からは遠く離れてしまうが、属州化以来、地方名望家の育成と都市自治の創出が図られてきたエジプトでも、その都市化が完了したのはディオクレティアヌスの治世だったといわれている[6]。ローマ帝国は、都市自治に基づく手法以外に、その帝国統治の手段をもたなかった。二八九年にマクシミアヌス帝の宮廷で発表された頌詞にあるように[7]、皇帝はこの時代にも依然として「都市」に気を配るべき存在だったのである。コンスタンティヌス帝も、イタリア中部、ヒスペッルムに残る碑文に刻まれた治世晩年の勅答のなかで、こう述べている。「我らの先見性のうちで最大のものは、諸属州と〔イタリア〕諸州の光輝のなかでその姿・形ゆえに際立っているあらゆる都市が、旧来の品位を保つのみならず、より良い状態へと我らの恩恵の働きによって引き上げられることである[8]」。こういった文言に見られる皇帝の自己規定は、現実の都市政策にも反映されていたのである。

ただし、ガリアやゲルマニア、あるいはマウレタニアといった都市化の遅れた地域で、皇帝なり宮廷なりが都市自治の振興を図ったとしても、それが実現したかどうかは別問題である。マウレタニアで再建されたラピドゥム市のその後は不明であり、ガリアやゲルマニアの状況も、碑文からわかることはごく限られている。しかし、ディオクレティアヌスの地方統治機構改革の長期的な影響、あるいはそのローマ史全体のなかでの位置づけを考えた場合、この碑文総数の減少という事態には恐らく大きな意味がある。

ディオクレティアヌスによる地方統治機構の改革は、帝政後期の地方統治の仕組みの大枠を規定することになった。細分化された属州の多くはその枠組みのまま存続し、いくつかの属州を束ねる形で創設された管区も維持された。帝政後期の統治の枠組みを提供したという意味で、ディオクレティアヌス改革の長期的な影響は大きい。しかし、司法行政の改善や防衛体制の強化によって良き統治が実現された属州があったものの、それによって地方都市に対する管理が強化されたわけではなかった。都市自治に基づいた帝国という大枠の部分では、ディオクレティアヌス改革が「断絶」をもたらすことはなかった、というのはすでに述べたとおりである。しかし、皇帝が保守的改革者として都市化を推進し、地方都市の活性化を図ろうとしていたのだとすれば、その企図は部分的にしか達成されなかったことになる。

イタリア南部や北アフリカの東部では、ディオクレティアヌス時代に刻まれた碑文の数は多い。それに対し、都市の数が多く都市化が進んでいたはずのガリア・ナルボネンシスやヒスパニアでは、属州総督をはじめとする高官たちの残した碑文がいくつも発見されている一方で、都市当局主導で刻まれた碑文はほとんどない。ガリアやゲルマニアでも、皇帝たちが残した碑文は見られるものの、都市の作製した碑文は、属州首都だったモゴンティアクムの碑文が知られるのみである。碑文を残そうとする皇帝や高官たちと、それに同調しないヒスパニアやガリア、ゲルマニアの諸都市との間の落差は、どのように説明すればよいのだろうか。

元首政期、とくに二世紀後半から三世紀初頭にかけては、数多くの碑文が製作されていた。墓碑だけではなく、都市内部で刻まれた顕彰碑文や建築碑文についてもそれはあてはまる。それが、三世紀後半には激減した。墓碑に関する議論は序章でも紹介したので繰り返さないが、本書で用いてきた顕彰碑文と建築碑文について改めて考えてみよう。

この問題について、北アフリカを専門とするC・ルプレは、三世紀中の経済的な不振を反映したものと考えていた。ディオクレティアヌス時代に再び数多くの碑文が刻まれるようになったのは、政治の安定ゆえということになる。それに対し、ヒスパニアを専門とするM・クリコウスキーは、諸都市の「ローマ化」プロセスの完了として碑文数の減少を理解していた。北アフリカとは異なり、ヒスパニアでも「三世紀の危機」の影響は深刻ではなかったとされているものの、ディオクレティアヌス時代に碑文総数が再び増加に転じることはなかった。ヒスパニアでは都市監督官の碑文もさほど見つかっていない。それでは、たんに北アフリカの「ローマ化」プロセスの完了が遅かったために古代末期にも数多くの碑文が刻まれたのか、といえば、そのような解釈にも首をかしげざるをえない。地方都市が数多くの碑文を残したのは、北アフリカのなかでも比較的都市化の進んだ東部、アフリカ・プロコンスラリス属州やビュザケナ・ウァレリア属州だったからである。トゥッガ遺跡の頂点に現在もそびえたつカピトリウムの神殿の姿を見れば、都市景観のローマ化が北アフリカでも二世紀後半までに相当程度進んでいたことは理解できるだろう。また、ローマ帝国の首都圏とでもいうべきカンパニア地方の諸都市も依然として多くの碑文を残している。「ローマ化」プロセスの終焉《しゅうえん》としてこの現象を説明しようとしても、やはり問題が残るといわねばならない。

ここで思い起こすべきは、「碑文習慣」という言葉をはじめに用いたR・マクマレンの指摘だろう。彼は、碑文総数の増減を経済状況や人口の増減といった要因から切り離し、文化的な要因から説明していた。碑文総数の増減は、自らがある特定の社会に属していることを示そうとする「観客の意識」によって規定されていたのではないか、と指摘したのである。先に述べたクリコウスキーの説明でも、このマクマレンの指摘が念頭にあったことは確かである。しかし、もう少しストレートにこの主張を受け入れてみてはどうだろうか。すなわち、ディオクレティアヌス時代にも碑文を残さなかったヒスパニアやガリアの諸都市は、もはやローマ帝国という皇帝や元老院議員を頂点とする社会への帰属意識を失いつつあったのではないか、という説明である。

すでに述べたように、イタリアや北アフリカの諸都市は、皇帝や元老院議員たちに対していくつもの顕彰碑文を捧げていた。ディオクレティアヌス時代に数多くの建築事業がおこなわれた北アフリカの諸都市では、そこに刻まれた多くの碑文で「皇帝たちの安寧のために」とか「皇帝たちの幸運なる治世に」その事業がなされたことを明記している。それを帝国による強制、あるいはプロパガンダの結果だったと見なしたくなるかもしれないが、その場合、ヒスパニアやガリアの状況との相違を説明できなくなる。いずれの地域でも、皇帝たちが主体となっておこなった建設事業の碑文が残されているのに加え、属州総督をはじめとする高官たちは皇帝に対して顕彰碑文を捧げていた。それにもかかわらず、都市側のイニシアティヴで製作された碑文はほとんど残っていない。イタリアや北アフリカで発見された碑文が帝国による強制やプロパガンダの結果にすぎないとするなら、ヒスパニアやガリアでそれが不可能だった理由を説明せねばならないが、そのような説明こそ不可能なのである。

蛇足ながら付け加えれば、皇帝、あるいは属州総督主導でおこなわれたことを示す建築碑文でも、それらの碑文自体が宣伝目的だったと断定できる例は、じつは多くない。

例えば、第八章で扱ったマウレタニアの内陸で再建された都市ラピドゥムの碑文について見てみよう。この碑文は、高さ四二センチ、幅八五センチの石板に九行にわたって文字が刻まれている。現在はアルジェの考古学博物館に展示されているが、近寄ってみなければ読めないほどの小さな文字で刻まれている。この碑文自体が宣伝目的だったとは考えられない。この碑文の発見されたラピドゥムの西門跡には、市壁が建設されたときのマルクス・アウレリウス帝の碑文も残されていた。高さは七五センチながら、幅は四メートル以上に及ぶ。ディオクレティアヌス時代の碑文は西門の上に掲げられていたというが、皇帝の存在を宣伝しようという意思ならば、明らかにマルクス・アウレリウスの碑文のほうが勝っていたに違いない。[9]

ランバエシスの場合、皇帝たちが水道を修復したことを伝える碑文は、都市の中心部に位置するセプティゾニウムに設置されていた。モニュメンタルな噴水に設置された碑文は十分に人目を引くものだったかもしれないが、石の大きさは高さ五四センチ、幅一一五センチほどである。文字の高さは五センチほどで、十分に読みやすい大きさできれいに刻まれてはいたものの、この噴水には以前の皇帝たちの碑文も設置されていた。もともと皇帝の存在感の大きかったこの都市で、この碑文がどれほど人目を引いたかは疑問の余地もある。

門の上に大きく文字が刻まれていたイラストの残るクラロ(現グルノーブル)の碑文や、全体像を復元すれば高さ一メートル以上になる首都ローマのディオクレティアヌス浴場の碑文なら、十分に人目を引いただろう。しかし、同時代的に重要だったのは、皇帝が、あるいは属州総督が都市に対して恩恵を施したという事実そのもののほうであり、この時代の建築碑文の宣伝効果を過大に見積もるべきではない。むしろ、マクタリスの若者たちのスコラに残るアーキトレーブ（楣石《まぐさ》）に刻まれた碑文やスフェトゥラの凱旋門に刻まれた四帝統治の皇帝たちに捧げられた碑文のほうが人目を引いたはずである。[10] これらの碑文を刻ませたのは都市の側であり、皇帝ではなかった。都市間競争が比較的激しい地域で、碑文に皇帝や有力者の名を刻むことで都市のステータスをあげることを狙ったものと思われる。

それに対し、ヒスパニアやガリアの諸都市は、皇帝や元老院議員など、帝国レベルでの有力者との関係を誇示することに関心を示さなかった。この地域の諸都市はもはや皇帝に忠誠を誓っていなかったように見える。ヒスパニアやガリアの住民たちの多くは、帝国中央への関心を失いつつあったのである。碑文数の少ないヒスパニアやブリタニアも「ガリア帝国」の支配下にあったこと、その「ガリア帝国」支配下で「ケルト・ルネサンス」といわれる動きすら確認されることは、[11] 過大な評価は慎むべきであるにせよ、偶然とは思えない。

このことは、ローマ帝国の存続に大きな影を投げかけることになっただろう。五世紀半ば、西方でのローマ帝国支配は最終的な破綻へと至る。その背景にはさまざまな要因が複雑に絡み合い、単純な理由を明示することはできない。だが、碑文習慣の衰退に示される住民たち（とくに地方都市の指導層）の帝国中央への無関心は、ローマ帝国破綻の要因の一つを示しているのではないだろうか。「蛮族の侵入」が「ローマ帝国の滅亡」をもたらしたのではなく、「ローマ支配の終焉」が「蛮族の移住」を引き起こしたという近年の見方は、[12] この状況の行く末を暗示するものとして興味深い。ディオクレティアヌス改革は、その実態がどうあれ、ヒスパニアやガリアの人々の関心を引きつけるのに十分ではなかった。

他方、イタリアや北アフリカの諸都市は、ディオクレティアヌス改革を経たのちも、都市監督官や属州総督といった人々を介して帝国中央との利害関係を維持していた。ディオクレティアヌス改革は各地域の都市のありようを平準化したわけではなかった。むしろ、都市と帝国の関係は、各地域・都市の様相に応じて多様なまま維持されたのである。帝国の運営は依然として都市の自治に大きく依存しており、諸都市の動向は帝国の命運にも大きく影響していくことになる。

あとがき

本書は、二〇〇八年度に東京大学大学院人文社会系研究科に提出した博士論文「ディオクレティアヌス帝治世の地方統治機構改革と西方諸都市」をもとに、大幅に加筆・修正を施したものである。博士号をいただいた直後の二〇〇九年秋から一年間、パリの『碑文学年報』で研究に従事する機会を与えられた。そこでは、三世紀の北アフリカを中心に研究を進めたほか、フランスをはじめ各地で進められている考古学的な調査の知見に触れることもできた。それを踏まえて、北アフリカを扱った第二部については大幅に改稿し、北西部の諸属州を扱った第三部にも情報を追加している。イタリアを扱った第一部については、論旨に大きな変更はないものの、初出の原稿から手直しした部分も少なくない。なお、既発表論文がもとになっている章は下記のとおりである。

第一部序文および第一章　「三世紀後半のイタリア統治の変容と都市社会――コモ出土碑文再考」『西洋古典学研究』五五、二〇〇七年、一一四〜一二五頁。

第二章　「ディオクレティアヌス帝治世のアクィレイア――都市・皇帝関係に見るアポロ・ベレヌス奉献碑文の意義」『イタリア学会誌』五七、二〇〇七年、四八〜七三頁。

第三章　「港湾都市オスティアと食糧長官――ディオクレティアヌス帝治世の都市間競争」、豊田浩志編『神は細部に宿り給う』、南窓社、二〇〇八年、一〇七〜一二七頁。

第四章　Italian Cities during the Reign of Constantine: the Case of the Serino Aqueduct and Campanian Cities, *in the Proceedings of Japan–Korea–China Symposium 2007: City, State and Empire: The Ancient Mediterranean World from East*

Asian Viewpoints, Sept. 20–23, 2007, Tokyo（*at Meiji University*）, Association for the Study of the Ancient World, 2008, pp.186–194.

上記の第一部の各章を除き、他の章は博士論文以降に書き下ろしたものである。ただし、第二部の各章については、参考文献リストに挙げた発表済みの原稿をもとにした部分が少なくないことをお断りしておく。

「あとがき」を書く段になって振り返ってみると、大学院進学から一〇年以上たってしまったことに改めて驚かされる。学部生だったころ、ある先生が、このキャンパスに一〇年もいたんだな、と感慨深げに仰っていたのを思い出す。研究対象としてなら一〇年は短いが、やはり個人の感覚としては「一〇年も」という方が適切だと思う。その成果として本書が相応しいものかどうかは心許ないが、少なくとも、先生方や先輩方、友人たちの支えがなければ、本書の刊行に至らなかったことだけは確かである。

今春東京大学を退職された本村凌二先生には、大学院進学時から博士論文の提出まで、様々な場面で恩恵を蒙った。先生のラテン語碑文の演習が無ければ、この研究が始まることすらなかったに違いない。学部生の時からお世話になっている桜井万里子先生には、歴史研究の厳しさと面白さを教えていただいた。この研究を博士論文としてまとめ、書籍として刊行するにあたっては、橋場弦先生が常に指針を与えてくださった。博士論文執筆時にご近所であった誼で、上智大学の豊田浩志先生には、公私にわたり多大なご支援をいただいた。大学院進学直後から参加させていただいたテオドシウス法典研究会で、法政大学の後藤篤子先生や京都大学の林信夫先生をはじめ、多くの先生方からいただいたご指導も無くてはならないものだった。お礼を申し上げるべき方々は他にも数多いが、大学院進学直後、筆者に古典語の手解きをしてくれ、その後も常に忌憚ない意見を寄せてくれた友人、田中創氏にここで謝意を述べるのをお許しいただきたいと思う。本書の出版を引き受けてくださった山川出版社にもお礼を申し上げねばならない。また、日本学術振興会の特別研究員制度（ＤＣ１およびＰＤ）と科学研究費補助金による支援が特に重要だったことも明記しておく。

さて、本書が出版される頃には、再びパリで研究しているはずだ。『ディオクレティアヌス時代のローマ帝国』をより一層その名に相応しいものとするために、地中海世界東部についても調べてみたいのだが、当面は少し毛色の違うテーマに取り組もうと思っている。本書と同様まとまるまで一〇年以上かかりかねないが、今度は妻の協力もあるので少しは早くなるかもしれない。もしもうまくいったなら、お手に取っていただければ幸いである。

最後になったが、何も言わずに息子の我儘を見守ってくれた両親に、本書を捧げたい。

大清水　裕

二〇一二年九月　　残暑厳しい東京にて

山川歴史モノグラフ 既刊［西洋史・東洋史］

大清水　裕　おおしみず　ゆたか
1979年生まれ
東京大学大学院人文社会系研究科博士課程修了，博士(文学)
現在，日本学術振興会海外特別研究員
主要論文・著書
「マクシミヌス・トラクス政権の崩壊と北アフリカ」『史学雑誌』121編２号，2012年，1-38頁。
『ラテン語碑文で楽しむ古代ローマ』(本村凌二編，共著)研究社，2011年。
Les noms des empereurs tétrarchiques martelés: les inscriptions de l'Afrique romaine, *Classica et Christiana* 6/2, 2011, 549-570.

山川歴史モノグラフ25　ディオクレティアヌス時代《じだい》のローマ帝国《ていこく》
ラテン碑文《ひぶん》に見《み》る帝国統治《ていこくとうち》の継続《けいぞく》と変容《へんよう》

2012年10月30日　第１版第１刷印刷　　2012年11月10日　第１版第１刷発行

著　者　大清水裕《おおしみずゆたか》
発行者　野澤伸平
発行所　株式会社　山川出版社
〒101-0047　東京都千代田区内神田 1-13-13
電話　03(3293)8131(営業)　03(3293)8134(編集)
http://www.yamakawa.co.jp/　　振替　00120-9-43993
印刷所　株式会社　シナノ パブリッシング プレス
製本所　株式会社　ブロケード
装　幀　菊地信義

　ISBN978-4-634-67383-0

索　引

人名索引

● ア

アウグストゥス　Augustus　4, 80, 81, 87, 100, 174, 180, 185, 209, 220, 232, 234, 237, 239, 240, 257
アウレリアヌス　Aurelianus　34–36, 39, 72, 216
アウレリウス，ユリウス　Iulius Aurelius　176
アエノバルブス，ドミティウス　Domitius Ahenobarbus　146
アエミリアヌス，アエミリウス　Aemilius Aemilianus　221
アキディヌス，ルキウス・マンリウス　L. Manlius Acidinus　51
アキンディヌス，セプティミウス　Septimius Acindynus　209, 217, 221
アグリコラヌス，アウレリウス　Aurelius Agricolanus　193
アグリッパ　Agrippa　220
アッティラ　Attila　41
アポロニウス，ウルピウス　Ulpius Apollonius　152, 191
アリストブルス，ティトゥス・クラウディウス・アウレリウス　T. Claudius Aurelius Aristobulus　76, 106, 108, 123–126, 133–141, 154, 187, 195, 198
アルバヌス，ヌメリウス　Numerius Albanus　222
アレクサンデル，ウァレリウス　Valerius Alexander　104
アレクサンデル，ルキウス・ドミティウス　L. Domitius Alexander　60, 142, 144, 150, 168, 180, 181, 183, 184, 247, 248
アンティパテル，ホスティリウス　Hostilius Antipater　67
アントニヌス，ガイウス・ウァレリウス　C. Valerius Antoninus　179
アントニヌス・ピウス　Antoninus Pius　174
アンニウス，ティトゥス　Titus Annius　51
ウァレンス　Valens　233
ウァレンス，ユリウス　Iulius Valens　208, 210, 211
ウァレンティニアヌス　Valentinianus　233
ウァレンティニアヌス，マルクス・アウレリウス　M. Aurelius Valentinianus　210
ウィクトリヌス　Victorinus　235
ウィクトリヌス，フラウィウス・アエリウス　Flavius Aelius Victorinus　179
ウィクトル，アウレリウス　Aurelius Victor　14, 32, 34, 53, 136, 142, 180, 189
ウィクトル，アエミリウス　Aemilius Victor　143
ウィクトル，マルクス・ウァレリウス　M. Valerius Victor　153, 192
ウィビアヌス，ガイウス・ウァレリウス　C. Valerius Vibianus　105
ウィンケンティウス，マルクス・アウレリウス　M. Aurelius Vincentius　212
ウェスパシアヌス　Vespasianus　8, 174
ウォルシアヌス，ガイウス・ケイオニウス・ルフィウス　C. Ceionius Rufius Volusianus　34–36, 137, 140, 180, 247
ウルビクス，クィントゥス・アクシリウス　Q. Axilius Urbicus　38
エウァグリウス　Evagrius　126
エウセビオス　Eusebios　15, 16, 38
エウトロピウス　Eutropius　14, 162, 189

● カ

ガイウス・カエサル　C. Caesar　220
カエサル　Caesar　173
ガッリカヌス，オウィニウス　Ovinius Gallicanus　88
カラウシウス　Carausius　244
カラカラ　Caracalla　26, 33
ガリエヌス　Gallienus　67, 164, 178
カリグラ　Caligula　100
カリヌス　Carinus　34, 53, 73, 76, 90, 136, 137, 210
カルス　Carus　53, 210
ガレリウス　Galerius　4, 15, 38, 45, 75, 95, 138, 141, 142, 157–159, 161, 164, 214, 224, 248, 257
キケロ　M. Tullius Cicero　235
キュプリアヌス　Cyprianus　174
クィンティアヌス，アウレリウス　Aurelius

Quintianus　105, 179
クラウディウス　Claudius　68, 71, 77, 80, 100, 185, 197
クラウディウス２世(ゴティクス)　Claudius Gothicus　180, 235
グラティアヌス　Gratianus　233, 236, 242
クラルス，アキリウス　Acilius Clarus　42
クリスプス　Crispus　15, 69, 80, 82, 90, 181, 209
クレトゥス，マルクス・アウレリウス　M. Aurelius Cletus　193, 194
ゴルディアヌス　Gordianus　163
コンコルディウス，ウァレリウス　Valerius Concordius　151
コンスタンス　Constans　57, 219
コンスタンティウス・クロルス Constantius Chlorus　4, 45, 75, 76, 88, 95, 138, 141, 157–162, 164, 166, 167, 169, 170, 180, 189, 214–216, 224, 231, 237, 243, 244, 257, 258
コンスタンティウス２世　Constantius 51, 82, 209
コンスタンティヌス　Constantinus　3, 13–15, 17, 20, 29, 48, 55–57, 62, 63, 65–70, 72, 75, 76, 78, 80–84, 86–92, 94–97, 102, 107, 126, 127, 133, 140–150, 154, 155, 158, 161, 162, 166, 177, 181–184, 195, 199, 205–207, 209, 212, 213, 215–221, 223, 224, 229, 237, 238, 243, 247–249, 253, 254, 256, 259
コンスタンティヌス２世　Constantinus 57, 80, 82, 219
コンモドゥス　Commodus　134

● サ

サッルスティウス，フラウィウス　Flavius Sallustius　136
サトゥルニヌス　L. Antonius Saturninus 238
サトゥルニヌス，アウレリウス　Aurelius Saturninus　245
小プリニウス　Plinius　16
シルウァヌス　Silvanus　182
スケッスス，ユリウス・スルピキウス Iulius Sulpicius Sucessus　70
ストラボン　Strabon　41
セウェルス(ヒスパニア諸州総監) Severus　218, 221, 257
セウェルス(第２次四帝統治での副帝、のちに正帝)　Severus　75, 141, 164, 248, 257
セウェルス・アレクサンデル　Severus Alexander　4, 177, 210
ゼノフィルス，ドミティウス　Domitius Zenophilus　182
セプティミウス・セウェルス　Septimius Severus　8, 60, 74, 100, 141
ゾシモス　Zosimos　14, 15
ソッシアヌス，ガイウス・マクリニウス　C. Macrinius Sossianus　123, 124, 133–135, 154
ソフロニウス，ガイウス・サッルスティウス・ポンペイアヌス　C. Sallustius Pompeianus Sofronius　86

● タ

タキトゥス　Tacitus　87
タクファリナス　Tacfarinas　173
ディオ，カッシウス　Cassius Dio　3, 4, 7, 8, 10–20, 24, 26–32, 34–38, 40–48, 50, 52–56, 58–60, 64, 67, 68, 70, 73–75, 77, 79, 80, 88–97, 100–108, 123–126, 128, 132–141, 143, 144, 146–168, 170, 172, 173, 175, 176, 178–186, 188, 189, 192–199, 202, 204–211, 214, 216–219, 221, 223–225, 228–233, 235, 236, 238, 239, 241–248, 251–253, 255–263
ディオゲネス，マルクス・アウレリウス M. Aurelius Diogenes　167, 175
ディオニュシウス，ルキウス・アエリウス・ヘルウィウス　L. Aelius Helvius Dionysius　35, 36, 138
ティティアヌス，ティトゥス・フラウィウス・ポストゥミウス　T. Flavius Postumius Titianus　30, 33, 35–37, 39, 84, 138
ティベリアヌス　Tiberianus　127
ティベリアヌス，ガイウス・アンニウス　C. Annius Tiberianus　217
ティベリウス　Tiberius　87, 173
テオドシウス　Theodosius　164
テトリクス　Tetricus　34, 36
トゥッキアヌス，エグナティウス　Egnatius Tuccianus　138
ドナティアヌス，ウォルシウス　Volusius Donatianus　141
ドミティアヌス，フラウィウス　Flavius Domitianus　68
トラヤヌス　Traianus　16, 64, 69, 71, 77, 79, 174, 185, 222, 225

● ナ

ナザリウス　Nazarius　56
ヌメリアヌス　Numerianus　53, 73
ネポティアヌス　Virius Nepotianus　223

● ハ

パシクラテス，スキロニウス　Scironius Pasicrates　181
ハドリアヌス　Hadrianus　69, 225
ハビトゥス，ウィビウス　Vibius Habitus　146
ピソニアヌス，ルピリウス　Rupilius Pisonianus　124, 125
プトレマイオス2世　Ptolemaeus　100, 185
ファウスタ　Fausta　48
ファウスティヌス，エグナティウス　Egnatius Faustinus　215
ファウスティヌス，ポンペイウス　Pompeius Faustinus　88
ファクンドゥス　Tottius Facundus　223
フィリップス　Philippus　210
フィルムス，アウレリウス　Aurelius Firmus　222, 223
フォルトゥナトゥス，ウェルセンニウス　Versennius Fortunatus　84
フォルトゥナトゥス　Fortunatus　193
フラウィアヌス，フラウィウス　Flavius Flavianus　151, 167
フラウィアヌス，ムキウス　Mucius Flavianus　140
プラエテクスタトゥス ,ブリッティウス　Brittius Praetextatus　85
プラキディアヌス，ユリウス　Iulius Placidianus　235
プランクス，ムナティウス　L. Munatius Plancus　235
プリスクス，ユリウス・トゥッリウス　Iulius Tullius Priscus　143
プロクルス，アウレリウス　Aurelius Proculus　232
プロクルス，ルキウス・アエリウス　L. Aelius Proculus　69, 82–84
プロクルス，クィントゥス・アラディウス・ルフィヌス・ウァレリウス　Q. Aradius Rufinus Valerius Proculus　85, 126, 146, 240
プロクルス，ルキウス・アラディウス・ウァレリウス　L. Aradius Valerius Proculus　85, 90, 91, 142, 218
プロビアヌス，ペトロニウス　Petronius Probianus　143
プロブス　Probus　132
プロブス，テナギノ　Tenagino Probus　178
プロフトゥルス　Profuturus　63
フロルス，ウァレリウス　Valerius Florus　104, 105, 151, 161, 167, 179
フロンティヌス　Frontinus　177
フロントニアヌス　Frontonianus　194
フロント，マルクス・コルネリウス　M. Cornelius Fronto　180
ヘルミアス，クウィントゥス・アエクラニウス　Q. Aeclanius Hermias　216
ヘレナ　Helena　89
ヘロディアノス　Herodianos　50
ポエメニウス，ティトゥス・アエリウス　T. Aelius Poemenius　84
ポストゥムス　Postumus　235
ホノラトゥス，アクシリウス　Axilius Honoratus　37
ポンティアヌス　Pontianus　80, 84
ポンペイアヌス，バルバルス　Barbarus Pompeianus　90

● マ

マクシミアヌス　Maximianus　4, 18, 28, 30, 32, 37, 40, 43–45, 48, 50, 52–56, 67, 75, 95, 96, 106, 124, 133, 141, 151, 152, 157–162, 164–166, 167, 170, 175–178, 186, 188–192, 195, 197, 208, 209, 211, 214, 216, 217, 223, 224, 230, 232, 236, 240–242, 244, 245, 254, 256–259
マクシミアヌス，アウレリウス　Aurelius Maximianus　151, 167, 175, 176
マクシミヌス・ダイア　Maximinus Daia　38, 95, 257
マクシミヌス・トラクス　Maximinus Thrax　50, 52
マクセンティウス　Maxentius　15, 56, 59, 60, 67, 75, 76, 78, 88, 89, 137, 141, 142, 144, 148, 150, 161, 162, 166, 168, 179–184, 195, 247, 248, 257
マグヌス・マクシムス　Magnus Maximus　57
マグネンティウス　Magnentius　57, 219
マダリアヌス，ルキウス・クレペイウス　L. Crepereius Madalianus　72
マテルニアヌス，ゲゼウス・ラルグス　Gezeus Largus Maternianus　145
マメルティヌス　Mamertinus　48
マリアヌス，メッシウス　Messius

Marianus 212
マルクス・アウレリウス Marcus Aurelius 174, 180, 262
マルケッリヌス，アントニウス Antonius Marcellinus 146
マルケッルス Marcellus 193
マルケリヌス，アンミアヌス Ammianus Marcellinus 51, 54, 136

● ヤ

ユスティニアヌス Iustinianus 17
ユニオル，アクシリウス Axilius Iunior 30, 37–39
ユバ2世 Iuba 100, 185
ユリアヌス(ウェネティア知事) Iulianus 53
ユリアヌス(背教者) Iulianus 51, 54, 55, 57, 136, 166
ユリアヌス，ケイオニウス M. Ceionius Iulianus 80, 82–84, 86, 92, 145

● ラ

ラエトゥス，ティベリウス・フラウィウス Tiberius Flavius Laetus 219
ラクタンティウス Lactantius 9, 15, 16, 32, 161, 162
リキニウス Licinius 82, 83, 95, 162, 196, 209, 224, 247
リトゥア，ティトゥス・アウレリウス T. Aurelius Litua 152, 186–190, 193, 195, 199
ルキウス・カエサル L. Caesar 220
ルキヌス，アエミリウス Aemilius Lucinus 176
ルスティキアヌス，マニリウス Manilius Rusticianus 58–62, 68, 73, 75–78
ルスティキアヌス，ユリウス Iulius Rusticianus 123
ルフィヌス，アンニウス Annius Rufinus 246, 247
ルフス，オクタウィウス Octavius Rufus 215
ルペルクス，ポストゥミウス Postumius Lupercus 209–211
ロッリアヌス，クィントゥス・フラウィウス・マエシウス・エグナティウス Q. Flavius Maesius Egnatius Lollianus 69, 90, 91, 218
ロムルス，ラエナティウス Laenatius Romulus 149

地名・事項索引

● ア

アウグスタ・トレウェロルム(現トリーア) Augusta Treverorum 16, 229, 237, 240, 243, 258
アウグスト──→ラウリカ
アウグストドゥヌム Augustodunum 229
アウジア Auzia 187, 188
アエスクラピウス Aesculapius 182
アエミリア・リグリア Aemilia et Liguria 26
アクア・ウィウァ Aqua Viva 104
アクア・フリギダ Aqua Frigida 187
アクィタニア Aquitania 228
アクィレイア Aquileia 24, 28, 38, 40–57, 76, 97, 163, 208, 211, 235, 255
アケッラ Acerra 80
アシア Asia 8, 9, 211, 218, 238
アッロブロゲース族 Allobroges 234
アティナ Atina 76, 88
アテッラ Atella 80
アトラス山脈 186
アドリア海 28, 41
アプリア・カラブリア Apulia et Calabria 26
アフリカ Africa 5, 6, 12, 15, 20, 22, 24, 36, 37, 59–62, 64, 65, 68, 69, 75, 85, 86, 88, 91, 93, 97, 100–107, 125–128, 132, 134, 135, 137, 141, 142, 151–153, 155–157, 159, 160, 162–164, 166, 168, 170–173, 177, 178, 180, 182–186, 188–192, 194, 195, 197–199, 202, 203, 205, 207, 208, 212, 214, 217, 224–226, 231, 234, 237–239, 242, 243, 247, 248, 252–254, 256, 260, 261, 263
アフリカ・プロコンスラリス Africa Proconsularis 8, 9, 85, 90, 100, 101, 103–108, 123, 133, 135–137, 140, 144, 146, 148–155, 157–159, 168–170, 172, 185–187, 195, 197, 198, 211, 225, 238, 253, 254, 260
アベッラ Abella 90
アポロ Apollo 40–42, 45, 49, 52, 54, 97, 145
アミテルヌム Amiternum 86
アラマンニ Alamanni 231, 240
アルジェ 262
アルジェリア 100, 123, 133, 164, 174, 182, 185

アルプス　41, 51, 204, 231, 235, 243–248
アルブラエ　Albulae　153
アルペス・グライアエ・ポエニナエ　Alpes Graiae et Poeninae　244
アルペス・コッティアエ　Alpes Cottiae　26, 244
アルペス・マリティマエ　Alpes Maritimae　244–246, 248
アルル──→アレラテ
アレクサンドリア　Alexandria　47
アレラテ　Arelate　229, 249
アンティオキア　Antiochia　38, 47
アントニヌス勅令　Constitutio Antoniniana　5, 22, 26
『アントニヌス帝の旅程表』 *Itineraria Antoniniana*　194
アンマエダラ　Ammaedara　174
イゼール川　235
イタリア　Italia　20, 24, 26–41, 43, 45–47, 51, 54–56, 59–61, 63–67, 74–76, 79, 81, 84, 86, 88, 90, 91, 93–97, 105, 141, 173, 180, 197–199, 202–205, 207, 208, 211, 212, 220, 224–226, 231, 234–238, 242–244, 247, 248, 252–255, 259–261, 263
イタリカ　Italica　222, 223
市場　149
イベリア半島　206, 253
イリュリア　Illyria　41
ウァッリス　Vallis　143
ウィエンナ　Vienna　228, 230, 234, 242, 243, 249, 254, 255
ウィエンネンシス　Viennensis　204, 228, 243, 244, 253, 254
ウィクス(村)　vicus　234, 239
ウィクトリア　Victoria　123
ウィトゥドゥルム　Vitudurum　231–234
ヴィンタートゥール　232
ウィンドニッサ　Vindonissa　232
ヴェスヴィオ山　58
ウェナフルム　Venafrum　90
ウェネティア　Venetia　53
ウェネティア・ヒストリア　Venetia et Histria　26, 47
ウェレクンダ　Verecunda　174
ヴェローナ　17
『ヴェローナ・リスト』 *Laterculus Veronensis*　16, 150, 193, 206, 217, 228, 244
ウォルビリス　Volubilis　196
エヴェルジェティスム　153
エグレギウス級　egregius　70, 143, 176, 246
エジプト　5, 62, 68, 69, 258
エフェソス　Ephesos　164, 165
エミネンティッシムス級　eminentissimus　58, 60, 167
エメリタ・アウグスタ　Emerita Augusta　204, 206, 207, 217–223, 225, 249, 254, 256
エルビラ教会会議　205
円形闘技場　107, 174, 175, 190, 191, 213, 220
オスティア　Ostia　24, 28, 57–64, 65–79, 97, 164, 207, 247, 252
オータン──→アウグストドゥヌム
オッソノバ　Ossonoba　223
オピドゥム・ノウム　Oppidum Novum　194
オリエンス　Oriens　218
オリシポ　Olisipo　222

● カ

解放奴隷　19, 20, 50, 69, 87
ガウルス　Gaulus　95
カエサレア(イオル＝カエサレア)　Caesarea (Iol Caesarea)　100, 168, 169, 185, 187
カサエ　Casae　168
ガッラエキア　Gallaecia　193, 206, 223
カトゥリグム　Caturigum　245–247
カピトリウム　Capitolium　71, 239, 261
カプア　Capua　85
カプリ島　87
カラマ　Calama　123, 125, 134, 139, 143
ガリア　Gallia　5, 16, 24, 36, 51, 53, 54, 160, 161, 178, 202, 204, 227–230, 234–237, 240–245, 249, 250, 254–256, 258–261, 263
「ガリア帝国」　34, 202, 235, 263
ガリア・ナルボネンシス　Gallia Natbonensis　253, 260
カルタギニエンシス　Carthaginiensis　206
カルタゴ　Carthago　32, 81, 100, 103, 140, 142, 144
カルタゴ・ノウァ　Carthago Nova　206
カルヌントゥム　Carnuntum　54
管区(ディオエケシス)　dioecesis　8, 12, 24, 26, 94, 97, 103, 105, 186, 192–197, 204, 209, 217–219, 222, 228, 240, 243, 244, 254, 259
管区代官(ウィカリウス)　vicarius　8, 104, 142, 148, 180, 193, 210, 217–219, 222, 228,

254
カンパニア　Campania　24, 26, 28, 29, 34–36, 43, 69, 70, 76, 78–94, 96, 143, 147, 148, 199, 224, 254, 261
官僚制　5, 12, 13
キウィタス　civitas　4, 5, 234, 239, 240
騎士身分　8, 64, 91, 137, 154, 211
『教会史』　15, 38
競技場　48, 209, 219–222
『教皇列伝』　*Liber Pontificalis*　83, 89
ギリシア　5, 23, 95
キリスト教　3, 6, 9, 14, 15, 28, 31, 38, 43–46, 56, 89, 105, 162, 182, 196, 205, 208, 245
キルタ　Cirta　102, 103, 142, 167, 168, 172, 173, 179–184, 247, 256
クィクル　Cuicul　151, 164, 165, 167, 168
「クィンクエゲンタネイ」　Quinquegentanei　186, 189, 190, 197
クッル　Chullu　180
グヌグ　Gunugu　152, 160, 191
クマエ　Cumae　80
グラティアノポリス　Gratianopolis　236, 242
クラリッシムス級　clarissimus　30, 37, 42, 60, 80, 82, 83, 138, 143, 144, 149, 210, 222, 238
クラロ　Cularo　204, 228–237, 240–242, 249, 255, 256, 262
クリエンテス　clientes　146
クリュプトポルティクス　cryptoporticus　214
グルノーブル　204, 229, 231, 234, 236, 262
クルリタヌム　Chlulitanum　126
『グレゴリアヌス法典』　*Codex Gregorianus*　17
軍団長官(プラエフェクトゥス・レギニオス)　praefectus legionis　176
劇場　218–222, 256
ゲルマニア　Germania　204, 227–229, 232, 237–239, 241–243, 249, 254, 255, 258–260
ゲルマン人　4, 182, 202, 240
ケルン　240
検査官(ディスプンクトル)　dispunctor　188
元老院　Senatus　7, 50, 66, 79, 83, 91, 96, 137, 148, 162, 173, 257
元老院議員　senator　7, 8, 26, 37, 39, 64, 66–70, 83–97, 137, 139, 140, 142, 143, 147–149, 153, 154, 169, 199, 210–212, 218, 224–226, 238, 253, 254, 261, 263
皇帝審理担当官(マギステル・サクラルム・コグニティオヌム)　magister sacrarum cognitionum　38
『皇帝伝』(アウレリウス・ウィクトル)　14
『皇帝伝略記』　14
皇帝礼拝　209, 210, 215, 216, 220, 221, 225, 256
港湾管理官　procurator portus　70
古代末期　6, 12, 13, 22, 40, 47, 51, 52, 56, 60, 67, 73, 87, 101, 139, 177, 205, 207, 210, 214, 217, 220, 222, 225, 233, 249, 251
近衛長官　praefectus praetorio　58–60, 75, 76, 78, 136, 137, 142, 151, 167, 168, 180, 235
近衛長官代行(アゲンス・ウィケス・プラエフェクトルム・プラエトリオ)　agens vices praefectorum praetorio　8, 9, 59, 60, 68, 75, 77, 169, 193, 209, 213, 216–219, 221, 222, 225, 226
コムム　Comum　24, 28, 29, 30, 32, 33, 35–39, 84, 96, 163, 252
コメス(総監，側近)　comes　91, 164, 218–221, 223–226, 254
コルシカ　Corsica　26
コルドバ　Corduba　204, 206, 207, 213–217, 221, 222, 249, 254
知事(コレクトル)　corrector　8, 26, 81–83, 94, 95
コロニア──→植民市
コンスタンツ　231
コンスタンツ湖　233
コンスタンティーヌ　182
知事(コンスラリス)　consularis　81–83, 94, 238
コンスル　consul　66, 76, 85, 90, 135–137, 143, 193, 223, 247

● サ

ザグーアン　81
サブラタ　Sabratha　149
ザマ・レギア　Zama Regia　126
サラ　Sala　195–197
サルダエ　Saldae　187, 188
サルディニア　Sardinia　26, 63
サルマティア　Sarmatia　232
サロナ　Salona　162
「三世紀の危機」　4–6, 9, 12, 13, 22, 32, 77, 79, 100, 202, 205, 230, 251, 258, 260
ジェミラ遺跡　164
自治市(ムニキピウム)　municipium　4, 5,

174, 180, 191, 240, 242
シチリア　Sicilia　5, 26, 28, 93–97, 147, 148, 199, 254
シティフィス　Sitifis　103, 106, 185, 190, 191
市壁　18, 53, 153, 192, 197, 202, 204, 229–231, 233–237, 240–242, 245, 256, 262
シャンパーニュ地方　231
『首都創建以来の略史』(エウトロピウス)　14
首都長官　praefectus Urbi　63, 76, 90, 138, 247
ジュネーヴ　234
殉教者行伝　94, 193, 206, 217
小アジア　5, 15, 53, 72, 73, 105, 164, 237
頌詞　16, 48, 56, 189, 228, 229, 243, 259
書記　151, 167, 168
植民市(コロニア)　colonia　4, 5, 28, 41, 51, 59, 61, 71, 138, 174, 180, 184, 209, 210, 212, 215, 216, 220, 221, 233, 234, 239, 240, 242
食糧長官　praefectus annonae　28, 57, 58, 60–68, 70, 72–77, 252
シリア　Syria　178
シルミウム　Sirmium　46, 51
『新史』(ゾシモス)　14
スイス　231–233
水道　29, 69, 79–81, 83, 84, 86, 87, 92, 151, 175–178, 183, 256, 257, 262
水道監督官(クラトル・アクアエ)　curator aquae　87
水道管理官(プロクラトル・アクアルム)　procurator aquarum　84
水道担当官(プラエポシトゥス・アクアエドゥクトゥス)　praepositus aquaeductus　81, 83, 84, 92
水道長官　consularis aquarum　84
スエッサ　Suessa　90
スース　Sousse　135
スフェトゥラ　Sufetula　263
スペイン　205, 207, 213, 214
セウェルス朝　Severi　7, 52, 71, 132, 139, 141, 185
セガッレンシス　Segarrensis　224
セグシオ　Segusio　244, 245
セゲルメス　Segermes　239
セビリア　213
セプティゾニウム　Septizonium　176, 177, 256, 262
セプテンペダ　Septempeda　74
セリーノ　29, 79–84, 86, 87, 92
セルカディラ遺跡　Cercadilla　213, 214
船主　62, 63, 65
総督代理　108, 123, 124, 133–135, 143–145, 154
属州会議　concilium provinciae　96, 191, 209, 220, 256
属州暦　188
属州総督　5, 7–13, 17–19, 36, 63, 66, 85, 90, 91, 94, 95, 101, 104, 105, 107, 108, 123–126, 128, 135–140, 142–161, 165–170, 172, 175, 176, 178, 179, 181, 182, 184, 187–189, 191–195, 197–199, 206–219, 221–226, 228, 232–234, 236, 238–243, 245–249, 251–256, 258, 260–263
ソル　Sol　28, 30, 36, 38–40, 43, 45, 49, 54, 55, 84
ソレント半島　79

● タ

第3アウグスタ軍団　Legio III Augusta　100, 102, 151, 159, 172, 174–176, 199, 256
第22プリミゲニア軍団　Legio XXII Primigenia　238
タスガエティウム　Tasgaetium　233
タッラコ　Tarraco　204, 206–213, 215–217, 219, 221–223, 225, 232, 249, 254, 256
タッラコネンシス　Tarraconensis　206, 209, 212, 213, 224
タブラカ　Thabraca　138
タムガディ　Thamugadi　151, 161, 163, 164, 167, 168
「ダムナティオ・メモリアエ」　damnatio memoriae　160, 162, 170, 245
知事　26, 27, 30–37, 39, 42, 56, 63, 69, 79–84, 86–90, 92, 94–97, 147, 252, 254
地中海　13, 41, 51, 72, 156, 204, 254
チュニジア　81, 85, 100, 123, 174
勅答　rescriptum　18, 38, 220, 259
テアヌム・シディキヌム　Teanum Sidicinum　88, 220
ディオクレティアヌス浴場　32, 152, 192, 257, 258, 262
帝室財産管理官　rationalis　9, 182, 184
ティパサ　Tipasa　153, 192, 197
ティビリス　Thibilis　180
ティブブキ　Tibubuci　105
ティミダ・ブレ　Thimida Bure　161
ティレニア海　65, 79
ティンギス　Tingis　193, 194, 196

テヴェレ川　58, 71, 72, 257
『テオドシウス法典』 *Codex Theodosianus*　17, 62
テベステ　Theveste　140, 174
テレプテ　Thelepte　140
ドイツ　231
ドゥクス(前線指揮官)　dux　243
トゥスキア・ウンブリア　Tuscia et Umbria　26
道長官　praefectus praetorio　126
トゥッガ　Thugga　138, 139, 157, 207, 261
トゥブスクトゥ　Tubusuctu　177, 190
トゥブルシク・ヌミダルム　Thubursicu Numidarum　135, 163
同盟市戦争　8, 26
ドゥロコルトルム　Durocortorum　229, 237, 256
都市監督官　curator rei publicae　7, 10, 12, 26–28, 30, 31, 33, 37–39, 59, 61, 62, 64–68, 70, 73–77, 88, 93, 96, 101, 104, 107, 108, 123–128, 132–134, 136, 138, 143, 144, 149, 153–155, 176, 178, 183, 188, 198, 199, 212, 213, 223, 225, 243, 249, 251–254, 260, 263
都市参事会　5, 7, 9–12, 15, 19, 20, 50, 51, 53, 58, 59, 61, 62, 64, 68, 70, 72, 85, 86, 88, 89, 124, 127, 128, 134, 136, 149, 164, 191, 192, 195, 197, 198, 210, 212, 213, 244, 245, 248, 253
ドナウ川　6, 32, 33, 41, 46, 51, 54, 232
ドナトゥス派　182
トランスパダナ州　Transpadana　35, 36
トリーア　229, 237
トリエステ　42
トリポリタニア　Tripolitania　103–105, 140, 141, 148, 149, 155, 158, 168–170, 256

● ナ

ナポリ　80
ナポリ湾　69, 79, 87
ナルボ　Narbo　53
ナルボネンシス　Narbonensis　228, 235, 254, 260
ニコメディア　Nicomedia　10, 15, 32, 53, 73, 75, 82
ニンファエウム　Nymphaeum　174, 176
ヌミディア　Numidia　85, 100, 102–105, 107, 139, 142, 148–150, 151–153, 155, 158–161, 164, 165, 167–173, 175, 176, 178–184, 186, 199, 247, 253, 255, 256
ヌミディア・キルテンシス　Numidia Cirtensis　103–105, 150, 168, 179, 180, 184
ヌミディア・ミリティアナ　Numidia Militiana　103–105, 150, 168, 179, 183
ネアポリス　Neapolis　80, 87, 89
ノラ　Nola　80, 87

● ハ

バイア　Baia　80
「バウァレス」　Bavares　186, 197
パエストゥム　Paestum　86
バエティカ　Baetica　206, 213, 215, 224, 253
バガウダエ　231
パグス(町)　pagus　234
バシリカ　basilica　89, 149, 164, 209, 213, 214, 257
バーゼル　233
パドヴァ　42
パトロキニウム　patrocinium　137, 147, 214, 223
パトロヌス(パトロン)　patronus　37, 38, 59, 64, 68, 70, 75–77, 84–86, 88, 92, 96, 126, 140, 144–147, 154, 192, 240
パトロネジ　137, 222
パノルムス　Panormus　74, 95
パリ　237
バルカン半島　178
バルバ　Barba　224
ピケヌム　Picenum　74
『ヒストリア・アウグスタ(ローマ皇帝群像)』 *Historia Augusta*　14, 34, 53
ヒスパニア　Hispania　6, 22, 24, 103, 105, 186, 192–197, 199, 202–207, 209, 211, 212, 214, 217–227, 230, 243, 249, 253, 254, 256, 260, 261, 263
ヒスパニア・キテリオル　Hispania Citerior　105, 206, 208–211
ヒスパリス　Hispalis　217, 224
ヒスペッルム　Hispellum　220, 259
「碑文習慣」　Epigraphic Habit　21, 22, 24, 184, 204, 261, 263
百人隊長　176, 178, 183, 193
ヒュギア　Hygia　182
ビュザケナ　Byzacena　85, 103, 104, 106, 126, 140, 141, 144, 146, 148, 149, 153, 154, 158, 168–170, 240, 253, 260
ピレネー山脈　204
ファウスティアネンシス　Faustianensis　240

ファブラテリア・ノウァ　Fabrateria Nova　43
フィレンツェ　42
フォルム　forum　28, 51, 52, 57–59, 61, 72, 76, 77, 90, 138, 141, 145, 148, 149, 158, 163–166, 168, 174, 195, 196, 209, 210, 212, 213, 215, 216, 221, 224, 229, 257
二人委員　duovir　5, 126, 127, 205
ブッラ・レギア　Bulla Regia　85, 144, 145
プテオリ　Puteoli　68–70, 73, 74, 76–81, 83–88, 90, 92, 143
フラウィウス朝　Flavii　22, 209
プラエセス(属州総督)　praeses　8, 140, 210, 238
「プラエトリウム」　175, 178
プラエネステ　Praeneste　90
ブラカラ・アウグスタ　Bracara Augusta　206, 223
フラミニア・ピケヌム　Flaminia et Picenum　26
フランコリ川　209
フランス　228, 247
ブリタニア　Britannia　6, 141, 160, 189, 202, 204, 243, 244, 254, 263
プロコンスル(属州総督)　proconsul　8, 140
ベルギカ　Belgica　228, 256
ヘルクレス　Hercules　67, 133, 134, 161, 164, 230, 236
ペルシア　4, 46, 232
ペルフェクティッシムス級　perfectissimus　58, 66, 70, 80, 82, 83, 149, 169, 176, 193, 208, 210, 211, 221, 232, 238, 245, 249
『ヘルモゲニアヌス法典』　*Codex Hermogenianus*　17
ベレヌス　Belenus　41, 42, 45, 49, 50, 52–54, 56, 97, 256
『ポイティンガー図』　*Tabula Peutingeriana*　235
ポエニ戦争　173, 209
ポルトゥス　Portus　68, 71–74, 76–78
ボンナ　Bonna　238
ポンペイ　58

● マ

マインツ　204, 229, 237
マウラ　Maura　153
マウリ人　Mauri　189
マウレタニア　Mauretania　6, 100, 102, 107, 139, 142, 148–150, 152, 153, 155, 158–160, 169, 177, 184–186, 188–190, 192, 194, 196, 197, 199, 239, 254, 255, 258, 259, 262
マウレタニア・カエサリエンシス　Mauretania Caesariensis　100, 103, 104, 106, 107, 168, 185–191, 193–195, 197
マウレタニア・シティフェンシス　Mauretania Sitifensis　103, 104, 106, 185, 188, 190, 191, 197
マウレタニア・ティンギタナ　Mauretania Tingitana　100, 103, 105, 186, 192–197, 206, 217, 249
マギドゥヌム　Magidunum　233
マクタリス　Mactaris　124, 125, 133, 262
マコマデス　Macomades　105
マダウロス　Madauros　133, 134, 144, 145
マッシリア　Massilia　245
マドリード　213
マニ教　46
マルグス河畔の戦い　53, 73
マルス　Mars　161, 239
ミセヌム　Misenum　80
ミディディ　Mididi　123–125, 133
ミトラエウム　Mithraeum　179
ミトラス　Mithras　54, 55, 179, 239
ミネルウァ　Minerva　238
ミルウィウス橋の戦い　142, 162, 183
ミレウ　Milev　180
ムニキピウム⟶自治市
メディオラヌム　Mediolanum　10, 32, 37, 38, 40, 46–48, 53, 75, 96, 258
メルクリウス　Mercurius　151
モゴンティアクム　Mogontiacum　204, 228, 229, 237–243, 249, 255, 260
モロッコ　100, 185

● ヤ

夜警長官(プラエフェクトゥス・ウィギルム)　praefectus vigilum　235
『ユスティニアヌス法典』　*Codex Iustianianus*　17, 18, 62
ユノ　Iuno　238
ユピテル　Iuppiter　58, 67, 138, 161, 187, 193, 194, 209, 221, 230, 236, 238, 239
浴場　55, 58, 144, 146, 174, 207, 212–214, 220, 222, 229, 237, 256–258
四帝統治　45, 75, 95, 124, 138, 152, 157–162, 164–167, 170, 175, 177, 190–192, 202, 208, 211, 212, 220, 223, 228, 230, 238, 247, 257, 263

● ラ

ライン川　6, 204, 231, 233, 237, 239, 254
ラウリカ　Raurica　233, 234
ラエティア　Raetia　26
ラツィオ州　79
ラテン語　16, 20, 21, 23, 157, 198, 229, 234, 243, 250
ラピドゥム　Rapidum　152, 177, 191, 197, 199, 255, 258, 259, 262
ラングル　231
ランス　229, 237
ランバエシス　Lambaesis　102, 103, 151, 167, 172–175, 177–179, 181–183, 191, 199, 208, 211, 232, 240, 255, 256, 262
リスボン　222
リビア　100, 103
リヨン　173, 177, 240
リンゴネス族　Lingones　231
ルカニア　Lucania　34, 161
ルカニア・ブルッティ　Lucania et Bruttii　26
ルグドゥネンシス　Lugdunensis　228
ルシカデ　Rusicade　180
ルシタニア　Lusitania　206, 217, 218, 221–223
ルテティア　Lutetia　237
ルナ　Luna　88
レプティス・マグナ　Leptis Magna　108, 135, 140, 141, 144, 148, 149, 155, 158, 168, 169, 256
レマン湖　234
レミ　Remi　229, 237, 256
ローヌ　234
ローマ　5, 10, 13, 28, 32, 35, 36, 39, 58, 59, 61–64, 66, 68–72, 74, 75, 77–79, 83–86, 90, 91, 94–96, 100, 126, 137, 141, 145, 146, 152, 161, 192, 224, 247, 249, 256–258, 262
「ローマ化」　22, 207, 224, 227, 249, 260, 261
ローマ市民権　5, 22, 26
『ローマ法大全』　*Corpus Iuris Civilis*　17

主要参考文献

一次史料(碑文史料は巻頭を参照)

Aurelius Victor: Aurélius Victor, *Livres des Césars*, texte établi et traduit par P. Dufraigne, Paris, 1975.

CJ: *Codex Justinianus*, in P. Krüger (ed.), *Corpus Iuris Civilis* II, Berlin, 1877.

CTh: *Theodosiani libri XVI cum constitutionibus Sirmondianis*, Th. Mommsen et P. Meyer (ed.), Berlin, 1905; テオドシウス法典研究会訳「テオドシウス法典(Codex Theodosianus)1〜4」『専修法学論集』59, 60, 61, 63, 1993–95年；同「同　5〜11」『立教法学』43, 45, 47, 50, 53, 56, 58, 1996–2001年；同「同　12〜20」『法政史学』57, 59, 62, 64, 66, 68, 70, 72, 77, 2002–12年(未完)。

Epitome de Caesaribus: Pseudo-Aurélius Victor, *Abrégé des Césars*, texte établi, traduit et commenté par M. Festy, Paris, 2002.

Eusebius, *HE*: Eusebius, *Ecclesiastical History*, vol.2, trans. by J. E. L. Oulton, Cambridge, Mass./London, 1932; エウセビオス『教会史』上下，秦剛平訳，講談社学術文庫，2010年。

Eutropius: Eutrope, *Abrégé d'histoire romaine*, texte établi et traduit par J. Hellegouarc'h, Paris, 2002; エウトロピウス研究会「エウトロピウス『首都創建以来の略史』翻訳(第１・２巻)〜(第７巻)」『上智史学』52–57, 2007–11年(未完)。

SHA: *Histoire Auguste*, traduit par A. Chastagnol, Paris, 1994; *The Scriptores Historiae Augustae*, with an English translation by D. Magie, 3 vols., Cambridge, Mass./London, 1921–32; アエリウス・スパルティアヌスほか『ローマ皇帝群像１〜３』南川高志・桑山由文・井上文則訳，京都大学学術出版会，2004–09年(未完)。

Lactantius, *DMP*: Lactantius, *De mortibus persecutorum*, ed. and trans. by J. L. Creed, Oxford, 1984.

H. Musurillo (ed.), *Acts of Christian Martyrs*, vol.2, Oxford, 1972.

Pan.Lat.: C. E. V. Nixon and B. S. Rodgers, *In Praise of Later Roman Emperors: the Panegyrici Latini*, Berkley, 1994.

Zosimus: Zosime, *Histoire nouvelle*, texte établi et traduit par François Paschoud, 3 tomes, Paris, 1971–89.

二次文献

A. Akerraz et R. Rebuffat, El Qsar el Kebir et la route intérieure de Maurétanie Tingitane entre Tremuli et ad Novas, in *IVe colloque sur l'histoire et l'archéologie de l'Afrique du Nord*, tome 2, Paris, 1991, 367–408.

G. Alföldy, *Die Bauinschriften des Aquäduktes von Segovia und des Amphitheaters von Tarraco*, Berlin, 1997.

J. G. C. Anderson, The Genesis of Diocletian's Provincial Reorganization, *JRS* 22, 1932, 24–32.

J. Arce, *El último siglo de la España romana: 284–409*, Madrid, 1982.
——— Mérida tardorromana (284–409d.C.), in *Homenaje a Sáenz de Buruaga*, Madrid, 1982, 209–226.
——— Un relieve triunfal de Maximiano Herculeo en Augusta Emerita y el Pap. Argent. inv. 480, *MDAI(M)* 23, 1982, 359–371, Taf. 60–63.
——— Retratos imperiales tardo-romanos de Hispania: la documentación epigráfia, in Id., *España entre el mundo antiguo y el mundo medieval*, Madrid, 1988, 149–168.
——— La ciudad en la España tardorromana: ¿continuidad o discontinuidad?, in *Ciudad y communidad cívica en* Hispania*, siglos II y III d.C., Actes du colloque organisé par la Casa Velásquez et par le Consejo Superior de Investigaciones Científicas, Madrid, 25–27 janvier 1990*, Madrid, 1993, 177–184.
——— Emperadores, palacios y villae (a propósito de la villa romana de Cercadilla, Córdoba), *AntTard* 5, 1997, 293–302.
——— Los gobernadores de la *Dioecesis Hispaniarum* (ss. IV–V D.C.) y la continuidad de las estructuras administrativas romanas en la Península Iberica, *AntTard* 7, 1999, 73–83.
——— Spain and the African Provinces in Late Antiquity, in K. Bowes and M. Kulikowski (eds.), *Hispania in Late Antiquity: Current Perspectives*, Leiden/Boston, 2005, 341–361.
M. T. W. Arnheim, Vicars in the Later Roman Empire, *Historia* 19, 1970, 593–606.
——— *The Senatorial Aristocracy in the Later Roman Empire*, Oxford, 1972.
F. M. Ausbüttel, *Die Verwaltung der Städte und Provinzen im spätantiken Italien*, Frankfurt am Main, 1988.
F. Baratte, Observations sur le portrait romain à l'époque tétrarchique, *AntTard* 3, 1995, 65–76.
T. D. Barnes, The Lost Kaisergeschichte and the Latin Historical Tradition, *Bonner Historia-Augusta-Colloquium* 1968/69, 1970, 13–43.
——— *Constantine and Eusebius*, Cambridge, Mass./London, 1981.
——— *The New Empire of Diocletian and Constantine*, Cambridge, Mass./London, 1982.
——— Emperors, panegyrics, prefects, provinces and palaces (284–317), *JRA* 9, 1996, 532–552.
——— Latin Epigraphy and the History of the Western Roman Empire after Constantine, in *XI congresso internazionale di epigrafia greca e latina: Roma, 18–24 settembre 1997: atti II*, Roma, 1999, 565–576.
P. Basso, Topografia degli spazi ludici di Aquileia, in *Aquileia dalle origini alla costituzione del ducato Longobardo: topografia-urbanistica-edilizia publica*, *AAAd* LIX, Trieste, 2004, 317–337.
F. Bertrandy, La «confédération cirtéenne» des Flaviens à Gallien et la Numidie cirtéenne dans l'antiquité tardive (69–439), in B. Cabouret (éd.), *L'Afrique romaine de 69 à 439: Romanisation et christianisation*, Paris, 2005, 93–118.

E. Birley, The Governors of Numidia, A.D.193–268, *JRS* 40, 1950, 60–68.
H. Bloch, A New Document of the Last Pagan Revival in the West, 393–394 A.D., *HThR* 38–4, 1945, 199–244.
J. Bodel, Epigraphy and the Ancient Historian, in Id. (ed.), *Epigraphic Evidence; Ancient History from Inscriptions*, London/New York, 2001, 1–56.
M. Bonfioli, Soggiorni imperiali a Milano e ad Aquileia da Diocleziano a Valentiniano III, in *Aquileia e Milano*, *AAAd* IV, Udine, 1973, 125–149.
A. Boninu ed A. U. Stylow, Miliari nuovi e vecchi dalla Sardegna, *Epigraphica* 44, 1982, 29–56.
B. Borghesi, Iscrizione onoraria di Concordia, *Oeuvres complètes*, tome 5 (*Oeuvres épigraphiques*, tome 3), Paris, 1869, 384–422.
K. Bowes and M. Kulikowski, Introduction, in Iid. (eds.), *Hispania in Late Antiquity: Current Perspectives*, Leiden/Boston, 2005, 1–26.
A. K. Bowman and D. W. Rathbone, Cities and Administration in Roman Egypt, *JRS* 82, 1992, 107–127.
L. Brassous, Les enceintes urbaines tardives de la péninsule Ibérique, in R. Schtzmann et S. Martin-Kilcher (éd.), *L'Empire romain en mutation. Répercussions sur les villes romaines dans la deuxième moitié du 3e siècle, colloque international Bern/August (Suisse), 3–5 décembre 2009: Das römische Reich im Umbruch. Auswirkungen auf die Städte in der zweiten Hälfe des 3. Jahrhunderts, Internationales Kolloquium Bern/August (Schweiz) 3. –5. Dezember 2009*, Montagnac, 2011, 275–299.
L. D. Bruce, Diocletian, the Proconsul Iulianus, and the Manichaeans, in C. Deroux (ed.), *Studies in Latin Literature and Roman History*, Bruxelles, 1983, 336–347.
G. P. Burton, Proconsuls, Assizes and the Administration of Justice under the Empire, *JRS* 65, 1975, 92–106.
——— The Roman Imperial State, Provincial Governors and the Public Finances of Provincial Cities, *Historia* 53–3, 2004, 311–342.
R. Cagnat, *Cours d'épigraphie latine*, 4e éd., Paris, 1914.
I. Calabi Limentani, *Epigrafia Latina*, 4a ed., Bologna, 1991.
A. Calderini, *Aquileia Romana*, Milano, 1930.
G. Camodeca, La carriera di L. Publilius Probatus e un inesistente proconsole d'Africa: Q. Volateius, *Atti dell'Accademia nazionale di scienze morali e politiche di Napoli* 85, 1974, 255–258 = Id., *I ceti dirigenti di rango senatorio equestre e decurionale della Campania romana*, I, Napoli, 2008, 221–239.
——— Ricerche sui *curatores rei publicae*, in *ANRW* II, 13, 1980, 453–533.
——— Ricerche su Puteoli tardoromana (fine III–IV secolo), *Puteoli* 4–5, 1980–81, 59–128.
J. -M. Carrié, Dioclétien et la fiscalité, *AntTard* 2, 1994, 33–64.
——— Les gouverneurs dans l'antiquité tardive, *AntTard* 6, 1998, 17–30.
——— Developments in Provincial and Local Administration, in A. K. Bowman, P.

Garnsey and A. Cameron (eds.), *CAH* vol.12, 2nd ed., Cambridge, 2005, 269–312.
G. A. Cecconi, *Governo imperiale e élites dirigenti nell'Italia tardoantica: problemi di storia politico-amministrativa (270–476 d.C.)*, Como, 1994.
—— I governatori delle province italiche, *AntTard* 6, 1998, 149–179.
—— Aquileia come centro amministrativo in età imperiale, in *Aquileia dalle origini alla costituzione del ducato Longobardo; storia-amministrazione-società, AAAd* LIV, Trieste, 2003, 405–423.
G. Charles-Picard, *Civitas Mactaritana, Karthago* 8, 1957.
A. Chastagnol, Notes chronologiques sur l'Histoire Auguste et le Laterculus de Polemius Silvius, *Historia* 4, 1955, 173–188.
—— *La préfecture urbaine à Rome sous le Bas-Empire*, Paris, 1960.
—— *Les fastes de la Préfecture de Rome au Bas-Empire*, Paris, 1962.
—— L'administration du diocèse Italien au Bas-Empire, *Historia* 12, 1963, 348–379.
—— Les espagnols dans l'aristocratie gouvernementale à l'époque de Théodose, in *Les empereurs romains d'Espagne: Madrid-Italica, 31 mars–6 arvil 1964*, Paris, 1965, 269–292.
—— Un gouverneur constantinien de Tripolitaine: Laenatius Romulus, Praeses en 324–326, *Latomus* 25, 1966, 539–552.
—— Les gouverneurs de Byzacène et de Tripolitaine, *AntAfr* 1, 1967, 119–134.
—— Deux chevaliers de l'époque de la Tétrarchie, *AncSoc* 3, 1972, 223–231.
—— Les inscriptions constantiniennes du cirque de Mérida, *MEFRA* 88, 1976, 259–276.
—— L'inscription constantinienne d'Orcistus, *MEFRA* 93, 1981, 381–416.
—— Les inscrptions africaines des préfets du prétoire de Constantin, in A. Mastino (éd.), *L'Africa Romana 3: atti del III Convegno di studio, Sassari, 13–15 dicembre 1985*, Sassri, 1986, 263–273 = Id. (éd.), *Aspects de l'antiquité tardive*, Rome, 1994, 81–92.
—— Le formulaire de l'épigraphie latine officielle dans l'antiquité tardive, in A. Donati (cur.), *La terza età dell'epigrafia*, Faenza, 1988, 11–65.
—— *Le sénat romain à l'époque impériale: recherches sur la composition de l'assemblée et le statut de ses membres*, Paris, 1992.
—— L'évolution politique du règne de Dioclétien (284–305), *AntTard* 2, 1994, 23–31.
É. Chatel, Étude sur les portes de l'enceinte gallo-romaine de Grenoble d'après deux dessins du XVIe siècle, *Cahiers archéologiques* 38, 1990, 17–24.
R. Chevallier, *Ostie antique: ville & port*, Paris, 1986.
L. Chioffi, Africani a *Capua* e Capuani in Africa, in A. Akerraz, P. Ruggeri, A. Siraj et C. Vismara (éd.), *L'Africa Romana 16: atti del XVI convegno di studio Rabat, 15–19 dicembre 2004*, vol.2, Roma, 2006, 1085–1100.
R. Chossenot, A. Estéban et R. Neiss (éd.), *Reims, Carte archéologique de la Gaule* 51/2, Paris, 2010.

M. Christol, Hommages publics à Lepcis Magna à l'époque de Dioclétien: choix du vocabulaire et qualité du destinataire, *RD* 61–3, 1983, 331–343.

——— *Essai sur l'évolution des carrières sénatoriales dans la seconde moitié du IIIe siècle ap. J.-C.*, Paris, 1986.

——— *L'empire romain du IIIe siècle: histoire politique (de 192, mort de Commode, à 325, concile de Nicée)*, Paris, 1997.

——— C(aius) Macrinius Decianus, gouverneur de Numidie, et l'histoire militaire de la province au milieu du IIIe siècle, *ZPE* 138, 2002, 259–269.

——— Les gouverneurs de Numidie sous Valérien et Gallien et l'histoire militaire de la province entre 253 et 260, *AC* 72, 2003, 141–159.

M. Christol et M. Janon, *Religio Iuxta Aescvlapivm*, *AntAfr* 38–39 (2002–03), 2005, 73–86.

M. Christol et A. Magioncalda, Note su un'iscrizione di epoca tetrarchia: CIL VIII 20836 da Rapidum, in A. Mastino (éd.), *L'Africa Romana 7: atti del VII Convegno di studio, Sassari, 15–17 dicembre 1989*, Sassari, 1990, 907–932.

E. Cimarosti, Costantino e Crispo a *Italica?*, *Epigraphica* 64, 2002, 107–112.

E. Cizek, *L'empereur Aurélien et son temps*, Paris, 1994.

M. Clauss, trans. by R. Gordon, *The Roman Cult of Mithras: the God and his Mysteries*, Edinburgh, 2000.

G. Clemente, La regio Transpadana e il corrector Italiae alla fine del III secolo, *Helikon* 6, 1966, 534–547.

M. Coltelloni-Trannoy, *Le royaume de Maurétanie sous Juba II et Ptolémée*, Paris, 1997.

M. Corbier, Les familles clarissimes d'Afrique proconsulaire (Ier–IIIe siècles), in *Epigrafia e ordine senatorio: Atti del Colloquio internazionale AIEGL su epigrafia e ordine senatorio, Roma, 14–20 maggio 1981, Tituli 5*, Roma, 1982, 685–754.

——— La famille de Séjan à *Volsinii*: la dédicace des *Seii, curatores aquae*, *MEFRA* 95, 1983, 719–756.

——— Coinage and Taxation: the State's Point of View, AD.193–337, in A. K. Bowman, P. Garnsey and A. Cameron (eds.), *CAH* vol.12, 2nd ed., Cambridge, 2005, 327–439.

S. Corcoran, *The Empire of the Tetrarchs: Imperial Pronouncements and Government AD 284–324*, rev.ed., Oxford, 2000 (1st ed., 1996).

——— Before Constantine, in N. Lenski (ed.), *The Companion to the Age of Constantine*, Cambridge, 2006, 35–58.

L. Cracco Ruggini, La città imperiale, in *Storia di Roma* 4: *Caratteri e morfologie*, Torino, 1989, 201–266.

F. Cumont, La dédicace d'un temple du Soleil, *CRAI* 1914, 147–150.

J. Curran, *Pagan City and Christian Capital: Rome in the Fourth Century*, Oxford, 2000.

J. H. D'Arms, *Romans on the Bay of Naples: a Social and Cultural Study of the Villas and Their Owners from 150 B.C. to A.D. 400*, Cambridge, Mass., 1970.

——— A New Inscribed Base from 4th Century Puteoli, *La parola et del passato* 27, 1972, 255–270.

——— Puteoli in the Second Century of the Roman Empire: a Social and Economic Study, *JRS* 64, 1974, 104–124.

K. -V. Decker und W. Selzer, Mogontiacum: Mainz von der Zeit des Augustus bis zum Ende der römischen Herrschaft, in *ANRW* II, 5–1, 1976, 457–559.

A. Degrassi, "corrector Italiae" in un'epigrafe di Como, in *Scritti vari di Antichita*, vol.1, Roma, 1962, 193–206.

L. de Salvo, *I corpora naviculariorum*, Messina, 1992.

G. Di Vita-Evrard, L. Volusius Bassus Cerealis, légat du proconsul d'Afrique T. Claudius Aurelius Aristobulus, et la création de la province de Tripolitaine, in A. Mastino (éd.), *L'Africa Romana 2: atti del II Convegno di studio, Sassari, 14–16 dicembre 1984*, Sassari, 1985, 149–177.

G. H. Donaldson, A Reinterpretation of RIB 1912 from Birdoswald, *Britannia* 21, 1990, 207–214.

M. Dondin-Payre, L'intervention du proconsul d'Afrique dans la vie des cités, in *L'Afrique dans l'occident romain (Ier siècle av. J.C.–IVe siècle ap. J.-C.): actes du colloque: Rome, 3–5 décembre 1987*, Rome, 1990, 333–349.

——— Magistratures et administration municipale dans les Trois Gaules, in M. Dondin-Payre et M. -Th. Raepsaet-Charlier (éd.), *Cités, municipes, colonies: les processus de municipalisation en Gaule et en Germanie sous le Haut Empire romain*, Paris, 1999, 127–230.

——— Le gouvernement des provinces du IIe siècle au début du Ve siècle, in *L'Afrique Romaine de 69 à 439*, Nantes, 2005, 119–143.

J. F. Drinkwater, *The Gallic Empire: Separatism and Continuity in the North-Western Provinces of the Roman Empire A.D. 260–274*, Stuttgart, 1987.

——— *The Alamanni and Rome 213–496 (Caracalla to Clovis)*, Oxford, 2007.

R. P. Duncan-Jones, *Structure and Scale in the Roman Economy*, Cambridge, 1990.

X. Dupré Raventós (ed.), *Las capitales provinciales de Hispania 1, Córdoba: Colonia Patricia Corduba*, Roma, 2004.

——— *Las capitales provinciales de Hispania 2, Mérida: Colonia Augusta Emerita*, Roma, 2004.

——— *Las capitales provinciales de Hispania 3, Tarragona: Colonia Iulia Urbs Triumphalis Tarraco*, Roma, 2004.

X. Dupuis, Constructions publiques et vie municipale en Afrique de 244 à 276, *MEFRA* 104, 1992, 233–280.

——— A propos d'une inscription de Thugga: un témoignage sur la vitalité des cités africaines pendant la «crise» du IIIe siècle, *MEFRA* 105, 1993, 63–73.

——— L'épigraphie de la Numidie depuis 1892, *AntAfr* 30, 1994, 229–234.

R. Duthoy, Note sur l'inscription I.L.Afr.356 = A.E.1917–1918 no17, *Latomus* 25, 1966, 567–569.

N. Duval, Les palais impériaux de Milan et d'Aquilée, réalité et mythe, in *Aquileia e*

Milano, *AAAd* IV, Udine, 1973, 151–158.
——— L'urbanisme de Sufetula = Sbeitla en Tunisie, in *ANRW* II, 10–2, 1982, 597–632.
——— Topographie et urbanisme d'Ammaedara (actuellement Haïdra, Tunisie), in *ANRW* II, 10–2, 1982, 633–671.
——— Les résidences impériales: leur rapport avec les problèmes de légitimité, les partages de l'empire et la chronologie des combinaisons dynastiques, in F. Paschoud und J. Szidat (Hrsg.), *Usurpationen in der Spätantike*, Stuttgart, 1997, 127–153.
Y. Duval, Le gouverneur de Numidie en sa capitale: le lieu et les acteurs du procès de l'évêque de Cirta en 320, *AntTard* 6, 1998, 193–207.
W. Eck, *Die Staatliche Organisation Italiens in der hohen Kaiserzeit*, München, 1979.
G. Ellingsen, Some Functions of Imperial Images in Tetrarchic Politics, *SO* 78, 2003, 30–45.
W. Ensslin, The Reforms of Diocletian, in S. A. Cook, F. E. Adcock, M. P. Charlesworth and N. H. Baynes (eds.), *CAH* vol.12, Cambridge, 1939, 383–408.
R. Etienne, Mérida, capitale du vicariat des espagnes, in *Homenaje a Sáenz de Buruaga*, Madrid, 1982, 201–208.
J. -C. Faur, Caligula et la Maurétanie: la fin de Ptolémée, *Klio* 55, 1973, 249–271.
P. -A. Février, Urbanisation et urbanisme de l'Afrique romaine, in *ANRW* II, 10–2, 1982, 321–396.
H. Finke, Neue Inschriften, *BRGK* 17, 1927, 1–107, 198–231.
D. Fishwick, The Annexation of Mauretania, *Historia* 20, 1971, 467–487.
C. Foss, *Ephesus after Antiquity: a Late Antique, Byzantine and Turkish City*, Cambridge, 1979.
R. Friggeri, *The Epigraphic Collection of the Museo Nazionale Romano at the Baths of Diocletian*, Rome, 2001.
P. Garnsey, Aspects of the Decline of the Urban Aristocracy in the Empire, in *ANRW* II, 1, 1974, 229–252.
P. Garnsey and C. Humfress, *The Evolution of the Late Antique World*, Cambridge, 2001.
P. Garnsey and R. Saller, *The Roman Empire: Economy, Society and Culture*, Berkeley/Los Angeles, 1987, 20–40.
J. Gascou, *La politique municipale de l'Empire romain en Afrique proconsulaire de Trajan à Septime Sévère*, Rome, 1972.
S. Gentili, Politics and Christianity in Aquileia in the Fourth Century A.D., *AC* 61, 1992, 192–208.
A. Giardina, La formazione dell'Italia provinciale, *Storia di Roma* 3–1, Roma, 1993, 51–68.
A. Giussani, La necropoli di S. Marta in Como, *Rivista archeologica di Como* 92–93, 1927, 119–123.
R. G. Goodchild, Arae Philaenorum and Automalax, *PBSR* 20, 1952, 94–110, pl. XVIII–XIX.

P. Gros, Théâtre et culte impérial en Gaule narbonnaise et dans la péninsule ibérique, in W. Trillmich und P. Zanker (Hrsg.), *Stadtbild und Ideologie: die Monumentalisierung hispanischer Stadte zwischen Republik und Kaiserzeit: Kolloquium in Madrid vom 19. bis 23. Oktober 1987*, München, 1990, 381–390.

A. Groslambert (éd.), *Urbanisme et urbanisation en Numidie militaire: actes du colloque organisé les 7 et 8 mars 2008 par l'Université Jean Moulin Lyon 3*, Paris, 2009.

T. Grünewald, *Constantinus Maximus Augustus*, Stuttgart, 1990.

G. Guadagno, Nuove testimonianze sul governo della Campania in età costantiniana: I. L. Aelius Proculus, corrector, e Iulius Aurelianus, consularis, in due epigrafi inedite di Pozzuoli, *RAL* 25, 1970, 111–121.

H. G. Gundel, «Devotvs nvmini maiestatiqve eivs»: Zur Devotionsformel in Weihinschriften der römischen Kaiserzeit, *Epigraphica* 15, 1953, 128–150.

R. Haensch, Mogontiacum als 'Hauptstadt' der Provinz Germania superior, in M. J. Klein (Hrsg.), *Die Römer und ihr Erbe: Fortschritt durch Innovation und Integration*, Mainz, 2003, 71–86.

——— Les capitales des provinces germaniques et de la Rhétie: de vieilles questions et de nouvelles perspectives, in J. Ruiz de Arbulo (ed.), *Simulacra Romae. Roma y las capitales provinciales del Occidente europeo. Estudios Arqueológicos, Reunion celebrada en Tarragona, los días 12, 13 y 14 de deciembre del 2002*, Tarragona, 2004, 307–325(http://bib.cervantesvirtual.com/portal/simulacraromae/libro/c16.pdf: 2012年7月11日閲覧)

E. W. Haley, A Palace of Maximianus Herculius at Cordoba?, *ZPE* 101, 1994, 208–214.

G. Halsall, *Barbarian Migrations and the Roman West, 376–568,* Cambridge, 2007.

G. H. Halsberghe, *The Cult of Sol Invictus*, Leiden, 1972.

L. Harmand, *Le patronat sur les collectivités publiques des origines au Bas-Empire*, Paris, 1957.

W. V. Harris, *Ancient Literacy*, Cambridge, Mass./London, 1989.

C. S. Heidenreich, Les inscriptions des *principia* du Grand Camp de Lambèse sous la Tétrarchie, in Y. Le Bohec et C. Zolff (éd.), *L'armée romaine de Dioclétien à Valentinien Ier: actes du congrès de Lyon (12–14 septembre 2002)*, Paris, 2004, 127–138.

M. Heijmans, *Arles durant l'antiquité tardive: de la* duplex Arelas *à l'*urbs genesii, Rome, 2004.

R. Hidalgo Prieto and A. Ventura Villanueva, Sobre la cronología e interpretación del palacio de Cercadilla en Corduba, *Chiron* 24, 1994, 221–237.

J. M. Højte, *Roman Imperial Statue Bases from Augustus to Commodus*, Aarhus, 2005.

T. Honoré, *Emperors and Lawyers*, 2nd ed., Oxford, 1994.

J. H. Humphrey, *Roman Circuses: Arenas for Chariot Racing*, London, 1986.

F. Jacques, Les curateurs des cités africaines au IIIe siècle, in *ANRW* II, 10–2, 1982, 62–135.

M. Janon, Recherches à Lambèse (I et II), *AntAfr* 7, 1973, 193–254.
——— Recherches à Lambèse III: essais sur le temple d'Esculape, *AntAfr* 21, 1985, 35–102.
M. Janon et J. -M. Gassend, *Lambèse: capitale militaire de l'Afrique romaine*, Ollioules, 2005.
M. Joly (éd.), *Langres, Carte archéologique de la Gaule* 52/2, Paris, 2001.
A. H. M. Jones, *The Later Roman Empire 284–602: a Social, Economic, and Administrative Survey*, 3 vols., Oxford, 1964.
H. Jouffroy, *La construction publique en Italie et dans l'Afrique romaine*, Strasbourg, 1986.
C. Jullian, De la réforme provinciale attribuée à Dioclétien, *RH* 19, 1882, 331–374.
——— *Transformations politiques de l'Italie sous les empereurs romains, 43 av. J.-C.–330 ap. J.-C.*, Paris, 1884.
S. J. Keay, New Light on the Colonia Iulia Urbs Triumphalis Tarraco (Tarragona) during the Late Empire, *JRA* 4, 1991, 387–397.
——— Recent Archaeological Work in Roman Iberia (1990–2002), *JRS* 93, 2003, 146–211.
S. Keay, M. Millett, L. Paroli and K. Strutt, *Portus: Archaeological Monographs of the British School at Rome* 15, London, 2005.
D. Kienast, *Römische Kaisertabelle*, Darmstadt, 1990.
E. Klebs, Die Scriptores Historiae Augustae, *Rheinishes Museum für Philologie* n.f. 47, 1892, 1–52.
R. C. Knapp, *Roman Córdoba*, Berkley/Los Angels/London, 1983.
H. -G. Kolbe, *Die Statthalter Numidiens von Gallien bis Konstantin*, München/Berlin, 1962.
——— Die Inschrift am Torbau der Principia im Legionslager von Lambaesis, *MDAI(R)* 81, 1974, 281–299, Taf. 152–172.
J. Kolendo, L'activité des proconsuls d'Afrique d'après les inscriptions, in *Epigrafia e ordine senatorio: Atti del Colloquio internazionale AIEGL su epigrafia e ordine senatorio, Roma, 14–20 maggio 1981*, *Tituli* 4, Rome, 1982, 351–367.
J. -U. Krause, Das spätantike Städtepatronat, *Chiron* 17, 1987, 1–80.
W. Kuhoff, *Diokletian und die Epoche der Tetrarchie*, Frankfurt am Main, 2001.
M. Kulikowski, *Late Roman Spain and its Cities*, Baltimore/London, 2004.
J. -P. Laporte, *Rapidum: le camp de la cohorte des Sardes en Maurétanie Césarienne*, Sassari, 1989.
——— Une inscription de *Saldae* et la date de séparation des Maurétanies Césarienne et Sitifienne, in M. Khanoussi, P. Ruggeri et C. Vismara (éd.), *L'Africa Romana 12: atti del XII Convegno di studio Olbia, 12–15 dicembre 1996*, Sassari, 1998, 1111–21.
Y. Le Bohec, *L'armée romaine dans la tourmente: une nouvelle approche de la «crise du IIIe siècle»*, Monaco, 2009.
M. Le Glay, Qui fut le premier *praeses* équestre de la province de Numidie ?, in M.

Christol, S. Demougin, Y. Duval, C. Lepelley et L. Pietri (éd.), *Institutions, société et vie politique dans l'Empire romain au IVe siècle ap. J.-C.: actes de la table ronde autour de I'oeuvre d'André Chastagnol, Paris, 20–21 janvier 1989*, Rome, 1992, 195–200.

J. E. Lendon, *Empire of Honour: the Art of Government in the Roman World*, Oxford, 1997.

C. Lepelley, *Les cités de l'Afrique romaine au Bas-Empire*, 2 tomes, Paris, 1979/81.

——— Permanences de la cité classique et archaismes municipaux en Italie au Bas-Empire, in M. Christol, S. Demougin, Y. Duval, C. Lepelley et L. Pietri (éd.), *Institutions, société et vie politique dans l'Empire romain au IVe siècle ap. J.-C.: actes de la table ronde autour de l'oeuvre d'André Chastagnol, Paris, 20–21 janvier 1989,* Rome, 1992, 353–371.

——— The Survival and Fall of the Classical City in Late Roman Africa, in J. Rich (ed.), *The City in Late Antiquity*, London/New York, 1992, 50–76.

——— Introduction générale: Universalité et permanence du modèle de la cité dans le monde romain, in *Ciudad y communidad cívica en* Hispania*, siglos II y III d. C., Actes du colloque organisé par la Casa Velásquez et par le Consejo Superior de Investigaciones Científicas, Madrid, 25–27 janvier 1990*, Madrid, 1993, 13–25.

——— La création de cités nouvelles en Afrique au Bas-Empire: le cas de la *civitas Faustianensis*, in Y. Le Bohec (éd.), *L'Afrique, la Gaule, la religion à l'époque romaine: Mélanges à la mémoire de Marcel Le Glay*, Bruxelles, 1994, 288–299 (= Id., *Aspects de l'Afrique romaine: les cités, la vie rurale, le christianisme*, Bari, 2001, 125–136).

——— Vers la fin du 'privilège de liberté': l'amoindrissement de l'autonomie des cités à l'aube du Bas-Empire, in A. Chastagnol, S. Demougin et C. Lepelley (éd.), *Splendidissima civitas: étues d'histoire romaine en hommage à François Jacques*, Paris, 1996, 207–220.

——— Témoignages épigraphiques sur le contrôle des finances municipales par les gouverneurs à partir du règne de Dioclétien, in *Il capitolo delle entrate nelle finanze municipali in Occidente ed in Oriente: actes de la Xe Rencontre franco-italienne sur l'épigraphie du monde romain, Rome, 27–29 mai 1996*, Rome, 1999, 236–247.

——— Vers la fin de l'autonomie municipale: le nivellement des statuts des cités de Gallien à Constantin, in *Atti dell'Accademia romanistica costantiniana, XIII Convegno internazionale, in memoria di André Chastagnol*, Roma, 2001, 455–472.

P. Le Roux, La "crise" des élites hispano-romaines (IIIe–IVe siècles), in M. Navarro Caballero et S. Demougin (éd.), *Élites hispaniques*, Bordeaux, 2001, 45–61.

——— *La péninsule ibérique aux époques romaines (fin du IIIe s. av. n.é.–début du VIe s. de n.é.)*, Paris, 2010.

L. Leschi, Centenarium quod «Aqua Viva» appellatur..., *CRAI*, 1941, 163–176.

P. Lopreato, Le grandi terme di Aquileia: I *Sectilia* e i mosaici del *Frigidarium*, in *Aquileia dalle origini alla costituzione del ducato Longobardo: topografia-urbanistica-edilizia*

publica, AAAd LIX, Trieste, 2004, 339–377.
C. Lucas, Notes on the *Curatores Rei Publicae* of Roman Africa, *JRS* 30, 1940, 56–74.
R. MacMullen, The Epigraphic Habit in the Roman Empire, *AJPh* 103–3, 1982, 233–246.
M. M. Magalhaes, *Storia, istituzioni e prosopografia di* Surrentum *romana: la collezione epigrafia del Museo Correale di Terranova*, Stabia, 2003.
G. Mancini, corrector, *Dizionario epigrafico di antichita romane*, vol.2, Roma, 1886, 1242–48.
J. C. Mann, Epigraphic Consciousness, *JRS* 75, 1985, 204–206.
——— London as a Provincial Capital, *Britannia* 29, 1998, 336–339.
——— The Creation of Four Provinces in Britain by Diocletian, *Britannia* 29, 1998, 339–341.
K. Mansouri, Edifices publics et évergétisme en Maurétanie Césarienne sous le Haut-Empire: témoignages épigraphiques, in M. Khanoussi, P. Ruggeri e C. Vismara (éd.), *L'Africa Romana 15: atti del XV convegno di studio, Tozeur, 11–15 dicembre 2002*, Rome, 2004, 1385–1414.
M. E. Marchese, Monumenti equestri ad Ostia Antica, *MDAI(R)* 110, 2003, 319–328.
J. Marcillet-Jaubert, Note sur un gouverneur de Numidie, *ZPE* 9, 1972, 73–75.
F. Masetti Scotti e C. Zaccaria, Novità epigrafiche dal foro di Aquileia: a proposito della base di T. Annivs T. f. Tri. Vir., in G. Paci (cur.), *Epigrafia romana in area adriatica: IXe rencontre franco-italienne sur l'épigraphie du monde romain, Macerata, 10–11 novembre 1995*, Pisa/Roma, 1998, 113–159.
D. J. Mattingly and R. B. Hitchner, Roman Africa: an Archaeological Review, *JRS* 85, 1995, 165–213.
A. M'charek, *Aspects de l'évolution démographique et sociale à Mactaris aux IIe et IIIe siècles ap. J.-C.*, Tunis, 1982.
R. Meiggs, *Roman Ostia*, Oxford, 1960 (special ed., 1997).
G. Mennella, Revisioni epigrafiche in municipi della Liguria nord-occidentale, *MEFRA* 100, 1988, 139–157.
——— Dalla *Dea Victoria* alla *Victoria Augusti* (la metamorfosi di un'iscrizione piemontese), *Epigrafia e territoio: politica e società, temi di antichità romane* III, Bari, 1994, 189–200.
——— Un nuovo governatore delle Alpi Cozie nella dedica Segusina *CIL* V 7252, in G. Paci (cur.), *'Επιγραφαί: miscellanea epigrafica in onore di Lidio Gasperini* II, Tivoli, 2000, 631–639.
E. Meyer, Explaining the Epigraphic Habit in the Roman Empire: the Evidence of Epitaphs, *JRS* 80, 1990, 74–96.
F. Millar, Italy and the Roman Empire: Augustus to Constantine, *Phoenix* 40–3, 1986, 295–318.
——— *The Emperor in the Roman World (31BC–AD337)*, 2nd ed., London, 1992.
S. Mitchell, Maximinus and the Christians in A.D. 312: a New Latin Inscription, *JRS* 78,

1988, 105–124.
T. Mommsen, De Diocletiani collegarumque nominibus erasis, *Ephemeris Epigraphica* 1, Roma, 1872, 123–128 = *Gesammelte Schriften* VIII–1, Berlin, 1913, 220–227.
——— De titvlis C. Octavii Sabini cos. a.p.Chr. CCXIV, *Ephemeris Epigraphica* 1, Roma, 1872, 130–143.
S. Mrozek, A propos de la réparation chronologique des inscriptions latines dans le Haut-Empire, *Epigraphica* 35, 1973, 113–118.
C. E. V. Nixon, Latin Panegyric in the Tetrarchic and Constantinian Period, in B. Croke and A. M. Emmet (eds.), *History and Historians in Late Antiquity*, Sydney, 1983, 88–99.
D. M. Novak, Constantine and the Senate: an Early Phase of the Christianization of the Roman Aristocracy, *AncSoc* 10, 1979, 271–310.
Y. Oshimizu, Les noms des empereurs tétrarchiques martelés: les inscriptions de l'Afrique romaine, *Classica & Christiana* VI, 2011, 549–570.
——— La transformation de *Pontifex* au IIIe siècle: Le cas de L. Publilius Probatus à Somma Vesuviana, *KODAI: Journal of Ancient History* 16, 2012, à paraitre.
——— La réforme administrative de Dioclétien et les cités africaines, *AntTard* 20, 2012, á paraitre.
A. C. Pallu de Lessert, *Fastes des provinces africaines sous la domination romaine*, tome 2, Paris, 1901.
S. Panciera, Un prefetto del pretorio di Massenzio Manilius Rusticianus, in M. Christol, S. Demougin, Y. Duval, C. Lepelley et L. Pietri (éd.), *Institutions, société et vie politique dans l'Empire romain au IVe siècle ap. J.-C.: actes de la table ronde autour de l'oeuvre d'André Chastagnol, Paris, 20–21 janvier 1989*, Rome, 1992, 249–263.
S. Panzram, *Stadtbild und Elite: Tarraco, Corduba und Augusta Emerita zwischen Republik und Spätantike*, Stuttgart, 2002.
J. R. Patterson, The collegia and the Transformation of the Towns of Italy in the Second Century AD, in *L'Italie d'Auguste à Dioclétien: actes du colloque international (Rome, 25–28 mars 1992)*, Rome, 1994, 227–238.
H. Pavis d'Escurac, *La préfecture de l'annone: service administratif imperial d'Auguste à Constantin*, Rome, 1976.
C. Pavolini, La trasformazione del ruolo di Ostia nel III secolo d.C., *MEFRA* 114, 2002, 325–352.
M. Peachin, *Iudex vice Caesaris: Deputy Emperors and the Administration of Justice during the Principate*, Stuttgart, 1996.
H. Petersen, Senatorial and Equestrian Governors in the Third Century A.D., *JRS* 45, 1955, 47–57.
J. A. Pintado, *Thermae Cassiorum*: ocio y evergetismo en la *Olisipo* tardoantigua, in L. G. Moreno y S. R. Marqués (eds.), *Acta Antiqua Compluensia II, Hispania en la antigüedad tardía: ocio y espectáculos, Alcalá de Henares, 15 a 17 de Octubre de 1997*,

Alcalá de Henares, 2001, 239–250.
P. Porena, *Le origini della prefettura del pretorio tardoantica*, Roma, 2003.
M. -Th. Raepsaet-Charlier, La datation des inscriptions latines dans les provinces occidentales de l'Empire Romain d'après les formules «IN H(ONOREM) D(OMUS) D(IVINAE)» et «DEO, DEAE», in *ANRW* II, 3, 1975, 232–282.
——— Les institutions municipales dans les Germanies sous le Haut Empire: bilan et questions, in M. Dondin-Payre et M. -Th. Raepsaet-Charlier (éd.), *Cités, municipes, colonies: les processus de municipalisation en Gaule et en Germanie sous le Haut Empire romain*, Paris, 1999, 271–362.
A. Rebourg (éd.), *Autun, Carte archéologique de la Gaule* 71/1, Paris, 2008.
R. Rebuffat, Maximien en Afrique, *Klio* 74, 1992, 371–379.
——— La frontière du Loukos au Bas-Empire, in *Lixus: Actes du colloque organisé par l'Institut des sciences de l'archéologie et du patrimoine de Rabat, Larache, 8–11 novembre 1989*, Rome, 1992, 365–377.
——— L'empereur Maximien à Sétif, in *Actes du colloque international sur l'histoire de Sétif (Sétif 8, 9 et 10 Décembre 1990)*, Alger, 1993, 20–29.
R. Rees, *Layers of Loyalty in Latin Panegyric AD 289–307*, Oxford, 2002.
B. Rémy, *Dioclétien et la tétrarchie*, Paris, 1998〔B・レミィ，大清水裕訳『ディオクレティアヌスと四帝統治』白水社，2010年〕.
——— Loyalisme politique et culte impérial dans les provinces des Alpes occidentales (Alpes Cottiennes, Graies, Maritimes et Poenines) au Haut-Empire, *MEFRA* 112–2, 2000, 881–924.
B. Rémy (éd.), *Grenoble à l'époque gallo-romaine d'après les inscriptions: inscriptions latines de Grenoble et de son agglomération (Corenc, Gières, Échirolles, Eybens, Sassenage, Seyssinet-Pariset)*, Grenoble, 2002.
B. Rémy et J. -P. Jospin, *Cularo Gratianopolis Grenoble*, Lyon, 2006.
J. M. Reynolds, Inscriptions of Roman Tripolitania: A Supplement, *PBSR* 23, 1955, 124–147.
G. Rickman, Rome, Ostia and Portus: the Problem of Storage, *MEFRA* 114, 2002, 353–362.
W. Rieß, Konstantin und seine Söhne in Aquileia, *ZPE* 135, 2001, 267–283.
A. L. F. Rivet, *Gallia Narbonensis: Southern France in Roman Times*, London, 1988.
D. W. Roller, *The World of Juba II and Kleopatra Selene: Royal Scholarship on Rome's African Frontier*, New York/London, 2003.
E. Rosso, *L'image de l'empereur en Gaule romaine: portraits et inscriptions*, Paris, 2006.
M. Rostovtzeff, *The Social and Economic History of the Roman Empire*, Oxford, 1926〔M・ロストフツェフ，坂口明訳『ローマ帝国社会経済史』東洋経済新報社，2001年〕.
J. Ruiz de Arbulo, Edificos públicos, poder imperial y evolución de las élites urbanas en Tarraco (s. II–IV d.C.), in *Ciudad y communidad cívica en* Hispania*, siglos II y III*

d.C., Actes du colloque organisé par la Casa Velásquez et par le Consejo Superior de Investigaciones Científicas, Madrid, 25–27 janvier 1990, Madrid, 1993, 93–113.

A. Saastamoinen, On the Problem of Recognising African Building Inscriptions, in M. Khanoussi, P. Ruggeri et C. Vismara (éd.), *L'Africa Romana 15: atti del XV convegno di studio, Tozeur, 11–15 dicembre 2002*, Rome, 2004, 1331–1342.

P. Salama, Occupation de la Maurétanie Césarienne occidentale sous le Bas-Empire romain, in R. Chevallier (éd.), *Mélanges d'archéologie et d'histoire offerts à André Piganiol*, Paris, 1966, 1291–1311.

——— Les voies romaines de Sitifis à Igilgili: un exemple de politique routière approfondie, *AntAfr* 16, 1980, 101–133.

——— *Bornes milliaires d'Afrique romaine proconsulaire: un panorama historique du Bas Empire romain*, Rome, 1987.

——— *Les bornes milliaires du territoire de Tipasa (Maurétanie Césarienne)*, Rome, 2002.

F. Salcedo Garces, El relieve tetrarquico de Rapidum (Sour-Djouab, Argelia), Politica y religion en el Africa Romana, *AntAfr* 32, 1996, 67–85.

R. W. Benet Salway, The Praetorian Prefecture of Africa under Constantine: a Phantom?, in M. M. Olivé, G. Baratta et A. Z. Almagro (éd.), *XII congressus internationalis epigraphiae graecae et latinae: provinciae imperii romani inscriptionibus descriptae: Barcelona, 3–8 Septembris 2002: Acta* II, Barcelona, 2007, 1281–86.

J. C. Saquete, Septimius Acindynus, corrector Tusciae et Umbriae: Notes on a New Inscription from Augusta Emerita (Mérida, Spain), *ZPE* 129, 2000, 281–286.

A. Sartori, *Le iscrizioni romane: Guida all'esposizione*, Como, 1994.

M. Sartori, Osservazioni sul ruolo del *curator rei publicae*, *Athenaeum* 77, 1989, 5–20.

E. Savino, *Campania tardoantica (284–604 d.C.)*, Bari, 2005.

A. Scheithauer, Super omnes retro principes...: zur inoffiziellen Titulatur römischer Kaiser, *ZPE* 72, 1988, 155–177.

L. Schumacher, Mogontiacum: Garnison und Zivilsiedlung im Rahmen der Reichsgeschichte, in M. J. Klein (Hrsg.), *Die Römer und ihr Erbe: Fortschritt durch Innovation und Integration*, Mainz, 2003, 1–28.

P. -A. Schwarz, Bemerkungen zur sog. Magidunum-Inschrift (CIL XIII 11543) und zum Grabstein eines *actarius peditum* (CIL XIII 11544), *Forschungen in August* 29, 2000, 147–171.

W. Seston, *Dioclétien et la Tétrarchie*, Paris, 1946.

I. Sgobbo, Serino—L'acquedotto romano della Campania: «Fontis Augustei Aquaeductus» (Tav.V), *NSA* 1938, 75–97.

R. K. Sherk, *The Municipal Decrees of the Roman West*, Buffalo, 1970.

A. N. Sherwin-White, *The Roman Citizenship*, 2nd ed., Oxford, 1973.

M. Simon, Mithra et les empereurs, in U. Bianchi (éd.), *Mysteria Mithrae: proceedings of the International Seminar on the Religio-Historical Character of Roman Mithraism,*

with particular Reference to Roman and Ostian Sources, Rome and Ostia, 28–31 March 1978, Leiden, 1979, 411–428.

W. Simshäuser, Untersuchungen zur Entstehung der Provinzialverfassung Italiens, in *ANRW* II, 13, 1980, 401–452.

F. Sirano, *Il museo di Teanum Sidicinum*, Napoli, 2007.

R. R. R. Smith, The Public Image of Licinius I: Portrait Sculpture and Imperial Ideology in the Early Fourth Century, *JRS* 87, 1997, 171–202.

C. Sotinel, Aquilée de Dioclétien à Théodose, in *Aquileia dalle origini alla costituzione del ducato Longobardo: storia-amministrazione-società*, *AAAd* LIV, Trieste, 2003, 375–403.

——— *Identité civique et christianisme: Aquilée du IIIe au VIe siècle*, Rome, 2005.

A. Stein, Stellvertretter der Praefecti Praetorio, *Hermes* 60, 1925, 94–103, 260.

E. Stein, *Histoire du Bas-Empire*, éd. française par J. -R. Palanque, tome 1, Paris, 1959.

R. Stillwell (ed.), *The Princeton Encyclopedia of Classical Sites*, Princeton, N.J., 1976.

A. U. Stylow, Apuntes sobre el urbanismo de la Corduba romana, in W. Trillmich und P. Zanker (Hrsg.), *Stadtbild und Ideologie: die Monumentalisierung hispanischer Stadte zwischen Republik und Kaiserzeit: Kolloquium in Madrid vom 19. bis 23. Oktober 1987*, München, 1990, 259–282.

Y. Thébert, Le proconsul inconnue de Bulla Regia (ILAf 456): une nouvelle hypothèse, in A. Mastino (éd.), *L'Africa Romana 7: atti del VII Convegno di studio, Sassari, 15–17 dicembre 1989*, Sassari, 1990, 879–885.

E. Thomas and C. Witschel, Constructing Reconstruction: Claim and Reality of Roman Rebuilding Inscriptions from the Latin West, *PBSR* n.s. 60, 1992, 135–177.

B.E. Thomasson, *Die Statthalter der römischen Provinzen Nord von Augustus bis Diocletianus*, 2vols., Lund, 1960.

——— *Fasti Africani: Senatorische und ritterliche Amtsträger in den römischen Provinzen Nordafrikas von Augustus bis Diokletian*, Stockholm, 1996.

R. Thomsen, *The Italic Regions from Augustus to the Lombard Invasion*, Copenhagen, 1947.

A. Tovar, *Iberische Landeskunde, zweiter Teil, Die Völker und die Städte des antiken Hispanien, Band 2 Lusitanien*, Baden-Baden, 1976.

P. Trousset, *Recherches sur le Limes Tripolitanus du chott El-Djerid à la frontière Tuniso-Libyenne*, Paris, 1974.

——— Pénétration romaine et organisation de la zone frontière dans le prédésert tunisien, in M. Khanoussi, P. Ruggeri et C. Vismara (éd.), *L'Africa Romana 15: atti del XV convegno di studio, Tozeur, 11–15 dicembre 2002*, Rome, 2004, 59–88.

R. Turcan, *Mithra et le mithriacisme*, Paris, 1981.

P. Van Ossel, Les cités de la Gaule pendant la seconde moitié du IIIe siècle. Etat de la recherche et des questions, in R. Schtzmann et S. Martin-Kilcher (éd.), *L'Empire romain en mutation. Répercussions sur les villes romaines dans la deuxième moitié du*

3ᵉ siècle, colloque international Bern/August (Suisse), 3–5 décembre 2009: Das römische Reich im Umbruch. Auswirkungen auf die Städte in der zweiten Hälfte des 3. Jahrhunderts, Internationales Kolloquium Bern/August (Schweiz) 3. –5. Dezember 2009, Montagnac, 2011, 9–21.

C. E. van Sickle, The Public Works of Africa in the Reign of Diocletian, *CPh* 25, 1930, 173–179.

——— Diocletian and the Decline of the Roman Municipalities, *JRS* 28, 1938, 9–18.

H. von Petrikovits, Fortifications in the North-Western Roman Empire from the Third to the Fifth Centuries A.D., *JRS* 61, 1971, 178–218.

A. von Premerstein, Corrector, *RE* VI, 2, 1901, 1646–56.

G. Waldherr, *Kaiserliche Baupolitik in Nordafrika: Studien zu den Bauinschriften der diokletianischen Zeit und ihrer räumlichen Verteilung in den römischen Provinzen Nordafrikas*, Frankfurt am Main, 1989.

J. P. Waltzing, *Étude historique sur les corporations professionnelles chez les romains depuis les origines jusqu'à la chute de l'Empire d'Occident*, tome III, Louvain, 1899.

B. Ward-Perkins, *From Classical Antiquity to the Middle Ages*, Oxford, 1984.

——— The Cities, in A. Cameron and P. Garnsey (eds.), *CAH* vol.13, Cambridge, 1998, 371–410.

B. H. Warmington, *The North African Provinces from Diocletian to the Vandal Conquest*, Cambridge, 1954.

——— The Municipal Patrons of Roman North Africa, *PBSR* 22, 1954, 39–55.

A. Watson, *Aurelian and the Third Century*, London/New York, 1999.

C. R. Whittaker, Africa, in A. K. Bowman, P. Garnsey and D. Rathbone (eds.), *CAH* vol.11, 2nd ed., Cambridge, 2000, 514–546.

L. Wickert, Epigrafia emeritense, *Anuario del Cuepro Facultativo de Archiveros, Bibliotecarios y Arqueólogos* 1, 1934, 113–128.

J. Wiewiorowski, *Comes Hispaniarum* Octavianus: the Special Envoy of Constantine the Great (Some Remarks), *Guerión* 24–1, 2006, 325–340.

E. M. Wightman, *Gallia Belgica*, London, 1985.

S. Williams, *Diocletian and the Roman Recovery*, London, 1985.

C. Witschel, Der *epigraphic habit* in der Spätantike: Das Beispiel der Provinz *Venetia et Histria*, in J. -U. Krause und C. Witschel (Hrsg.), *Die Stadt in der Spätantike—Niedergang oder Wandel?*, Stuttgart, 2006, 359–411.

P. Wojciechowski, *Untersuchungen zu den Lokalkulten im römischen Aquileia: Herkunft, Funktion und Anhängerschaft*, Torun, 2001.

G. Woolf, Monumental Writing and the Expansion of Roman Society in the Early Roman Empire, *JRS* 86, 1996, 22–39.

——— *Becoming Roman: the Origins of Provincial Civilization in Gaul*, Cambridge, 1998.

C. Zaccaria, Permanenza dell'ideale civico romano in epoca tardoantica: nuove evidenze

da Aquileia, in *Aquileia romana e cristiana fra II e V secolo, AAAd* XLVII, Trieste, 2000, 91–113.
——— La «trasformazione» del messagio epigrafico tra II e IV secolo d.C.: a proposito di un palinsesto rinvenuto nel foro di Aquileia, in G. A. Bertinelli e A. Donati（cur.）, *Varia epigrafica: Atti del Colloquio Internazionale di Epigrafia（Bertinoro, 8–10 giugno 2000）*, Faenza, 2001, 475–494.
M. Zahariade, The Tetrarchic Building Inscriptions and the Lower Danubian Limes, in *XI congresso internazionale di epigrafia greca e latina: Roma, 18–24 settembre 1997: atti II*, Roma, 1999, 553–561.
F. Zevi, Miscellanea Ostiense, *RAL* 26, 1971, 449–479.
G. Zimmer und G. Wesch-Klein, *Locus datus decreto decurionum: Zur Statuenaufstellung zweier Forumsanlagen im römischen Afrika*, München, 1989.
青柳正規『古代都市ローマ』中央公論美術出版，1990年。

飯坂晃治「ローマ帝政初期における都市監督官 curator rei publicae とイタリア都市」『史学雑誌』111編 4 号，2002年，37–60頁。

市川雅俊「専制君主政成立期における軍政・民政分離の一断面――Primipilus 職の変化と軍用食糧」『史学雑誌』90編 2 号，1981年，1–35頁。

井上文則「ミトラス教研究の現在」『史林』87–4，2004年，98–123頁。

―――『軍人皇帝時代の研究』岩波書店，2008年。

浦野聡「ローマ帝政期小アジアにおける村落の都市昇格――その社会的・法的背景」『西洋史学』153，1989年，40–57頁。

―――「後期ローマ帝国における官職パトロネジ――「推薦」の法制化をめぐって」長谷川博隆編『古典古代とパトロネジ』名古屋大学出版会，1992年，237–275頁。

―――「ローマ帝政期における帝国貴族と地方名望家」『岩波講座世界歴史 5』岩波書店，1998年，85–114頁。

大清水裕「3 世紀における帝国統治階層の変容――近衛長官のコンスル就任にみる身分関係再定義の試み」『クリオ』17，2003年，1–16頁。

―――「ディオクレティアヌス，コンスタンティヌス帝治世における都市・総督関係――北アフリカにおける都市監督官 curator rei publicae の活動をめぐって」『史学雑誌』115編 1 号，2006年，1–31頁。

―――「ヒスペッルム勅答碑文をめぐる諸問題――コンスタンティヌス帝治世イタリアの州会議と都市参事会員たち」『西洋史研究』新輯38，2009年，1–26頁。

―――「北アフリカにおける「都市」と皇帝――ディオクレティアヌス帝治世のラピドゥム市再建をめぐって」桜井万里子・師尾晶子編『古代地中海世界のダイナミズム』山川出版社，2010年，347–372頁。

E・ギボン，中野好夫訳『ローマ帝国衰亡史』 2 巻，ちくま学芸文庫，1996年。

F・キュモン，小川英雄訳『ミトラの密儀』平凡社，1993年。

栗田伸子「「ローマの平和」とアフリカ社会」弓削達・伊藤貞夫編『ギリシアとローマ――古典古代の比較史的考察』河出書房新社，1988年，521–545頁。

L・ケッピー，小林雅夫・梶田知志訳『碑文から見た古代ローマ生活誌』原書房，

2006年。

後藤篤子「ローマ属州ガリア」柴田三千雄・樺山紘一・福井憲彦編『世界歴史大系 フランス史 1』山川出版社，1995年，83-128頁。

―――「バガウダエをめぐって」倉橋良伸・栗田伸子・田村孝・米山宏史編『躍動する古代ローマ世界――支配と解放運動をめぐって』理想社，2002年，267-287頁。

坂口明「オスティアの船大工(fabri navales)の組合」(上)『日本大学文理学部人文科学研究所紀要』61，2001年，19-31頁；同(下)，63，2002年，17-29頁。

阪本浩・新保良明・井上文則・大清水裕・保坂高殿「西洋史研究会2009年度大会共通論題報告　3世紀の「危機」再考」『西洋史研究』新輯39，2010年，178-272頁。

P・サルウェイ，南川高志訳『古代のイギリス』岩波書店，2005年。

P・サルウェイ編，鶴島博和監修，南川高志監訳『オックスフォード・ブリテン諸島の歴史 1　ローマ帝国時代のブリテン島』慶應義塾大学出版会，2011年。

柴野浩樹「ローマ元首政期における退役兵と都市社会――北アフリカの事例から」『西洋史研究』新輯27，1998年，60-93頁。

島田誠「元首政期のパトロキニウム」長谷川博隆編『古典古代とパトロネジ』名古屋大学出版会，1992年，219-235頁。

―――『コロッセウムからよむローマ帝国』講談社，1999年。

新保良明『ローマ帝国愚帝列伝』講談社，2000年。

―――「ローマ帝政前期における都市参事会員と都市政務官職――参事会の変質を巡って」『西洋史研究』新輯31，2002年，28-57頁。

豊田浩志「いわゆる「ディオクレティアヌスのマニ教禁令」をめぐる一考察」『西洋史学報』復刊4号，1976年，1-18頁。

―――「《大迫害》直前のローマ帝国とキリスト教――殉教者伝叙述を中心として」『キリスト教史学』31，1977年，1-20頁。

―――「「ディオクレティアヌスのキリスト教徒大迫害」勃発原因をめぐって(1)」『上智史学』37，1992年，235-259頁。

―――「「ディオクレティアヌスのキリスト教徒大迫害」勃発原因をめぐって(2)」『上智史学』38，1993年，63-98頁。

―――『キリスト教の興隆とローマ帝国』南窓社，1994年。

―――「4世紀初頭，キリスト教徒迫害推進を希求した常民たち」『西洋史研究』新輯35，2006年，178-181頁。

西村昌洋「テトラルキア時代ガリアにおける弁論家と皇帝――『ラテン語称賛演説集(Panegyrici Latini)』より」『史林』92-2，2009年，40-74頁。

林信夫「書評　大清水裕「ディオクレティアヌス，コンスタンティヌス帝治世における都市・総督関係――北アフリカにおける都市監督官 curator rei publicae の活動をめぐって」『史学雑誌』115編1号」『法制史研究』57，2007年，399-402頁。

M・J・フェルマースレン，小川英雄訳『ミトラス教』山本書店，1973年。

藤澤明寛「ローマ帝政時代のオスティアにおけるパン製造業者組合」『イタリア学会誌』53，2003年，1-28頁。

保坂高殿『ローマ帝政中期の国家と教会――キリスト教迫害史研究193-311年』教文

館，2008年。

本間俊行「ローマ帝政前期における組合と都市社会――「三つの組合（tria collegia）」を手がかりに」『史学雑誌』114編７号，2005年，37-58頁。

松本宣郎「『ヒストリア・アウグスタ』研究について」『歴史』54，1980年，49-62頁。

―――「『ヒストリア・アウグスタ』研究について(2)」『歴史』59，1982年，55-70頁。

―――『キリスト教徒大迫害の研究』南窓社，1991年。

南川高志『ローマ皇帝とその時代』創文社，1995年。

南川高志編「フォーラム 第58回日本西洋史学会大会小シンポジウム報告　ローマ帝国の「衰亡」とは何か」『西洋史学』234，2009年，149-161頁。

本村凌二「「クリア」の歴史的性格――帝政期北アフリカ属州史の一断面」伊藤貞夫・弓削達編『古典古代の社会と国家』東京大学出版会，1977年，265-301頁。

―――「帝国通貨と属州都市の貨幣鋳造権――セウェルス朝期経済史の一側面」『西洋史学』115，1979年，197-211頁。

―――「ローマ帝国における貨幣と経済――三世紀「通貨危機」をめぐる研究動向」『史学雑誌』88-4，1979年，42-70頁。

本村凌二編，池口守・大清水裕・志内一興・高橋亮介・中川亜希『ラテン語碑文で楽しむ古代ローマ』研究社，2011年。

山本春樹「ローマ帝国西部における属州皇帝礼拝の成立をめぐって――儀式空間を中心に」『史学研究』252，2006年，39-59頁。

弓削達『ローマ帝国の国家と社会』岩波書店，1964年。

註

序章　古代ローマ世界における都市とディオクレティアヌス

1　松本宣郎『キリスト教徒大迫害の研究』南窓社，1991年；豊田浩志「「ディオクレティアヌスのキリスト教徒大迫害」勃発原因をめぐって(1)」『上智史学』37, 1992年，235–259頁；同「「ディオクレティアヌスのキリスト教徒大迫害」勃発原因をめぐって(2)」『上智史学』38, 1993年，63–98頁；保坂高殿『ローマ帝政中期の国家と教会——キリスト教迫害史研究193–311年』教文館，2008年。

2　E・ギボン，中野好夫訳『ローマ帝国衰亡史』2巻，ちくま学芸文庫，1996年，113–115頁。

3　逆にいえば，たとえ都市的な制度・施設をもっている場合でも，史料上 «vicus» «pagus» と呼称されるものは，周辺領域内の村落と理解する。ただし，これらの村落から都市に昇格する事例も多かったことは留意する必要がある。C. Lepelley, La création de cités nouvelles en Afrique au Bas-Empire: le cas de la *civitas Faustianensis*, in Y. Le Bohec (éd.), *L'Afrique, la Gaule, la religion à l'époque romaine: Mélanges à la mémoire de Marcel Le Glay*, Bruxelles, 1994, 288–299 (= Id., *Aspects de l'Afrique romaine: les cités, la vie rurale, le christianisme*, Bari, 2001, 125–136)；浦野聡「ローマ帝政期小アジアにおける村落の都市昇格——その社会的・法的背景」『西洋史学』153, 1989年，40–57頁などを参照。

4　P. Garnsey and R. Saller, *The Roman Empire: Economy, Society and Culture*, Berkeley/Los Angeles, 1987, 20–40.

5　G. P. Burton, Proconsuls, Assizes and the Administration of Justice under the Empire, *JRS* 65, 1975, 92–106.

6　A. K. Bowman and D. W. Rathbone, Cities and Administration in Roman Egypt, *JRS* 82, 1992, 107–127.

7　C. Lepelley, Introduction générale: Universalité et permanence du modèle de la cité dans le monde romain, in *Ciudad y communidad cívica en* Hispania*, siglos II y III d. C., Actes du colloque organisé par la Casa Velásquez et par le Consejo Superior de Investigaciones Científicas, Madrid, 25–27 janvier 1990*, Madrid, 1993, 13–25. 北アフリカについては，C. R. Whittaker, Africa, in A. K. Bowman, P. Garnsey and D. Rathbone (eds.), *CAH* vol.11, 2nd ed., Cambridge, 2000, 514–546; P. -A. Février, Urbanisation et urbanisme de l'Afrique romaine, in *ANRW* II, 10–2, 1982, 321–396, ガリアについては，後藤篤子「ローマ属州ガリア」柴田三千雄・樺山紘一・福井憲彦編『世界歴史大系　フランス史 1』山川出版社，1995年，93頁以下を参照。

8　Garnsey and Saller, *loc.cit.*; A. N. Sherwin-White, *The Roman Citizenship*, 2nd ed., Oxford, 1973, 225–287, 337–379.

9　もっとも典型的，かつ影響力をもったのが M. Rostovtzeff, *The Social and Economic History of the Roman Empire*, Oxford, 1926, 344–487 である。

10「三世紀の危機」については，J. -M. Carrié et A. Rousselle, *L'Empire romain en*

mutation des Sévères à Constantin 192–337, Paris, 1999; 阪本浩・新保良明・井上文則・大清水裕・保坂高殿「西洋史研究会2009年度大会共通論題報告　3世紀の「危機」再考」『西洋史研究』新輯39，2010年，178–272頁を参照。近年の古代末期研究の進展と我が国におけるその受容については，南川高志編「フォーラム　第58回日本西洋史学会大会小シンポジウム報告　ローマ帝国の「衰亡」とは何か」『西洋史学』234，2009年，149–161頁を参照。

11　C. Lepelley, *Les cités de l'Afrique romaine au Bas-Empire*, 2 tomes, Paris, 1979/81.

12　C. Lepelley, Permanences de la cité classique et archaismes municipaux en Italie au Bas-Empire, in M. Christol, S. Demougin, Y. Duval, C. Lepelley et L. Pietri（éd.）, *Institutions, société et vie politique dans l'Empire romain au IVe siècle ap. J.-C.: actes de la table ronde autour de l'oeuvre d'André Chastagnol, Paris, 20–21 janvier 1989*, Rome, 1992, 353–371.

13　P・サルウェイ，南川高志訳『古代のイギリス』岩波書店，2005年，65–84頁。ただし原著の出版は1984年であり，著者の見方自体は「危機」を前提としている。P・サルウェイ編，鶴島博和監修，南川高志監訳『オックスフォード・ブリテン諸島の歴史 1　ローマ帝国時代のブリテン島』慶應義塾大学出版会，2011年，94–99頁も参照せよ。

14　M. Kulikowski, *Late Roman Spain and its Cities*, Baltimore, 2004.

15　S. Corcoran, Before Constantine, in N. Lenski（ed.）, *The Companion to the Age of Constantine*, Cambridge, 2006, 35–39.

16　Corcoran, op.cit, 47–49.

17　S. Corcoran, *The Empire of the Tetrarchs: Imperial Pronouncements and Government AD 284–324*, rev.ed., Oxford, 2000（1st ed., 1996）.

18　属州ごとの分割状況については，T. D. Barnes, *The New Empire of Diocletian and Constantine*, Cambridge, Mass./London, 1982, 195–225 が詳しい。

19　地方統治機構の再編については，A. H. M. Jones, *The Later Roman Empire 284–602: a Social, Economic, and Administrative Survey*, 3 vols., Oxford, 1964, 42–52; S. Williams, *Diocletian and the Roman Recovery*, London, 1985, 102–107; B. Rémy, *Dioclétien et la tétrarchie*, Paris, 1998, 56–62; W. Kuhoff, *Diokletian und die Epoche der Tetrarchie*, Frankfurt am Main, 2001, 329ff. が全体像を述べる。近衛長官代行と管区代官については，M. T. W. Arnheim, Vicars in the Later Roman Empire, *Historia* 19, 1970, 593–606 も参照せよ。

20　Jones, *op.cit.*, 45; E. Stein, *Histoire du Bas-Empire*, éd. française par J. -R. Palanque, tome 1, Paris, 1959, 69f.

21　W. Seston, *Dioclétien et la Tétrarchie*, Paris, 1946, 320–324; Williams, *op.cit.*, 104f.

22　Seston, *op.cit.*, 334f.; Jones, *op.cit.*, 46; Williams, *op.cit.*, 105.

23　*CJ*, III, 3, 2.

24　Seston, *op.cit.*, 333f., 344; Jones, *op.cit.*, 45f.; T. D. Barnes, *Constantine and Eusebius*, Cambridge, Mass./London, 1981, 9f.; Wiiliams, *op.cit.*, 105; Kuhoff., *loc.cit.*; B. Ward-Perkins, The Cities, in A. Cameron and P. Garnsey（eds.）, *CAH* vol.13, Cambridge,

1998, 373–375.

25 Lactantius, *DMP*, 7, 4.

26 Kuhoff, *op.cit.*, 327–410.

27 Id., *op.cit.*, 334–337.

28 Id., *op.cit.*, 382, 395f.

29 Williams, *op.cit.*, 104f.

30 Id., *op.cit.*, 126–139.

31 Rémy, *op.cit.*, 61.

32 Id., *op.cit.*, 63–73.

33 B・レミィ，大清水裕訳『ディオクレティアヌスと四帝統治』白水社，2010年。

34 C. Lepelley, Vers la fin du 'privilège de liberté': l'amoindrissement de l'autonomie des cités à l'aube du Bas-Empire, in A. Chastagnol, S. Demougin et C. Lepelley（éd.）, *Splendidissima civitas: étues d'histoire romaine en hommage à François Jacques*, Paris, 1996, 207–220; Id., Témoignages épigraphiques sur le contrôle des finances municipales par les gouverneurs à partir du règne de Dioclétien, in *Il capitolo delle entrate nelle finanze municipali in Occidente ed in Oriente: actes de la Xe Rencontre franco-italienne sur l'épigraphie du monde romain, Rome, 27–29 mai 1996*, Rome, 1999, 236–247.

35 Jones, *op.cit.*, 712.

36 J. -M. Carrié, Developments in Provincial and Local Administration, in A. K. Bowman, P. Garnsey and A. Cameron（eds.）, *CAH* vol.12, 2nd ed., Cambridge, 2005, 269ff.

37 P. Garnsey and C. Humfress, *The Evolution of the Late Antique World*, Cambridge, 2001, 36–51.

38 Cf. R. P. Duncan-Jones, *Structure and Scale in the Roman Economy*, Cambridge, 1990, 7–29.

39 Eutrope, *Abrégé d'histoire romaine*, texte établi et traduit par J. Hellegouarc'h, Paris, 2002; エウトロピウス研究会「エウトロピウス『首都創建以来の略史』翻訳(第１・２巻)～(第７巻)」『上智史学』52-57，2007-11年(未完)。

40 Aurélius Victor, *Livres des Césars*, texte établi et traduit par P. Dufraigne, Paris, 1975.

41 Pseudo-Aurélius Victor, *Abrégé des Césras*, texte établi, traduit et commenté par M. Festy, Paris, 2002.

42 *Histoire Auguste*, traduit par A. Chastagnol, Paris, 1994; *The Scriptores Historiae Augustae*, with an English translation by D. Magie, 3 vols., Cambridge, Mass./London, 1921–32; アエリウス・スパルティアヌスほか，南川高志・桑山由文・井上文則訳『ローマ皇帝群像１～３』京都大学学術出版会，2004–09年(未完)。松本宣郎「『ヒストリア・アウグスタ』研究について」『歴史』54，1980年，49–62頁；同「『ヒストリア・アウグスタ』研究について(2)」『歴史』59，1982年，55–70頁も参照。

43 Zosime, *Histoire nouvelle*, texte établi et traduit par François Paschoud, 3 tomes, Paris, 1971–89.

44 Lactantius, *De mortibus persecutorum*, ed. and trans. by J. L. Creed, Oxford, 1984.

45 Lactantius, *DMP*, 21, 3.

46 *CJ*, X, 32, 4. Cf. *Acta Purgationis Felicis episcopi Autumnitani*, 28b, in *CSEL* 26, Vindobona, 1892, 203.

47 Lactantius, *DMP*, 23, 1–9; 26, 3; 31, 2.

48 Eusebius, *Ecclesiastical History*, vol.2, trans. by J. E. L. Oulton, Cambridge, Mass./London, 1932; エウセビオス『教会史』上下，秦剛平訳，講談社学術文庫，2010年。

49 Eusebius, *HE*, IX, 2; Eusebius, *HE*, VIII, 11.

50 エウセビオスの引用する内容は，碑文史料との比較から信頼性が高いと考えられている。S. Mitchell, Maximinus and the Christians in A.D. 312: a New Latin Inscription, *JRS* 78, 1988, 105–124; Corcoran, *op.cit.*, 149–151; 豊田浩志「4 世紀初頭，キリスト教徒迫害推進を希求した常民たち」『西洋史研究』新輯35，2006年，178–181頁を参照。

51 Barnes, *New Empire*, 175–180. 豊田浩志「《大迫害》直前のローマ帝国とキリスト教――殉教者伝叙述を中心として」『キリスト教史学』31，1977年，1–20頁も参照。本書では主に H. Musurillo (ed.), *Acts of Christian Martyrs*, vol.2, Oxford, 1972 所収のテクストを利用した。

52 C. E. V. Nixon and B. S. Rodgers, *In Praise of Later Roman Emperors: the Panegyrici Latini*, Berkley, 1994.

53 C. E. V. Nixon, Latin Panegyric in the Tetrarchic and Constantinian Period, in B. Croke and A. M. Emmet (eds.), *History and Historians in Late Antiquity*, Sydney, 1983, 88–99; Corcoran, *op.cit.*, 92–94; R. Rees, *Layers of Loyalty in Latin Panegyric AD 289–307*, Oxford, 2002. ただし，西村昌洋「テトラルキア時代ガリアにおける弁論家と皇帝――『ラテン語称賛演説集(Panegyrici Latini)』より」『史林』92–2，2009年，40–74頁は，頌詞のプロパガンダとしての側面を重視している。

54 T. D. Barnes, *New Empire*, 201ff.

55 *Codex Justinianus*, in P. Krüger (ed.), *Corpus Iuris Civilis* II, Berlin, 1877.

56 *Theodosiani libri XVI cum constitutionibus Sirmondianis*, Th. Mommsen et P. Meyer (ed.), Berlin, 1905; テオドシウス法典研究会訳「テオドシウス法典(Codex Theodosianus) 1 ～ 4 」『専修法学論集』59，60，61，63，1993–95年；同「同　5～11」『立教法学』43，45，47，50，53，56，58，1996–2001年；同「同　12～20」『法政史学』57，59，62，64，66，68，70，72，77，2002–12年。

57 ディオクレティアヌス治世の法典編纂については，Corcoran, *op.cit.*, 25–42 を参照。

58 Corcoran, *op.cit.*, 105.

59 Lepelley, Témoignages épigraphiques sur le contrôle des finances municipales, 242f.; Id., Vers la fin de l'autonomie municipale: le nivellement des statuts des cités de Gallien à Constantin, in *Atti dell'Accademia romanistica costantiniana, XIII Convegno internazionale, in memoria di André Chastagnol*, Rome, 2001, 468f.

60 Corcoran, *op.cit.*, 234–253.

61 *Dig.*, I, 16, 7. Cf. G. P. Burton, The Roman Imperial State, Provincial Governors and

the Public Finances of Provincial Cities, *Historia* 53-3, 2004, 311-342.

62 Rémy, *op.cit.*, 71.

63 Corcoran, *op.cit.*, 11, 39.

64 Corcoran, *op.cit.*, 43ff.; T. Honoré, *Emperors and Lawyers*, 2nd ed., Oxford, 1994, 33-70.

65 *CJ*, XI, 30, 4; *CJ*, X, 40, 6.

66 Crocoran, *op.cit.*, 101-105.

67 P. Garnsey, Aspects of the Decline of the Urban Aristocracy in the Empire, in *ANRW* II, 1, 1974, 229-252; 新保良明「ローマ帝政前期における都市参事会員と都市政務官職——参事会の変質を巡って」『西洋史研究』新輯31，2002年，28-57頁。

68 Carrié, op.cit., 305ff.; 新保，前掲論文；浦野聡「ローマ帝政期における帝国貴族と地方名望家」『岩波講座世界歴史 5』岩波書店，1998年，85-114頁。

69 Garnsey and Saller, *op.cit.*, 124f.

70 *CJ*, X, 33, 1; *CJ*, VII, 16, 11; *CJ*, VII, 9, 3.

71 S. Mrozek, A propos de la réparation chronologique des inscriptions latines dans le Haut-Empire, *Epigraphica* 35, 1973, 113-118.

72 R. MacMullen, The Epigraphic Habit in the Roman Empire, *AJPh* 103-3, 1982, 233-246.

73 2007年９月にオクスフォードで開催された第13回国際ギリシア・ラテン碑文学会でも「碑文習慣」に関するセッションが設けられた。このほか，T. D. Barnes, Latin Epigraphy and the History of the Western Roman Empire after Constantine, in *XI congresso internazionale di epigrafia greca e latina: Roma, 18-24 settembre 1997: atti II*, Roma, 1999, 565-576; J. Bodel, Epigraphy and the Ancient Historian, in Id.（ed.）, *Epigraphic Evidence: Ancient History from Inscriptions*, London/New York, 2001, 6-10; C. Witschel, Der *epigraphic habit* in der Spätantike: Das Beispiel der Provinz *Venetia et Histria*, in J. -U. Krause und C. Witschel（Hrsg.）, *Die Stadt in der Spätantike—Niedergang oder Wandel?*, Stuttgart, 2006, 359-411 などを参照せよ。

74 G. Woolf, Monumental Writing and the Expansion of Roman Society in the Early Roman Empire, *JRS* 86, 1996; 島田誠『コロッセウムからよむローマ帝国』講談社，1999年，223-227頁。

75 E. Meyer, Explaining the Epigraphic Habit in the Roman Empire: the Evidence of Epitaphs, *JRS* 80, 1990, 74-96.

76 Kulikowski, *op.cit.*, 33-38.

77 C. Lepelley, The Survival and Fall of the Classical City in Late Roman Africa, in J. Rich（ed.）, *The City in Late Antiquity*, London/New York, 1992, 66-68.

78 Bodel, loc.cit.

79 D. J. Mattingly and R. B. Hitchner, Roman Africa: an Archaeological Review, *JRS* 85, 1995, 165-213.

第Ⅰ部　イタリア属州化と諸都市の動向

1　W. Eck, *Die Staatliche Organisation Italiens in der hohen Kaiserzeit*, München, 1979, 267–271.

第1章　皇帝の「命令」と都市監督官

1　「クラリッシムス」とは，2世紀以降，元老院議員とその家族が用いた身分をあらわす称号である。騎士身分にもいくつかの称号があり，上から順に，近衛長官が用いた「エミネンティッシムス」，他の高官が用いた「ペルフェクティッシムス」，そして「エグレギウス」があった。

2　*AE*, 1914, 249 = *AE*, 1917/18, 124 = *AE*, 1919, 52: Templvm Dei Solis / Ivssv DD(ominorum) NN(ostrorum) Diocletiani / et Maximiani Avgg(ustorum)/ T. Fl. Post(umius) Titianvs v(ir) c(larissimus) corr(ector)/ Ital(iae) perfecit ac dedicavit / cvrante Axilio Ivniore / v.c. cvratore c[iv. Comensium?].

3　A. Sartori, *Le iscrizioni romane: Guida all'esposizione*, Como, 1994, 74.

4　F. Cumont, La dédicace d'un temple du Soleil, *CRAI* 1914, 147–150. この碑文は，前註の A. Sartori 以前に，以下の形でも刊行されている。G. Patroni, Regione XI (Transpadana), *NSA* 1917, Roma, 272f.; A. Giussani, La necropoli di S. Marta in Como, *Rivista archeologica di Como* 92–93, 1927, 119–123.

5　A. Degrassi, "corrector Italiae" in un'epigrafe di Como, *Scritti vari di antichita*, vol.1, Roma, 1962, 193–206.

6　G. Camodeca, Ricerche sui *curatores rei publicae*, in *ANRW* II, 13, 1980, 453–533; B. Ward-Perkins, *From Classical Antiquity to the Middle Ages*, Oxford, 1984, 14–21; C. Lepelley, Témoignages épigraphiques sur le contrôle des finances municipales par les gouverneurs à partir du règne de Dioclétien, in *Il capitolo delle entrate nelle finanze municipali in Occidente ed in Oriente*, Rome, 1999, 236–247. このほか，F. Millar, Italy and the Roman Empire: Augustus to Constantine, *Phoenix* 40–3, 1986, 295–318 も，論文自体はイタリア内の地域的差異を指摘するものの，本碑文については都市に対する管理強化の文脈で言及している。

7　H. Jouffroy, *La construction publique en Italie et dans l'Afrique romaine*, Strasbourg, 1986, 142–154. また，G. A. Cecconi, *Governo imperiale e élites dirigenti nell'Italia tardoantica*, Como, 1994, 118, n.31 も皇帝による恩恵付与の項目で本碑文に言及する。

8　Aurelius Victor, 39, 45; Lactantius, *DMP*, 7, 8–10.

9　*CIL*, VI, 1130 = *CIL*, VI, 31242 = *ILS*, 646. Cf. R. Friggeri, *The Epigraphic Collection of the Museo Nazionale Romano at the Baths of Diocletian*, Rome, 2001, 80f.

10　Ex. *CIL*, III, 6151. Cf. M. Zahariade, The Tetrarchic Building Inscriptions and the Lower Danubian Limes, in *XI congresso internazionale di epigrafia greca e latina: Roma, 18–24 settembre 1997: atti II*, Roma, 1999, 553–561.

11　A. Chastagnol, Le formulaire de l'épigraphie latine officielle dans l'antiquité tardive, in A. Donati (cur.), *La terza età dell'epigrafia*, Faenza, 1988, 11–65.

12 *CIL*, X, 5398 = *ILS*, 1159; *CIL*, X, 5178; *AE*, 1985, 332 = *Sup.It.*, II, 2(p. 128f.) = *Sup.It.*, XXII, 24(p. 77f.) = *CIL*, IX, 2848.

13 アウレリアヌス治世に分割されたことを重視する研究としては，B. Borghesi, Iscrizione onoraria di Concordia, *Oeuvres complètes*, tome 5 (*Oeuvres épigraphiques*, tome 3), Paris, 1869, 416f. をはじめとして，C. Jullian, De la réforme provinciale attribuée à Dioclétien, *RH* 19, 1882, 331–374; Id., *Transformations politiques de l'Italie sous les empereurs romains, 43 av. J.-C.–330 ap. J.-C.*, Paris, 1884; Degrassi, loc.cit.; R. Thomsen, *The Italic Regions from Augustus to the Lombard Invasion*, Copenhagen, 1947, 196ff. などを挙げることができる。他方，T. Mommsen, De titvlis C. Octavii Sabini cos. a.p.Chr. CCXIV, *Ephemeris Epigraphica* 1, Roma, 1872, 140f.; W. Ensslin, The Reforms of Diocletian, in S. A. Cook, F. E. Adcock, M. P. Charlesworth and N. H. Baynes (eds.), *CAH* vol.12, Cambridge, 1939, 390f.; W. Seston, *Dioclétien et la Tétrarchie*, Paris, 1946, 332f.; A. Chastagnol, *La préfecture urbaine à Rome sous le Bas-Empire*, Paris, 1960, 21ff.; Id., L'administration du diocèse Italien au Bas-Empire, *Historia* 12, 1963, 348–379 などは，ディオクレティアヌス治世に分割されたことを重視している。この問題に関する研究者の見解は千差万別であり，両帝の改革を想定するなど折衷的な理解も多い。ディオクレティアヌス治世より前に，何らかの地域区分をともなう知事がいた可能性があること，しかし，継続的な枠組みで州分割がおこなわれたのはディオクレティアヌス帝治世であること，の２点だけ確認しておきたい。このほか，A. von Premerstein, Corrector, *RE* VI, 2, 1901, 1646–56; G. Clemente, La regio Transpadana e il corrector Italiae alla fine del III secolo, *Helikon* 6, 1966, 534–547; W. Simshäuser, Untersuchungen zur Entstehung der Provinzialverfassung Italiens, in *ANRW* II, 13, 1980, 401–452; A. Giardina, La formazione dell'Italia provinciale, *Storia di Roma* 3–1, Roma, 1993, 51–68; Cecconi, *op.cit.*, 20; W. Kuhoff, *Diokletian und die Epoche der Tetrarchie*, Frankfurt am Main, 2001, 352ff. などの研究がある。

14 SHA, *Tyranni Triginta, Tetricus Senior*, 24, 5.

15 A. Chastagnol, Notes chronologiques sur l'Histoire Auguste et le Laterculus de Polemius Silvius, *Historia* 4, 1955, 173–188.

16 Aurelius Victor, 35, 5; Eutropius, IX, 13, 2; SHA, *Divus Aurelianus*, 39, 1; *Epitome de Caesaribus*, 35, 7.

17 イタリア知事の事例としては，*CIL*, VI, 1707 = *ILS*, 1213; *CIL*, V, 2817 = *ILS*, 614; *CIL*, V, 8205; *CIL*, XI, 1594 などがある。

18 *Histoire Auguste:,traduit par* A. Chastagnol, Paris, 1994, LXVI–LXXIII; T. D. Barnes, The Lost Kaisergeschichte and the Latin Historical Tradition, *Bonner Historia-Augusta-Colloquium* 1968/69, 1970, 13–43.

19 *CIL*, X, 304*.

20 Chastagnol, *La préfecture urbaine à Rome*, 22.

21 E. Klebs, Die Scriptores Historiae Augustae, *Rheinishes Museum für Philologie* n.f. 47, 1892, 14, n.1; Degrassi, op.cit., 198; Thomsen, *op.cit.*, 199.

22　*CIL*, VI, 1418 = *ILS*, 2941; *CIL*, VI, 1419 = *CIL*, VI, 31650. なお，前者は «corrector Italiae Transpadanae»，後者は «corrector Italiae regionis Transpadanae» と刻まれている。

23　Clemente, loc.cit.

24　Kuhoff, *op.cit.*, 353f.

25　*CIL*, X, 1655. Cf. G. Mancini, corrector, *Dizionario epigrafico di antichita romane*, vol.2, Roma, 1886, 1242–48.

26　*CIL*, VI, 1673 = *CIL*, VI, 31901a = *ILS*, 1211. Cf. Chastagnol, *La préfecture urbaine à Rome*, 23.

27　Chastagnol, *loc.cit.*

28　コムム出土碑文の年代については，Camodeca, op.cit., 481, 523; Clemente, op.cit., 540f.; Cecconi, *op.cit.*, 118, n.31; Kuhoff, *op.cit.*, 354, n.894 も291年頃としている。

29　Degrassi, op.cit., 206.

30　SHA, *Tyranni Triginta, Tetricus Senior*, 24, 5.

31　T. D. Barnes, *The New Empire of Diocletian and Constantine*, Cambridge, Mass./London, 1982, 52, 58.

32　Camodeca, loc.cit.

33　*CIL*, X, 4785; *CIL*, VIII, 1016 = *CIL*, VIII, 12465.

34　*CIL*, V, 8921.

35　M. Sartori, Osservazioni sul ruolo del *curator rei publicae*, *Athenaeum* 77, 1989, 5–20; 飯坂晃治「ローマ帝政初期における都市監督官 curator rei publicae とイタリア都市」『史学雑誌』111編 4 号，2002年，37–60頁。

36　*CIL*, V, 8972 = *ILS*, 1459 = *IAq.*, 478. Cf. G. A. Cecconi, Aquileia come centro amministrativo in età imperiale, in *Aquileia dalle origini alla costituzione del ducato Longobardo; storia-amministrazione-società*, *AAAd* LIV, Trieste, 2003, 415; *PLRE*, 984, “Q. AXILIVS VRBICVS 3” を参照。

37　*CJ*, X, 65, 3.

38　松本宣郎『キリスト教徒大迫害の研究』南窓社，1991年，214–221頁を参照。

39　Cecconi, *op.cit.*, 116, n.27.

40　*CIL*, VI, 1418.

41　A. Watson, *Aurelian and the Third Century*, London/New York, 1999, 191–193; E. Cizek, *L'empereur Aurélien et son temps*, Paris, 1994, 178–182. Cf. Y. Oshimizu, La transformation de *Pontifex* au IIIe siècle: Le cas de L. Publilius Probatus à Somma Vesuviana, *KODAI: Journal of Ancient History* 16, 2012, à paraitre.

第 2 章　ディオクレティアヌス治世のアクィレイア

1　Livius, 39, 22–40, 34. アクィレイア植民市の建設は同地で発見された碑文史料からも確認できる(*CIL*, V, 873 = *IAq.*, 27 = Lettich, 1)。

2　Strabon, V, 1, 8.

3　*CIL*, V, 8205 = *Ins.It.*, X, 4, 330: [Magno et in]victo Imp. Caesari / [C. Aur. Val.

Di]ocletiano pio fel. / [Augusto, po]nt. max., trib. pot. III, / [cos. II., p.p., p]rocos., A[c]ilius Clarus / [v.c. corrector I]tal. dev(otus) num(ini) mai(estatique) eius. *Inscriptiones Italiae* によれば，白色大理石板で左側は欠損。大きさは43×81×6.5cm。1869年に，castello Duino で発見されたが，第一次世界大戦中に紛失したとされる。«dev(otus) num(ini) mai(estatique) eius» という表現については，H. G. Gundel, «Devotvs nvmini maiestatiqve eivs»: Zur Devotionsformel in Weihinschriften der römischen Kaiserzeit, *Epigraphica* 15, 1953, 128–150 に詳しい。

4 パドヴァ出土碑文は *CIL*, V, 2817 = *ILS*, 614，フィレンツェ出土碑文は *CIL*, XI, 1594。

5 *CIL*, V, 732 = *ILS*, 625 = *IAq.*, 127: [Apollini] Beleno / [Imperator]es Caesares / [C. Aur. Val. D]iocletianvs et / [M. Aur. Val. M]aximianvs / [p(ii) f(elices) invict]i Avgg(usti) / [---] dedicaverunt. *IAq.* によると大理石製の基礎の右部分で左側は欠損。大きさは51×41×29cm。文字の高さは4.5–3.5cm。*IAq.* では6行目を lib(entes) animo と補う。

6 *CIL*, V, 803 = *ILS*, 624 = *IAq.*, 354: Deo Soli / Diocletianvs et Maximianvs / invicti Avgg(usti). *IAq.* の情報が比較的詳しいが現況は不明。もとはソル神殿にあったものと考えられている。

7 *CIL*, X, 5576. このほか，*CIL*, XI, 6623 のように，街道の修復を伝える碑文は存在する。

8 A. Calderini, *Aquileia Romana*, Milano, 1930, 67.

9 W. Kuhoff, *Diokletian und die Epoche der Tetrarchie*, Frankfurt am Main, 2001, 232, 273–275. Cf. S. Williams, *Diocletian and the Roman Recovery*, London, 1985, 160–162.

10 M. Bonfioli, Soggiorni imperiali a Milano e ad Aquileia da Diocleziano a Valentiniano III, in *Aquileia e Milano*, *AAAd* IV, Udine, 1973, 130f.

11 C. Sotinel, Aquilée de Dioclétien à Théodose, in *Aquileia dalle origini alla costituzione del ducato Longobardo: storia-amministrazione-società*, *AAAd* LIV, Trieste, 2003, 377.

12 A. Degrassi, “corrector Italiae” in un’epigrafe di Como, in *Scritti vari di Antichità*, vol.1, Roma, 1962, 194f. では，前章で検討したコムム出土の碑文とアクィレイア出土のソルへの奉献碑文を関連づけ，皇帝のソル信仰に注目している。G. H. Halsberghe, *The Cult of Sol Invictus*, Leiden, 1972, 165f. も同様である。しかし，前章で述べたとおり，ソル信仰は元老院議員にとっても重要性をもつものだった。しかも，アクィレイアではアポロ・ベレヌスへの奉献碑文も出土しており，以下で論ずるとおり，筆者としてはその碑文の存在を重視したい。両碑文を単純に関連づけるのは慎むべきだと考える。

13 大迫害の経過については，松本宣郎『キリスト教徒大迫害の研究』南窓社，1991年，30–110頁を参照。

14 顕彰碑文については個々の皇帝に対して捧げられた碑文が多いものの，4人全員に捧げられるのが基本だったと考えられている。詳しくは，本書第6章を参照。

15 299年と考えられるが異説もある。詳しくは，T. D. Barnes, Emperors, panegyrics,

prefects, provinces and palaces (284–317), *JRA* 9, 1996, 542f. を参照。なお，軍隊からのキリスト教徒追放は原則として除隊処分にとどまり，キリスト教徒を狙い撃ちしたものかどうか議論は分かれる。詳しくは Williams, *op.cit.*, 170–172; Kuhoff, *op.cit.*, 262ff.; 豊田浩志「「ディオクレティアヌスのキリスト教徒大迫害」勃発原因をめぐって(2)」『上智史学』38，1993年，63–98頁を参照。

16 ただし，この年代決定には異説もある。詳しくは，S. Corcoran, ***The Empire of the Tetrarchs: Imperial Pronouncements and Government AD 284–324***, rev.ed., Oxford, 2000 (1st ed., 1996), 135f.; L. D. Bruce, Diocletian, the Proconsul Iulianus, and the Manichaeans, in C. Deroux (ed.), ***Studies in Latin Literature and Roman History***, Bruxelles, 1983, 336–347; 豊田浩志「いわゆる「ディオクレティアヌスのマニ教禁令」をめぐる一考察」『西洋史学報』復刊 4 号，1976年，1–18頁などを参照。

17 保坂高殿『ローマ帝政中期の国家と教会』教文館，2008年，31頁および438頁以下では，290年代の軍での「キリスト教徒迫害」がキリスト教徒を狙い撃ちしたものではなく，軍規粛正という伝統主義的施策の結果だったとしている。キリスト教徒迫害に際して，総督たちはキリスト教徒の告白には無関心だった。皇帝をはじめとする帝国当局者の行動をキリスト教的な立場から解釈することの危険性に対する保坂氏の指摘は極めて重要なものである。とくに，同書72頁以下を参照せよ。また，マニ教迫害については同書472頁以下を参照。

18 松本，前掲書，72–75頁；豊田浩志『キリスト教の興隆とローマ帝国』南窓社，1994年，13–43頁。

19 Calderini, *op.cit.*, 65f.

20 C. Sotinel, *Identité civique et christianisme: Aquilée du IIIe au VIe siècle*, Rome, 2005, 28–47.

21 Bonfioli, op.cit., 130f.

22 L. Cracco Ruggini, La città imperiale, in *Storia di Roma* 4: *Caratteri e morfologie*, Torino, 1989, 230, n.74; E. T. Salmon and T. W. Potter, Aquileia, in S. Hornblower and A. Apawforth (eds.), *Oxford Classical Dictionary*, 3rd ed., Oxford, 1996, 133.

23 Sotinel, *op.cit.*, 8–28.

24 G. A. Cecconi, Aquileia come centro amministrativo in età imperiale, in *Aquileia dalle origini alla costituzione del ducato Longobardo: storia-amministrazione-società*, *AAAd* LIV, Trieste, 2003, 405–423.

25 もしこれらの碑文がアクィレイアに皇帝が滞在していたことを示すとすれば，Sotinel の指摘とは反対に，マクシミアヌス帝がこれらの碑文の奉献に関与したとは考えにくい。T. D. Barnes, ***The New Empire of Diocletian and Constantine***, Cambridge Mass./London, 1982, 47–60 によれば，マクシミアヌス帝は285年に即位したのちバガウダエ討伐などに従事し，原則としてガリアに滞在していた。四帝統治の成立する293年以前に彼が北イタリアにやってきたのは，290年から291年にかけての冬，メディオラヌムでディオクレティアヌス帝と会談したときだけである。しかし，ガリアからメディオラヌムへくる場合，アドリア海の奥に位置するアクィレイアを通ることはない。むしろ，ドナウ川流域からメディオラヌムへ向かったデ

ィオクレティアヌス帝はアクィレイアを通ったと考えられる。それゆえ，これらの碑文の奉献に皇帝たちが直接関与したとすれば，マクシミアヌス帝ではなくむしろディオクレティアヌス帝だったと考えられる。しかし，皇帝が奉献した形の碑文でも，明らかに皇帝がその場にいたとは考えられない碑文もあり（*CIL*, VIII, 2660 = *ILS*, 5787など），断定はできない。

26 *Pan.Lat.*, VII, 6, 1–2.

27 N. Duval, Les palais impériaux de Milan et d'Aquilée, réalité et mythe, in *Aquileia e Milano*, *AAAd* IV, Udine, 1973, 151–158.

28 遺構が発見されたとしても，それが皇帝専用の宮殿だったのか，総督官邸などの行政施設なのか，確定は困難である。例えば，3世紀末のものと考えられるスペインのコルドバ郊外のセルカディラ遺跡をめぐり，議論は分かれている。詳しくは第9章を参照。他の皇帝滞在地については，N. Duval, Les résidences impériales: leur rapport avec les problèmes de légitimité, les partages de l'empire et la chronologie des combinaisons dynastiques, in F. Paschoud und J. Szidat（Hrsg.）, *Usurpationen in der Spätantike*, Stuttgart, 1997, 127–153 を参照。

29 N. Duval, Les résidences impériales.

30 J. H. Humphrey, *Roman Circuses: Arenas for Chariot Racing*, London, 1986, 621–625; P. Basso, Topografia degli spazi ludici di Aquileia, in *Aquileia dalle origini alla costituzione del ducato Longobardo: topografia-urbanistica-edilizia publica*, *AAAd* LIX, Trieste, 2004, 327.

31 Calderini, *op.cit.*, 91–110.

32 P. Wojciechowski, *Untersuchungen zu den Lokalkulten im römischen Aquileia: Herkunft, Funktion und Anhängerschaft*, Torun, 2001.

33 *AE*, 1895, 36 = *IAq.*, 123（軍人）; *ILS*, 4872 = *AE*, 1895, 38 = *IAq.*, 112（役人）; *CIL*, V, 8212 = *IAq.*, 128（徴税人）; *IAq.*, 148（商人）; *AE*, 1895, 37 = *IAq.*, 106（帝室奴隷）.

34 Calderini, *loc.cit.*

35 この238年の出来事の意義については，南川高志『ローマ皇帝とその時代』創文社，1995年，319頁以下参照。

36 Herodianos, VIII, 3, 8.

37 Calderini, *op.cit.*, 93f. Cf. *AE*, 1895, 39 = *IAq.*, 151; Calderini, *op.cit.*, 61.

38 Herodianos, VIII, 2, 5.

39 Ammianus Marcellinus, XXI, 11, 2.

40 Ammianus Marcellinus, XXI, 12, 20.

41 S. Gentili, Politics and Christianity in Aquileia in the Fourth Century A.D., *AC* 61, 1992, 192–208.

42 Ammianus Marcellinus, XXIII, 12, 1.

43 Sotinel, *op.cit.*, 55f.

44 F. Masetti Scotti e C. Zaccaria, Novità epigrafiche dal foro di Aquileia: a proposito della base di T. Annivs T. f. Tri. Vir., in G. Paci（cur.）, *Epigrafia romana in area adriatica: IX*[e] *rencontre franco-italienne sur l'épigraphie du monde romain, Macerata,*

10–11 novembre 1995, Pisa / Roma, 1998, 113–159; C. Zaccaria, Permanenza dell'ideale civico romano in epoca tardoantica: nuove evidenze da Aquileia, in *Aquileia romana e cristiana fra II e V secolo*, *AAAd* XLVII, Trieste, 2000, 91–113; C. Zaccaria, La «trasformazione» del messagio epigrafico tra II e IV secolo d.C.: a proposito di un palinsesto rinvenuto nel foro di Aquileia, in G. A. Bertinelli e A. Donati (cur.), *Varia epigrafica: Atti del Colloquio Internazionale di Epigrafia (Bertinoro, 8–10 giugno 2000)*, Faenza, 2001, 475–494.

45 Sotinel, *op.cit.*, 28–41.

46 マクシミヌス・トラクス帝の死からディオクレティアヌス帝即位までの時期のアクィレイアと皇帝たちの関係については，Calderini, *op.cit.*, 61–65 を参照。なお，この時期でとくに目立つのはガリエヌス帝との関係である。アクィレイアではガリエヌス帝とその皇后サロニナに捧げられた碑文が発見されており（*CIL*, V, 856 = *ILS*, 547 = *IAq.*, 446; *CIL*, V, 857 = *IAq.*, 447 = Lettich, 75），両者のアクィレイアへの滞在も想定されている。

47 Aurelius Victor, 39, 9–10.

48 SHA, *Carus et Carinus et Numerianus*, 4, 4.

49 Eutropius, IX, 18; *Epitome de Caesaribus*, 38, 1.

50 *CIL*, III, 4413 = *ILS*, 659.

51 ローマ軍団内でのミトラス信仰については，F・キュモン，小川英雄訳『ミトラの密儀』平凡社，1993年，42–55頁；M. Clauss, trans. by R. Gordon, *The Roman Cult of Mithras: the God and his Mysteries*, Edinburgh, 2000, 33–37 参照。カルヌントゥムがミトラス信仰の拠点だったことについては，キュモン，前掲書，47頁を参照。近年のミトラス信仰の研究については，井上文則「ミトラス教研究の現在」『史林』87–4，2004年，98–123頁を参照。

52 R. Turcan, *Mithra et le mithriacisme*, Paris, 1981, 36; M. Simon, Mithra et les empereurs, in U. Bianchi (éd.), *Mysteria Mithrae: proceedings of the International Seminar on the Religio-Historical Character of Roman Mithraism, with particular Reference to Roman and Ostian Sources, Rome and Ostia, 28–31 March 1978*, Leiden, 1979, 414f.; M・J・フェルマースレン，小川英雄訳『ミトラス教』山本書店，1973年，67–72頁；井上，前掲論文，108–109頁。

53 Ex. *AE*, 1934, 230 = *AE*, 1973, 262 = *IAq.*, 266; *CIL*, V, 940 = *IAq.*, 2778 などの例がある。このほか，3・4世紀のものと考えられる兵士の墓碑も発見されている。例えば *CIL*, V, 895 = *IAq.*, 2773 = Lettich, 119; *CIL*, V, 900 = *IAq.*, 2775 = Lettich, 108; *CIL*, V, 940 = *IAq.*, 2778 = Lettich, 104; *CIL*, V, 944 = *IAq.*, 2780 = Lettich, 113 などである。また，市川雅俊「専制君主政成立期における軍政・民政分離の一断面——Primipilus 職の変化と軍用食糧」『史学雑誌』90編2号，1981年，17頁以下によれば，3世紀半ば，ドナウ川流域の諸軍団からアクィレイアへ物資輸送のために兵士たちが派遣されていたという。

54 Calderini, *op.cit.*, 129–134. キュモン，前掲書，58–62頁も参照。

55 この碑文にはミトラス神の名は記されていない。ソル神とミトラス神の同一性を

過大視することに対して，批判的な意見もあることには留意せねばならない(cf. Simon, op.cit., 415–417)。しかし，アクィレイアでも両者の習合した碑文が発見されているほか(*CIL*, V, 806)，文面はソル神に対して捧げられていても，レリーフから明らかにミトラス神との習合を示す碑文もある(I. Calabi Limentani, *Epigrafia Latina*, 4ª ed., Bologna, 1991, 170f.)。従って，ソル神に対してこの碑文を奉献することで，ミトラス信仰を兵士たちに想起させることは十分に可能であったと考えられる。

56 *AE*, 2001, 1008. Cf. P. Lopreato, Le grandi terme di Aquileia: I *Sectilia* e i mosaici del *Frigidarium*, *in Aquileia dalle origini alla costituzione del ducato Longobardo: topografia-urbanistica-edilizia publica*, *AAAd* LIX, Trieste, 2004, 339–377. この碑文のほかにもアクィレイアからはコンスタンティヌス帝関連の碑文が発見されている。それらについて，詳しくは W. Rieß, Konstantin und seine Söhne in Aquileia, *ZPE* 135, 2001, 267–283 を参照。

57 「担当官」と訳したプラエポシトゥスの地位にある者がコンスタンティヌス帝に捧げた碑文の事例は，イタリアではほかにラヴェンナでも見られる(*CIL*, XI, 9)。ただし，その碑文で見られるのは「工房担当官(プラエポシトゥス・ファブリカエ)」であり，都市に対する直接的な恩恵の付与とは考えがたい。A. H. M. Jones, *The Later Roman Empire 284–602*, Oxford, 1964, 834f. 参照。また，カンパニアの都市アベッリヌムでは，「首都ローマにおける幸運なるコンスタンティヌス浴場担当官」に対して捧げられた碑文が発見されているが(*CIL*, X, 1126)，年代は明確ではない。

58 *Pan.Lat.*, IV, 27, 1–2.

59 Cecconi, loc.cit.

第３章　港湾都市オスティアと食糧長官

1 *CIL*, XIV, 4455: Manilio Rus[ticiano, v(iro) p(erfectissimo)], / praef(ecto) ann(onae), a(genti) v(ices) pra[eff(ectorum) praett(orio)] / eemm(inentissimorum) vv(irorum), curato[ri et pa]trono / splendidissim(a)e col(oniae) Ost(iensium), ob eius fidem ac / meri[ta] erga rem publicam, Ordo / et Populus Ostiensium, quo civitas / titulis administra[tio]nis eius fieret inlustr[ior], decrevit adq(ue) const[itui]t.

2 現地で測定したところによれば，全体で高さ120，幅93，奥行220cm。ただし，*CIL* では断片として別の数値を掲載している。

3 G. Calza, Ostia, *NSA* 20, 1923, 405.

4 近年，この台座に置かれていた騎馬像の一部と比定される断片についても論じられている。詳しくは，M. E. Marchese, Monumenti equestri ad Ostia Antica, *MDAI(R)* 110, 2003, 319–328 を参照。

5 A. Stein, Stellvertretter der Praefecti Praetorio, *Hermes* 60, 1925, 94–103, 260.

6 *CIL*, VI, 36949 = *ILS*, 8934. このほか，マニリウス・ルスティキアヌスがマクセンティウスに対して捧げた碑文が近年新たに同定されている(*AE*, 1992, 157)。Cf. S. Panciera, Un prefetto del pretorio di Massenzio Manilius Rusticianus, in M. Christol,

S. Demougin, Y. Duval, C. Lepelley et L. Pietri (éd.), *Institutions, société et vie politique dans l'Empire romain au IVe siècle ap. J.-C.*, Rome, 1992, 249–263.

7 H. Pavis d'Escurac, *La préfecture de l'annone: service administratif imperial d'Auguste à Constantin*, Rome, 1976, 369.

8 A. Chastagnol, Deux chevaliers de l'époque de la Tétrarchie, *AncSoc* 3, 1972, 223–231. なお，シャスタニョルはパヴィ・デスキュラクの著書のもとになった博士論文を引いて議論を展開している。そのため，出版年代は前後するものの，本稿でもパヴィ・デスキュラクの研究を紹介したあと，シャスタニョルのそれを示している。

9 P. Porena, *Le origini della prefettura del pretorio tardoantica*, Roma, 2003, 141–147, 254–267.

10 *ILS*, 8929; *AE*, 1987, 456 = *Sup.It.*, VIII, 1(p. 200–202)など。この時期の近衛長官については，Porena, *op.cit.*, 103ff.; 拙稿「３世紀における帝国統治階層の変容——近衛長官のコンスル就任にみる身分関係再定義の試み」『クリオ』17，2003年，1–16頁を参照。

11 Pavis d'Escurac, *op.cit.*, 286f. Chastagnol, loc.cit. も，これに基づいて同趣旨の内容を述べている。R. Chevallier, *Ostie antique: ville & port*, Paris, 1986, 180 は，典拠を明示しないものの，四帝統治の時期に食糧長官は純粋に都市的な職務になった，とする。

12 R. Meiggs, *Roman Ostia*, Oxford, 1960 (special ed., 1997), 83ff.

13 Meiggs, *op.cit.*, 187. なお，メイグスはこの碑文を４世紀末のものとしている。典拠は不明だが，この碑文を発表した G. Calza, Ostia, *NSA* 20, 1923, 405 の推測に基づくものであろう。ただし，A・シュタインの前掲論文以来，この年代設定は受け入れられていない。

14 *CTh.*, II, 17, 1, 2; *CTh.*, XIII, 6, 1; *CJ.*, VI, 62, 1. Cf. A. H. M. Jones, *The Later Roman Empire 284–602*, Oxford, 1964, 827–829.

15 *CTh.*, XIV, 24, 1. Cf. Jones, *op.cit.*, 701.

16 *CTh.*, XIV, 3, 1.

17 *CTh.*, IX, 40, 3.

18 *CTh.*, III, 1, 1.

19 *CTh.*, XI, 29, 2.

20 A. Chastagnol, *La préfecture urbaine à Rome sous le Bas-Empire*, Paris, 1960, 59ff.

21 Pavis d'Escurac, *op.cit.*, 287 によれば，ディオクレティアヌス治世にイタリアが属州化された際，食糧長官の担当領域はオスティアとローマに限定されたとされる。しかし，後述のプテオリ港管理官の存在を考慮すると，再検討の余地もある。

22 G. Camodeca, Ricerche sui *curatores rei publicae,* in *ANRW* II, 13, 1980, 453–533; 飯坂晃治「ローマ帝政初期における都市監督官 curator rei publicae とイタリア都市」『史学雑誌』111編４号，2002年，37–60頁。

23 オスティア出土のこの時期の食糧長官関連の碑文については，F. Zevi, Miscellanea Ostiense, *RAL* 26, 1971, 468–472 を参照。なお，表中の *CIL*, XIV, 4403 は欠損が激しく，*CIL* ではオスティア市監督官ではなく，オスティア市のパトロヌ

スと補う。しかし，Zevi, op.cit., 468, n.53 の指摘どおり，オスティア市監督官と補うべきだろう。

24 *CIL*, XIV, 131 = *ILS*, 687. Cf. Meiggs, *op.cit.*, 293ff.; L. de Salvo, *I corpora naviculariorum*, Messina, 1992, 176f.

25 *CIL*, VI, 1704 = *ILS*, 1214.

26 Jones, *op.cit.*, 106.

27 Camodeca, op.cit., 498f.; Zevi, op.cit., 470, n.60.

28 *AE*, 1941, 98 = *AE*, 1948, 126.

29 H. Bloch, A New Document of the Last Pagan Revival in the West, 393-394 A.D., *HThR* 38-4, 1945, 199-201, 236. この提案は，E. Groag et A. Stein (cur.), *Prosopographia Imperii Romani* IV, Berolini, 1933, 101, n.224; Pavis d'Escurac, *op.cit.*, 46, 286, 367f. でも受け入れられている。

30 ただし，Chastagnol, op.cit., 230 は，食糧長官と近衛長官代行の兼務を否定する。本碑文を食糧長官退任時のものと解し，すでに任じられていた近衛長官代行も刻んだ，とする。Panciera, loc.cit. は食糧長官とオスティア市監督官の兼務にも懐疑的である。しかし，Porena, *op.cit.*, 145f. の指摘するとおり，兼務と解するほうが自然であろう。

31 *CIL*, XIV, 5342.

32 オスティアの港湾建設については，藤澤明寛「ローマ帝政時代のオスティアにおけるパン製造業者組合」『イタリア学会誌』53，2003年，5－7頁が簡潔にまとめている。

33 J. H. D'Arms, Puteoli in the Second Century of the Roman Empire: a Social and Economic Study, *JRS* 64, 1974, 104-124.

34 *CIL*, X, 1562 = *ILS*, 344.

35 *AE*, 1969/70, 107; *AE*, 1983, 194 = *AE*, 1969/70, 108. 詳しくは第 4 章参照。

36 *CIL*, X, 1695 = *ILS*, 1224a; *ILS*, 1224b = *EE*, VIII, 365; *CIL*, X, 1696 = *ILS*, 1224c; *AE*, 1977, 198. 詳しくは第 4 章参照。

37 *AE*, 1939, 151. 詳しくは第 4 章参照。

38 J. H. D'Arms, A New Inscribed Base from 4th Century Puteoli, *La parola et del passato* 27, 1972, 255-270.

39 *CIL*, X, 1700 = *ILS*, 1231.

40 Meiggs, *op.cit.*, 85-89.

41 オスティアとポルトゥスの組合については，坂口明「オスティアの船大工(fabri navales)の組合」(上)『日本大学文理学部人文科学研究所紀要』61，2001年，19-31頁；同(下)，63，2002年，17-29頁参照。

42 *CIL*, XIV, 4549.

43 Meiggs, *op.cit.*, 85-89.

44 G. Rickman, Rome, Ostia and Portus: the Problem of Storage, *MEFRA* 114, 2002, 353-362.

45 SHA, *Aurelianus*, 45, 2.

46 C. Pavolini, La trasformazione del ruolo di Ostia nel III secolo d.C., *MEFRA* 114, 2002, 325–352.

47 *CIL*, XIV, 4449 = *IPO*, B336. Cf. Meiggs, *op.cit.*, 85–89.

48 A. Chastagnol, L'inscription constantinienne d'Orcistus, *MEFRA* 93, 1981, 381–416.

49 S. Keay, M. Millett, L. Paroli and K. Strutt, *Portus: Archaeological Monographs of the British School at Rome* 15, London, 2005, 291ff.

50 Meiggs, *op.cit.*, 90.

51 Meiggs, *op.cit.*, 91もポルトゥスの分離がオスティアに打撃を与えたと指摘している。

52 *CIL*, XIV, 128 = *ILS*, 615.

53 ここに挙げた年代は D. Kienast, *Römische Kaisertabelle*, Darmstadt, 1990, 262 に基づく。R. Cagnat, *Cours d'épigraphie latine*, 4e éd., Paris, 1914, 233 では，即位日を 9 月17日とする。また，T. D. Barnes, *The New Empire of Diocletian and Constantine*, Cambridge, Mass./London, 1982, 50 では，マルグス河畔の戦いを285年春としている。

54 *CIL*, X, 7282; *CIL*, IX, 5578.

55 J. P. Waltzing, *Étude historique sur les corporations professionnelles chez les romains depuis les origines jusqu'à la chute de l'Empire d'Occident*, tome III, Louvain, 1899, 609f.; Meiggs, *op.cit.*, 330f.; 藤澤，前掲論文，13頁。

56 Meiggs, *op.cit.*, 319ff. 大工組合の消防団としての性格については，本間俊行「ローマ帝政前期における組合と都市社会——「三つの組合(tria collegia)」を手がかりに」『史学雑誌』114編 7 号，2005年，37–58頁を参照。J. R. Patterson, The collegia and the Transformation of the Towns of Italy in the Second Century AD, in *L'Italie d'Auguste à Dioclétien: actes du colloque international (Rome, 25–28 mars 1992)*, Rome, 1994, 227–238 によれば，都市参事会，アウグスタレスに次ぐ都市内部の有力者集団という側面もあったという。

57 *CIL*, XIV, 4402 = *CIL*, XIV, 129.

58 第 5 章を参照。

59 Panciera, loc.cit. は，新たに同定されたローマの碑文をもとに，近衛長官在任期間を310年から311年と推定している。

60 W. Kuhoff, *Diokletian und die Epoche der Tetrarchie*, Frankfurt am Main, 2001, 27; B. Rémy, *Dioclétien et la tétrarchie*, Paris, 1998, 12. Cf. Aurelius Victor, 39, 14.

61 確実なものは *CIL*, XI, 6957b のみ。北アフリカでもマクセンティウス支配期の痕跡はほとんどない。Cf. C. Lepelley, *Les cités de l'Afrique romaine au Bas-Empire,* tome 1 , Paris, 1979, 89f.

62 例えば，アッピア街道沿いのマイル標石 *CIL*, X, 6837; 6843; 6856; 6874; 6878; 6915; 6921 などを参照せよ。

63 *CIL*, X, 5061 = *ILS*, 1217.

64 Meiggs, *op.cit.*, 92.

65 Meiggs, *op.cit.*, 94f.; Zevi, op.cit., 472.

第４章　カンパニア諸都市から見た皇帝と元老院

1　W. V. Harris, *Ancient Literacy*, Cambridge, Mass./London, 1989, 265–268.

2　J. H. D'Arms, Puteoli in the Second Century of the Roman Empire: a Social and Economic Study, *JRS* 64, 1974, 104–124.

3　この水道に関しては，http://www.romanaqueducts.info/aquasite/serino/ を参照（2012年７月12日閲覧）。

4　*AE*, 1939, 151: D. D. N. N. Fl. Constan/tinvs max. pivs / felix victor Avg. / et Fl. Ivl. Crispvs et / Fl. Cl. Constatinvs / nobb. caess. / fontis avgvstei / aqvaedvctvm / longa incvria / et vetvstate conrvptvm / pro magnificentia / liberaritatis consvetae / sva pecvnia refici ivsservnt / et vsvi civitativm infra / scriptarvm reddidervnt / dedicante Ceionio Ivliano v. c. / cons. Camp. cvrante / Pontiano v. p. praep. eivsdem / aqvaedvctvs / nomina civitativm / Pvteolana Neapolitana Nolana / Atellana Cvmana Acerrana / Baiana Misenvm.

5　I. Sgobbo, Serino—L'acquedotto romano della Campania: «Fontis Augustei Aquaeductus»（Tav.V）, *NSA* 1938, 75–97.

6　Ibid.

7　J. H. D'Arms, *Romans on the Bay of Naples: a Social and Cultural Study of the Villas and Their Owners from 150 B.C. to A.D. 400*, Cambridge, Mass., 1970, 122, n.27; Id., op.cit., 119, n.121.

8　F. M. Ausbüttel, *Die Verwaltung der Städte und Provinzen im spätantiken Italien*, Frankfurt am Main, 1988, 156f.

9　G. A. Cecconi, *Governo imperiale e élites dirigenti nell'Italia tardoantica: problemi di storia politico-amministrativa（270–476 d.C.）*, Como, 1994, 63f., 118f.

10　クリスプス，コンスタンティヌス２世，コンスタンティウス２世の即位年代は D. Kienast, *Römische Kaisertabelle*, Darmstadt, 1990, 301–309 に基づく。

11　A. Chastagnol, Un gouverneur Constantinien de Tripolitaine: Laenatius Romulus, Praeses en 324–326, *Latomus* 25, 1966, 545f.

12　*AE*, 1969/70, 107.

13　G. Guadagno, Nuove testimonianze sul governo della Campania in età costantiniana: I. L. Aelius Proculus, corrector, e Iulius Aurelianus, consularis, in due epigrafi inedite di Pozzuoli, *RAL* 25, 1970, 111–121. Cf. T. D. Barnes, *The New Empire of Diocletian and Constantine*, Cambridge, Mass./London, 1982, 163; Cecconi, *op.cit.*, 214. なお，T. Grünewald, *Constantinus Maximus Augustus*, Stuttgart, 1990, 222 は，324年９月18日から11月８日までの間としている。

14　*Liber Pontificalis, Silvester*, 32.

15　ただし，碑文中の「長期の無関心」「老朽化」といった文言を文字どおりにとるべきではない。この時期の碑文にしばしば見られる定型的な表現だからである。碑文における「再建」という表現のもつ意義に関しては，E. Thomas and C. Witschel, Constructing Reconstruction: Claim and Reality of Roman Rebuilding Inscriptions from the Latin West, *PBSR* n.s. 60, 1992, 135–177 を参照。

16　Cf. E. Savino, *Campania tardoantica (284–604 d.C.)*, Bari, 2005, 24.

17　J. M. Højte, *Roman Imperial Statue Bases from Augustus to Commodus*, Aarhus, 2005, 35f.

18　例えば，ヌミディア出土の碑文 *CIL*, VIII, 22763 と比較せよ。この碑文では軍事施設の建設を開始した総督と完成させた総督双方が記録されている。

19　*CIL*, VI, 1418 = *ILS*, 2941.

20　古代末期の官吏任用における元老院議員の推薦の重要性については，浦野聡「後期ローマ帝国における官職パトロネジ――「推薦」の法制化をめぐって」長谷川博隆編『古典古代とパトロネジ』名古屋大学出版会，1992年，237–275頁を参照。

21　*CTh*., VIII, 7, 1. テオドシウス法典研究会訳「テオドシウス法典(Codex Theodosianus) 3」『専修法学論集』61，1994年，168頁，法文25，注 3 参照。

22　G. Camodeca, Ricerche su Puteoli tardoromana (fine III–IV secolo), *Puteoli* 4–5, 1980–81, 59–128; J. -U. Krause, Das spätantike Städtepatronat, *Chiron* 17, 1987, 39–50.

23　*CIL*, VIII, 25525.

24　M. T. W. Arnheim, *The Senatorial Aristocracy in the Later Roman Empire*, Oxford, 1972, 157.

25　*CIL*, VI, 1684–89.

26　*CIL*, VI, 1691.

27　*CIL*, X, 3846. Cf. L. Chioffi, Africani a *Capua* e Capuani in Africa, in A. Akerraz, P. Ruggeri, A. Siraj et C. Vismara (éd.), *L'Africa Romana 16: atti del XVI convegno di studio Rabat, 15–19 dicembre 2004*, vol. 2, Roma, 2006, 1085–1100.

28　*AE*, 1975, 261 = *ILP*, 110.

29　*AE*, 1937, 119 = *Sup.It.*, IX, 34 (p. 85ff.). Cf. R. K. Sherk, *The Municipal Decrees of the Roman West,* Buffalo, 1970, 28f., n.21.

30　Cf. M. Corbier, La famille de Séjan à *Volsinii*: la dédicace des *Seii*, *curatores aquae*, *MEFRA* 95, 1983, 731.

31　*EE*, VIII, 337 (p. 91).

32　*CIL*, X, 1805. Cf. Camodeca, op.cit., 117; Corbier, loc.cit.

33　*CTh*., XV, 2, 8.

34　Corbier, op.cit., 730–733; Camodeca, loc.cit.

35　D'Arms, *op.cit.*, 73–115.

36　Barnes, *op.cit.*, 68–80.

37　*CIL*, X, 5061 = *ILS*, 1217.

38　*CIL*, XI, 6957b.

39　*CIL*, X, 1244; *CIL*, X, 4576; *CIL*, X, 5803 = *Sup.It.*, XVI, 6A = *AE*, 1998, 300a; *CIL*, X, 5334; *CIL*, X, 1246; *CIL*, X, 4785; *CIL*, X, 4577; *AE*, 1900, 133; *AE*, 1935, 23.

40　*CIL*, X, 4785. 2007年 8 月26日にテアーノ市の司教座聖堂で実物を検分し，台座であることを確認した。壁に埋め込まれているため奥行は不明だが，大きさは高さ92，幅72cm である。

41　*CIL*, X, 516 = *Ins.It.*, I, 1, 5; *CIL*, X, 4578.

42 *CIL*, X, 677. Cf. M. M. Magalhaes, *Storia, istituzioni e prosopografia di* Surrentum *romana: la collezione epigrafia del Museo Correale di Terranova*, Stabia, 2003, 134f.

43 *CIL*, X, 287; *CIL*, X, 1245; *CIL*, X, 5650.

44 *CIL*, X, 1483; *CIL*, X, 1484; *CIL*, IX, 2446. Cf. *CIL*, X, 678 = Magalhaes, *op.cit.*, 135f.

45 *Liber Pontificalis*, *Silvester*, 32.

46 Camodeca, op.cit.; Højte, *op.cit.*, 104.

47 *AE*, 1983, 194 = *AE*, 1969/70, 108.

48 *CIL*, VI, 1691.

49 *CIL*, X, 1695 = *ILS*, 1224a; *ILS*, 1224b = *EE*, VIII, 365; *CIL*, X, 1696 = *ILS* 1224c; *AE*, 1977, 198.

50 *CIL*, X, 1695 = *ILS* 1224a. 側面にカリヌス帝に捧げられた *CIL*, X, 1655 が残っている。 Cf. Højte, *op.cit.*, 63f.

51 *CIL*, X, 4752 = *ILS*, 1223.

52 *CIL*, X, 1199 = *ILS*, 5510.

53 *CIL*, XIV, 2919 = *ILS*, 1219.

54 M. T. W. Arnheim, *The Senatorial Aristocracy in the Later Roman Empire*, Oxford, 1972; A. H. M. Jones, *The Later Roman Empire 284–602*, Oxford, 1964, 48f.

55 Jones, *op.cit.*, 107.

56 Jones, *op.cit.*, 525ff.

57 コンスタンティヌス帝による「側近」の登用については，Jones, *op.cit.*,104ff. を参照。

補遺 1　シチリア都市と元老院議員たち

1 ただしサルディニアも例外的に数が多い。サルディニアでは街道整備を属州総督がおこなっており，数多くのマイル標石に属州総督の名が残されている。詳しくは，A. Boninu ed A. U. Stylow, Miliari nuovi e vecchi dalla Sardegna, *Epigraphica* 44, 1982, 29–56 を参照。

2 Cf. *PLRE*, 177, "*!CALVISIANVS!*".

3 *CIL*, X, 7204; *CIL*, VI, 31961 = *ILS*, 8843; *IG*, XIV, 296; *CIL*, X, 7284 = *ILS*, 677; *AE*, 1966, 166; *CIL*, X, 7234; *EE*, VIII, 696; *CIL*, X, 7112 = *AE*, 1959, 23; *CIL*, VI, 1690 = *ILS*, 1240; *CIL*, VI, 1691; *CIL*, VIII, 24521; *AE*, 1966, 167; *CIL*, X, 3732 = *ILS*, 1216 = *AE*, 1999, 457; *CIL*, VI, 1717 = *ILS*, 1227; *CIL*, X, 7209.

4 Cf. *PLRE*, 1096; T. D. Barnes, *The New Empire of Diocletian and Constantine*, Cambridge, Mass./London, 1982, 143ff.

5 *CIL*, X, 7204; *IG*, XIV, 296; *CIL*, X, 7284 = *ILS*, 677; *AE*, 1966, 166; *CIL*, X, 7234; *EE*, VIII, 696; *CIL*, X, 7112 = *AE*, 1959, 23; *AE*, 1966, 167; *CIL*, X, 7209.

6 *CIL*, X, 7204; *CIL*, X, 7284 = *ILS*, 677; *AE*, 1966, 166.

7 *IG*, XIV, 296; *CIL*, X, 7234; *AE*, 1966, 167.

8 なお，都市監督官として顕彰された事例も確認されない。

9 *IG*, XIV, 296; *AE*, 1966, 167.

10 *CIL*, VI, 31961 = *ILS*, 8843.

11 *CIL*, X, 7282.

12 *CIL*, X, 7283.

13 *CIL*, X, 7504; *CIL*, X, 7505.

14 Aurelius Victor, 39, 31–32. Cf. *Liber de Caesaribus of Sextus Aurelius Victor*, translated with an introduction and commentary by H. W. Bird, Liverpool, 1994, 170f.; B. Rémy, *Dioclétien et la tétrarchie*, Paris, 1998, 74.

第Ⅱ部　北アフリカにおける戦争と平和

第5章　北アフリカ諸属州の再編と都市の動向

1 G. Di Vita-Evrard, L. Volusius Bassus Cerealis, légat du proconsul d'Afrique T. Claudius Aurelius Aristobulus, et la création de la province de Tripolitaine, in A. Mastino (éd.), *L'Africa Romana 2: atti del II Convegno di studio, Sassari, 14–16 dicembre 1984*, Sassari, 1985, 149–177. Cf. B. Rémy, *Dioclétien et la tétrarchie*, Paris, 1998, 59; J. -P. Laporte, Une inscription de *Saldae* et la date de séparation des Maurétanies Césarienne et Sitifienne, in M. Khanoussi, P. Ruggeri et C. Vismara (éd.), *L'Africa Romana 12: atti del XII Convegno di studio Olbia, 12–15 dicembre 1996*, Sassari, 1998, 1111–21, とくに 1119; M. Dondin-Payre, Le gouvernement des provinces du IIe siècle au début du Ve siècle, in *L'Afrique Romaine de 69 à 439*, Nantes, 2005, 119–143, とくに 131.

2 Di Vita-Evrard, op.cit., 175.

3 Cf. Laporte, op.cit., 1119.

4 *AE*, 1942/43, 81. Cf. L. Leschi, Centenarium quod «Aqua Viva» appellatur..., *CRAI*, 1941, 163–176.

5 *CIL*, VIII, 4764 = *CIL*, VIII, 18698 = *ILS*, 644.

6 Di Vita-Evrard, op.cit., 168, n.84; H. -G. Kolbe, *Die Statthalter Numidiens von Gallien bis Konstantin*, München/Berlin, 1962, 46–53, 65–71.

7 *CIL*, VIII, 22763 = *ILS*, 9352 = *IPMB*, 21 = *ILT*, 5. Cf. P. Trousset, *Recherches sur le Limes Tripolitanus du chott El-Djerid à la frontière Tuniso-Libyenne*, Paris, 1974, 90–92; Id., Pénétration romaine et organisation de la zone frontière dans le prédésert tunisien, in M. Khanoussi, P. Ruggeri et C. Vismara (éd.), *L'Africa Romana 15: atti del XV convegno di studio, Tozeur, 11–15 dicembre 2002*, Rome, 2004, 79f.

8 Di Vita-Evrard, op.cit., 170f.

9 A. Chastagnol, Les espagnols dans l'aristocratie gouvernementale à l'époque de Théodose, in *Les empereurs romains d'Espagne: Madrid–Italica, 31 mars–6 arvil 1964*, Paris, 1965, 271; T. D. Barnes, *The New Empire of Diocletian and Constantine*, Cambridge, Mass./London, 1982, 167; J. Arce, *El último siglo de la España romana: 284–409*, Madrid, 1982, 38–41.

10 Arce, *op.cit.*, 41; M. Kulikowski, *Late Roman Spain and its Cities*, Baltimore, 2004,

71ff.

11 Di Vita-Evrard, op.cit., 164f. アリストブルスについては本章の後段で詳しく論じるが，さしあたり，以下の文献を挙げておく。A. C. Pallu de Lessert, *Fastes des provinces africaines sous la domination romaine*, tome 2, Paris, 1901, 1–4; A. Chastagnol, *Les fastes de la Préfecture de Rome au Bas-Empire*, Paris, 1962, 21–25; *PLRE*, 106, «T. Cl. Aurelius Aristobulus». なお，*PLRE* 出版後，*AE*, 1992, 1763 が刊行されているほか，*IRT*, 522 もアリストブルスの名を補うべきだと，Di Vita-Evrard は主張している。

12 B. H. Warmington, *The North African Provinces from Diocletian to the Vandal Conquest*, Cambridge, 1954, 1, 31. Cf. J. G. C. Anderson, The Genesis of Diocletian's Provincial Reorganization, *JRS* 22, 1932, 30.

13 W. Seston, *Dioclétien et la Tétrarchie*, Paris, 1946, 325–331; A. Chastagnol, *La préfecture urbaine à Rome sous le Bas-Empire*, Paris, 1960, 26.

14 Di Vita-Evrard, op.cit., 167f.

15 Di Vita-Evrard, op.cit., 167, n.79.

16 Laporte, loc.cit.

17 *AE*, 1928, 39 = *AE*, 1992, 1908. Cf. R. Rebuffat, L'empereur Maximien à Sétif, in *Actes du colloque international sur l'histoire de Sétif (Sétif 8, 9 et 10 Décembre 1990)*, Alger, 1993, 20–29.

18 Di Vita-Evrard, op.cit., 149–162.

19 Warmington, *op.cit.*, 31.

20 C. Lepelley, *Les cités de l'Afrique romaine au Bas-Empire*, tome 1, Paris, 1979, 85.

21 C. Lepelley, Témoignages épigraphiques sur le contrôle des finances municipales par les gouverneurs à partir du règne de Dioclétien, in *Il capitolo delle entrate nelle finanze municipali in Occidente ed in Oriente*, Rome, 1999, 243.

22 *ILAlg.*, I, 179 = *CIL*, VIII, 5290 = *ILS*, 5477.

23 *CIL*, VIII, 608 + *CIL*, VIII, 11772 = *ILS*, 637; *CIL*, VIII, 11774.

24 J. Kolendo, L'activité des proconsuls d'Afrique d'après les inscriptions, in *Epigrafia e ordine senatorio: Atti del Colloquio internazionale AIEGL su epigrafia e ordine senatorio, Roma, 14–20 maggio 1981*, *Tituli* 4, Rome, 1982, 351–358; M. Dondin-Payre, L'intervention du proconsul d'Afrique dans la vie des cités, in *L'Afrique dans l'occident romain (Ier siècle av. J.C.–IVe siècle ap. J.-C.): actes du colloque: Rome, 3–5 décembre 1987*, Rome, 1990, 333–349; A. Saastamoinen, On the Problem of Recognising African Building Inscriptions, in M. Khanoussi, P. Ruggeri et C. Vismara (éd.), *L'Africa Romana 15,* Rome, 2004, 1340f.

25 G. -C. Charles-Picard, *Civitas Mactaritana*, *Karthago* 8, 1957, 100–103. Cf. G. Waldherr, *Kaiserliche Baupolitik in Nordafrila: Studien zu den Bauinschriften der diokletianischen Zeit und ihrer räumlichen Verteilung in den römischen Provinzen Nordafrikas*, Frankfurt am Main, 1989, 120f.

26 C. Lepelley, *Les cités de l'Afrique romaine au Bas-Empire*, tome 2, Paris, 1981, 289ff.

27 A. M'charek, *Aspects de l'évolution démographique et sociale à Mactaris aux IIe et IIIe*

siècles ap. J.-C., Tunis, 1982, 203–205.

28 C. Lucas, Notes on the *Curatores Rei Publicae* of Roman Africa, *JRS* 30, 1940, 56–74.

29 Lepelley, *op.cit.*, tome 1, 168–193.

30 Lepelley, op.cit., 242.

31 *CIL*, VI, 1684–89. Cf. *PLRE*, 749, «Q. ARADIVS RVFINVS VALERIVS PROCLVS signo POPVLONIVS 12»; A. Chastagnol, Les gouverneurs de Byzacène et de Tripolitaine, *AntAfr* 1, 1967, 124.

32 *CIL*, VI, 1686.

33 *CIL*, VI, 1684.

34 *CTh*, XII, 1, 20. 訳文はテオドシウス法典研究会訳(『法政史学』68, 2007年, 95頁以下)をもとに一部言葉を改めた。

35 *CTh*, XII, 5, 1. 訳文はテオドシウス法典研究会訳(『法政史学』62, 2004年, 108–109頁)をもとに一部言葉を改めた。

36 *CJ*, X, 62, 4.

37 これらの法文については，林信夫「書評 大清水裕「ディオクレティアヌス，コンスタンティヌス帝治世における都市・総督関係——北アフリカにおける都市監督官 curator rei publicae の活動をめぐって」『史学雑誌』115編 1 号」『法制史研究』57，2007年，399–402頁の指摘が参考になる。ご指摘に感謝したい。

38 Cf. F. Jacques, Les curateurs des cités africaines au IIIe siècle, *ANRW* II, 10–2, 1982, 62–135; Lucas, loc.cit.

39 *CIL*, VIII, 26560 = *ILS*, 8927; *CIL*, VIII, 2661 = *ILS*, 5788; *ILAlg.*, I, 247 = *CIL*, VIII, 5332 = *CIL*, VIII, 17486.

40 この問題については，拙稿「ディオクレティアヌス，コンスタンティヌス帝治世における都市・総督関係——北アフリカにおける都市監督官 curator rei publicae の活動をめぐって」『史学雑誌』115編 1 号，2006年，1–31頁を参照。

41 *ILAlg.*, I, 2048.

42 Lepelley, op.cit, 243.

43 ヌミディア属州総督ウァレリウス・フロルスの命令でメルクリウス神殿が修復されたことを伝える碑文は見つかっているが(*BCTH*, 1907, p. 274)，ヌミディア属州の状況は，都市化の進んだアフリカ・プロコンスラリス属州とは異なっていた。詳しくは後述。

44 *CIL*, VIII, 624 = *CIL*, VIII, 11782; *AE*, 1992, 1763.

45 *ILAlg.*, I, 1032 = *CIL*, VIII, 4645 = *ILS*, 5714.

46 *CIL*, VIII, 23658 + *AE*, 1899, 114; *CIL*, VIII, 23657.

47 *CIL*, VIII, 5332 = *ILS*, 606 = *ILAlg.*, I, 247.

48 *CIL*, VIII, 11768; *CIL*, VIII, 27816; *AE*, 1933, 60; *AE*, 2003, 1977.

49 G. Camodeca, La carriera di L. Publilius Probatus e un inesistente proconsole d'Africa: Q. Volateius, *Atti dell'Accademia nazionale di scienze morali e politiche di Napoli* 85, 1974, 255–258 = Id., *I ceti dirigenti di rango senatorio equestre e decurionale della Campania romana*, I, Napoli, 2008, 221–239.

50 *IRT*, 522. J. M. Reynolds, Inscriptions of Roman Tripolitania: A Supplement, *PBSR* 23, 1955, 130 は，この碑文の文字を 4 世紀のものとしている。

51 Lepelley, *op.cit.*, tome 2, 211.

52 *ILAlg.*, I, 1284.

53 *ILAfr.*, 90. Warmington, *op.cit*, 31, n.6.

54 Aurelius Victor, 39, 14.

55 Rémy, *op.cit.*, 12; W. Kuhoff, *Diokletian und die Epoche der Tetrarchie*, Frankfurt am Main, 2001, 27.

56 Ammianus Marcellinus, XXIII, 1, 1.

57 *CJ*, II, 13, 1.

58 *CIL*, VI, 1707 = *ILS*, 1213; *AE*, 2003, 207 = *AE*, 1984, 145 = *CIL*, VI, 41319. Cf. *PLRE*, 976–978, «C. Ceionius Rufius Volusianus 4».

59 *CIL*, VIII, 1550 + *CIL*, VIII, 15552; *ILT*, 1308 = *AE*, 1942/43, 82 = *CIL*, VIII, 1411 = *CIL*, VIII, 14910.

60 *CIL*, VIII, 12459.

61 *CIL*, VIII, 26566 = *DFH*, no.21; *CIL*, VIII, 26567 + *CIL*, VIII, 26573 + *ILAfr.*, 532.

62 *ILAfr.*, 531 = *CIL*, VIII, 26562 = *CIL*, VIII, 1489 = *DFH*, no.134.

63 *CIL*, VIII, 17329.

64 Chastagnol, *Les fastes de la Préfecture de Rome au Bas-Empire*, 26, n.39; *PLRE*, 253, «Cassius Dio»; B. E. Thomasson, *Die Statthalter der römischen Provinzen Nordafrikas von Augustus bis Diocletianus*, vol. 2, Lund, 1960, 118f.

65 *ILAfr.*, 513 = *CIL*, VIII, 15507 + *CIL*, VIII, 26574 = *CIL*, VIII, 1488.

66 *ILAlg.*, I, 179 = *CIL*, VIII, 5290 = *ILS*, 5477.

67 R. Duthoy, Note sur l'inscription I.L.Afr.356 = A.E.1917–1918 no17, *Latomus* 25, 1966, 567–569.

68 *ILAfr.*, 365. Cf. Lepelley, *op.cit.*, tome 2, 13, n.9.

69 *CIL*, VIII, 23179 = *ILAlg.*, I, 3832.

70 *CIL*, VIII, 22763 = *ILS*, 9352 = *IPMB*, 21 = *ILT*, 5; *AE*, 1954, 184. Cf. R. G. Goodchild, Arae Philaenorum and Automalax, *PBSR* 20, 1952, 94–110, pl. XVIII–XIX.

71 *IRT*, 577 = *AE*, 1929, 4.

72 J. E. Lendon, *Empire of Honour: the Art of Government in the Roman World*, Oxford, 1997, 222–236; S. Corcoran, *The Empire of the Tetrarchs: Imperial Pronouncements and Government AD 284–324*, rev.ed., Oxford, 2000 (1st ed., 1996), 241–244.

73 *IRT*, 465 = *AE*, 1946, 149. なお，同じフォルムから，マクセンティウスに対してアフリカ管区代官ウァレリウス・アレクサンデルの捧げた碑文も発見されている（*IRT*, 464）。

74 Aurelius Victor, 40, 18.

75 Aurelius Victor, 40, 19. Cf. Zosimus, II, 14, 4.

76 *CIL*, VIII, 7004 = *ILS*, 674 = *ILAlg.*, II, 580.

77 P. Salama, Les voies romaines de Sitifis à Igilgili: un exemple de politique routière

approfondie, *AntAfr* 16, 1980, 101–133.

78 Aurelius Victor, 40, 28.

79 *CIL*, VI, 1690 = *ILS*, 1240 = *AE*, 1976, 15; *CIL*, VI, 1691. ただし，これらの碑文は，コンスタンティヌス治世のアフリカ道長官職の創設を考えるうえでは重要な碑文である。詳しくは，P. Porena, *Le origini della prefettura del pretorio tardoantica*, Roma, 2003; R. W. Benet Salway, The Praetorian Prefecture of Africa under Constantine: a Phantom?, in M. M. Olivé, G. Baratta et A. Z. Almagro（éd.）, *XII congressus internationalis epigraphiae graecae et latinae: provinciae imperii romani inscriptionibus descriptae: Barcelona, 3–8 Septembris 2002: Acta* II, Barcelona, 2007, 1281–86 を参照。

80 *CIL*, VIII, 1408 = *ILS*, 5359; *CIL*, VIII, 14436 = *ILS*, 5518; *AE*, 1978, 864.

81 *CIL*, VIII, 1277 = *CIL*, VIII, 14772 = *ILS*, 6809.

82 *CIL*, VIII, 14453.

83 *ILAfr.*, 365.

84 *CIL*, VIII, 24582; *CIL*, VIII, 24521.

85 *CIL*, VIII, 1016 = *CIL*, VIII, 12465; *CIL*, VIII, 12524.

86 Aurelius Victor, 40, 19. Cf. Zosimus, II, 14, 4.

87 *CIL*, VIII, 12524.

88 *CIL*, VIII, 1016 = *CIL*, VIII, 12465.

89 *IRT*, 522.

90 J. -U. Krause, Das spätantike Städtepatronat, *Chiron* 17, 1987, 1–80.

91 *ILAlg.*, I, 4011.

92 *ILAlg.*, I, 4012. Cf. *PLRE*, 567, «CEZEVS LARGVS MATERNIANVS».

93 *CIL*, VIII, 25525.

94 *CIL*, VIII, 25524.

95 *CIL*, VIII, 25528.

96 *CRAI* 1906, 218f.

97 B. H. Warmington, The Municipal Patrons of Roman North Africa, *PBSR* 22, 1954, 42; *PLRE*, 1012, «ANONYMUS 41»; Krause, op.cit., 58

98 Lepelley, *op.cit.*, tome 2, 89.

99 *ILAfr.*, 456 = *AE*, 1991, 1682. Cf. Krause, loc.cit.

100 Cf. Y. Thébert, Le proconsul inconnue de Bulla Regia（ILAf 456）: une nouvelle hypothèse, in A. Mastino（éd.）, *L'Africa Romana 7: atti del VII Convegno di studio, Sassari, 15–17 dicembre 1989*, Sassari, 1990, 879–885; A. Chastagnol, Les inscrptions africaines des préfets du prétoire de Constantin, in A. Mastino（éd.）, *L'Africa Romana 3: atti del III Convegno di studio, Sassari, 13–15 dicembre 1985*, Sassri, 1986, 263–273 = Id.（éd.）, *Aspects de l'antiquité tardive*, Rome, 1994, 81–92; D. M. Novak, Constantine and the Senate: an Early Phase of the Christianization of the Roman Aristocracy, *AncSoc* 10, 1979, 271–310.

101 *CIL*, VI, 1684–89.

102 *CIL*, VIII, 68; *AE*, 1913, 40. Cf. Warmington, op.cit., 39–55; L. Harmand, *Le patronat*

sur les collectivités publiques des origines au Bas-Empire, Paris, 1957, 188–191.

103 *IRT*, 522.

104 *IRT*, 577 = *AE*, 1929, 4.

105 *IRT*, 465.

106 *IRT*, 464.

107 *IRT*, 467 = *AE*, 1948, 37 = *AE*, 1934, 172. Cf. A. Chastagnol, Un gouverneur Constantinien de Tripolitaine, *Latomus* 25, 1966, 539–552.

108 *IRT*, 468 = *AE*, 1948, 40.

109 *IRT*, 574 = *AE*, 1948, 38; *IRT*, 101 = *AE*, 1948, 39.

110 *IRT*, 562; *IRT*, 575; *IRT*, 576; *IRT*, 566; *IRT*, 610; *IRT*, 611.

111 Barnes, *op.cit.*, 222.

112 *CIL*, VIII, 4325; *ILAlg.*, II–3, 7858; *AE*, 1916, 21.

113 *CIL*, VIII, 2345–47 = *ILS*, 631–633.

114 *BCTH*, 1907, p. 274. Cf. Lepelley, *op.cit.*, tome 2, 446, n.12.

115 *ILAlg.*, II–3, 7859.

116 *CIL*, VIII, 2660 = *ILS*, 5787.

117 Barnes, *op.cit.*, 47–87.

118 Cf. Warmington, *op.cit.*, 32.

119 拙稿「北アフリカにおける「都市」と皇帝——ディオクレティアヌス帝治世のラピドゥム市再建をめぐって」桜井万里子・師尾晶子編『古代地中海世界のダイナミズム』山川出版社，2010年，347–372頁参照。

120 *CIL*, VIII, 20836 = *ILS*, 638. 詳しくは，前註拙稿参照。

121 *CIL*, VIII, 21447 + *CIL*, VIII, 21448 + *CIL*, VIII, 21449; *CIL*, VIII, 21450.

122 *AE*, 1966, 600.

123 *CIL*, VIII, 21655.

第 6 章　都市のなかの皇帝たち

1 R. R. R. Smith, The Public Image of Licinius I: Portrait Sculpture and Imperial Ideology in the Early Fourth Century, *JRS* 87, 1997, 176.

2 F. Baratte, Observations sur le portrait romain à l'époque tétrarchique, *AntTard* 3, 1995, 65–76; Smith, op.cit., 179ff.

3 J. M. Højte, *Roman Imperial Statue Bases from Augustus to Commodus*, Aarhus, 2005, 146, 194.

4 G. Ellingsen, Some Functions of Imperial Images in Tetrarchic Politics, *SO* 78, 2003, 30–45.

5 *CIL*, VIII, 26563; *CIL*, VIII, 26564; *CIL*, VIII, 26566 = *DFH*, no.21; *CIL*, VIII, 26567 + *CIL*, VIII, 26573 + *ILAfr.*, 532.

6 *ILAfr.*, 296 = *IPMB*, 371; *CIL*, VIII, 15563; *ILT*, 674 = *AE*, 1932, 191; *CIL*, VIII, 1335; *CIL*, VIII, 23115; *CIL*, VIII, 25821 = *IPMB*, 199; *CIL*, VIII, 15420; *ILAlg.*, I, 1272; *AE*, 1974, 692; *AE*, 1977, 857. ただし，*AE*, 1977, 857 はコンスタンティヌス帝に捧げられ

た顕彰碑文という可能性もある。

7 *ILT*, 674 = *AE*, 1932, 191; *CIL*, VIII, 1335. このほか，*CIL*, VIII, 26268 も四帝統治の副帝のいずれかに捧げられた顕彰碑文の可能性がある。Cf. C. Lepelley, *Les cités de l'Afrique romaine au Bas-Empire*, tome 2, Paris, 1981, 234.

8 *ILT*, 1272 = *AE*, 1935, 37; *CIL*, VIII, 12252; *CIL*, VIII, 26181a. このほかにガレリウス帝の娘ウァレリア・マクシミッラに捧げられたと考えられる碑文も残されている（*CIL*, VIII, 14460）。

9 *CIL*, VIII, 26181 = *ILS*, 6790; *ILAlg.*, I, 1271.

10 *CIL*, VIII, 308.

11 *CIL*, VIII, 25819 = *IPMB*, 200.

12 *CIL*, VIII, 1407.

13 *CIL*, VIII, 1407 は Caecilianus 某が捧げたことは判読できる。

14 *CIL*, VIII, 12062; *ILT*, 247.

15 *CIL*, VIII, 22852.

16 *IRT*, 462. ただし，305年にディオクレティアヌス帝とマクシミアヌス帝が退位したのち，正帝となったコンスタンティウスとガレリウスに捧げられたもの。

17 *IRT*, 466.

18 *CIL*, VIII, 4325; *CIL*, VIII, 7003 = *ILAlg.*, II, 579; *ILAlg.*, II, 7856; *CIL*, VIII, 2575; *CIL*, VIII, 18259; *CIL*, VIII, 2347 = *ILS*, 631; *CIL*, VIII, 17882; *BCTH*, 1919, p. 85; *BCTH*, 1919, p. 86. ただし，*CIL*, VIII, 2347 = *ILS*, 631 はディオクレティアヌス帝の守護神たるユピテル神に捧げられたもの。

19 *CIL*, VIII, 4325; *CIL*, VIII, 7003 = *ILAlg.*, II, 579.

20 *ILAlg.*, II, 7858 = *AE*, 1916, 18; *ILAlg.*, II, 7864; *CIL*, VIII, 2573; *CIL*, VIII, 2574; *CIL*, VIII, 2576; *CIL*, VIII, 2346 = *ILS*, 632. ただし，*CIL*, VIII, 2346 = *ILS*, 632 はマクシミアヌス帝の守護神たるヘルクレス神に捧げられたもの。また，*ILAlg.*, II, 7864 はマクシミヌス・ダイア副帝，あるいはマクセンティウスに捧げられた顕彰碑文という可能性もある。

21 *ILAlg.*, II, 7860; *ILAlg.*, II, 7862; *CIL*, VIII, 2577; *CIL*, VIII, 2720; *CIL*, VIII, 18262; *CIL*, VIII, 17883; *CIL*, VIII, 17887; *CIL*, VIII, 5526 + *CIL*, VIII, 18860 = *ILS*, 651 = *ILAlg.*, II, 4672; *CIL*, VIII, 18904 = *ILAlg.*, II, 4670; *ILAlg.*, II, 4669; *CIL*, VIII, 10820 = *CIL*, VIII, 18767 = *ILAlg.*, II, 6250; *CIL*, VIII, 4484. なお，*CIL*, VIII, 4484 は神君コンスタンティウスに捧げられたもので，コンスタンティウス帝死後のものである。

22 *ILAlg.*, II, 7863; *ILAlg.*, II, 7866; *ILAlg.*, II, 7867; *CIL*, VIII, 18260; *CIL*, VIII, 2345 = *CIL*, VIII, 17813 = *ILS*, 633; *CIL*, VIII, 2385a; *CIL*, VIII, 2385b; *CIL*, VIII, 17884; *ILAlg.*, II, 4671. ただし，*CIL*, VIII, 2345 = *CIL*, VIII, 17813 = *ILS*, 633 はガレリウス帝の守護神たるマルス神に捧げられたもの。また，*CIL*, VIII, 2385b は神君ガレリウスに捧げられたもので，ガレリウス帝死後のものである。

23 *CIL*, VIII, 4325; *CIL*, VIII, 7003 = *ILAlg.*, II, 579; *CIL*, VIII, 2575; *CIL*, VIII, 2347 = *ILS*, 631.

24 *ILAlg.*, II, 7856; *CIL*, VIII, 17882; *BCTH*, 1919, p. 85; *BCTH*, 1919, p. 86. なお，残る

1例は欠損のため奉献者は不明。

25 *CIL*, VIII, 4325; *CIL*, VIII, 7003 = *ILAlg.*, II, 579; *ILAlg.*, II, 7858 = *AE*, 1916, 18; *CIL*, VIII, 2573; *CIL*, VIII, 2574; *CIL*, VIII, 2346 = *ILS*, 632.

26 *CIL*, VIII, 2576.

27 *ILAlg.*, II, 7864.

28 *CIL*, VIII, 5526 + *CIL*, VIII, 18860 = *ILS*, 651 = *ILAlg.*, II, 4672.

29 *ILAlg.*, II, 7860; *ILAlg.*, II, 7862; *CIL*, VIII, 2720; *CIL*, VIII, 18262; *CIL*, VIII, 17883; *CIL*, VIII, 17887; *ILAlg.*, II, 4669; *CIL*, VIII, 10820 = *CIL*, VIII, 18767 = *ILAlg.*, II,.6250; *CIL*, VIII, 4484.

30 *CIL*, VIII, 2577.

31 *CIL*, VIII, 18904 = *ILAlg.*, II, 4670.

32 *ILAlg.*, II, 7863; *ILAlg.*, II, 7866; *ILAlg.*, II, 7867; *CIL*, VIII, 18260; *CIL*, VIII, 2385a; *CIL*, VIII, 2385b; *CIL*, VIII, 17884.

33 *CIL*, VIII, 2345 = *CIL*, VIII, 17813 = *ILS*, 633; *ILAlg.*, II, 4671.

34 *AE*, 1936, 64.

35 *CIL*, VIII, 20683; *AE*, 1904, 73.

36 *CIL*, VIII, 8474.

37 *CIL*, VIII, 8931 = *ILS* 662.

38 *CIL*, VIII, 21450; *CIL*, VIII, 21447 + *CIL*, VIII, 21448 + *CIL*, VIII, 21449.

39 *CIL*, VIII, 15420. Cf. R. Cagnat, *Cours d'épigraphie latine*, 4e éd., Paris, 1914, 260f.; H. G. Gundel, «Devotvs nvmini maiestatiqve eivs»: Zur Devotionsformel in Weihinschriften der römischen Kaiserzeit, *Epigraphica* 15, 1953, 128–150.

40 Lepelley, *op.cit.*, 197, n.2.

41 *CIL*, VIII, 2347 = *ILS*, 631; *CIL*, VIII, 2346 = *ILS*, 632; *CIL*, VIII, 2345 = *CIL*, VIII, 17813 = *ILS*, 633.

42 コンスタンティウス帝については，守護神としてソルに碑文が捧げられていたものと思われる。これらの碑文と同様に，皇帝たちの守護神を刻んだ貨幣がカルタゴやアウグスタ・トレウェロルムで発行されている。詳しくは，*RIC*, VI, 144, 412, 423ff. を参照。

43 Lactantius, *DMP*, 42, 1–2; Eusebius, *HE*, VIII, AER.

44 Eutropius, IX, 28.

45 Y. Oshimizu, Les noms des empereurs tétrarchiques martelés: les inscriptions de l'Afrique romaine, *Classica & Christiana* VI, 2011, 553f., n.20.

46 Cf. Oshimizu, op.cit., 551f.

47 Cf. *LDDD*, 32–37, 48–51.（後註51参照）

48 *ILAlg.*, I, 1271.

49 *ILAlg.*, I, 1272.

50 H. Wankel（Hrsg.）, *Die Inschriften von Ephesos* II, n.305–306. この神殿および碑文については，C. Foss, *Ephesus after Antiquity: a Late Antique, Byzantine and Turkish City*, Cambridge, 1979, 70ff.; L・ケッピー，小林雅夫・梶田知志訳『碑文から見た古

代ローマ生活誌』原書房，2006年，243-244頁も参照せよ。

51　G. Zimmer und G. Wesch-Klein, *Locus datus decreto decurionum: Zur Statuenaufstellung zweier Forumsanlagen im römischen Afrika*, München, 1989(以下 *LDDD* と略す).

52　*ILAlg.*, II, 7856 = *LDDD*, C1.

53　*ILAlg.*, II, 7860 = *LDDD*, C3.

54　*ILAlg.*, II, 7864 = *LDDD*, C19.

55　*ILAlg.*, II, 7863 = *LDDD*, C53.

56　*ILAlg.*, II, 7858 = *LDDD*, C23.

57　*ILAlg.*, II, 7868 = *LDDD*, C52; *ILAlg.*, II, 7875 = *LDDD*, C24.

58　*ILAlg.*, II, 7874 = *LDDD*, C18.

59　*CIL*, VIII, 17887. Cf. Lepelley, *op.cit.*, 450.

60　*CIL*, VIII, 2347 = *ILS*, 631; *CIL*, VIII, 2346 = *ILS*, 632.

61　*CIL*, VIII, 2573-75.

62　*ILAlg.*, II, 7858 = *LDDD*, C23; *CIL*, VIII, 4325.

63　*CIL*, VIII, 7003 = *ILAlg.*, II, 579.

64　この総督について詳しくは，H. -G. Kolbe, *Die Statthalter Numidiens von Gallien bis Konstantin*, München/Berlin, 1962, 28-34.

65　このほかにランバエシス出土の碑文 *AE*, 1916, 21 も皇帝に捧げられている。ただし，形状などは不明で，Lepelley も言及していない。

66　*CIL*, VIII, 4325. Cf. Kolbe, *op.cit.*, 31f.

67　*LDDD*, 48-53.

68　*CIL*, VIII, 17886.

69　*CIL*, VIII, 20989 = *ILS*, 671.

70　*IRT*, 464; *IRT*, 465.

71　このほかにクィクル市でもドミティウス・アレクサンデルの顕彰碑文と思しき断片が発見されている。Cf. Lepelley, *op.cit.*, 410.

第7章　ランバエシスからキルタへ

1　X. Dupuis, L'épigraphie de la Numidie depuis 1892, *AntAfr* 30, 1994, 229-234.

2　H. -G. Kolbe, *Die Statthalter Numidiens von Gallien bis Konstantin*, München/Berlin, 1962. Cf. E. Birley, The Governors of Numidia, A.D.193-268, *JRS* 40, 1950, 60-68.

3　B. E. Thomasson, *Fasti Africani: Senatorische und ritterliche Amtsträger in den römischen Provinzen Nordafrikas von Augustus bis Diokletian*, Stockholm, 1996.

4　J. Marcillet-Jaubert, Note sur un gouverneur de Numidie, *ZPE* 9, 1972, 73-75; M. Le Glay, Qui fut le premier *praeses* équestre de la province de Numidie ?, in M. Christol, S. Demougin, Y. Duval, C. Lepelley et L. Pietri (éd.), *Institutions, société et vie politique dans l'Empire romain au IVe siècle ap. J.-C.*, Rome, 1992, 195-200; M. Christol, C(aius) Macrinius Decianus, gouverneur de Numidie, et l'histoire militaire de la province au

milieu du IIIe siècle, *ZPE* 138, 2002, 259–269; Id., Les gouverneurs de Numidie sous Valerien et Gallien et l'histoire militaire de la province entre 253 et 260, *AC* 72, 2003, 141–159; M. Christol et M. Janon, *Religio Iuxta Aescvlapivm*, *AntAfr* 38–39 (2002–03), 2005, 73–86.

5 C. Lepelley, *Les cités de l'Afrique romaine au Bas-Empire*, tome 2, Paris, 1981.

6 A. Groslambert (éd.), *Urbanisme et urbanisation en Numidie militaire: actes du colloque organisé les 7 et 8 mars 2008 par l'Université Jean Moulin Lyon 3*, Paris, 2009.

7 M. Janon, Recherches à Lambèse (I et II), *AntAfr* 7, 1973, 193–254; Id., Recherches à Lambèse III: essais sur le temple d'Esculape, *AntAfr* 21, 1985, 35–102.

8 M. Janon et J. -M. Gassend, *Lambèse: capitale militaire de l'Afrique romaine*, Ollioules, 2005.

9 J. Gascou, *La politique municipale de l'Empire romain en Afrique proconsulaire de Trajan à Septime Sévère*, Rome 1972, 152–156; Lepelley, *op.cit.*, 416f.

10 Janon et Gassend, *op.cit.*, 20ff.; Lepelley, *op.cit.*, 488–490.

11 柴野浩樹「ローマ元首政期における退役兵と都市社会――北アフリカの事例から」『西洋史研究』新輯27，1998年，60–93頁。

12 *CIL*, VIII, 2573–75. Cf. Kolbe, *op.cit.*, 35ff. 別の属州総督が捧げた *AE*, 1916, 21 が発見されたのも軍団基地側だった可能性が高い。

13 *CIL*, VIII, 2576–77.

14 *CIL*, VIII, 18260; *CIL*, VIII, 18262. このほか，*BCTH*, 1919, p. 85–86 の 2 点が発見されたのも中心市街地側だったと思われる。

15 *CIL*, VIII, 2572 = *ILS*, 5786.

16 Janon et Gassend, *loc.cit.*

17 *CIL*, VIII, 2660 = *ILS*, 5787. Cf. Janon, op.cit., I et II, 227ff.

18 C. S. Heidenreich, Les inscriptions des *principia* du Grand Camp de Lambèse sous la Tétrarchie, in Y. Le Bohec et C. Zolff (éd.), *L'armée romaine de Dioclétien à Valentinien Ier: actes du cingrès de Lyon (12–14 septembre 2002)*, Paris, 2004, 127–138.

19 *CIL*, VIII 2657–63. Cf. Janon, op.cit., I et II, 222ff.

20 Janon et Gassend, *op.cit.*, 41–43.

21 トゥブスクトゥの碑文は，*CIL*, VIII, 8836 + *CIL*, VIII, 20648 = *ILS*, 645，ラピドゥム碑文は，*CIL*, VIII, 20836 = *ILS*, 638. 詳しくは，拙稿「北アフリカにおける「都市」と皇帝」桜井万里子・師尾晶子編『古代地中海世界のダイナミズム』山川出版社，2010年，347–372頁参照。

22 T. D. Barnes, *The New Empire of Diocletian and Constantine*, Cambridge, Mass./London, 1982, 51f., 58f.

23 *AE*, 1920, 15 = *ILAlg.*, II, 7859; *CIL*, VIII, 4766 = *CIL*, VIII, 18700.

24 *AE*, 1974, 723b = *CIL*, VIII, 2571 + *CIL*, VIII, 18057. Cf. H. -G. Kolbe, Die Inschrift am Torbau der Principia im Legionslager von Lambaesis, *MDAI(R)* 81, 1974, 281–299, Taf. 152–172.

25 *AE*, 1992, 1864. Cf. *AE*, 1992, 1863.

26 *AE*, 1955, 81. Cf. M. Clauss, trans. by R. Gordon, *The Roman Cult of Mithras: the God and his Mysteries*, Edinburgh, 2000, 35.

27 *CIL*, VIII, 4764 = *CIL*, VIII, 18698 = *ILS*, 644.

28 *CIL*, VIII, 7067 = *ILAlg.*, II, 580. この碑文は設置されてから数年ですぐに後述するドミティウス・アレクサンデルのために再利用されてしまった。ヌミディア・キルテンシス属州総督ガイウス・ウァレリウス・アントニヌスの名は，別の面に断片的に残っているだけである。この碑文は損傷が激しく，「ペルフェクティッシムス級のヌミディア諸州とマウレタニア諸州の(v.p., [---Numi]/diar[um et Mau]/ret[aniarum])」という部分しか読み取れない。他の碑文からこの人物がヌミディア・キルテンシス属州総督だったことは確認できるものの，この碑文では彼がヌミディアとマウレタニアの四属州を管轄下においていたように見える。しかし，この表現自体は後述する「ヌミディア・マウレタニア担当帝室財産管理官」との類似性が高く，この碑文はヌミディア属州総督のものではない可能性も残る。

29 「キルタ連合」について，詳しくは，F. Bertrandy, La «confédération cirtéenne» des Flaviens à Gallien et la Numidie cirtéenne dans l'antiquité tardive (69–439), in B. Cabouret (éd.), *L'Afrique romaine de 69 à 439: Romanisation et christianisation*, Paris, 2005, 93–118 を参照。

30 *ILAlg.*, II, 3596.

31 *AE*, 1982, 953.

32 Lepelley, *op.cit.*, 384.

33 *CIL*, VIII, 7004 = *ILS*, 674 = *ILAlg.*, II, 580. なお，*CIL* と *ILS* では Numidiae と単数形で読むが，その場合，すでにマクセンティウス支配下でヌミディアは再統合されていたことになる。

34 Aurelius Victor, 40, 28.

35 Ibid.

36 *CIL*, VIII, 7003 = *ILAlg.*, II, 579.

37 *CIL*, VIII, 7005 = *ILAlg.*, II, 584; *CIL*, VIII, 7006 = *ILS*, 688 = *ILAlg.*, II, 582; *CIL*, VIII, 7007 = *ILAlg.*, II, 583; *CIL*, VIII, 7008 = *ILAlg.*, II, 585; *CIL*, VIII, 7009 = *ILAlg.*, II, 586; *CIL*, VIII, 7010 = *ILAlg.*, II, 581; *CIL*, VIII, 7011 = *ILAlg.*, II, 587 = *ILS*, 715.

38 *ILAlg.*, II, 533.

39 確実なのは *CIL*, VIII, 2721の１例のみ。*CIL*, VIII, 18240 と *CIL*, VIII, 18262 は，ランバエシス市が捧げたことはわかるものの，コンスタンティヌス治世のものと推測されるにとどまる。*CIL*, VIII, 18261 はコンスタンティヌス時代のものでフォルムから発見されているが，内容的に性格が他の碑文とは異なる。

40 *AE*, 1915, 30 = *AE*, 2003, 2022. Cf. Christol et Janon, *loc.cit.*

41 Y. Duval, Le gouverneur de Numidie en sa capitale: le lieu et les acteurs du procès de l'évêque de Cirta en 320, *AntTard* 6, 1998, 193–207.

第８章　マウレタニア諸属州の再編成

1 マウレタニア王国の属州化については，D. Fishwick, The Annexation of Maureta-

nia, *Historia* 20, 1971, 467–487; J. -C. Faur, Caligula et la Maurétanie: la fin de Ptolémée, *Klio* 55, 1973, 249–271; M. Coltelloni-Trannoy, *Le royaume de Maurétanie sous Juba II et Ptolémée*, Paris, 1997, 47–65 を参照。

2 D. W. Roller, *The World of Juba II and Kleopatra Selene: Royal Scholarship on Rome's African Frontier*, New York/London, 2003.

3 K. Mansouri, Edifices publics et évergétisme en Maurétanie Césarienne sous le Haut-Empire: témoignages épigraphiques, in M. Khanoussi, P. Ruggeri e C. Vismara (éd.), *L'Africa Romana 15*, Rome, 2004, 1385–1414.

4 Y. Le Bohec, *L'armée romaine dans la tourmente: une nouvelle approche de la «crise du IIIe siècle»*, Monaco, 2009, 170–173.

5 *CIL*, VIII, 9324 = *ILS*, 628(カエサレア); *CIL*, VIII, 8924 + *CIL*,VIII, 20680 = *AE*, 1998, 1591(サルダエ); *AE*, 1912, 24.

6 *CIL*, VIII, 21486 = *ILS*, 4495; *AE*, 2003, 2024 = *AE*, 1907, 157 = *ILS*, 8959 etc.

7 *CIL*, VIII, 9041 = *ILS*, 627.

8 *CIL*, VIII, 20215 = *ILS*, 6886.

9 C. Lepelley, *Les cités de l'Afrique romaine au Bas-Empire*, tome 2, Paris, 1981, 529.

10 *CIL*, VIII, 8924 + *CIL*, VIII, 20680 = *AE*, 1998, 1591.

11 J. -P. Laporte, Une inscription de *Saldae* et la date de séparation des Maurétanies Césarienne et Sitifienne, in M. Khanoussi, P. Ruggeri et C. Vismara (éd.), *L'Africa Romana 12,* Sassari, 1998, 1111–21.

12 Cf. G. Di Vita-Evrard, L. Volusius Bassus Cerealis, légat du proconsul d'Afrique T. Claudius Aurelius Aristobulus, et la création de la province de Tripolitaine, in A. Mastino (éd), *L'Africa Romana* 2., Sassari, 1985, 149–177.

13 *Pan.Lat.*, IX, 21, 2; Aurelius Victor, 39, 22; Eutropius, IX, 23.

14 R. Rebuffat, Maximien en Afrique, *Klio* 74, 1992, 371–379.

15 *CIL*, VIII, 21814a = *IAM*, 2, 34 = *AE*, 1993, 1786 = *AE*, 1994, 1905 = *AE*, 1998, 1598.

16 *CIL*, VIII, 8836 + *CIL*, VIII, 20648 = *ILS*, 645.

17 *AE*, 1928, 39 = *AE*, 1949, 258.

18 R. Rebuffat, L'empereur Maximien à Sétif, in *Actes du colloque international sur l'histoire de Sétif (Sétif 8, 9 et 10 Décembre 1990)*, Alger, 1993, 20–29. Cf. Lepelley, *op.cit.*, 499.

19 *CIL*, VIII, 20836 = *ILS*, 638. 拙稿「北アフリカにおける「都市」と皇帝」桜井万里子・師尾晶子編『古代地中海世界のダイナミズム』山川出版社，2010年，347–372頁参照。

20 *CIL*, VIII, 21447 + *CIL*, VIII, 21448 + *CIL*, VIII, 21449; *CIL*, VIII, 21450.

21 前掲拙稿参照。

22 F. Salcedo Garces, El relieve tetrarquico de Rapidum (Sour-Djouab, Argelia), Politica y religion en el Africa Romana, *AntAfr* 32, 1996, 67–85.

23 *CIL*, VI, 1130 = *CIL*, VI, 31242 = *ILS*, 646.

24 *AE*, 1966, 600.

25 *CIL*, II, 2210 = *CIL*, II², 7, 276 = *ILS*, 6116.

26 *IAM*, 2, suppl. 856 = *AE*, 1991, 1746. Cf. A. Akerraz et R. Rebuffat, El Qsar el Kebir et la route intérieure de Maurétanie Tingitane entre Tremuli et ad Novas, in *IVe colloque sur l'histoire et l'archéologie de l'Afrique du Nord*, tome 2, Paris, 1991, 387–401.

27 Akerraz et Rebuffat, loc.cit.

28 Akerraz et Rebuffat, op.cit., 405. Cf. *IAM*, p. 64.

29 *IAM*, 2, 4.

30 ディオクレティアヌス治世，マウレタニア・ティンギタナ属州の領域は縮小し，属州首都は内陸のウォルビリスから北部のティンギスへ移ったと考えられている。J. Arce, Spain and the African Provinces in Late Antiquity, in K. Bowes and M. Kulikowski（eds.）, *Hispania in Late Antiquity: Current Perspectives*, Leiden/Boston, 2005, 346 を参照。

31 R. Rebuffat, La frontière du Loukos au Bas-Empire, in *Lixus: Actes du colloque organisé par l'Institut des sciences de l'archéologie et du patrimoine de Rabat, Larache, 8–11 novembre 1989*, Rome, 1992, 367, n.16. Cf. *AE*, 1992, 1933; *IAM*, 2, suppl., 4.

32 *IAM*, 2, 841. Cf. Akerraz et Rebuffat, op.cit., 392; *IAM*, 2, suppl., 841.

33 *IAM*, 2, 1 = *CIL*, VIII, 9988.

34 皇帝たちのためではなく，自分と家族のためにユピテルのみに捧げた祭壇ならば２点発見されている。エメリタで発見された *AE*, 1992, 957 と，アストゥリカで発見された *CIL*, II, 2635 である。

35 *IAM*, 2, 304b.

36 *IAM*, 2, 305.

37 *IAM*, 2, 412.

38 *IAM*, 2, 208.

第Ⅲ部 「碑文習慣」の衰退

1 P. Van Ossel, Les cités de la Gaule pendant la seconde moitié du IIIe siècle. Etat de la recherche et des questions, in R. Schtzmann et S. Martin-Kilcher（éd.）, *L'Empire romain en mutation. Répercussions sur les villes romaines dans la deuxième moitié du 3e siècle, colloque international Bern/August（Suisse）, 3–5 décembre 2009: Das römische Reich im Umbruch. Auswirkungen auf die Städte in der zweiten Hälfe des 3. Jahrhunderts, Internationales Kolloquium Bern/August（Schweiz）3. –5. Dezember 2009*, Montagnac, 2011, 9–21; L. Brassous, Les enceintes urbaines tardives de la péninsule Ibérique, in *L'Empire romain en mutation*, 275–299; J. F. Drinkwater, *The Gallic Empire: Separatism and Continuity in the North-Western Provinces of the Roman Empire A.D. 260–274*, Stuttgart, 1987, 215–238, とくに 222f.

第9章　ヒスパニアにおける都市と帝国

1　近年のスペインの古代史研究の進展については，K. Bowes and M. Kulikowski, Introduction, in Iid.（eds.）, *Hispania in Late Antiquity: Current Perspectives*, Leiden/Boston, 2005, 1-26 を参照。また，近年の考古学の成果については，S.J. Keay, Recent Archaeological Work in Roman Iberia（1990-2002）, *JRS* 93, 2003, 146-211 を参照。

2　P. Le Roux, *La péninsule ibérique aux époques romaines (fin du IIIe s. av. n.é.-début du VIe s. de n.é.)*, Paris, 2010, 144-153; M. Kulikowski, *Late Roman Spain and its Cities*, Baltimore/London, 2004, 66-69, 85-150; S. Panzram, *Stadtbild und Elite: Tarraco, Corduba und Augusta Emerita zwischen Republik und Spätantike*, Stuttgart, 2002, 82-107; J. Ruiz de Arbulo, Edificos públicos, poder imperial y evolución de las élites urbanas en Tarraco（s. II-IV d.C.）, in *Ciudad y communidad cívica en* Hispania*, siglos II y III d.C., Actes du colloque organisé par la Casa Velásquez et par le Consejo Superior de Investigaciones Científicas, Madrid, 25-27 janvier 1990*, Madrid, 1993, 110f.; J. Arce, La ciudad en la España tardorromana: ¿continuidad o discontinuidad?, in *Ciudad y communidad cívica en* Hispania*, siglos II y III d.C.*, 177-184.

3　Kulikowski, *op.cit.*, 39-53. 保坂高殿『ローマ帝政中期の国家と教会』教文館，2008年，343頁以下も参照。

4　Kulikowski, *op.cit.*, 109ff.

5　A. Chastagnol, Les espagnols dans l'aristocratie gouvernementale à l'époque de Théodose, in *Les empereurs romains d'Espagne,* Paris, 1965, 271; *PLRE*, 1089; T. D. Barnes, *The New Empire of Diocletian and Constantine*, Cambridge, Mass./London, 1982, 166f.

6　Barnes, *op.cit.*, 218 では，300年頃に分割された諸属州のもっとも早い総督の事例が確認される，と述べているが，何を念頭においたものかは不明。Barnes, *op.cit.*, 166f. も参照せよ。

7　Chastagnol, op.cit., 278; *PLRE*, 1090; Barnes, *op.cit.*, 167; J. Arce, Los gobernadores de la *Dioecesis Hispaniarum*（ss. IV-V D.C.）y la continuidad de las estructuras administrativas romanas en la Península Iberica, *AntTard* 7, 1999, 77.

8　*PLRE*, 370, "ASTASIVS FORTVNATVS 2" は，この殉教者行伝に基づき，298年のガッラエキア属州総督をフォルトゥナトゥスとする。Barnes, *op.cit.*, 182 は，この総督フォルトゥナトゥスの担当属州は不明とし，*PLRE* の "Astasius" という名も不正確な校訂に基づくものと批判している。H. Musurillo（ed.）, *Acts of Christian Martyrs*, vol.2 Oxford, 1972 は "Manilius Fortunatus" としている。Cf. Arce, Los gobernadores de la *Dioecesis Hispaniarum*, 74.

9　*EE*, VIII, 117（p. 403）; *CIL*, II, 2635.

10　Kulikowski, *op.cit.*, 120, n.162（p. 353）.

11　上記の Kulikowski や Panzram の著作のほか，属州首都だった都市の発掘成果をわかりやすくまとめたシリーズも刊行されている。X. Dupré Raventós（ed.）, *Las capitales provinciales de Hispania 1, Córdoba: Colonia Patricia Corduba*, Roma, 2004;

Id. (ed.), *Las capitales provinciales de Hispania 2, Mérida: Colonia Augusta Emerita*, Roma, 2004; Id. (ed.), *Las capitales provinciales de Hispania 3, Tarragona: Colonia Iulia Urbs Triumphalis Tarraco*, Roma, 2004 がそれである。以下，書名はそれぞれ都市名で略して表記する。

12 Kulikowski, *op.cit.*, 34–38. Cf. Le Roux, *op.cit.*, 213–234.

13 C. Lepelley, *Les cités de l'Afrique romaine au Bas-Empire*, tome 1, Paris, 1979, 82ff.; Id., The Survival and Fall of the Classical City in Late Roman Africa, in J. Rich (ed.), *The City in Late Antiquity*, London/New York, 1992, 66–68.

14 *RIT*, 91 = *AE*, 1929, 233.

15 S. J. Keay, New Light on the Colonia Iulia Urbs Triumphalis Tarraco (Tarragona) during the Late Empire, *JRA* 4, 1991, 389ff.; Dupré Raventós (ed.), *Tarragona*, 42–46.

16 Panzram, *op.cit.*, 89.

17 Kulikowski, *op.cit.*, 57ff.; Dupré Raventós (ed.), *Tarragona*, 46–53. 山本春樹「ローマ帝国西部における属州皇帝礼拝の成立をめぐって――儀式空間を中心に」『史学研究』252，2006年，42–45頁参照。

18 Keay, New Light on the Colonia Iulia, 391.

19 Panzram, *op.cit.*, 83f., 109f.

20 *RIT*, 92 = *CIL*, II, 4104.

21 *RIT*, 94 = *CIL*, II, 4105; *RIT*, 95 = *CIL*, II, 4106.

22 *RIT*, 96 = *CIL*, II, 4108.

23 *RIT*, 97 = *CIL*, II, 4107.

24 Cf. J. Ruiz de Arbulo, op.cit.,99f.

25 *RIT*, 86.

26 *RIT*, 85.

27 *RIT*, 89 = *CIL*, II, 4102; *RIT*, 90 = *CIL*, II, 4103.

28 Chastagnol, op.cit., 271.

29 Barnes, *op.cit.*, 49–60.

30 詳しくは，*PLRE*, 931, «IVLIVS VALENS 11» を参照。

31 詳しくは，*PLRE*, 529, «POSTVM(IVS) LVPERCVS 2» を参照。

32 H. Petersen, Senatorial and Equestrian Governors in the Third Century A.D., *JRS* 45, 1955, 47–57.

33 Cf. J. E. Lendon, *Empire of Honour*, Oxford, 1997, 222–236.

34 *RIT*, 155 = *CIL*, II, 4112. *RIT* を編纂した G. Alföldy は，「ヒスパニア・タッラコネンシス属州総督」がディオクレティアヌス治世には確認されていないことから，4世紀のものという可能性を重視している。この属州総督の称号については，A. Scheithauer, Super omnes retro principes...: zur inoffiziellen Titulatur römischer Kaiser, *ZPE* 72, 1988, 155–177 も参照。

35 この属州総督については，*PLRE*, 966, «M. AVR. VINCENTIVS 7» を参照。この都市監督官は *PLRE* にも掲載されていない。

36 このほか，*PLRE*, 1021, «ANONYMVS 106» は，*CIL*, II, 4133 (= *RIT*, 151) に登場す

る氏名不詳の属州総督も3世紀末か4世紀の属州総督と想定している。この碑文は，タッラコ市参事会がこの属州総督をパトロヌスとして顕彰したものだが，*RIT*, 151では，この碑文に登場する «candidissimus» という表現ゆえ，3世紀初頭のものとしている。

37 *RIT*, 93.

38 *RIT*, 99. Cf. G. Alföldy, *Die Bauinschriften des Aquäduktes von Segovia und des Amphitheaters von Tarraco*, Berlin, 1997, 57–92, 96f.

39 Panzram, *op.cit.*, 198f.; Kulikowski, *op.cit.*, 114, n.138 (p. 351).

40 *CIL*, II², 7, 260 = *AE*, 1994, 927b.

41 Dupré Raventós (ed.), *Córdoba*, 99–101.

42 R. Hidalgo Prieto and A. Ventura Villanueva, Sobre la cronología e interpretación del palacio de Cercadilla en Corduba, *Chiron* 24, 1994, 221–237; E. W. Haley, A Palace of Maximianus Herculius at Cordoba?, *ZPE* 101, 1994, 208–214.

43 J. Arce, Emperadores, palacios y villae (a propósito de la villa romana de Cercadilla, Córdoba), *AntTard* 5, 1997, 293–302.

44 Arce, Emperadores, 302; Kulikowski, *op.cit.*, 114–119.

45 R. C. Knapp, *Roman Córdoba*, Berkley/Los Angels/London, 1983, 57–62.

46 *CIL* II², 7, 261 = *CIL*, II, 2204; *CIL*, II², 7, 264 = *CIL*, II, 2205.

47 A. U. Stylow, Apuntes sobre el urbanismo de la Corduba romana, in W. Trillmich und P. Zanker (Hrsg.), *Stadtbild und Ideologie: die Monumentalisierung hispanischer Stadte zwischen Republik und Kaiserzeit: Kolloquium in Madrid vom 19. bis 23. Oktober 1987*, München, 1990, 272–282; Dupré Raventós (ed.), *Córdoba*, 61f.; Kulikowski, *op.cit.*, 119f.

48 Stylow, op.cit., 281.

49 Kulikowski, *op.cit.*, 120.

50 *CIL*, II², 7, 263 = *CIL*, II, 2203.

51 *CIL*, II², 7, 262 = *CIL*, II, 2202.

52 *CIL*, II², 7, 260 = *CIL*, II, 2201 = *CIL*, VI, 1113.

53 J. Arce, Mérida tardorromana (284–409d.C.), in *Homenaje a Sáenz de Buruaga*, Madrid, 1982, 209–226; R. Etienne, Mérida, capitale du vicariat des espagnes, in *Homenaje a Sáenz de Buruaga*, Madrid, 1982, 201–208; Le Roux, *op.cit.*, 244f.

54 *CTh*, III, 5, 6.

55 J. C. Saquete, Septimius Acindynus, corrector Tusciae et Umbriae: Notes on a New Inscription from Augusta Emerita (Mérida, Spain), *ZPE* 129, 2000, 281–286.

56 J. Arce, Un relieve triunfal de Maximiano Herculeo en Augusta Emerita y el pap. argent. inv. 480, *MDAI(M)* 23, 1982, 359–371, Taf. 60–63.

57 Arce, Un relieve triunfal, 369f.

58 Cf. Panzram, *op.cit.*, 291f.

59 *AE*, 1915, 33 = *AE*, 1935, 4 = *ILER*, 2057. Cf. L. Wickert, Epigrafia emeritense, *Anuario del Cuepro Facultativo de Archiveros, Bibliotecarios y Arqueólogos* 1, 1934,

114ff.

60 *CTh*, IX, 12, 5; *CTh*, XI, 39, 2; *CTh*, VIII, 18, 3; *CTh*, XIII, 5, 8. Cf. *PLRE*, 831, «SEVERVS 4».

61 F. Millar, *The Emperor in the Roman World (31BC–AD337)*, 2nd ed., London, 1992, 117ff.

62 A. H. M. Jones, *The Later Roman Empire 284–602*, Oxford, 1964, 104ff.; M. Peachin, *Iudex vice Caesaris: Deputy Emperors and the Administration of Justice during the Principate*, Stuttgart, 1996, 193f.

63 *CJ*, VI, 1, 6; *CTh*, XIII, 5, 8; *CTh*, VIII, 12, 5; *CTh*, XI, 39, 2.

64 Arce, Los gobernadores de la *Dioecesis Hispaniarum*, 76.

65 J. Wiewiorowski, *Comes Hispaniarum* Octavianus: the Special Envoy of Constantine the Great (Some Remarks), *Guerión* 24–1, 2006, 325–340; Le Roux, *op.cit.*, 246f.

66 *AE*, 1975, 472 = *AE*, 1927, 165. Cf. A. Chastagnol, Les inscriptions constantiniennes du cirque de Mérida, *MEFRA* 88, 1976, 259–276.

67 Kulikowski, *op.cit.*, 110; Arce, Los gobernadores de la *Dioecesis Hispaniarum*, 76.

68 Kulikowski, *loc.cit.*

69 A. Tovar, *Iberische Landeskunde, zweiter Teil, Die Völker und die Städte des antiken Hispanien, Band 2 Lusitanien*, Baden-Baden, 1976, 223ff.

70 *CIL*, II, 474 = *ILER*, 1240.

71 P. Gros, Théâtre et culte impérial en Gaule narbonnaise et dans la péninsule ibérique, in W. Trillmich und P. Zanker (Hrsg.), *Stadtbild und Ideologie: die Monumentalisierung hispanischer Stadte zwischen Republik und Kaiserzeit: Kolloquium in Madrid vom 19. bis 23. Oktober 1987*, München, 1990, 381–390; Dupré Raventós (ed.), *Mérida*, 55ff.

72 F. Sirano, *Il museo di Teanum Sidicinum*, Napoli, 2007, 47–52.

73 *CIL*, XI, 5265 = *ILS*, 705. 詳しくは，拙稿「ヒスペッルム勅答碑文をめぐる諸問題——コンスタンティヌス帝治世イタリアの州会議と都市参事会員たち」『西洋史研究』新輯38，2009年，1–26頁を参照。

74 Dupré Raventós (ed.), *Mérida*, 41ff.

75 *AE*, 1992, 957. ガッラエキア属州総督にも類例がある(*CIL*, II, 2635)。

76 *CIL*, II, 481.

77 Saquete, loc.cit.

78 *CIL*, II, 191 = *ILS*, 5699 = *ILER*, 2049.

79 J. A. Pintado, *Thermae Cassiorum*: ocio y evergetismo en la *Olisipo* tardoantigua, in L. G. Moreno y S. R. Marqués (eds.), *Acta Antiqua Compluensia II, Hispania en la antigüedad tardía: ocio y espectáculos, Alcalá de Henares, 15 a 17 de Octubre de 1997*, Alcalá de Henares, 2001, 239–250.

80 *AE*, 2002, 712 = *CIL*, II, 1153. Cf. E. Cimarosti, Costantino e Crispo a *Italica*?, *Epigraphica* 64, 2002, 107–112.

81 *RIT*, 93; Saquete, loc.cit.

82 *EE*, VIII, 117 (p. 403).

83 *CIL*, II, 5140 = *AE*, 2001, 1130.

84 *AE*, 1982, 607 = *AE*, 1985, 598.

85 *AE*, 1908, 3 = *IRC*, I, 18.

86 *CIL*, II, 1171; *CIL*, II^2, 5, 777 = *AE*, 1989, 421b.

87 *CIL*, II^2, 5, 778b = *AE*, 1989, 422.

88 HD041876. EDH で確認したのみで，紙媒体では未確認(2012年 8 月20日閲覧)。

89 Cf. J. Arce, Retratos imperiales tardo-romanos de Hispania: la documentación epigráfia, in Id., *España entre el mundo antiguo y el mundo medieval*, Madrid, 1988, 149–168.

90 G. Woolf, *Becoming Roman: the Origins of Provincial Civilization in Gaul*, Cambridge, 1998, 1–23.

91 P. Le Roux, La “crise” des élites hispano-romaines (IIIe–IVe siècles), in M. Navarro Caballero et S. Demougin (éd.), *Élites hispaniques*, Bordeaux, 2001, 45–61.

第10章　ガリア，ゲルマニアの諸都市と四帝統治の皇帝たち

1 G. Woolf, *Becoming Roman: the Origins of Provincial Civilization in Gaul*, Cambridge, 1998, 81f.

2 T. D. Barnes, *The New Empire of Diocletian and Constantine*, Cambridge, Mass./London, 1982, 201ff.

3 Barnes, *op.cit.*, 143, 161; *PLRE*, 1090f.

4 C. E. V. Nixon and B. S. Rodgers, *In Praise of Later Roman Emperors: the Panegyrici Latini*, Berkley, 1994, 26–33.

5 E.x. *Pan.Lat.*, IX(V)3, 4; VI(VII), 22, 4–7; V(VIII), 1, 1–2. この「再建」に先立つアウグストドゥヌム市の破壊は，蛮族の侵入ではなく，「ガリア帝国」に対する反乱を鎮圧された結果だとされる。詳しくは，Nixon and Rodgers, *op.cit.*, 270f., n.21; 西村昌洋「テトラルキア時代ガリアにおける弁論家と皇帝」『史林』92–2，2009年，51頁以下を参照。なお，A. Rebourg (éd.), *Autun, Carte archéologique de la Gaule* 71/1, Paris, 2008, 32 によれば，頌詞に登場する施設の遺構はほとんど確認できない。

6 *CIL*, XIII, 3255. Cf. R. Chossenot, A. Estéban et R. Neiss (éd.), *Reims, Carte archéologique de la Gaule* 51/2, Paris, 2010, 94, 180f.

7 *CIL*, XII, 668 = *AE*, 1952, 107 = *AE*, 2004, 880. Cf. M. Heijmans, *Arles durant l'antiquité tardive: de la* duplex Arelas *à l'*urbs genesii, Rome, 2004, 206–215.

8 *CIL*, XII, 2229a = *ILS*, 620 = *ILN*, V, 2, 366a = *Grenoble*, 16; *CIL*, XII, 2229b = *ILS*, 620a = *ILN*, V, 2, 366b = *Grenoble*, 16.

9 B. Rémy et J. -P. Jospin, *Cularo Gratianopolis Grenoble*, Lyon, 2006, 95–110; É. Chatel, Étude sur les portes de l'enceinte gallo-romaine de Grenoble d'après deux dessins du XVIe siècle, *Cahiers archéologiques* 38, 1990, 17–24; A. L. F. Rivet, *Gallia Narbonensis: Southern France in Roman Times*, London, 1988, 322f.

10 H. von Petrikovits, Fortifications in the North-Western Roman Empire from the

Third to the Fifth Centuries A.D., *JRS* 61, 1971, 190; Rivet, *op.cit.*, 102f.; E. M. Wightman, *Gallia Belgica*, London, 1985, 222.

11 Eutropius, IX, 23. Cf. Zonaras, XII, 31. ラングルの市壁の遺構はそれほど残っていない。詳しくは，M. Joly（éd.）, *Langres, Carte archéologique de la Gaule* 52/2, Paris, 2001, 51–55 参照。

12 J. F. Drinkwater, *The Alamanni and Rome 213–496（Caracalla to Clovis）*, Oxford, 2007, 187f.

13 Wightman, *loc.cit.*; Rivet, *loc.cit.* 近年のバガウダエ研究については，後藤篤子「バガウダエをめぐって」倉橋良伸・栗田伸子・田村孝・米山宏史編『躍動する古代ローマ世界——支配と解放運動をめぐって』理想社，2002年，267–287頁を参照。

14 *CIL*, XIII, 5249 = *ILS*, 640 = *RIS*, 197.

15 V. von Gonzenbach, VITUDORUM or Vitudurum（Oberwinterthur）Zürich, Switzerland, in R. Stillwell（ed.）, *The Princeton Encyclopedia of Classical Sites*, Princeton, N.J., 1976; von Petrikovits, op.cit., 211.

16 Barnes, *op.cit.*, 53.

17 M. Zahariade, The Tetrarchic Building Inscriptions and the Lower Danubian Limes, in *XI congresso internazionale di epigrafia greca e latina: Roma, 18–24 settembre 1997: atti II*, Roma, 1999, 553–561.

18 *CIL*, XIII, 5256 = *RIS*, 199.

19 V. von Gonzenbach, TASGAETIUM（Untersechenz and Stein am Rhein）Thurgau and Schaffhausen, Switzerland, in R. Stillwell（ed.）, *The Princeton Encyclopedia of Classical Sites, Princeton, N.J., 1976*; von Petrikovits, op.cit., 211.

20 *AE*, 2000, 1040 = *CIL*, XIII, 11543.

21 P. -A. Schwarz, Bemerkungen zur sog. Magidunum-Inschrift（CIL XIII 11543）und zum Grabstein eines *actarius peditum*（CIL XIII 11544）, *Forschungen in August* 29, 2000, 147–171.

22 B. Rémy（éd.）, *Grenoble à l'époque gallo-romaine d'après les inscriptions: inscriptions latines de Grenoble et de son agglomération（Corenc, Gières, Échirolles, Eybens, Sassenage, Seyssinet-Pariset）*, Grenoble, 2002, 19ff.; Rivet, *op.cit.*, 305ff.

23 後藤篤子「ローマ属州ガリア」柴田三千雄・樺山紘一・福井憲彦編『世界歴史大系　フランス史 1』山川出版社，1995年，93頁以下。

24 M. Dondin-Payre, Magistratures et administration municipale dans les Trois Gaules, in M. Dondin-Payre et M. -Th. Raepsaet-Charlier（éd.）, *Cités, municipes, colonies: les processus de municipalisation en Gaule et en Germanie sous le Haut Empire romain*, Paris, 1999, 127–230.

25 Cicero, ad fam., X, 23.

26 *ILN*, V,2, 367; *ILN*, V,2, 388.

27 *CIL*, XII, 2230 = *Grenoble*, 19.

28 *CIL*, XII, 2228 = *Grenoble*, 15. 本村凌二編，池口守・大清水裕・志内一興・高橋亮介・中川亜希『ラテン語碑文で楽しむ古代ローマ』研究社，2011年，220–221頁も参

照。
29 J. F. Drinkwater, *The Gallic Empire*, Stuttgart, 1987, 120ff.
30 *CIL*, XII, 1551.
31 Rémy et Jospin, *op.cit.*, 109f.
32 Rémy et Jospin, *op.cit.*, 112, 124; *ILN*, V, 2, 366; Rivet, *op.cit.*, 100.
33 Rivet, *op.cit.*, 323.
34 Rivet, *op.cit.*, 98ff.
35 Wightman, *op.cit.*, 223f.
36 Wightman, *loc.cit.* ランスでは320年代に旧来の市壁が撤去され，330〜350年頃に新たな市壁が建設された。詳しくは，Chossenot, Estéban et Neiss, *op.cit.*, 88–94 を参照。
37 Rémy et Jospin, *op.cit.*, 96.
38 モゴンティアクム市について，詳しくは K. -V. Decker und W. Selzer, Mogontiacum: Mainz von der Zeit des Augustus bis zum Ende der römischen Herrschaft, in *ANRW* II, 5–1, 1976, 457–559; L. Schumacher, Mogontiacum: Garnison und Zivilsiedlung im Rahmen der Reichsgeschichte, in M. J. Klein（Hrsg.）, *Die Römer und ihr Erbe: Fortschritt durch Innovation und Integration*, Mainz, 2003, 1–28 を参照。
39 モゴンティアクム市の属州首都としての性格については，R. Haensch, Mogontiacum als 'Hauptstadt' der Provinz Germania superior, in M. J. Klein（Hrsg.）, *Die Römer und ihr Erbe,* Mainz, 2003, 71–86 を参照せよ。
40 *CIL*, XIII, 6727. なお，ウィエンネンシス管区に属するアルペス・マリティマエ属州の都市エブロドゥヌムで発見された碑文（*CIL*, XII, 78）も都市当局がディオクレティアヌスに捧げたものと推測されているが，皇帝の名が削り取られているため断定できない。
41 Haensch, op.cit., 83.
42 A. H. M. Jones, *The Later Roman Empire 284–602*, Oxford, 1964, 106f.
43 Cf. *CIL*, XIII, 5203; *CIL*, XII, 1852 = *ILN*, V, 1, 43; *CIL*, XIII, 5249 = *ILS*, 640 = *RIS*, 197.
44 R. Cagnat, *Cours d'épigraphie latine*, 4e éd., Paris, 1914, 263f.
45 M. -Th. Raepsaet-Charlier, La datation des inscriptions latines dans les provinces occidentales de l'Empire Romain d'après les formules «IN H（ONOREM）D（OMUS）D（IVINAE）» et «DEO, DEAE», in *ANRW* II, 3, 1975, 232–282.
46 *CIL*, XIII, 8019.
47 H. Finke, Neue Inschriften, *BRGK* 17, 1927, 52, n.163.
48 *CIL*, VIII, 23062 = *CIL*, VIII, 11167 + 906 = *AE*, 1995, 1645.
49 R. Haensch, op.cit., 82f.; Id., Les capitales des provinces germaniques et de la Rhétie: de vieilles questions et de nouvelles perspectives, in J. Ruiz de Arbulo（ed.）, *Simulacra Romae. Roma y las capitales provinciales del Occidente europeo. Estudios Arqueológicos, Reunion celebrade en Tarragona, los días 12, 13 y 14 de deciembre del 2002,* Tarragona, 2004, 318f.（http://bib.cervantesvirtual.com/portal/

simulacraromae/libro/c16.pdf: 2012年 7 月11日閲覧）

50　Decker und Selzer, op.cit., 510; D. Baatz, MOGONTIACUM（Mainz）Germany, in R. Stillwell（ed.）, *The Princeton Encyclopedia of Classical Sites,* Princeton, N.J., 1976.

51　M. -Th. Raepsaet-Charlier, Les institutions municipales dans les Germanies sous le Haut Empire: bilan et questions, in M. Dondin-Payre et M. -Th. Raepsaet-Charlier（éd.）, *Cités, municipes, colonies*, Paris, 1999, 311ff.

52　ブリタニアの属州首都だったロンディニウムも都市としての記録が知られておらず，モゴンティアクムとの類似性が指摘されている。Cf. J. C. Mann, London as a Provincial Capital, *Britannia* 29, 1998, 336–339.

53　C. Lepelley, La création de cités nouvelles en Afrique au Bas-Empire: le cas de la *civitas Faustianensis*, in Y. Le Bohec（éd.）, *L'Afrique, la Gaule, la religion à l'époque romaine*, Bruxelles, 1994, 288–299 = C. Lepelley（éd.）, *Aspects de l'Afrique romaine*, Bari, 2001, 125–136.

54　Baatz, loc.cit.

55　Drinkwater, *The Alamanni and Rome 213–496*, 364–367.

56　*CIL*, XIII, 3672. Cf. E. Rosso, *L'image de l'empereur en Gaule romaine: portraits et inscriptions*, Paris, 2006, 262f.

57　*CIL*, XII, 1852 = *ILN*, V, 1, 43. Cf. Rosso, *op.cit.*, 304.

58　前註 7 に挙げたアルルの碑文は，最後に絶対奪格でペルフェクティッシムス級の人物への言及があり，都市監督官だった可能性もある。詳しくは，Heijmans, *loc.cit.* 参照。

補遺 2　アルプス諸州とブリタニア

1　J. C. Mann, The Creation of Four Provinces in Britain by Diocletian, *Britannia* 29, 1998, 339–341.

2　J. C. Mann, Epigraphic Consciousness, *JRS* 75, 1985, 204–206.

3　*RIB*, 1912. Cf. G. H. Donaldson, A Reinterpretation of RIB 1912 from Birdoswald, *Britannia* 21, 1990, 207–214. *RIB*, 1613 もディオクレティアヌスとマクシミアヌスの名を補うものの，確証はない。

4　後述のアルペス・マリティマエ属州総督の碑文 *CIL*, XII, 78 が発見されたカトゥリグム市は元首政期にはアルペス・コッティアエ属州に含まれていた。この都市は恐らくディオクレティアヌス治世に，アルペス・コッティアエ属州からアルペス・マリティマエ属州に変更されたと考えられる。*CIL*, XII, 78 の解説のほか，*PLRE*, 775, «ANNIVS RVFINVS 9» を参照。

5　*CIL*, V, 7248 = *CIL*, XIII, 7848; *CIL*, V, 7249. Cf. E. Rosso, *L'image de l'empereur en Gaule romaine*, Paris, 2006, 506. なお，同じセグシオ市の碑文 *CIL*, V, 7252 もディオクレティアヌス帝治世のものと想定されてきたが，G. Mennella, Un nuovo governatore delle Alpi Cozie nella dedica Segusina *CIL* V 7252, in G. Paci（cur.）, *'Επιγραφαί: miscellanea epigrafica in onore di Lidio Gasperini* II, Tivoli, 2000, 631–639 によれば，タキトゥス帝治世のものとされる。

6　*CIL*, XII, 78. Cf. Rosso, *op.cit.*, 526f.

7　Rosso, *op.cit.*, 73f.

8　Rosso, *loc.cit.* Cf. B. Rémy, Loyalisme politique et culte impérial dans les provinces des Alpes occidentales（Alpes Cottiennes, Graies, Maritimes et Poenines）au Haut-Empire, *MEFRA* 112-2, 2000, 897.

9　リキニウス帝のものは *CIL*, X, 7284 = *ILS*, 677 などがある。ドミティウス・アレクサンデルの碑文は *CIL*, VIII, 7004 = *ILS*, 674。

10　*CIL*, XIV, 131 = *ILS*, 687.

11　*CIL*, VI, 1140 = *ILS*, 692.

12　*CIL*, VIII, 7010 = *ILS*, 691 など。

13　*CIL*, XII, 5491. ただし，マイル標石では「神君コンスタンティウスの息子（filius divi Constanti）」と刻まれる事例が圧倒的に多い。

14　*AE*, 1988, 573 = *AE*, 1994, 573 = *Sup.It.*, XIII, pp.279f., no. 9. Cf. G. Mennella, Revisioni epigrafiche in municipi della Liguria nord-occidentale, *MEFRA* 100, 1988, 145-150; Rosso, *op.cit.*, 528.

15　Mennella, op.cit., 150; Id., Dalla *Dea Victoria* alla *Victoria Augusti*（la metamorfosi di un'iscrizione piemontese）, *Epigrafia e territoio: politica e società, temi di antichità romane* III, Bari, 1994, 197ff.

16　同時代の北イタリア・ルナ市の碑文 *CIL*, XI, 6957も興味深い。この碑文は一つの台座の各面にカリヌス帝，ガレリウス帝，マクセンティウスなどの皇帝の名が刻まれている。

17　ウィエンナの碑文は第10章註57，アレラテの碑文は第10章註 7 を参照。

終章　ディオクレティアヌス改革と帝国のその後

1　R. Chossenot, A. Estéban et R. Neiss（éd.）, *Reims, Carte archéologique de la Gaule* 51/2, Paris, 2010, 89.

2　W. Kuhoff, *Diokletian und die Epoche der Tetrarchie*, Frankfurt am Main, 2001, 383ff.; J. Curran, *Pagan City and Christian Capital: Rome in the Fourth Century*, Oxford, 2000, 43ff.; 青柳正規『古代都市ローマ』中央公論美術出版，1990年，110-112, 212頁。

3　*CIL*, VI, 1242 = 31556 = *ILS*, 5894; *CIL*, VI, 773 = *ILS*, 626. なお，フォルムで見つかった *CIL*, VI, 804 = *ILS*, 3588 は，ディオクレティアヌスとマクシミアヌスの時代という文字はあるものの，それ以上は不明。

4　*CIL*, VI, 1130 = 31242 = *ILS*, 646. Cf. R. Friggeri, *The Epigraphic Collection of the Museo Nazionale Romano at the Baths of Diocletian*, Rome, 2001, 80f.

5　*CJ*, III, 3, 2.

6　A. H. M. Jones, *The Later Roman Empire 284-602*, Oxford, 1964, 715.

7　*Pan. Lat.*, X（II）, 3, 4.

8　*CIL*, XI, 5265 = *ILS*, 705. 詳しくは，拙稿「ヒスペッルム勅答碑文をめぐる諸問題」『西洋史研究』新輯38，2009年，1-26頁を参照。

9 J. -P. Laporte, *Rapidum: le camp de la cohorte des Sardes en Maurétanie Césarienne*, Sassari, 1989, 214–217, 239–241.

10 *CIL*, VIII, 232 = *CIL*, VIII, 11326; G. Charles-Picard, *Civitas Mactaritana*, *Karthago* 8, 1957, 101–103. Cf. *AE*, 1992, 1763.

11 J. F. Drinkwater, *The Gallic Empire*, Stuttgart, 1987, 232–238.

12 G. Halsall, *Barbarian Migrations and the Roman West, 376–568*, Cambridge, 2007.